U0133604

民國36年行憲
國民大會代表選舉之研究

李 南 海 著

文 史 哲 學 集 成
文史哲出版社印行

國家圖書館出版品預行編目資料

民國36年行憲國民大會代表選舉之研究 / 李
南海著. -- 初版 --臺北市：文史哲，民
101.10
　　頁；　公分.（文史哲學集成；632）
ISBN 978-986-314-072-6（平裝）

1.中央行憲-選舉　2.政治

573.551　　　　　　　　　　　101021588

文史哲學集成　632

民國36年行憲國民大會代表選舉之研究

著　　者：李　　　南　　　海
出版者：文　史　哲　出　版　社
http://www.lapen.com.tw
e-mail：lapen@ms74.hinet.net
登記證字號：行政院新聞局版臺業字五三三七號
發行人：彭　　　正　　　雄
發行所：文　史　哲　出　版　社
印刷者：文　史　哲　出　版　社
臺北市羅斯福路一段七十二巷四號
郵政劃撥帳號：一六一八〇一七五
電話886-2-23511028 · 傳真886-2-23965656

實價新臺幣七〇〇元

中華民國一〇一年（2012）十月初版
中華民國一〇二年（2013）三月修訂再版

胡　序

　　國民大會制度是孫中山五權憲法架構中重要的一環，也是其政治主張中最具特色的一部份。

　　中山先生對西方的民主政治是有研究的，但鑒於西方國家的代議政治，人民僅有選舉權，選舉後，人民便無權監督政治極表不滿。中山先生認爲理想的政治應是全民政治與直接民權，亦即人民除了擁有選舉權外，還要有控制在自己手裡的罷免權、創制權及複決權，如此才能直接參與國事，完全管理政府，達到政府爲民所有，爲民所治，爲民所享的全民政治。

　　然而當時孫中山生前對國民大會制度並無明確的說明，對國民大會實際制度的確立應是民國二十五年「五五憲草」之公佈，在此憲草中，對國民大會的組織和職權乃有具體的規定，且「五五憲草」所擘劃的國民大會其職權甚大。因此在政治協商會議中，張君勱等非國民黨人士因醉心於歐美三權分立政制，反對國民大會之設置，而將有形的國民大會企圖改爲無形的國民大會，雖然在制憲過程中反覆折衷，終於又將無形國大改回爲有形國大，但此時的國民大會與孫中山理念中之五權憲法的國民大會，已大異其趣。

　　有關國民大會之制度、理論或組織方面的問題，多年來

已有不少的學者加以研究，並有不少的專書或論著出刊，都很值得參考，但鮮有人對國民大會代表之選舉單項來從事研究。南海同學早在十多年前就注意到此一問題，並做了一些研究，如民國 88 年曾撰寫《制憲國民大會代表選舉之歷程》一書，論述制憲國民大會代表選舉之過程，作為他的升等論文，並通過審查，順利升為副教授，其他尚有多篇相關論文在多處發表。

南海同學現任教於台北科技大學，擔任歷史課程之講授，平日在校教學十分忙碌。然，仍利用空閒時間，孜孜砣砣從事學術研究，勤學不輟，精神可佩。

記得十多年前，他遠道跨海至香港，考入本校歷史研究所博士班，每週從台北搭機來港，選修我的中國近代史和現代史專題研究課程，從不缺課。94 年修完學分，通過學科考試後，在提報論文題目時曾與我商討。幾經討論後，決定以民國 36 年行憲國民大會代表之選舉為研究題目。就我所知，南海早些時，便勤於蒐集有關史料，不時的前往國史館、國民大會秘書處，調閱有關《蔣中正總統檔案》、《國民政府檔案》、《國民大會檔案》、《內政部檔案》，以及參看相關人物的回憶錄、日記等。此外，並赴中研院近史所和國民黨黨史會參閱此類文獻檔案，甚至遠赴南京第二歷史檔案館蒐集資料。南海同學，為了寫這本博士論文，充分運用這些檔案資料外，還分別就這些代表之性別、年齡、學歷、經歷等方面做了考證，並與制憲時期所選出之代表作一比較，探究此兩不同時期所選出之代表究竟有何差別，這在論文中都有詳盡的探討，其資料性實屬難得。

　　而今，這本論著即將出版，南海特請我為此書寫一序文，我欣然同意，並預祝他往後在學術上之研究能夠更精進、更深入、更上層樓。

　　　　　　胡春惠　謹識於香港珠海學院
　　　　　　民國 102 年 1 月 30 日

孫 序

　　中華民國 36 年（1947）年 11 月 21 日至 23 日選出之行憲國民大會代表，在我國憲政史上，可說是一屆空前絕後的民意代表。這一屆國大代表先經政黨協商，後經人民選舉，選後尚有將本黨當選名額「禮讓」「反黨」情事，如此選舉，不僅在中國事屬空前，縱在世界各國亦屬絕響。當選國大代表依法組織國民大會，行使職權，但因政府旋在戡亂戰事中失利，38 年 12 月播遷來台，中共掌控大陸，國大代表 6 年任期屆滿不能改選，一再延任至 80 年 12 月 31 日始依大法官解釋全部離職，任期長達 43 年，不僅國民大會與立法、監察兩院同蒙「萬年國會」之譏，國大代表、立、監委員，更遭增補選之激烈份子辱罵為「老賊」，似此罕見情況，亦當後世難再。86 年，政權在中國國民黨之手，竟因當權者之權謀修憲，將代表全國人民行使政權之實體國大改為任務性之無形國大，國民大會名存實亡，中國國民黨實愧對其主張五權憲法之總理孫中山先生。

　　李南海先生長期深入研究我國憲政，曾以〈行憲國民大會代表選舉之研究〉（1947）為文，榮獲博士學位，對當時首次行憲國大代表選舉之時代背景、籌備、選舉、選舉經過、當選代表之性別、年齡、學歷，經歷等項分別詳加分析，選

舉弊端之揭發與防止，均有深入研究，所具資料，兼及兩岸官方及學術機構檔案庫藏，用力之多，用功之勤，研究結果自屬難得。行憲國大代表首次選舉，距今 65 年，當時國內外局勢之實況，今日見諸於文字者，非簡即陋，難窺全貌，本書之出，可為全貌添斑，亦可見政治運作有不得不作妥協（Compromise）之舉，但輕於放棄原則，急於謀和，不僅事與願違，甚至自取敗亡亦未可知，中國國民黨殷鑒不遠，不能不深自覺醒。

南海先生心存國史，多年耕耘不輟，研究有成已足可喜，茲將論文再度核勘，整理付梓，樂見憲政史上更增佳筆，著者在結論中指陳，當政者權謀修憲，使實體國民大會頓陷無形，中華民國憲政體系益形雜亂，欲求國家富強，人民安樂，則期待不世出之聖者。為學術研究竭盡心力，更念念不忘國安民樂之胸懷，乃讀書人之意志，在此民粹高漲，自由、民主、人權、公義橫遭亂用之際，為國家前途憂，其讀書人之無奈，可發一嘆。

南海先生著作問世在即，特書感懷數語，權作序。

中國文化大學政治系所退休教授　**孫子和**
民國一〇一年十月臺灣光復節前夕於台北

民國 36 年行憲國民大會代表選舉之研究

目　　次

胡　序 ···1

孫　序 ···5

第一章　緒　論 ···1

第二章　國民大會之基本理論 ··7

　第一節　權能區分與五權分立 ··8

　第二節　權能區分原理中的國民大會 ····························13

　第三節　中華民國憲法中的國民大會 ····························18

　　一、國民大會問題在政治協商會議中之爭論·········18

　　二、國民大會的成立 ···27

　　三、國民大會代表的配置 ···33

第三章　選舉法規之制頒與選務機關之成立 ···················42

　第一節　選舉法規之制頒與修訂 ····································42

　　一、選舉法規之制頒 ···42

　　二、選舉法規之修訂 ···44

　第二節　代表名額之分配與選舉區域之劃分 ················52

　　一、各縣市及其同等區域 ···53

　　二、蒙古地區 ··56

　　三、西藏地區 ··57

　　四、邊疆地區之各民族 ···58

　　五、僑居國外之國民 ···58

　　　　六、職業團體 ·· 61

　　　　七、婦女團體 ·· 62

　　　　八、內地生活習慣特殊之國民 ······························ 64

　　第三節　選務機關之成立 ·· 64

　　　　一、中央選舉機構之組設 ·· 65

　　　　二、省市及縣市選舉機構之組設 ··························· 68

　　　　三、蒙藏選舉機構之組設 ·· 75

　　　　四、僑民選舉機構之組設 ·· 77

　　　　五、全國性職業團體及婦女團體選舉機構之組設 ·· 78

第四章　選舉事務之規劃與運作 ······························ 80

　　第一節　選舉人與候選人資格之認定 ···················· 80

　　　　一、選舉人方面 ·· 80

　　　　二、候選人方面 ·· 83

　　第二節　選民名冊之編造 ·· 86

　　　　一、選民人數之調查與名冊之編造 ····················· 86

　　　　二、捏造選民冊與浮報選民數 ···························· 100

　　第三節　選舉之規範 ·· 103

　　　　一、對選務人員之要求 ·· 103

　　　　二、對選民之要求 ··· 106

　　　　三、對現任行政官員參選之要求 ························· 108

　　　　四、對候選人之要求 ··· 110

　　第四節　選舉工作之進行程序 ·································· 114

第五章　選舉活動之剖析 ·· 117

　　第一節　候選人之政見發表與宣傳活動 ················ 117

　　　　一、候選人之政見發表 ·· 117

二、候選人之宣傳活動……………………………125

第二節　選舉之進行………………………………132

一、區域代表之選舉………………………………132

二、蒙藏地區代表之選舉…………………………170

三、邊疆地區各民族代表之選舉…………………186

四、海外華僑之選舉………………………………201

五、職業團體代表之選舉…………………………224

六、婦女團體代表之選舉…………………………242

七、內地生活習慣特殊國民之選舉………………262

八、綏靖地區代表之選舉…………………………271

第三節　選舉開票之情形…………………………288

第四節　選舉之弊端與糾紛之處理………………295

一、選舉之弊端……………………………………296

二、選舉糾紛之發生………………………………322

第五節　選舉結果之分析…………………………329

第六章　當選代表之比較分析－以江蘇、廣東、湖南、
河南、南京、北平等六省市當選區域代表
之分析為例…………………………………338

第一節　代表性別之分析…………………………339

第二節　代表年齡之分析…………………………343

第三節　代表學歷之分析…………………………348

第四節　代表經歷之分析…………………………363

第七章　結　　論…………………………………396

參考書目………………………………………………407

後　記…………………………………………………433

圖表目次

圖一：政權與治權關係圖 ················· 10

圖二：五權憲法治國略圖 ················· 16

圖三：國民大會代表立法院立法委員選舉
總事務所組織系統暨職掌 ············ 67

表 2-1：國民大會代表之產生與憲法條文
規定一覽表 ····················· 31

表 3-1：各縣市及其同等區域應選出代表
名額分配表 ····················· 54

表 3-2：蒙古各盟旗應選出代表名額分配表 ···· 56

表 3-3：西藏應選出代表名額分配表 ········· 57

表 3-4：邊疆地區各民族應選出代表名額分配表 ··· 58

表 3-5：僑民應選出代表名額分配表 ········· 59

表 3-6：職業團體應選出代表名額分配表 ······ 61

表 3-7：婦女團體應選出代表名額分配表 ······ 62

表 3-8：內地生活習慣特殊之國民應選出
代表名額分配表 ·················· 64

表 3-9：各省市選舉事務所成立一覽表 ········ 71

表 3-10：蒙古、西藏地區選舉監督名單一覽表 ···· 76

表 3-11：僑選各區主席委員名單一覽表 ········ 78

表 4-1：全國各選舉單位各政黨所提候選
人數一覽表 ····················· 85

表 4-2：全國性職業團體及婦女團體各政黨
　　　　所提候選人數一覽表……………………… 86

表 4-3：國民大會代表河南省滎陽縣各類選舉
　　　　選民人數統計表…………………………… 89

表 4-4：南京市區域選舉各選區選民人數統計表……… 90

表 4-5：江蘇省江北綏靖區局部控制縣分
　　　　鄉鎮人口及選民數一覽表………………… 94

表 4-6：國民大會代表臺灣省各縣市區域
　　　　選舉選民人數統計表……………………… 97

表 4-7：國民大會代表臺灣省各縣市職業團體
　　　　選舉選民人數統計表……………………… 97

表 4-8：國民大會代表臺灣省全國性職業、婦女
　　　　團體選舉選民人數統計表………………… 97

表 4-9：各省市人口數與選民人數紀錄表 ……………… 98

表 4-10：國民大會代表選舉進行程序表 …………… 115

表 5-1：河南省已遭中共佔據和部分佔據
　　　　縣分名單一覽表…………………………… 136

表 5-2：經核合格已送區域選冊縣分審查報告表……… 136

表 5-3：山東省各縣市造報國大代表選舉
　　　　人名冊數目表……………………………… 137

表 5-4：北平市選民冊審核總表………………………… 140

表 5-5：各省市指導委員名單一覽表…………………… 143

表 5-6：各組召集人、審查委員及負責
　　　　區域分配表………………………………… 144

表 5-7：蒙藏各選區選舉人數一覽表………………… 175

表 5-8：中國國民黨提出蒙古各盟旗國民大會
　　　　代表候選人名單一覽表 ‧‧‧‧‧‧‧‧‧‧‧‧‧‧‧‧‧‧‧‧‧ 176

表 5-9：中國國民黨提名新疆省 3 盟旗國大代表
　　　　候選人名單一覽表 ‧‧‧‧‧‧‧‧‧‧‧‧‧‧‧‧‧‧‧‧‧‧‧‧‧ 177

表 5-10：中國國民黨提名新疆省區域國大代表
　　　　　候選人名單一覽表 ‧‧‧‧‧‧‧‧‧‧‧‧‧‧‧‧‧‧‧‧‧ 178

表 5-11：蒙古西藏地區進行困難原因分析概況表 ‧‧‧‧‧‧ 183

表 5-12：蒙古適用國民大會代表立法院立法委員
　　　　　選舉補充條例及實施辦法選區之區域
　　　　　人口比例統計表 ‧‧‧‧‧‧‧‧‧‧‧‧‧‧‧‧‧‧‧‧‧‧‧‧ 184

表 5-13：東北 9 省 2 市及南京等 12 市縣滿族
　　　　　選民人數統計表 ‧‧‧‧‧‧‧‧‧‧‧‧‧‧‧‧‧‧‧‧‧‧‧ 193

表 5-14：辦理邊疆民族滿民選舉經過情形概況表 ‧‧‧‧‧ 197

表 5-15：東北 9 省 2 市及南京等 12 市縣滿族
　　　　　選民投票數統計表 ‧‧‧‧‧‧‧‧‧‧‧‧‧‧‧‧‧‧‧‧‧ 198

表 5-16：國民大會僑民代表各區選民人數彙報表 ‧‧‧‧‧ 203

表 5-17：僑居國外國民等第 9 區選舉開票所各埠
　　　　　投票數目一覽表 ‧‧‧‧‧‧‧‧‧‧‧‧‧‧‧‧‧‧‧‧‧‧‧ 214

表 5-18：僑居國外國民第 11 區各候選人
　　　　　得票數一覽表 ‧‧‧‧‧‧‧‧‧‧‧‧‧‧‧‧‧‧‧‧‧‧‧‧‧ 215

表 5-19：國民大會僑民代表選舉概況表 ‧‧‧‧‧‧‧‧‧‧‧‧‧‧ 217

表 5-20：國民大會代表漢口市各種團體選舉
　　　　　人數統計報告表 ‧‧‧‧‧‧‧‧‧‧‧‧‧‧‧‧‧‧‧‧‧‧‧ 226

表 5-21：江蘇省現有職業團體及婦女團體統計表 ‧‧‧‧‧ 227

表 5-22：廣東省職業團體分類統計表 ‧‧‧‧‧‧‧‧‧‧‧‧‧‧‧‧ 230

表 5-23：全國各職業團體參與投票選民
　　　　人數統計表 ································· 231

表 5-24：全國性婦女團體分支會統計表 ········· 245

表 5-25：廣東省婦女團體暨會員人數表 ········· 248

表 5-26：國大代表全國性婦女團體選民人數表 ········· 249

表 5-27：濼縣回民選舉候選人得票名單一覽表 ········· 269

表 5-28：河南省共軍部分佔據縣分表 ············· 278

表 5-29：國民大會代表選舉尙難辦理之
　　　　各地概況一覽表 ······················· 280

表 5-30：依補充條例辦理選舉縣市數統計表 ············· 284

表 5-31：第一屆國民大會代表法定名額及
　　　　選舉結果一覽表 ······················· 287

表 5-32：上海市國大代表區域選舉候選人
　　　　得票數一覽表 ························· 290

表 5-33：江蘇省儀徵縣國大代表各類選舉
　　　　候選人得票數一覽表 ················· 292

表 5-34：首屆國民大會代表選舉概況表 ············· 335

表 6-1：國民大會代表 6 省市當選區域代表性別
　　　　綜合統計表 ··························· 340

表 6-2：國民大會江蘇省當選代表年齡統計表 ········· 344

表 6-3：國民大會廣東省當選代表年齡統計表 ········· 344

表 6-4：國民大會湖南省當選代表年齡統計表 ········· 345

表 6-5：國民大會河南省當選代表年齡統計表 ········· 345

表 6-6：國民大會南京市當選代表年齡統計表 ········· 346

表 6-7：國民大會北平市當選代表年齡統計表 ············· 346

表 6-8：國民大會 6 省市當選代表年齡綜合統計表⋯⋯ 346

表 6-9：國民大會江蘇省當選代表學歷統計表 ⋯⋯⋯ 349

表 6-10：國民大會廣東省當選代表學歷統計表 ⋯⋯⋯ 350

表 6-11：國民大會湖南省當選代表學歷統計表⋯⋯⋯ 351

表 6-12：國民大會河南省當選代表學歷統計表 ⋯⋯⋯ 352

表 6-13：國民大會南京市當選代表學歷統計表 ⋯⋯⋯ 352

表 6-14：國民大會北平市當選代表學歷統計表 ⋯⋯⋯ 353

表 6-15：國民大會 6 省市當選代表學歷綜合統計表⋯⋯ 353

表 6-16：國民大會江蘇省當選代表經歷統計表 ⋯⋯⋯ 364

表 6-17：國民大會廣東省當選代表經歷統計表 ⋯⋯⋯ 365

表 6-18：國民大會湖南省當選代表經歷統計表 ⋯⋯⋯ 366

表 6-19：國民大會河南省當選代表經歷統計表 ⋯⋯⋯ 367

表 6-20：國民大會南京市當選代表經歷統計表 ⋯⋯⋯ 368

表 6-21：國民大會北平市當選代表經歷統計表 ⋯⋯⋯ 368

表 6-22：國民大會 6 省市當選代表經歷綜合統計表⋯⋯ 369

表 6-23：國民大會 6 省市當選代表黨籍統計表 ⋯⋯⋯ 383

附表：

附表一：行憲國民大會江蘇省區域代表當選人名冊 ⋯⋯ 437

附表二：行憲國民大會廣東省區域代表當選人名冊 ⋯⋯ 441

附表三：行憲國民大會湖南省區域代表當選人名冊 ⋯⋯ 464

附表四：行憲國民大會河南省區域代表當選人名冊 ⋯⋯ 483

附表五：行憲國民大會南京市區域代表當選人名冊 ⋯⋯ 503

附表六：行憲國民大會北平市區域代表當選人名冊 ⋯⋯ 504

第一章　緒　論

　　實施憲政、還政於民，以及完成制憲、行憲工作，一直是國民政府成立以來努力追求的目標。

　　民國 35 年 12 月 25 日，制憲國民大會三讀通過《中華民國憲法》，國民政府乃於 36 年 1 月 1 日正式頒布。同年 3 月 31 日，國民政府復公布「國民大會組織法」、「國民大會代表選舉罷免法」、「總統、副總統選舉罷免法」等，並於 6 月 25 日成立了選舉總事務所，開始積極展開制憲後第一屆國民大會代表之選舉工作。

　　本次代表之選舉，除了區域、職業、婦女、蒙藏、海外華僑之選舉與制憲國大代表之選舉相同外，復增加邊疆地區和內地生活習慣特殊之國民參加競選，共須選出 3,045 名代表。此外，與制憲國大代表選舉最大不同之處在於取消當然代表席位之設置，亦即本次所有代表均由選舉而產生，如此則更能顯示選舉之公平。

　　當各類代表均依照選舉法規之規定選出既定之人數外，婦女代表也在憲法之保障下選出較制憲時期為多的代表人數，這也是可喜的事。至於在抗戰勝利後，仍由中共所佔據未收復區和綏靖區，因無法辦理選舉，國民政府乃於 36 年 11 月 13 日公布「國民大會代表立法院立法委員選舉補充條

例」，依此規定辦理，完成此次行憲國民大會代表之選舉。

　　在這次選舉中，由於中國共產黨與民主同盟拒絕參與制憲，因此堅決不承認政府所頒布的此部憲法，自然也不參與任何行憲代表之選舉。中國國民黨為能順利推動憲政工作，乃與青年黨和民社黨合作，並同意該兩黨所提代表名額的分配問題。但事實的演變並非如此，國民黨在此次國大代表選舉中佔得優勢，青、民兩黨當選人數卻不如預期中的理想，以致對國民黨有所不滿。國民黨為爭取青、民兩黨共同參與行憲，決定採取「以黨讓黨」的退讓方式，令部分黨員自動退讓，將當選名額讓予青、民兩黨。而被迫退讓的黨員對此種處理方式自感不滿，提出嚴重抗議。此種做法也引起許多其他代表的不滿，由於未得到圓滿的解決方案，這批代表自然懷恨在心，日後副總統選舉時，國民黨所推舉之孫科未能如願當選，自然與此有莫大的關係。

　　此外，有關三民主義青年團與國民黨之間的關係，以及國民黨內各派系之爭，雖已有若干的研究成果，但少有從選舉的角度（例如候選人的得票數、政見、背景以及政黨傾向等）去探討此一問題之發生。目前由於相關人物的回憶錄、日記和各種史料文獻的整理出版，尤其是國史館新開放的《蔣中正總統檔案》（大溪檔案），內有一些關於行憲國民大會代表之選舉史料值得參考，可以幫助我們釐清一些問題，而國大代表從提名到選出，一直夾雜有政治權力分配的色彩，由於分配不均，乃導致國民黨與青年黨、民社黨以及國民黨內派系（cc、三青團、政學系）間的恩怨情仇，在在都引起筆者對此一問題的研究興趣，乃選定《民國 36 年行憲國民大

會代表選舉之研究》，做爲研究的主題。

　　再者，筆者所著《安福國會之研究》與《制憲國民大會代表選舉之歷程》兩書，曾對所選出的安福國會議員及制憲國大代表，就其學經歷，年齡，教育程度等做過詳細的分析與研究。而今亦想在既有的基礎上，對新選出的行憲國大代表做類似的分析和研究，進而將此三個不同時期所選出的代表做一對比，找出其中之相同點及相異點來，或許能對中國民主政治之發展與選舉制度的改進，有些許的幫助。

　　其次，我們亦可由這次當選的國代名單中看出，雖然國民黨獲得大勝，但究竟是 CC 派獲得的席位多，抑或三青團多？此直接關係到該派系在黨內勢力之消長。蓋 CC 派與三青團在黨內的爭執已久，且自黨、團合併以來，三青團分子始終覺得處處受到 CC 派的欺壓，因此極思在此次國大代表之選舉中，扭轉頹勢，如此一來，也使得存在已久的「黨、團」之爭再次浮上台面，最後究竟誰是最大的贏家？就此方面，本研究計畫亦根據相關資料，以及與本論文有關之重要人物的回憶錄、日記等一一查尋，並對這些代表的出身和背景，做了詳細的分析，進而了解其在黨團內之屬性。

　　本論文研究重點雖在探討民國 36 年行憲國民大會代表選舉問題上，然國民大會是依據中山先生權能區分以及五權憲法的理論所設計的，而此一機關亦爲中國憲法上所特有，西方各國憲法與政府制度均無此設計。因此，爲了對國民大會此一機構有進一步之認識與了解，本論文第二章乃針對國民大會之基本理論加以詮釋，將中山先生所強調的政府有能，人民有權，以及西方之三權分立與中山先生所主張的五

權分立做一比較，以便了解雙方的優缺點所在。

　　除了第二章對國民大會此一機構有所闡述外，第三章乃針對選舉法規之訂定、選務機關之成立、代表名額之分配與選舉區域之畫分等，都有詳盡的論述。

　　第四章選舉事務之規劃與運作方面，分為四節加以探討，分別就選舉人、候選人資格的認定，以及選民之造冊、選舉規範之遵守、選舉工作之進程等分別加以說明。

　　第五章選舉活動之剖析，此章可說是本論文研究重點之一。筆者分別就各不同類別之選舉過程加以論述。迨，選舉完畢後，並將開票情形，選舉時所發生之弊端和糾紛事情之處理，都有詳盡的敘述和說明。尤其是舞弊和糾紛之事層出不窮的發生，這自然對民主政治發展有所影響，這可說是最需檢討和改進的。最後並將各不同類別之選舉結果加以分析，讓所有選民對此次之選舉有一充分的了解。

　　第六章當選代表之比較分析，此章亦是本論文研究之重點。本章之研究，筆者係以江蘇、廣東、湖南、河南、南京、北平等 6 省市當選代表為分析對象，分別就代表之性別、年齡、學歷、經歷等項目加以分析，並加以評論，文中均有詳細說明，在此不再多論。其所以選擇以江蘇等 6 省市為析論對象者，則是在當時國內局勢紛亂之中，此 6 省市較為安定之故也。

　　前已述及，有關國民大會制度或學理方面的探討著作甚多，但本書研究重點著重於選舉方面的問題，尤其著重在各黨派權力的如何再分配上。是以在資料的收集方面，除了有關選舉方面的資料外，在黨派方面如國民黨、青年黨、民社

黨，以及國民黨各派系間如 CC 派與三青團等方面的資料，亦在蒐集範圍之內。

　　由於筆者前曾研究《制憲國民大會代表選舉》，所以對《國民政府檔案》、《內政部檔案》中，有關選舉方面的資料接觸較多，尚能初步掌握資料的動向，運用於本研究計畫並無困難。至於《蔣中正總統檔案》係最近幾年新開放的史料，內有許多關於行憲時期選舉方面的檔案，對本論文之研究，有相當的幫助，筆者常利用時間前往國史館詳細閱讀並整理使用。而南京第二歷史檔案館亦蒐藏許多國民大會選舉檔案，筆者雖於多年前前往閱讀並蒐集資料，但就行憲部分而言，仍需再花較多時間閱讀整理。其他地區如上海、北京檔案館內之檔案，亦需利用時間前去蒐集和閱讀。

　　除了第一手的檔案資料外，有關專書、報紙、雜誌、期刊，以及當事人的回憶錄、口述歷史等資料，都是蒐集的重點。至於所蒐集的原始檔案資料，除了可以做為本論文之重要參考資料外，亦可與有關單位合作，將此批資料予以編輯出版，以供後人研究之用。

　　最後，筆者仍要說明的是，這次行憲國大代表之選舉，當時雖處於國共衝突最激烈之時，但國府仍然舉辦此次選舉，實因國府想要及早實現中山先生的理想，使得中華民國成為一名實相符的民主憲政國家。再者，依憲法之規定，在各有關選舉法規公布後 6 個月內，必須完成國民大會代表、立法委員，以及監察委員之選舉。因此，政府乃排除萬難按照既定時程實施之。

　　然而，國人仍需了解的一點就是國大代表係屬民意代

表，是代表人民來行使政權的，必須具備民意基礎。多年來國人常對當年所選出的部分國大代表，其合法性感到質疑，尤其是當時的國民黨為爭取青、民兩黨共同參與行憲，採用所謂「以黨讓黨」的退讓方式，以增加民、青兩黨的席次，換取兩黨共襄盛舉，但這些代表並非因其得票最多而當選，是故其合法性令人難以信服。

　　再者，憲法的制定與憲政的實施，雖屬兩個不同的階段，但其精神則是一貫的，中華民國憲法的制定，係由各黨各派所共同協商制定完成的，然此部憲法是否真正依照孫中山先生三民主義和五權憲法之理念而制定，是否真能符合民意，超脫黨派之色彩？而一部憲法之制定，其所代表之真精神又是什麼？這都是值得加以探討的。

　　總之，凡實施民主政治的國家，選舉是其逐行政治運作的唯一途徑，政黨透過選舉，推出黨的候選人，來闡述該黨的政治理念，人民則根據各自的判斷和選擇選出代表，組成民意機關，國家的政治始可推行。因此，要想達到選舉的目的，如何有效防止舞弊和糾紛事件一再的發生，應是當政者刻不容緩所要解決的要事。

第二章　國民大會之基本理論

　　國民大會是孫中山先生研究西方政治制度和顧及我國特殊政情而創設的民意機關，也是中山先生政治思想的結晶，此一機構不但爲中國以前所未有，亦爲世界各國之獨創。它是根據主權在民思想實行直接民權的政治制度，在人民有權，政府有能的權能區分理論下，所建立的一個代替人民行使政權的權力機關。

　　由於近代民主國家的政府組織，大都是依照孟德斯鳩（Baron de Montesquieu）三權分立及權力制衡的原理而建立的。這種制度基本上較能保障民權，但政府在運作上有時易受牽制，以致難以發揮應有的功能。中山先生鑒於歐美三權分立之弊，爲矯正現代民權制度之缺失，將選舉、罷免、創制、複決四種權力，直接賦予全體人民施行，稱之爲政權；將政府權力分爲行政、立法、司法、考試、監察五種，分設機關掌理，稱之爲治權。使人民有充分的權力掌控政府，政府有最大的能力推行政務，如此，人民有權，政府有能，主權在民因而落實，全民政治乃告實現。爲貫徹其政治理念，則必須制定五權憲法，通過國民大會之設置，爲實踐其權能區分理論的主要手段。

第一節　權能區分與五權分立

　　權能區分是中山先生於民國 13 年 4 月 20 日演講〈民權主義第五講〉時完整提出的理論。

　　中山先生權能區分理論的主要主張，歸納之不外是要使人民有權、政府有能。中山先生看到了歐美國家在經過民權革命之後，「雖然是推翻專制，成立共和政體，表面上固然是解放，但在人民的心目中還有專制的觀念，還怕有皇帝一樣的政府來專制」。[1]亦即害怕政府是一個萬能的政府，他說：「現在講民權的國家，最怕的是得到了一個萬能政府，人民沒有方法去節制他；最好的是得一個萬能政府，完全歸人民使用，為人民謀幸福」。[2]為此，中山先生乃提出他所發明的解決方法，就是權能區分的理論。

　　然而此處所謂的權與能，就是指人民要有權，政府要有能。中山先生認為，政治之中包含有兩個力量：「一個是管理政府的力量，一個是政府自身的力量」。[3]然後他主張「把國家的政治大權分開成兩個：一個是政權，要把這個大權，完全交到人民的手內，要人民有充分的政權可以直接去管理國事。這個政權，便是民權。一個是治權，要把這個大權，

1　孫文：〈民權主義〉第五講，中國國民黨中央委員會黨史委員會（以下簡稱中央黨史委員會）編訂；《國父全集》，第 1 冊（台北市：中央黨史委員會出版，民國 77 年 3 月 1 日再版），頁 130。
2　同前註，頁 125。
3　孫文：〈民權主義〉第六講，《國父全集》，第 1 冊，頁 147。

完全交到政府的機關之內，要政府有很大的力量，治理全國事務。這個治權，便是政府權。人民有了很充分的政權，管理政府的方法很完全，便不怕政府的力量太大，不能夠管理」。[4]

至於政權與治權的內容，中山先生也有詳細的說明。他說：「在人民方面的大權，是要有四個政權。這四個政權是選舉權、罷免權、創制權、複決權。在政府一方面是要有五個治權，這五個治權就是行政權、立法權、司法權、考試權、監察權」。[5]又說：「有了四個民權，便可以直接管理國家的政治。這四個民權，又叫做政權，就是管理政府的權。至於政府自己辦事的權，又可以說是做工權，就是政府來替人民做工夫的權」。[6]

既然人民有權，政府又有能，因此中山先生主張兩者必須保持平衡，不能讓人民的權力太大，也不能讓政府的權力太大，然後才能保持政治的安定和發展。所以中山先生說：「在人民和政府的兩方面，彼此要有一些什麼的大權，才能平衡呢？」在人民一方面的大權是，要有四個權，這四個權是選舉權、罷免權、創制權、複決權。在政府方面的，是要有五個權。這五個權是行政權、立法權、司法權、考試權、監察權。用人民的四個政權，來管理政府的五個治權，那才算是一個完全的民權政治的機關，有了這樣的政治機關，人民和政府的力量，才可以彼此平衡。因此我們若想進一步明

4　孫文：〈民權主義〉第六講，《國父全集》，第 1 冊，頁 149。
5　同註 4，頁 153。
6　同註 4，頁 152。

白這兩個大權的關係，可以由下面所畫之圖來加以說明。

圖一：政權與治權關係圖

由此圖可以看出，在上面的政權，就是人民權。在下面的治權，就是政府權。人民要怎樣管理政府？就是實行選舉權、罷免權、創制權、複決權。政府要怎樣替人民做工夫？就是實行行政權、立法權、司法權、考試權、監察權。有了這九個權，彼此保持平衡，民權問題才算是真解決，政治才算是有軌道。[7]

由以上之所述可以得知權能區分學說之理論，亦了解權與能兩者是相輔相成的，缺一不可。至於中山先生在政治學上另一個新發明就是「五權憲法」的創立。其創立五權憲法是感到三權憲法的不完備，他說：「兄弟當亡命各國的時候，便很注意研究各國的憲法。研究所得的結果，見得各國憲法

---

7 孫文：〈民權主義〉第六講，《國父全集》，第 1 冊，頁 153。

只有三權，還是很不完備，所以創出這個五權憲法，補救從前的不完備」。[8]

民國 12 年，中山先生在其所著「中國革命史」中亦曾論及：「臨時約法，適得其反，以國家機關之規定論之，惟知襲取歐美三權分立制，且以為付重權於國會，即符主權在民之旨；曾不知國會與人民，實非同物。況無考試機關，則無以矯選舉之弊；無糾察機關，又無以分國會之權；馴致國會分子，良莠不齊，薰蕕同器；政府患國會權重，非劫以暴力，視為魚肉；即濟以詐術，弄為傀儡。政治無清明之望，國家無鞏固之時，且大亂易作，不可收拾」。[9]由這一段論述，可以得知中山先生主張五權分立之制度，使考試權與監察權獨立於行政與立法機關之外，其主要用意實為「矯選舉之弊」與「分國會之權」，而最終目標仍在於達成「主權在民」之目的。[10]

因此，根據此五權憲法而組織的中央政府，包括行政、立法、司法、考試、監察等五院，以分別掌理行政、立法、司法、考試、監察等五項治權。關於五院的建制，中山先生曾先後於民國 7 年發表「孫文學說」一書，於 10 年以「五權憲法」為題發表演講，13 年 4 月手撰「國民政府建國大綱」屢有意思表示，但前後頗有出入，甚至有與權能區分之理論背道而馳者。《孫文學說》中說：「憲法制定之後，由各縣人

8　孫文：〈五權憲法〉演講，《國父全集》，第 2 冊，頁 412。
9　孫文：〈中國革命史〉附錄，《國父全集》，第 2 冊，頁 188。
10　陳春生：《國父政權思想研究》(台北市：五南出版社，民國 70 年出版)，頁 142。

民投票選舉總統以組織行政院；選舉代議士，以組織立法院；其餘三院之院長，由總統得立法院之同意而委任之，但不對總統立法院負責；而五院皆對於國民大會負責」。[11]惟建國大綱第 24 條規定：「憲法頒布之後，中央統治權則歸於國民大會行使之，即國民大會對於中央政府官員有選舉權，有罷免權；對於中央法律有創制權，有複決權」。[12]此觀點雖與權能區分及五權憲法的原理相符，但也只是原則大綱，並無詳細的論述。崔書琴先生亦曾表示：「中山先生對於以五權憲法為根據的中央政府如何組織，並未作詳盡的說明，因此我們實行五權憲法時，應該特別注意其精神，而不必拘泥形式」。[13]

　　至於五權之間的相互關係，中山先生說：「政府替人民做事要有五個權，就是要有五種工作，要分成五個門徑去做工。人民管理政府的動靜要有四個權，就是要有四個節制，要分成四方面來管理政府。政府有了這樣的能力，有了這些做工的門徑，才可以發出無限的威力，才是萬能政府」。[14]是以就整體言之，它是一個政府。就分權言之，它是五個做工的單位。各院的執行事宜，與行政院有關。各院所需的法律，由立法院制定，使各院政策上歸於統一，各院人員違法，由司法機關審判。各院人員失職，由監察院彈劾。五院及全國大小官員之資格，由考試院考試或銓定之。所以五權分立，立

11　孫文：〈建國方略〉第六章：能知必能行，《國父全集》，第 1 冊，頁 464。

12　孫文：〈建國大綱〉，《國父全集》，第 1 冊，頁 753。

13　崔書琴：《三民主義新論》（台北市：臺灣商務印書館，民國 68 年修訂台北 13 版），頁 204。

14　孫文：〈民權主義〉第六講，《國父全集》，第 1 冊，頁 155。

於平等地位，各有各的權限。因此，五院間的相互關係，即中山先生所言之「分立之中，仍相聯屬」。[15]

　　總之，中山先生創立五權憲法，是集中外政治制度的精華，防止一切流弊而成的。他說：「我們現在要集合中外的精華，防止一切的流弊，便要採用外國的行政權、立法權、司法權，加入中國的考試權和監察權，連成一個很好的完璧，造成一個五權分立的政府。像這樣的政府，才是世界上最完全最完善的政府。國家有了這樣純良的政府，才可以做到民有、民治、民享的國家」。[16]

第二節　權能區分原理中的國民大會

　　由前節之論述可以得知，中山先生權能區分的原理即是將國家政治大權區分為政權與治權兩種。政權屬於人民，亦即人民擁有選舉、罷免、創制、複決等四權，這四權完全交到人民的手內，可以用以管理國事。治權即行政、立法、司法、考試、監察等五種治權，這五種治權完全交到政府的機關之內，治理全國事務。如此則政權與治權各有統屬不可紊亂。[17]

　　是以將權與能劃分清楚，不但使得人民有了很充分的政權，又有很完全的方法來管理政府，便不怕政府的力量太大，

---

15 孫文：〈中華民國建設之基礎〉論著，《國父全集》，第 2 冊，頁 179。
16 孫文：〈民權主義〉第六講，《國父全集》，第 1 冊，頁 154。
17 孫文：〈民權主義〉第六講，《國父全集》，第 1 冊，頁 154。

不能夠管理。[18]而且人民因為權能區分，不致於任意反對政府，政府才可望順利發展。[19]也因此而解決了人民與政府間由於權力的運用所產生的矛盾。

　　至於政權的運用，中山先生主張在地方由人民直接行使，即在一完全自治之縣，縣民對縣官員有直接選舉之權，有直接罷免之權，對縣法律有直接創制之權，有直接複決之權。在中央，政權原亦由人民直接行使，但由於中國人口眾多，土地廣大，人民直接管理，困難殊多，所以特別設立國民大會此一機構，將政權交由國民大會代為行使，以管理政府。此可說是因應實際的需要，在中央實行直接民權，亦可通過國民大會代表的選舉與罷免，或對法律與重大事件以公民投票方式予以實現。況且中山先生於〈中華民國之意義〉一文裡亦提到「直接民權，則有創制權、廢止權、退官權。但此種民權不宜以廣漠之省境施行之，故當以縣為單位」。[20]亦即人民直接行使民權必須符合其先決條件，即「國土要小，人口要寡，人民知識水準要高，交通要方便」等，[21]否則人民空有政權，不能有效監督政府，則直接民權將無法發揮其效力，所以中山先生在廣土眾民的中國，乃有組織國民大會之構想，並說：「今假定民權以縣為單位，吾國今不止二千縣，如蒙藏亦能漸進，則至少可為三千縣。三千縣之民權，猶三千塊之石，礎堅則五十層之崇樓不難建立。建屋不能猝

18　孫文：〈民權主義〉第六講，《國父全集》，第 1 冊，頁 149。
19　孫文：〈民權主義〉第五講，《國父全集》，第 1 冊，頁 132。
20　孫文：〈中華民國之意義〉演講，《國父全集》，第 2 冊，頁 352。
21　陳天志：《國民大會職權之研究》（台北市：國立政治大學政治研究所碩士論文，民國 57 年 1 月），頁 36。

就，建國亦然，當有極堅毅之精神，而以極忍耐之力量行之。竭五年十年之力，爲民國築此三千之石礎，必可有成。彼時更可發揮特殊之能力，令此三千縣者，各舉一代表；此代表完全爲國民代表，即用以開國民大會，得選舉大總統。其對於中央之立法，亦得行使其修政之權，即爲全國之直接民權」。[22]又說：「國民大會，由每縣國民舉一代表組織之」。[23]「俟全國平定之後六年，各縣之已達完全自治者，皆得選代表一人，組織國民大會」。[24]「第三爲建設完成時期，在此時期施以憲政，此時一縣之自治團體當實行直接民權。人民對於本縣之政治，當有普通選舉之權，創制之權，複決之權，罷官之權。而對於一國政治，除選舉權外，其餘之同等權，則付託於國民大會之代表以行之」。[25]

下列之圖係民國 10 年（1921）3 月 20 日中山先生在廣東省教育會演講五權憲法時所繪，中央政權雖由國民大會代表代爲行使，但實際之權仍操於人民手中。因此，仍不失直接民權之效果。

---

22 孫文：〈自治制度爲建設之礎石〉演講，《國父全集》，第 2 冊，頁 357。
23 孫文：〈中華民國建設之基礎〉論著，《國父全集》，第 2 冊，頁 180。
24 孫文：〈中國革命史〉論著，《國父全集》，第 2 冊，頁 183、184。
25 同前註，頁 184。

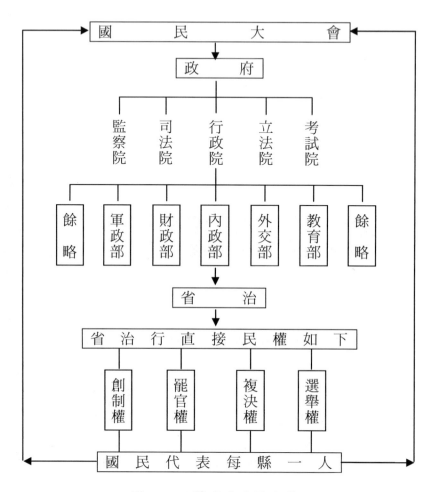

圖二：五權憲法治國略圖

　　其次中山先生復認爲：「政治主權在於人民，或直接以行使之，或間接以行使之；其在間接行使之時，爲人民之代表者，或受人民之委任者，只盡其能，不竊其權。予奪之自

由，仍在人民，是以人民為主體，人民為自動者」。[26]由此可知，所謂人民之委任者，當係指國民大會之代表，而中山先生又主張在付託於國民大會代表代行中央政權前必先完成分縣自治，如此才能達到直接民權，全民自治之效果。並說：「實行民治必由之道，而其實行之次第，則莫先於分縣自治。蓋無分縣自治，則人民無所憑藉，所謂全民政治，必無由實現。無全民政治，則雖有五權分立、國民大會，亦終未由舉主權在民之實也」。[27]由此我們可以見得國民大會乃是人民實行直接民權的橋樑。

由於中山先生始終追求的目標就是行使直接民權，相對的其最痛恨的就是代議政治上議會之代表。認為這些代議士都變成了「豬仔議員」，有錢就賣身，分贓貪利，為全國人民所不齒。[28]雖然中山先生心目中理想的政治制度是實施直接民權，但其本人亦會顧及現實狀況有所改變，否則如果一味地追求直接民權的形式，而不顧其可行性，最後可能會將直接民權的實質精神破壞殆盡。所以說，國民大會制度的設定，可說是因應實際需要，在直接與間接民權之間，採取截長補短的設計。所以，國民大會所行使的政權是一種直接民權的間接行使，雖似間接民權的體制，卻具直接民權的精神。

由以上之所論可以得知，在權能區分原理下，人民所擁有的四權與政府的五權，要維持平衡的關係，地方政府如此，中央政府亦然。人民直接以四權來管理地方政府，亦得推舉

26　孫文：〈中華民國建設之基礎〉論著，《國父全集》，第 2 冊，頁 179。
27　同前註，頁 180。
28　孫文：〈民權主義〉第四講，《國父全集》，第 1 冊，頁 118。

代表以管理中央政府，人民有權經由國民大會有效管理政府，政府有能，順利推行施政而福國利民，各不相妨，和衷共濟，主權在民，全民政治之理想乃告實現。

由於國民大會是一個代表人民施行權力的政權機關，所以它是國家政府組織中一個實體單位，是國家的權力中心，五權憲法藉由它的存在、運作而實現，也是國家政治良窳成敗之所寄，因此，其構成分子國民大會代表的選出，毋寧是其中最關重要之所在。

第三節　中華民國憲法中的國民大會

一、國民大會問題在政治協商會議中之爭論

抗戰勝利前後，為了早日結束訓政，實施憲政，還政於民，國民政府乃於民國 35 年 1 月 10 日，在南京召開政治協商會議，邀請各黨派代表及社會賢達，齊聚一堂，共商國事。但此時的國民黨已不復往昔一黨訓政制定憲草，必須與其他黨派進行妥協、洽商、讓步等方式來達成協議，因此五五憲草之部分條文內容，在此期間便成為各方爭論之焦點。

此次政治協商會議共分 5 組（憲法草案、政府組織、和平建國綱領、軍事問題、國民大會等）分別討論，有關國民大會之職權及組織等問題屬憲法草案組討論範圍，因此本節僅就憲法草案組中國民大會之問題加以討論。

　　政治協商會議對於憲法草案之爭辯共開會 5 次，其中包括大會 1 次，組研討會 4 次。1 月 19 日，大會開議討論憲草問題，首由立法院長孫科先行說明國民黨對五五憲草之意見，對國民大會章有如是之語：「國民大會行使創制、複決、選舉、罷免四權，就已包括國家最高權力，就是在憲法中不一一列入預算、決算、外交等職權，也有這種權力」。[29]由此可知，國民黨對國民大會此一機關，不僅認為是有形組織，同時也認為是最高權力機關。

　　其他各黨派對五五憲草中國民大會之問題有許多不同之看法，如民主同盟之黃炎培認為：「國大代表人數眾多，會期相隔甚久，應有常設機關。職業選舉，應該加入」。[30]

　　無黨派之傅斯年則認為：「中國國會應實行兩院制，立法院應擴大其權力，成為下院，監察院成為上院」。[31]

　　另一無黨派之胡霖亦認為：「五五憲草中，國民大會應否設立，大有考慮之必要。並認為其職權可由立法院行使，無需另設國民大會」。[32]

　　青年黨之曾琦認為：「……國會採二院制，監察、考試二權不應從立法、行政、司法三權中分離」。[33]

　　由以上之討論中可以發現，「許多會員格於國父遺教，不敢公然反對五權憲法，卻從實際上變更五院的關係，形成

---

29 歷史文獻社編：《政協文獻》（南京市：歷史文獻社，民國 35 年 7 月初版），頁 129。
30 同註 29，頁 130。
31 同註 29，頁 130。
32 同註 29，頁 131。
33 同註 29，頁 131。

五權其名，三權其實的局勢」。[34]但張君勱卻認為五五憲草
所設定的國民大會，就其組織、職權之行使，皆與人民自身
直接行使四權的意義大不相同，實行的可說是間接方式的直
接民權。亦即真正的直接民權之行使是人民能自身直接行使
政權，而不能由代表代為行使，換言之，所謂的「國民投票
（referendum）」，即必須由國民直接投票，而不許有間接
的代表代行。[35]因此，張認為五五憲草中的國民大會，自稱
不上直接民權。

此外，張君勱復認為創制與複決兩權與立法院之職權重
疊，依五五憲草規定，國民大會可以創制法律及複決法律，
而在同草案第 63 條又規定：「立法院為中央政府行使立法權
之最高機關，對國民大會負其責任」。同草案第 64 條更明確
規定：「立法院有議決法律之權」。綜而言之，在五五憲草
上，中央民意機關有上下兩級，國民大會為上級，立法院為
下級，立法院須向國民大會負責。依理，中央民意機關不能
有上下兩級，而且立法原則與具體立法之間，也很難有絕對
劃一的明白界限。如果同為行使間接民權之國民大會，可以
創制立法原則，可以複決法律，必將促成行政與立法二院皆
感無所適從。[36]

其他方面，張君勱復認為國民大會在每次召開會議時之
會期甚短，諸多職權有名無實。表面觀之，國民大會之權力

---

34 王雲五：〈政治協商會議追記〉，《岫廬論國是》（台北市：臺灣商務
　　印書館，民國 54 年 11 月臺初版），頁 178。
35 陳惠苓：《張君勱憲政思想之研究》（台北市：國立臺灣大學三民主義
　　研究所碩士論文，民國 80 年 6 月），頁 107。
36 同前註。

似乎很大，而實際上皆無法發揮效用，因此五權必將變爲一權。另，人數過多，集會討論難有實效等，都是張君勱認爲當時國民大會存在之缺失，所以張氏認爲「國民大會」之設置實爲無用且多餘，且有礙立法院等機關之正常運作，並以全國國民可以行使四權之「無形國大」取代之。

其後，憲法草案組於 19 日召開的大會結束後，復於 21日下午起連續開會 4 次，並達成兩項決議，一爲組織審議委員會，二爲確定憲草修改原則。在憲草修改原則方面，以張氏前此之構思爲主體，議定了「憲法草案十二項修改原則」。而此十二項憲草修改原則是「政協憲草」起草的基本原則，[37]也是政治協商會議對於「五五憲草」修正的原則方向[38]，更是將國民黨執政下所制定的「五五憲草」轉移到現行中華民國憲法體制的重要轉折所在。[39]在此十二項修改原則中有關國民大會之職權及體制，經修正後之情形，由以下之所列，即可略知一二。[40]

1.全國選民行使四權，名之曰國民大會。

2.在未實行總統普選制以前，總統由縣級、省級及中央議會合組選舉機關選舉之。

3.總統之罷免，以選舉總統之同樣方法行之。

37 雷震：《制憲述要》（香港，自由出版社，1957 年），頁 13、14。

38 國民大會秘書處編：《（制憲）國民大會實錄》（南京市：國民大會秘書處，民國 35 年 12 月出版），頁 278。

39 薛化元：〈張君勱與中華民國憲法體制的形成〉，《近代中國歷史人物論文集》（台北市：中央研究院近代史研究所，民國 82 年 2 月），頁233。

40 胡春惠編：《民國憲政運動》（台北市：正中書局印行，民國 67 年 11月臺初版），頁 1016、1017。雷震：《制憲述要》，頁 72-75。

4.創制複決兩權之行使,另以法律定之。

由第 1 點「全國選民行使四權,名之曰國民大會」之敘述,可以看出,張君勱本意就是要將有形的國大化為無形,此可說是對五五憲草一次重大的修正。其第 2 至第 4 點條文之訂定,亦可以看出,張氏欲以各級議會「取代國民大會」,間接行使總統之選舉、罷免權;對創制、複決權,則俟國民能直接行使時,再制定法律行之,而不經由國民大會行使之。[41]

其次是由憲草修改原則之其他條文內容可以看出,張氏欲將立法院改成為國會,行政院對立法院負責,成為責任內閣的型態,以及將地方制度仿效聯邦制,省得制定省憲。這些都與五五憲草出入極大,也違反了五權憲法的原理。荊知仁教授在其論著「中國立憲史」一書中亦明白指出,「此一"憲草十二項修改原則"公布後,可以說對五五憲草的主要精神與制度的設計,都有極大的改變,甚至根本動搖了『權能區分』及『五權憲法』的精神」。[42]

因此,引起了中山先生信仰者及國民黨強烈的指責。劉士篤在《國民公報》曾發表〈對政治協商會議修改憲草原則的批判〉一文中指出:

> 「修改原則十二條,處處均屬可議。總而言之,蓋由於摒棄了國父權能區分之原則不採,不知權能分開,乃為五權憲法之基本精神。由於權能分開,然後國民

---

[41] 張君勱:《中華民國民主憲法十講》(台北市:臺灣商務印書館,民國 60 年 2 月,臺 1 版),頁 1。

[42] 荊知仁:《中國立憲史》(台北市:聯經出版事業公司,民國 81 年 12 月第 5 次印行),頁 443。

為委任人，為有權者；賢能為受任人，為有能人。庶
乎委任責成制可以推行。若權能不分，則此精神全
失，尚何五權憲法之可言哉？」。[43]

此外，任卓宣教授亦曾為文對此點加以批判，他說：「國
民大會不能寄託在『名之曰』上，必須有一個東西。現在沒
有這個東西，還不是取消嗎？所謂『名之曰』，乃是保存國民
大會之名，以敷衍國父遺教。這把『建國大綱』第 14 條和第
24 條完全摒棄了。其違反國父遺教，甚為顯然。……"憲草
修改原則"第 1 條中的第 2 款『在未實行總統普選制以前，
總統由縣級、省級，及中央議會合組選舉機關選之』。第 3
款『總統之罷免，以選舉總統之同樣方法行使之』。看這兩
條，可知中央官員如總統者，還不能由全國選民來選舉罷免，
當然就無法談及其他中央官員了。再看以後各條，全國選民
限於選舉代表組織立法院之一點，而罷免代表一事，並未提
及。這不表明"憲草修改原則"之取消罷免權和縮小選舉權
嗎？對於創制複決兩權，『憲草修改原則』第 1 條第 4 款說：
『創制複決兩權之行使，另以法律定之』。這算比罷免權好，
是保存著了。但沒有國民大會，情形將如前所說，難於行使，
而且必然落空。這是一定的。

於是，國父所謂國民大會的民主制度成為單純的公民投
票的民主制了。不用說，人民實際還是處於代議政治之下，
只有選舉一權。而"憲草修改原則"所希望的也是如此。它

---

43 劉士篤：〈對政治協商會議修改憲草原則的批判〉，《國民公報》，民
　國 35 年 2 月 15 日。轉引自齊光裕：《政治協商會議與我國民主憲政之
　發展》，頁 180。

對於選舉主張在憲法列專章規定（第 10 條），對於創制複決則不如此。結果，國父所反對的議會獨裁就建立起來，而且很安全了。政治協商會議縮小選舉，取消罷免，輕視創制和複決，是明顯的事。其不民主，無待於言」。[44]

　　至於國民黨方面，亦有許多人對此一修改原則甚表不滿。該（35）年 3 月初，中國國民黨召開 6 屆 2 中全會時，張群、王世杰、孫科等參加政協會議之代表，在會中即遭到黨內同志嚴厲的責難。張君勱及民主同盟等主要領導人均認為這是中國國民黨方面，保守力量的崛起。[45]

　　而憲法審議委員會於 35 年 2 月 14 日召開首次會議時，決定成立協商小組，由 5 方面（國民黨、共產黨、青年黨、民主同盟、社會賢達）各推 5 人，另公推會外專家 10 人組織成立，並議定「凡涉及變更政協會議之憲草修改原則者，無論在大會或協商小組，均須由 5 方面協議決定」。[46]而國民黨亦利用六屆 2 中全會召開時，於 3 月 16 日通過「對於政治協商會議報告之決議案」，說明：

> 「三民主義為建國最高原則，早為全國所遵奉，已為此次政治協商會議所共認，而五權憲法乃三民主義之具體實行方法，實有不可分離之關係。權能分職，五

44 葉青：〈政治協商會議修改憲草之批判〉，胡春惠編：《民國憲政運動》，頁 1055，1056。

45 此保守力量即指 CC 等國民黨內保守人士，但蔣總裁對此一憲草修改原則亦表不滿也是一大因素，認為只有約法是合法的，政協沒有拘束力。見蔣勻田：《中國近代史轉捩點》（香港：友聯出版社有限公司印行，1976 年 11 月），頁 49、57。

46 羅志淵：《中國憲法與政府》（台北市：國立編譯館，民國 65 年 2 月），頁 346、347。

權分立，尤為五權憲法之基本精神。本黨五十年領導革命，悉為實現此最進步之政治制度，皆應依照建國大綱與五權憲法之基本原則而擬定，提由國民大會討論決定，庶憲政之良規得以永久奠定」。[47]

會中並通過對修改憲草原則之決議 5 點，請憲草審議委員會加以考慮，並授權中常會據以負責審查憲草之修正。該 5 項原則為：[48]

1. 制定憲法，應以建國大綱為最基本之依據。

2. 國民大會應為有形之組織，用集中開會之方式，行使建國大綱所規定之職權。其召集之次數，應酌予增加。

3. 立法院對行政院不應有同意權及不信任權，行政院亦不應有提請解散立法院之權。

4. 監察院不應有同意權。

5. 省無須制定省憲。

憲草審議委員會召集人孫科將國民黨上項意見與各黨派代表在憲草審議委員會繼續協商，終為憲草審議會與政協綜合組聯席會議作部分之接受，並達成 3 項新協議：[49]

1. 國民大會仍為有形組織。

2. 取消憲草修改原則第 6 項中的立法院之不信任權，及

47　中國國民黨中央黨史委員會藏：《中國國民黨第六屆中央執行委員會第 2 次全體會議紀錄》，頁 118。

48　同前註，頁 118。黃正銘：〈我國制憲與行憲的回顧〉，《國立政治大學學報》，第 1 期（台北市：國立政治大學學報編輯委員會，民國 49 年 5 月出版），頁 105。

49　王雲五：〈政治協商會議追記〉，《岫廬論國是》（台北市：臺灣商務印書館，民國 54 年 11 月臺出版），頁 212。

行政院的解散權。

3.省憲改為省自治法。

由此可以看出，由於各政黨的協商，使得國民大會確實已恢復為有形之組織，但我們亦可由憲草審議委員會所制定完成的五五憲草修正案（即政協憲草）可以得知，其職權亦有所變更，僅限於：

1.選舉總統副總統。

2.罷免總統副總統。

3.憲法修改之創議。

4.複決立法院所提憲法之修正案。

關於創制複決兩權之行使，除前項三、四兩款規定外，俟全國有半數之省市，曾經行使創制複決兩項政權時，由國民大會制定辦法，並行使之。這就是隨後制定的「中華民國憲法」第 27 條的內容。雖然此一設計保留了國民大會對於「人」的部分權力，但對於「事」的權力無疑予以擱置。國民大會實際上只是一個 6 年 1 次的總統、副總統的選舉機關，其間對國家政治並無關聯，所謂有形的國大與無形者無異，有名無實的國民大會為全國人民最高行使政權機關云云，也就完全流於一種形式罷了。

因此，我們亦可了解，這次政協憲草制定完成，雖然維持了五權憲法之形式，但實質上與接近中山先生五權憲法理論之「五五憲草」出入頗大[50]，這主要是因各方遷就現勢情況，相互妥協讓步的結果，妥協不一定是壞事，為了獲取有

---

[50] 孫子和：《五權憲法與憲政》（台北市：中華民國建國 80 年學術討論會，民國 80 年 8 月 11-15 日），頁 16。

用的結果而妥協，爲了避免決裂紛爭而妥協，這可說是民主政治的一個運用原則。所以，我們對妥協而產生的憲法，自然應有所諒解。[51]更爲重要的是，當時因現實環境必須妥協而作的決定，乃是寄望於未來再視情況加以改善，不料其後政局紛亂，政府播遷臺灣，竟無改革之機，則是國人無法預料的不幸了。

二、國民大會的成立

　　由上節之論述可以了解，中山先生看到西方代議政治，人民僅有選舉權，而無充分、直接管理政府的權力，以致發生許多流弊，甚是不滿。認爲理想的政治應是全民政治與直接民權，人民除了選舉權之外，還有罷免權、創制權和複決權，能夠直接參與國家政治，完全管理政府的「人」和「事」。因此特別參照美國克利夫蘭城（Cleveland）以及瑞士的直接民權制，並配合中國國情，在中央設置一個「國民大會」，以此爲中央政權機構，代表全國人民行使直接民權。[52]

　　由於國民大會雖是中山先生所創，但他對國民大會僅只有原理原則的闡明，並無具體的設計，民國 25 年國民政府公布的「五五憲草」係參照中山先生手訂之「建國大綱」與訓政時期之經驗，對國民大會的組織、職權與任期作出較具體的規定，現分別略述於下：

---

51 孫子和：《五權憲法與憲政》（台北市：中華民國建國 80 年學術討論會，民國 80 年 8 月 11-15 日），頁 16。
52 邱榮舉：《孫中山憲政思想之研究 —— 析論其對中央政制之設計》（台北市：國立臺灣大學政治研究所博士論文，民國 76 年 1 月），頁 167。

（一）就組織而言

　　國民大會在中山先生的五權憲法理論中，為代表人民行使政權的中央機關。關於其組織，建國大綱第 14 條規定：「每縣地方自治政府成立後，得選國民代表一員，以組織代表會，參預中央政事」。[53]可見國民大會的組成，中山先生主張以「縣」為單位的地域代表制，（geographical representation），且每縣以選出 1 名國民大會代表為限。但「五五憲草」就此原則略加變更：

　　1.每縣市之人口超過 30 萬者，每增加 50 萬人，增選代表 1 人。

　　2.僑居國外之國民，其應選出之代表，以法律定之。

　　前者認為，這種變更大致上仍不違背遺教的指示，因為中山先生的民權主義，原本即以平等為本。「茲以人口特別眾多的縣分而令其多出代表，正與其真平等精神相合」。[54]而且若忽視人口比例問題，則代表之多數未必是選民的多數，對國民大會的直接民權精神亦有不通之處。至於增派華僑代表者，亦無可厚非，因為華僑為革命之母，為祖國貢獻不少心力，同時為凝聚華僑對祖國之向心力，及參與祖國的建設，酌以增加華僑代表是屬允當的。

　　然而，民國 35 年 1 月之政協憲草修正案裡關於國民大會代表之產生除維持五五憲草的規定外，更擴大範圍，加入立

53　孫文：〈建國大綱〉，《國父全集》，第 1 冊，頁 751。

54　張知本：〈憲法中應行商討的幾個問題〉，《憲法論文集》，第 1 冊（台北市：國民大會秘書處，民國 50 年 9 月），頁 58。

法委員和監察委員。理由是如此可增加兩院對國大的聯繫。且立監委員出任國大代表，則在國大休會期間，可由對法律較有研究，且經常在首都之立監委，根據一般法律趨勢與當前政治情況，監督政府並制定法律。且可於必要時請求召開臨時國大會議。[55]

其次，五權憲法的特色乃在於權能區分。而今治權機關的成員兼具行使政權機關的成員身分，如此政權治權不分，形成混淆。「且立法委員、監察委員兼為國民大會代表，則國民大會實際易為立法院及監察院所操縱」。[56]如此則立法院和監察院成為惟我獨尊的機構，萬一濫用職權，產生惡法，則非俟其改選而無法補救。[57]由此可知，政協憲草修正案中的規定不切合實際，不如五五憲草矣！

此外，在現行憲法第 26 條中可以看出，其代表之類別更加擴大，加入少數民族、職業團體，及婦女團體等各類代表。此種改變引起許多學者之異議，蓋保障少數民族權益，增加其代表名額之規定尚屬無可厚非。惟增加職業團體及婦女團體代表，則不免有疊床架屋之感，易使民意趨於複雜。且「各自治縣之公民，皆有一選擇權，則其意見，已得直達於中央，

---

55 俞振基：〈十位立委論修正草案〉，《申報》，上海，民國 35 年 11 月 21-24 日。轉引自陳玉祥：《國民大會制度論述》（上海市：商務印書館，民國 36 年 10 月初版），頁 78。

56 范予遂：〈擁護新憲草修正新憲草〉，黃香山編：《國民大會特輯》（南京市：東方出版社，民國 36 年 9 月再版），頁 61。

57 陳茹玄：〈論憲草中之國民大會〉，《申報》，上海，民國 35 年 12 月 2 日。轉引自陳玉祥：《國民大會制度論述》（上海市：商務印書館，民國 36 年 10 月初版），頁 142。

無須同時以職業團體之資格，另選代表」。[58]至於婦女團體，因現行憲法第 134 條規定：「各種選舉，應規定婦女當選名額，其辦法以法律定之」。亦即於國民大會中，已有各種婦女代表，足以表達婦女的願望，而憲法中竟又賦予婦女團體選出代表的規定，實有違公平選舉的原則，在當時確屬值得商榷和研究。[59]

　　現行憲法中國民大會之代表雖由各不同類別之團體選舉產生，但其中仍以區域代表之選舉為佳，實因由地域所選出之代表，自可完全受該區人民之控制，予奪之權仍操在選民之手中，否則國民大會之代表是否能表達民意，將無法加以約束，亦將喪失政權之功能，是以「五五憲草」採區域代表制，立意甚佳。政協憲草則將立法委員、監察委員列為國民大會裡之當然代表，前已論述，實屬不當，因此制憲時即予以刪除，[60]故現行憲法中，並不包括立監委員在內，其原因即在於此。現將五五憲草、政協憲草中有關代表產生之方式列表於下，以供參考。

58　謝瀛洲：《中華民國憲法論》（台北市：著者自刊，民國 65 年 10 月，15 版），頁 118。

59　陳水逢：《中華民國憲法論》（台北市：中央文物供應社，民國 71 年 10 月，改訂版），頁 118。

60　齊光裕：《政治協商會議與我國民主憲政之發展》（台北市：政治作戰學校政治研究所碩士論文，民國 74 年 6 月），頁 271。

表 2-1：國民大會代表之產生與憲法條文規定一覽表：

名　稱＼內　容	條　文　內　容
五五憲草	第 27 條規定：國民大會以下列國民代表組織之 1.與縣市及其同等區域各選出代表 1 人，但其他人口逾 30 萬者，每增加 50 萬人增選代表 1 人。縣市同等區域以法律定之。 2.蒙古西藏選出代表其名額以法律定之。 3.僑居國外之國民選出代表其名額以法律定之。
政協原則	未　規　定
政協憲草	第 26 條規定：國民大會以下列代表組織之 1.由各省區及民族自治區直接選出之立法委員。 2.由各省議會及民族自治區議會選出之監察委員。 3.由各縣及相當於縣之其他地方區域選出之代表。 4.由僑居國外國民選出之代表。 前項各款之名額及選舉，以法律定之。

資料來源：荊知仁：《中國立憲史》，頁 537、578。

　　至於現行憲法第 26 條有關國民大會代表之產生，將在本論文第 3 章「代表名額之分配」中論述，在此不再贅述。

（二）就職權而言

　　中山先生在建國大綱中，曾有具體述及國民大會之職權。其第 23 條有云：「全國有過半數省份達到憲政開始時期，即全省之地方自治完全成立時期，則開國民大會，決定憲法而頒布之」。[61]第 24 條又說：「憲法頒布之後，中央統治權則歸於國民大會行使之，即國民大會對於中央政府官員有選舉權，有罷免權；對於中央法律有創制權，有複決權」。[62]是

---

61 孫文：〈建國大綱〉，《國父全集》，第 1 冊，頁 753。
62 同前註。

以國民大會之職權，爲選舉權、罷免權、創制權、複決權。

五五憲草第 32 條，規定國民大會之職權爲：

1. 選舉總統、副總統，立法院院長、副院長，監察院院長、副院長，立法委員、監察委員。

2. 罷免總統、副總統，立法司法考試監察各院院長、副院長，立法委員、監察委員。

3. 創制法律。

4. 複決法律。

5. 修改憲法。

6. 憲法賦予之其他職權。

此所謂的憲法賦予之其他職權，概指憲草第 4 條之領土變更議決權。

五五憲草所規定的國民大會職權，較合乎權能區分的原理，但其選舉罷免權之運用，未免太廣，除總統副總統及各院正副院長外，尚包括立法委員及監察委員，如此則因選罷的對象太多，可能會發生力有未逮之現象，且容易滋生許多流弊。

反觀政協憲草修正案對國民大會職權的規定，因受政協憲草修改原則把國民大會由有形改爲無形的影響，其後雖又恢復爲有形，然國大的職權已受了很大的限制。據政協憲草修正案第 27 條的規定，國民大會的職權只有選舉總統副總統和罷免總統副總統，以及憲法修改之創議和複決立法院所提之憲法修正案。選舉權與罷免權對象只限於總統副總統，而創制複決的對象也只限於憲法。至於一般法律案的創制複決，必須要全國半數以上的縣市行使此兩權的經驗後才能制

定辦法行使。所以五五憲草和政協憲草修正案有關國大職權的規定，實在不可同日而語。

　　由以上之所論可以得知，政協會議深深影響現行憲法的制定，造成國民大會職權過於狹小，這種情形嚴重違反權能區分的原則，造成權能混淆的現象，大大削弱了人民應該享有的權力。蓋以五權憲法的重要精神之一，就是由權能區分發展而為政權與治權的區分。此在政治制度上即是在中央分別設置國民大會與五院；前者代表全國國民行使選舉、罷免、創制、複決四種政權，後者則行使行政、立法、司法、考試、監察等五種治權。但由現行憲法觀之，國民大會實際行使的，僅有選舉一權，而且又限於總統、副總統，對人的罷免及對事的創制、複決三權形同擱置。因此無法達到權能區分之理想，也失去充分民權的目標。張知本先生曾說：「國民大會代表人民行使選舉、罷免、創制、複決四權，但是現行憲法已限制了創制、複決兩權的行使。這是政治協商會議『無形國大』的謬論所造成的，本人在制憲國民大會綜合審查組時，曾作一譬喻：好比一張方桌有四條腿，現在一定要去掉兩條腿，請問如何放的平穩？」。[63]

三、國民大會代表的配置

（一）國民大會的性質

---

63 張知本：〈憲法有關國民大會的問題〉，《憲法論文集》，（一）（台北市：國民大會秘書處編印，民國 50 年 9 月），頁 59。

1.國民大會是政權機關

　　中山先生在民權主義第六講中說:「政是眾人之事,集合眾人之事的大力量,便叫做政權,政權就可以說是民權;治是管理眾人之事,集合管理眾人之事的大力量,便叫做治權,治權就可以說是政府權。所以政治之中,包含有兩個力量,一個是政權,一個是治權。這兩個力量,一個是管理政府的力量,一個是政府自身的力量」。[64]又說:「關於民權一方面的方法,世界上有了一些什麼最新的發明呢?第一個是選舉權……第二個就是罷免權……創制權,這就是第三個民權。……複決權,這就是第四個民權,人民有了這四個權,才算是充分的民權。……這四個民權,又叫做政權,就是管理政府的權」。[65]所以政權的內容是選舉權、罷免權、創制權、複決權等四個權,是管理政府的權。建國大綱第 14 條規定:「每縣地方自治政府成立之後,得選國民代表一員,以組織代表會,參與中央政事」。24 條規定:「憲法頒布之後,中央統治權則歸於國民大會行使之,即國民大會對於中央政府官員有選舉權,有罷免權;對於中央法律有創制權,有複決權」。即國民大會是代表人民行使選舉權、罷免權、創制權和複決權等四權,也就是代表人民在中央行使政權。依現行憲法第 27 條規定,國民大會有選舉權、罷免權、創制權與複決權。[66]又憲法第 25 條規定:「國民大會……代表全國國

64　孫文:〈民權主義〉第六講,第 1 冊,頁 147。
65　同前註,頁 151、152。
66　憲法第 27 條規定,國民大會有選舉總統副總統、罷免總統副總統之權,對於創制權與複決權,國民大會只能行使修憲的創制權,及行使修憲的複決權－複決立法院所提出的修憲案。

民行使政權」。因此國民大會是政權機構應無疑義。

2.國民大會是代表全國國民的機構

國民大會是政權機關，政權是民權，來自人民，所以國民大會是代表人民行使政權的機關。

中山先生曾說：「今假定民權以縣為單位，……則至少可以為三千縣。……合此三千餘縣者，各舉一代表，此代表完全為國民代表，即用以開國民大會」。[67]又說：「俟全國平定之後六年，各縣人民之已達完全自治者，皆得選舉代表一人，組織國民大會，以制定五權憲法」。[68]可見國民大會代表人民。

但是國民大會代表人民的性質，是法定代表？抑為委任代表？就以法定代表而言，認為代表並非原選舉區選民之委託人，而是全體國民之委託人。故代表一經選出，則代表國民全體，並不代表原選舉區的選民；而代表與原選舉區選舉人，只是一種自由委任的關係而已。是以代表在大會中的一切言行，自然不受原選舉人訓令的限制，而可依自己之意思自由為之。[69]

至於委任代表，即每一代表，各為其原選舉區選民之委託人，而代表與原選舉人的關係，只是一種命令委任的關係。是以代表在代表會中的一切言行，自應受原選舉人委任命令之限制，否則原選舉人對其選出之代表，可以罷免而更換之。

---

67 孫文：〈自治制度為建設之礎石〉演講，《國父全集》，第 2 冊，頁 357。
68 孫文：〈孫文學說〉第六章，《國父全集》，第 1 冊，頁 464。
69 胡家斌：《國民大會之研究》（台北市：政治作戰學校政治研究所碩士論文，民國 60 年），頁 7。

　　從委任代表的意義與事實來看，顯然五權憲法中的國民大會代表是屬於委任代表。因為中山先生的民權主義主張民治，主權應操之於人民。所以，國民大會代表是委任代表，應以人民的意見為意見，才能符合主權在民之要求。所以任卓宣先生明白指出：「國民大會底代表是委任代表，國民大會是真正的國民大會，而不可稱為『國民代表大會』」。[71]

3.國民大會是行使間接民權的機構

　　中山先生對於民權的行使乃是主張間接民權與直接民權並行，即在地方由人民直接行使，在中央則由國民大會代表行使。

　　民國 12 年在「中國革命史」一書中說：「第三為建設完成時期，在此時期施以憲政，此時一縣之自治團體，當實行直接民權。人民對於本縣之政治，當有普通選舉之權，創制之權，複決之權，罷官之權。而對於一國政治，除選舉權之外，其餘之同等權，則付託於國民大會之代表以行之」。[72]民國 13 年 4 月 12 日，頒布的建國大綱，第 9 條：「一完全自治之縣，其國民有直接選舉官員之權，有直接罷免官員之權，有直接創制法律之權，有直接複決法律之權」。第 24 條：「憲法頒布之後，中央統治權則歸於國民大會行使之，即國民大會對於中央政府官員有選舉權，有罷免權；對於中央法律有

70　胡家斌：《國民大會之研究》（台北市：政治作戰學校政治研究所碩士論文，民國 60 年），頁 7。

71　任卓宣：《五權憲法綱要》（台北市：帕米爾書店，民國 45 年 10 月，第 2 版），頁 39。

72　孫文：〈中國革命史〉，《國父全集》，第 2 冊，頁 184。

創制權，有複決權」。

　　由上述遺教可以看出中山先生主張兼採直接與間接民權，即人民在地方行使直接民權，國民大會代表人民在中央行使間接民權。其次依據現行憲法第 25 條：「國民大會依本憲法之規定，代表全國國民行使政權」。可知國民大會代表全國國民行使政權，即行使選舉、罷免、創制、複決四種民權。而「民權由人民自己行使，叫直接民權；委託代表行使，叫間接民權。國民大會，代表人民行使四權，當然叫間接民權」。[73]也就是說：「直接民權是人民親自去行使四權（選舉、罷免、創制、複決）。如果選舉或委託代表去行使，便是間接民權」。[74]所以國民大會行使的是間接民權，國民大會為行使間接民權的機構。

　　綜合以上對國民大會性質的分析，可得一結論，即國民大會的性質為政權機構，為代表全國國民的機構，為行使間接民權的機構。

（二）地域代表制與職業代表制

1.地域代表制

　　地域代表為代表地方人民的意見，地域代表制為各民主國家通常所採的制度。所謂地域代表制乃民意代表的選舉，以地域為基礎。[75]歐洲許多國家的憲法對於以地域為基礎的

---

73 此乃胡漢川所言，見中國五權憲法學會編：《五權憲法研究》（台北市：帕米爾書店，民國 59 年 11 月），頁 141。
74 此乃馬起華所言，見中國五權憲法學會編：《五權憲法研究》，頁 127。
75 謝延庚：〈地域代表制〉，《雲五社會科學大辭典》，第 3 冊，政治學（台北市：臺灣商務印書館，民國 60 年 2 月初版），頁 110。

選舉，很多都採用比例代表制的原則。[76]因爲以地域爲選舉標準的選區選出的代表數目無論是單一或多數，在政黨政治下，通常不是該選區中某黨選出的代表過多，便是選出的代表過少，甚至於沒有。無論是過多、過少或沒有，統統是不公允的表現。雖然某黨在某選舉區中之選舉落選，但在其他選舉區卻能當選，總合全國所有的選舉區統計之，或者各黨當選人數，可以保持平衡，但是某黨既在某選區落選，該黨在該區的選民就沒有代表了。於是比例代表，便是一種差強人意的制度。但比例代表制只適用於大選舉區制，我國國民大會代表的選舉，以地域代表爲主，採用的則爲單選舉區制。[77]此類代表又可分爲 3 類，此在本論文第三章中對名額的分配均有詳細的說明，現簡述於下：

A.爲縣市代表

依憲法第 26 條第 1 款之規定，每一縣市地方至少可選代表 1 名，並按人口增加之比例增加代表名額。依國民大會代表選舉罷免法及代表名額分配表之規定，各縣市基本名額爲 2,089 名，縣市同等區域基本代表名額爲 37 名。[78]再加上人口逾百萬人之縣市，而增選之代表共有 51 名，是以當時法定名額應爲 2,177 名。

B.爲蒙古地方代表

蒙古地方制度和各省不同，其選舉單位爲 11 個盟，5 個

---

76 陳玉祥：《國民大會制度論述》（上海市：商務印書館，民國 36 年 10
　　月，初版），頁 183。

77 同前註。

78 國民大會秘書處編：《第一屆國民大會實錄》（台北市：國民大會秘書
　　處編印，民國 50 年 10 月），頁 45-63。

旗，1 個部，以及 1 個羣。[79]依憲法第 26 條第 2 款規定，每盟選 4 人，每旗選 1 人，部和羣則各選 4 名，故蒙古地方代表的法定名額爲 57 名。蒙古地方選出的代表，雖具有民族代表性的意味，但主要還是以代表地方爲主。

　　C.爲西藏地方代表

　　西藏代表分爲西藏地方、暫時旅居內地西藏人民與省區藏民 3 種代表，前一類是代表地方，後兩類是代表民族。根據國民大會代表選舉罷免法第 4 條第 3 款的規定，西藏代表總共應選出 40 名，[80]而代表西藏地方的地方代表，則應選出 14 名，含婦女 1 名。

2.職業代表

　　職業代表的設立，主要在於擴大代表基礎，以反映各界的意見。

　　職業團體包括省市性的職業團體及全國性的職業團體。省市性的職業團體，分爲農業團體及工人團體兩種，是以省及院轄市爲選舉單位。全國性職業團體則包括漁業團體、教育團體、自由業團體、工商業團體及工人團體中不依行政區域組織的工會等 5 個單位。依國民大會選舉罷免法第 4 條第 6 款的規定，職業團體應選出者共 487 名。[81]其中省市性的職業團體代表名額爲 216 名，全國性的職業團體代表名額爲 271 名。如按職業分類來分的話，則職業團體名額的分配情形爲：

---

79 國民大會秘書處編：《第一屆國民大會實錄》（台北市：國民大會秘書處編印，民國 50 年 10 月），頁 63、64。
80 同前註，頁 64。
81 同前註，頁 68。

農業團體 134 名，工人團體 146 名，漁業團體 10 名，商業團體 44 名，工業團體 24 名，教育團體 90 名，自由職業團體 59 名。

　　職業代表制的觀點，是由基爾特社會主義（ Guild Socialism ）首先宣揚的，曾經在西方採用過。[82]西方採用的方式是整個取代地域選舉制，並非與地域選舉制同時並存。憲法上規定的職業代表制，則是與地域代表制並存，做為地域代表制的輔助制度。關於國民大會代表是否兼採職業代表制，曾引起不同的意見，各方見解，見仁見智，莫衷一是，在此暫不多論。但可以理解的是地域代表制，由於地域較廣，選民較多，代表與選民很難經常接觸，漫無組織的選民無法對其所選舉的代表做有效的指導與監督，代表也無法有效反映選民的意見。如採行職業代表制，則由於會員集中，範圍較小，且有固定的組織，代表與會員之間的關係較為緊密，可較為有效地反映職業團體的意見。[83]而由於會員與代表的關係較為密切，因此也可以積極地指導與監督。

　　前曾言及，中山先生對於國民大會代表的產生，在不同場合所做的主張皆是採地域代表制，中山先生認為地方自治是國家的基礎，也是社會進步的基礎，和人民參與國政的訓練場所。[84]因此乃主張以地方自治的縣，做為產生國民大會

82　浦薛鳳：《現代西洋政治思潮》（台北市：正中書局，民國 65 年 11 月台 6 版），頁 366。

83　馬起華：〈政治行為〉，《政治學》，第 4 冊（台北市：臺灣商務印書館，民國 67 年 6 月初版），頁 310。

84　孫文：〈地方自治為社會進步之基礎〉演講，《國父全集》，第 2 冊，頁 368。

代表的單位。五五憲草承襲中山先生這一種觀點，所以只有
地域代表，而無職業代表制的規定。到了國民參政會憲政期
成會所制定的期成憲草，則接受了職業代表制的觀念，容納
了職業代表制的規定。隨後的政治協商會議憲草，以及現行
的憲法亦都沿襲了此一規定。

第三章 選舉法規之制頒與選務機關之成立

第一節 選舉法規之制頒與修訂

一、選舉法規之制頒

中華民國憲法於民國 35 年 12 月 25 日上午，制憲國民大會代表舉行第 20 次之會議，經三讀會後，修正通過。

然，在三讀會通過之前，制憲國民大會代表先於 24 日舉行第 19 次會議時即已先行通過「憲法實施之準備程序」。制定「憲法實施之準備程序」之主要目的，在於使國民政府在結束訓政，實施憲政之過渡期間，以此作為對行憲準備工作一切措施之根據。[1] 此一準備程序並於民國 36 年 1 月 1 日與中華民國憲法同時公布。[2]

---

1 國民大會秘書處編：《第一屆國民大會實錄》（台北市：國民大會秘書處編印，民國 50 年 10 月），頁 6。
2 〈國民大會制定憲法實施準備程序〉，《國民政府公報》，第 2715 號，民國 36 年 1 月 1 日（台北市：成文出版社有限公司發行，民國 61 年 9 月臺 1 版），頁 12。

依照「憲法實施之準備程序」規定，憲法公布後，國民政府應於 3 個月內制定並公布國民大會及五院等 6 種組織法；國民大會代表、總統副總統、立法委員、監察委員等 4 種選舉罷免法。因此，國民政府為早日完成選務工作，乃積極制定選舉罷免等法規。

　　然而這些選舉法規之制定，是先由國防最高委員會秘書廳負責議訂各項法律草案。其中關於國民大會代表之選舉罷免法規，則由國民政府授命國防最高委員會王秘書長寵惠主持初稿草擬工作。王氏乃會同國民大會秘書長洪蘭友、前國民大會代表選舉總事務所副總幹事金體乾及該所法制組組長王斌、立法委員劉克儁、戴修駿、蒙藏委員會代表熊耀文、趙鐵寒、僑務委員會代表馮道群、國防最高委員會參事浦薛鳳、吳其玉、楊肇熴等 11 人，自元月 3 日開始，至 2 月 7 日會同起草，前後歷時 35 日。[3]

　　其後經國防最高委員會常務會議通過各項草案，送由國民政府，發交立法院審議。立法院以茲事體大，另設憲法法規委員會，專司其事，並於同年 3 月 25 日，提出立法院第四屆第 319 次會議，將國民大會組織法修正通過。又於同月 27 日、28 日、29 日、30 日舉行第 320 次會議，將國民大會代表選舉罷免法（以下簡稱國大代表選舉罷免法）完成立法程序，呈送國民政府，於民國 36 年 3 月 31 日明令公布。[4]

---

3 江一葦：〈行憲法規之制訂〉，《中央日報》，南京，民國 37 年 1 月 1 日，第 14 版。
4 郎裕憲、陳文俊編著：《中華民國選舉史》（台北市：中央選舉委員會，民國 76 年 6 月出版），頁 288。

此外，依國民大會代表選舉罷免法第 47 條之規定，應另訂施行條例，當由立法院憲法法規委員會，商請選舉總事務所代為起草，後提經該委員會討論修正，報請立法院第 322 次會議通過，呈送國民政府於同年 5 月 1 日明令公布，[5]如此則「選舉罷免法施行條例」（以下簡稱國大代表選舉罷免法施行條例）之訂定乃告完成。

二、選舉法規之修訂

國民大會代表選舉罷免法及其施行條例，經國民政府公布後，選舉總事務所乃依法推行選務工作。然，在實施期間，部分條文與現實環境有所差異，無法配合，致使選務工作遭遇挫折，窒礙難行。因此，選舉總事務所乃依實際情形，呈請國民政府，予以修正。

現將國民政府修正「國民大會代表選舉罷免法」、「國民大會代表選舉罷免法施行條例」兩法較具爭議性之條文，臚列於後。

（一）關於「國民大會代表選舉罷免法」部分

依照民國 36 年 3 月 31 日公布的「國民大會代表選舉罷免法」共有 8 章 47 條條文，是第一屆行憲國民大會代表選舉時，所有選民及候選人必須遵守之法則。在此 47 條條文中，部分較具爭議性的條文，如第 12 條原文為，「有被選舉權而

---

5 《國民政府公報》，第 2813 號，民國 36 年 5 月 1 日，頁 1。

願為候選人時，經 500 名以上選舉人之簽署，或由政黨提名，得登記為候選人，公開競選，非經登記者，不得當選」。其中所規定之簽署人，事實上僅適用於區域選舉方面。對於僑民或職業團體與婦女團體之選舉，則均難依此規定辦理。就以僑民選舉方面言之，由於僑民均旅居國外，且其在政治、經濟、法律各方面向來受所在國之限制。倘法律硬性規定候選人非得有 500 名以上選舉人之簽署，不得登記競選，即無異剝奪僑民之選舉權與被選舉權。因此，在事實上必須予以變更。國民政府爰據選舉總事務所所呈之意見，於國民大會代表選舉罷免法第 12 條條文內，將僑民候選人之簽署人數，改為 200 名，並於 36 年 7 月 5 日，將上項條文修正並公布之。[6]

　　至於職業團體及婦女團體會員人數，對於候選人登記之簽署人數，亦往往不足法定名額。為顧及事實困難，國民政府復准將該條條文內職業團體及婦女團體候選人之簽署人數，改訂為 50 名，並於同年 11 月 8 日將上項條文再行修正公布。[7]

　　是以國民大會代表選舉罷免法第 12 條，經過兩次之修正後，除原文未修正外，其後並加上所修正之部分，即「但僑居國外國民之候選人，經 200 名以上選舉人之簽署；職業團體候選人及婦女團體候選人，經 50 名以上選舉人之簽署，即得登記為候選人」。

　　除了選舉罷免法第 12 條之條文稍加修正外，選舉罷免法

6 《國民政府公報》，第 2869 號，民國 36 年 7 月 5 日，頁 1。
7 《國民政府公報》，第 2975 號，民國 36 年 11 月 8 日，頁 4。

第 4 條，關於國民大會代表之名額分配，亦覺不妥，應加以調整。如第 6 款職業團體選出者，第 8 款內地生活習慣特殊之國民選出者，以及第 4 款各民族在邊疆地區選出者，其原定名額均不敷分配，迭經選舉總事務所呈奉國民政府分別核准酌予增加。計第 6 款職業團體選出者由 450 名增為 487 名，第 8 款內地生活習慣特殊之國民選出者由 10 名增為 17 名，第 4 款各民族在邊疆地區選出者由 17 名增為 34 名。並先後於 36 年 10 月 3 日、10 月 30 日及 11 月 13 日將上述各款條文修正公布。[8]

（二）關於「國民大會代表選舉罷免法施行條例」部分

國民大會代表選舉罷免法施行條例是於民國 36 年 5 月 1 日公布的，其中部分條文係依據選舉罷免法第 12 條而訂定的。前曾述及，選舉罷免法之部分條文已修正過。因此，施行條例中之部分條文也應加以修正。如施行條例之第 14 條條文，原係依據「選舉罷免法」第 12 條而訂定的。當選舉罷免法第 12 條經兩度修正後，其施行條例第 14 條自應隨之修正。國民政府乃將該條文中「應經該選舉區選舉人 500 名以上之簽署」一語修正為「經依法定手續簽署後」，並於 36 年 11 月 8 日將修正條文公布。[9]

---

8 《國民政府公報》，分別見第 2945 號、2967 號、2978 號，民國 36 年 10 月 3 日，頁 1、10 月 30 日，頁 1，及 11 月 13 日，頁 1。

9 《國民政府公報》，第 2975 號，民國 36 年 11 月 8 日，頁 4。另，〈召開第一屆國民大會—制定法規〉，《中華民國建國史》，第三篇，戡亂與復國（一），（台北市：國立編譯館出版，民國 80 年 4 月），頁 388。

　　此外，「國民大會代表選舉罷免法施行條例」第 6 條，原規定「參加選舉之職業團體，以曾經依法向其主管機關立案者爲限」。即有若干職業團體雖未經依法向其主管機關完成立案手續，但曾參加 35 年制憲國民大會代表之選舉，本屆選舉如不准其參加，則無異否定其制憲國民大會代表產生之資格而視爲不合法。國民政府有鑑於此，爰在原條文後，增列「但曾經參加制定憲法之國民大會代表選舉各業之從業人，如其團體未完成立案手續者，得由各主管機關依法審查資格，編造名冊，呈准參加選舉」一項。並於 36 年 12 月 8 日將修正條文公布如下：[10]

　　第 6 條：參加選舉之職業團體及婦女團體，以曾經依法向其主管機關立案者爲限。但曾經參加制定憲法之國民大會代表選舉各業之從業人，如其團體未完成立案手續者，得由各主管機關依法審查資格，編造名冊，呈准參加選舉。

　　第 14 條：有被選舉權而願爲候選人者，經依法定手續簽署後，應親向各該主管選舉機關爲候選人之登記，如須委託他人代爲登記時，並應有本人之書面証明。其爲政黨提名者，其名單應在候選人開始登記前，提交選舉總事務所，迅即轉交各該主管選舉機關爲候選人之登記。

　　其他如施行條例所附圖式第 3 種，關於選舉票式所用紙色之說明，對各種職業團體選票紙色規定過繁，且迭經變更，致使承辦人員難於辨認，實有重行釐定之必要。爰由全國性職業團體及婦女團體選舉事務所，重訂職業團體及婦女團體

10　《國民政府公報》，第 2999 號，民國 36 年 12 月 8 日，頁 1。國民大會秘書處編：《第一屆國民大會實錄》，頁 43。

選舉票式之紙色說明一種，由選舉總事務所於 36 年 9 月 15
日呈奉國民政府核准備案。又原案中「工程師團體」字樣，
亦經呈准國民政府修改爲「技師團體」。茲將上項重訂之選
票紙色說明照錄於次：

(1) 農會及漁會用淺綠色紙黑字，票面上端分別註明
「農」「漁」字樣。

(2) 工會及特種工會用淺黃色紙黑字，票面上端分別註
明「工」「鐵路」「海員」「鹽業」「公路」「礦
業」「電信」等字樣。

(3) 商業團體及工礦團體用淺灰色紙黑字，票面上端分
別註明「商」「工礦」字樣。

(4) 教育團體及教員團體用茄色紙黑字，票面上端分別
註明「教育」「教員」字樣。

(5) 自由職業團體用淺藍色紙黑字，票面上端分別註明
「律師」「會計師」「中醫」「醫師」「技師」「新
聞記者」等字樣。

(6) 婦女團體用淺紅色紙黑字。

(三) 關於「國民大會代表名額分配表」部分

依照「國民大會代表選舉罷免法」第 4 條之規定，國民
大會代表名額之分配，另以法律定之。立法院法規委員會依
據該項規定，分函各主管機關擬送草案，參酌各方意見，擬
訂「國民大會代表名額分配表」。

其後經立法院第四屆第 325 次、326 次、331 次院會通過，

國民政府並於 36 年 7 月 12 日明令公布。[11]其後又以原定名額不敷分配，經酌予增加並分別修正者，有下列各款：

　（1）第 1 款：各縣市及同等區域選出之代表中，察哈爾省所轄 20 縣市，原分配表僅列代表 19 名。綏遠省歸綏市表內漏列，應各補代表 1 名。新疆省原定代表 71 名，但在分配表附註欄內註明：「據內政部報告新疆省政府擬將該省行政區域改劃爲 82 縣市局。俟核定後，其應選出代表名額應照增加」。及至 36 年 10 月 30 日國民政府以該省改劃縣、市、局業經核定，應增代表 11 名，一併補列，並予修正。[12]

　（2）第 4 款：各民族在邊疆地區選出之代表，原爲 17 名，增至 34 名，並將原分配表第 4 表增列「其他邊疆地區」一欄，欄內並註明 17 名應由滿族國民選出。[13]

　（3）第 6 款：職業團體分配之名額，原爲 450 名，嗣以商業、工礦兩團體會員過多，不敷分配，特將商業團體增至 44 名，工礦團體增至 24 名，並修正職業團體選出代表名額爲 487 名。[14]

---

11 《國民政府公報》，第 2875 號，民國 36 年 7 月 12 日，頁 1-10。另，國民大會秘書處編：《第一屆國民大會實錄》，頁 44。

12 《國民政府公報》，第 2967 號，民國 36 年 10 月 30 日，頁 1、2。另，國民大會秘書處編：《第一屆國民大會實錄》，頁 44。

13 《國民政府公報》，第 2978 號，民國 36 年 11 月 13 日，頁 1、2。另，國民大會秘書處編：《第一屆國民大會實錄》，頁 44。

14 《國民政府公報》，第 2945 號，民國 36 年 10 月 3 日，頁 2。另，國民大會秘書處編：《第一屆國民大會實錄》，頁 44、45。

（4）第 8 款：內地生活習慣特殊之國民選出代表原爲
　　　　10 名，現增 7 名爲 17 名。[15]

如此修正後之國民大會各類代表人數均較原先所公布之代表名額多出許多。此外，國民政府並於 11 月 13 日公布制定「國民大會代表、立法院立法委員選舉補充條例」，對全部或局部不能辦理選舉之省區縣市及同等區域各單位，均應依照本條例之規定辦理，以期劃一，[16]均有詳細說明。

由以上之論述可以看出，此次國民大會代表之選舉，共公布了兩項選舉法令，一是 36 年 3 月 31 日由國民政府所公布的「國民大會代表選舉罷免法」，一是 5 月 1 日所公布的「國民大會代表選舉罷免法施行條例」。此兩法均經多次修訂而後定案。相較於 26 年 5 月 21 日和 6 月 4 日由國民政府所修正公布的「國民大會代表選舉法」和「國民大會代表選舉法施行細則」，自有其相同點，亦有其相異點。

就相同點而言，兩者均強調國民大會代表之選舉，是以普通、平等、直接以及無記名單記法投票行之。因此，讓國人感覺此兩次國大代表之選舉，絕無因男女性別上之差異而享有不同的權利。其次是兩選舉法規均規定選舉人必須年滿 20 歲，但制憲國大代表選舉法尚規定，選舉人必須經過公民

---

15 《國民政府公報》，第 2967 號，民國 36 年 10 月 30 日，頁 2。另，國民大會秘書處編：《第一屆國民大會實錄》，頁 45。
16 《國民政府公報》，第 2978 號，民國 36 年 11 月 13 日，頁 2、3。另，〈國大代表立委選舉補充條例實施辦法，全部或局部不能辦理選舉省市，均依照本條例規定辦理〉，《中央日報》，上海，民國 36 年 11 月 30 日，第 2 版。

宣誓後，才能擁有選舉投票權，[17]而行憲國大代表選舉時，則不需經過宣誓就可直接參與投票。

至於候選人之參選年齡，制憲國大代表選舉法規定需年滿 25 歲才可參與競選，但行憲國大代表之選舉，候選人只需年滿 23 歲，即可參與競選，反較制憲國大代表選舉時還降低了兩歲。

此外，制憲國大代表選舉法雖經多次修訂，但仍有多處未及修正，因此遭致選民之批評。最令人感到不滿的就是選舉法中竟有「當然代表」以及「指定代表」之設置。[18]如此將近 700 名之代表，未經選舉程序而產生，不但影響國民大會選舉事務所此一機構之本質，並減弱其民主性，甚至會使之變質。[19]也因此讓人覺得在選舉法訂定過程中，難免較偏向國民黨，使國民黨佔盡優勢，這也是其他黨派不能容忍的地方。[20]宋士英在「中國憲政之前途」一文中亦對此批評說：

「再如國民大會代表選舉法，雖因多方責難而修正，

---

17 公民宣誓是一般民眾由國民進而為公民的身分所必須遵行的儀式，由於當時政府未發給國人身分證，且戶籍制度未完備之時，所做的一種變通辦法。待宣誓後就可領公民證，有了公民證才可享有選舉、罷免、創制、複決等 4 種政權。見張道藩：〈國人對國民大會應有之認識〉，《中央日報》，南京，民國 25 年 7 月 31 日，第 4 版。

18 此當然代表包括中國國民黨中央執行委員及監察委員外，另增加候補執行委員和候補監察委員，（後者依舊法只得列席），人數總共約略在 460 人左右，指定代表則有 240 人。見秦孝儀主編：〈總裁實踐總理遺志史錄〉（四）－《實施憲政》（台北市：中國國民黨中央委員會黨史委員會，民國 66 年 12 月 25 日出版），頁 300。

19 熊子駿：〈首次國民大會的性質和職權〉，《大公報》，重慶，民國 35 年 1 月 20 日，國立政治大學社會科學資料中心收藏，剪報。

20 陳儀深：《獨立評論的民主思想》（台北市：聯經出版事業公司，民國 78 年 5 月初版），頁 178。

但修正之結果，反而加重國民黨特殊之地位。國民黨
有悠久之歷史，雄厚之勢力，廣大之組織，並近一兩
年之施政成績及其所持之政策主義，亦頗得一般黨外
人民之贊助與同情。是以即使僅以普通政黨自居，競
取政權亦萬無失敗之理，又何須處處保障本身之特殊
性而遺人以口實，引人之反感？因此國民黨不論為自
身之政治前途計，抑為整個之憲政前途計，實俱
應……切實拋捨既往之特殊地位與特權，自立為一個
普通之政黨」。[21]

　　而今在此次行憲國大代表選舉罷免法制定時，未再將「當
然代表」以及「指定代表」列入，這點是值得肯定的。其他
關於選舉人和候選人是否須有學歷或財產上之限制，在此兩
選舉法中均未特別規定，這也是和民初以來所訂定的各種選
舉法不同之處。

第二節　代表名額之分配與
選舉區域之劃分

　　由前節之論述可以得知，此次國民大會代表名額之分配
以及選舉區域之劃分，都是依據國民大會代表選舉罷免法第
4 條之規定辦理。該條條文經過修正和公布後，所需選出之

21　宋士英：〈中國憲政之前途〉，《獨立評論》，第 234 號（民國 26 年 5
　　月 16 日），頁 16。

名額爲 3,045 名，其名額之分配情形如下：[22]

1. 每縣市及其同等區域各選出代表 1 人，但其人口逾 50 萬人者，每增加 50 萬人增選代表 1 名。
2. 蒙古各盟旗選出者共 57 名（婦女代表 6 人）。
3. 西藏選出者共 40 名（婦女代表 4 人）。
4. 各民族在邊疆地區選出者共 34 名（婦女代表 2 人）。
5. 僑居國外之國民選出者共 65 名（婦女代表 6 人）。
6. 職業團體選出者共 487 名（婦女代表 74 人）。
7. 婦女團體選出者 168 名。
8. 內地生活習慣特殊之國民選出者共 17 名（婦女代表 1 人）

前項各款名額之分配，另以法律定之。

現將此 8 種不同性質之代表名額和區域劃分，分別列表於後，並加以說明。

一、各縣市及其同等區域

縣即指一般之縣，市爲省轄市，同等區域指與縣市相等之區域，如呈經核准之設治局、管理局。此外，另有直轄於行政院之市，如南京市，稱直轄市。此一選舉單位，佔全國絕大部分。計全國 35 省 12 直轄市，共需選出代表 2,177 名。現將各省市名額分配情形列表於後，以供參考。

---

22 國民大會秘書處編：《第一屆國民大會實錄》，頁 42。

表 3-1：各縣市及其同等區域應選出代表名額分配表

省市別	區域數	應選代表名額	增選代表名額	應選代表總名額	附　註
江　蘇	63	63	12	75	吳縣武進無錫南通阜寧鹽城江都東台泰縣銅山等 10 縣各增選代表 1 人均應為婦女代表如皋增選代表 2 人其中應有婦女代表 1 人共計婦女代表 11 人
浙　江	78	78	1	79	紹興縣增選代表 1 人應為婦女代表
安　徽	64	64	3	67	合肥宿縣阜陽等 3 縣各增選代表 1 人均應為婦女代表共計婦女代表 3 人
江　西	82	82	0	82	廬山管理局轄區與星子縣合併選舉
湖　北	71	71	0	71	
湖　南	79	79	8	87	湘潭湘鄉邵陽瀏陽岳陽常德衡陽耒陽等 8 縣各增選代表 1 人均應為婦女代表共計婦女代表 8 人
四　川	147	147	4	151	簡陽涪陵富順仁壽等 4 縣各增選代表 1 人均應為婦女代表共計婦女代表 4 人
西　康	52	52	0	52	
河　北	134	134	0	134	
山　東	110	110	0	110	
山　西	106	106	0	106	
河　南	111	111	0	111	
陝　西	93	93	0	93	
甘　肅	72	72	0	72	
青　海	21	21	0	21	
福　建	69	69	0	69	
臺　灣	17	17	2	19	臺中臺南 2 縣各增選代表 1 人均應為婦女代表共計婦女代表 2 人
廣　東	100	100	3	103	中山南海台山等 3 縣各增

				選代表 1 人均應爲婦女代表共計婦女代表 3 人
廣　　西	104	104	0	104	該省仍照列 104 縣市局故增列如上數該省縣市局數額如有裁減其應選代表名額應照裁減
雲　　南	129	129	0	129	
貴　　州	80	80	0	80	
遼　　寧	26	26	0	26	
安　　東	20	20	0	20	
遼　　北	19	19	0	19	
吉　　林	20	20	0	20	
松　　江	17	17	0	17	
合　　江	18	18	0	18	
黑龍江	26	26	0	26	
嫩　　江	19	19	0	19	
興　　安	8	8	0	8	
熱　　河	20	20	0	20	
察哈爾	20	20	0	20	
綏　　遠	23	23	0	23	
寧　　夏	14	14	0	14	
新　　疆	82	82	0	82	布爾根七角井烏河三設治局本屆應選出之代表任其缺額各該局應辦選舉分別歸入原轄縣辦理
南京市	1	1	1	2	增選代表 1 人應爲婦女代表
上海市	1	1	9	10	增選代表 9 人中應有婦女代表 1 人
北平市	1	1	2	3	增選代表 2 人中應有婦女代表 1 人
天津市	1	1	2	3	增選代表 2 人中應有婦女代表 1 人
青島市	1	1	0	1	
重慶市	1	1	1	2	增選代表 1 人應爲婦女代表
大連市	1	1	0	1	

哈爾濱市	1	1	0	1	
廣州市	1	1	1	2	增選代表 1 人應爲婦女代表
漢口市	1	1	1	2	增選代表 1 人應爲婦女代表
瀋陽市	1	1	1	2	增選代表 1 人應爲婦女代表
西安市	1	1	0	1	
合　計	2,126	2,126	51	2,177	以上增選代表 51 人中應有婦女代表 40 名

資料來源：國民大會秘書處編：《第一屆國民大會實錄》，頁 45-63。

二、蒙古地區

　　蒙古即蒙古地方，此一單位與西藏同屬地域廣闊、人口甚少之邊區，故推出代表之比例，遠較一般縣市及其同等區域爲低。其選舉區劃及名額分配如下：

表 3-2：蒙古各盟旗應選出代表名額分配表

盟旗別	應選出代表數	備　註
哲里木盟	4	上開 11 盟每兩盟選出之代表 8 人中應有婦女代表 1 人地區之劃分由蒙藏委員會分配
卓索圖盟	4	
昭烏達盟	4	
錫林郭勒盟	4	
烏蘭察布盟	4	
伊克昭盟	4	
青海左翼盟	4	
青海右翼盟	4	
巴圖塞特奇勒圖中路盟	4	
烏拉恩素珠克圖四路盟	4	
青塞特奇勒圖盟	4	

伊克明安旗	1	
歸化土默特旗	1	
阿拉善霍碩特旗	1	
額濟納舊土爾特旗	1	
呼倫貝爾部	4	呼倫貝爾部及察哈爾八旗羣選出之代表 8 人中應有婦女代表 1 人
察哈爾八旗群	4	
綏東四旗	1	
總　　　計	57	以上婦女代表共計 6 人

資料來源：同表 3-1，頁 63、64。

三、西藏地區

　　西藏指西藏地方之前後藏及暫時旅居內地及青海、西康、甘肅、四川等省區之藏族而言，其人口及代表比例亦比一般縣市及其同等區域爲低。其選舉區劃及名額分配如下：

表 3-3：西藏應選出代表名額分配表

地區別	應選出代表數	備　　註
西藏地方	14	該地選出之代表 14 名中應有婦女代表 1 人
暫時旅居內地西藏人民	11	本項選出之代表 11 名中應有婦女代表 1 人
省區藏民	15	在西康選出者 6 名其中應有婦女代表1人在青海選出者4名其中應有婦女代表 1 人在甘肅選出者3名在四川選出者1人在雲南選出者 1 人
總　　　計	40	以上婦女代表共計 4 人

資料來源：同表 3-1，頁 64。

四、邊疆地區之各民族

　　邊疆地區係指雲南、貴州、西康、四川、廣西、湖南等六省，各民族即 6 省之土著民族。依官書所記，此一單位約有人口七百數十萬人[23]，共應選出代表 17 人。民國 36 年 11 月 13 日，修正公布各民族在邊疆地區選出之代表，增加「其他邊疆地區」應選代表 17 人，並規定由各省市之滿族產生。故此一單位共應選出代表 34 人，其名額分配如下：

表 3-4：邊疆地區各民族應選出代表名額分配表

地 區 別	應選出代表數	備 註
雲　　　南	4	該省選出之代表中應有婦女代表 1 人
貴　　　州	3	
西　　　康	4	
四　　　川	2	
廣　　　西	2	
湖　　　南	2	
其他邊疆地區	17	由滿族國民選出其中應有婦女代表 1 人
總　　　計	34	以上婦女代表 2 人

資料來源：同表 3-1，頁 65。

五、僑居國外之國民

　　僑民係指僑居在外之國民，此一單位之選民，約有八百

23　金葆光：《國民大會代表立法院立法委員監察院監察委員選舉程序》（南京市：獨立出版社，民國 36 年），頁 33。轉引自郎裕憲、陳文俊編著：《中華民國選舉史》，頁 307。

數十萬人[24]。惟因散居各洲，地域遼闊，政府為篤念僑胞，經營海外，遠離祖國，故其代表名額，特別從優，共計 65名。其選舉區劃及名額分配如下：

表 3-5：僑民應選出代表名額分配表

選舉區別	選舉區所轄地方名稱	代表名額	備　註
第 1 區	美國之美西	3	該區選出之代表中應有婦女代表 1 人
第 2 區	美國之美中	1	
第 3 區	美國之美東	2	
第 4 區	加拿大	2	
第 5 區	檀香山及附近各島	1	
第 6 區	墨西哥	1	
第 7 區	巴拿馬、掘地矛拉、薩爾瓦多、尼加拉瓜、閩多拉斯、馬拿瓜、哥斯德黎加	1	
第 8 區	秘魯、巴西、厄瓜多、委內瑞拉、基阿拿、可侖比亞及附近地方	1	
第 9 區	智利、阿根廷、巴拉圭、烏拉乖、玻利非亞及附近地方	1	
第 10 區	古　巴	2	
第 11 區	占美加、聖多明谷、海地、千里達及附近各島	1	
第 12 區	菲律濱之宿務、朗芒、芽地、三寶顏、蘇洛古達嗎島及附近地方	1	
第 13 區	菲律濱之馬尼剌、怡朗杉嗎、禮智及北呂宋附近各島	2	
第 14 區	澳洲、新西蘭、飛枝、薩摩亞群島新幾內亞東部及附近各島	1	
第 15 區	大溪地、法屬細黎群島、索哂厄	1	該區選出之代表中

---

24 金葆光：同前註，頁 38。轉引自郎裕憲、陳文俊編著：《中華民國選舉史》，頁 308。另，《全國戶口統計總表》檔案中亦記載，旅外僑民人口為 8,700,804 人。見，《全國戶口統計總表》（南京市：中國第二歷史檔案館，民國 36 年 1-7 月），全宗號：451（2），案卷號：6。

	替群島、奧斯特刺爾群島、瓦維達島、拉巴島、奴咯希法島、馬尼希基群島、低群島、千俾爾群島、瑪盔撒群島、里瓦俄島、英屬哈德孫島、匹特撲綸島、度栖島、哈羅林群島、斯塔巴克島、維斯拖克島及附近各島		應有婦女代表 1 人
第 16 區	香　　港	4	
第 17 區	澳　　門	1	
第 18 區	日　　本	1	
第 19 區	朝　　鮮	1	
第 20 區	安南之南圻、高棉	2	
第 21 區	安南之中圻、北圻、老撾	1	
第 22 區	緬　　甸	2	
第 23 區	印度及亞洲西南各國	1	
第 24 區	暹羅之曼谷	3	該區選出之代表中應有婦女代表 1 人
第 25 區	暹羅之佛統、叻呸、通扣、萬崙、宋卡、北大年	2	
第 26 區	暹羅之大城北柳、柯叻武溫	2	
第 27 區	暹羅之華富里彭世洛坤南邦、青邁	2	
第 28 區	新加坡	3	該區選出之代表中應有婦女代表 1 人
第 29 區	馬六甲及附近地方	1	
第 30 區	柔佛及附近地方	1	
第 31 區	雪蘭莪及附近地方	1	
第 32 區	森美蘭、彭亨、吉蘭丹、丁家奴及附近地方	1	
第 33 區	霹靂及附近地方	1	
第 34 區	檳榔嶼、吉打玻璃市	1	
第 35 區	英屬婆羅洲	1	
第 36 區	爪哇及巴里島、龍目島、馬都拉及附近各島	4	該區選出之代表中應有婦女代表 1 人
第 37 區	蘇門答臘及附近各島	3	該區選出之代表中應有婦女代表 1 人
第 38 區	荷屬婆羅洲及附近各島	2	

第 39 區	西里伯島及葡屬帝文、新幾內亞西部與附近各島	1	
第 40 區	歐洲及蘇聯	1	
第 41 區	非洲及法屬馬達加斯加、英屬毛里斯、法屬留尼汪與附近各島	1	

資料來源：同表 3-1，頁 65-68。

六、職業團體

職業團體分各省市職業團體，及全國性職業團體 2 種。此一單位之代表名額，依法係以會員人數爲比例計算而定。各職業團體名額分配如下：

表 3-6：職業團體應選出代表名額分配表

團體別		應選出代表數		備註
農業團體		134 名		上列選出代表 134 名中應有婦女代表 14 人
漁業團體		10 名		
工人團體		126 名		上列選出代表 126 名中應有婦女代表 10 人
工商業團體	商業團體	68 名	44 名	上列商業團體選出代表 44 名中應有婦女代表 4 人
	工業團體		24 名	工鑛團體選出代表 24 名中應有婦女代表 3 人
教育團體		90 名		上列選出代表 90 名中應有婦女代表 28 人
自由職業團體		59 名		上列選出代表 59 名中應有婦女代表 15 人
總　　計		487 名		以上共計選出婦女代表 74 人

資料來源：同表 3-1，頁 68。

七、婦女團體

　　婦女團體分全國性婦女團體及各省市婦女團體。全國性婦女團體以在各省市有 5 個以上分會；其分會會員名冊報部有案者為限，其應選出代表 20 名；各省市婦女團體應選出代表數為 148 名。各省市婦女團體之選舉單位及其名額列表如下：

表 3-7：婦女團體應選出代表名額分配表

選舉單位	應選出代表數	備　　註
全國性婦女團體	20	全國性婦女團體以在各省市有 5 個以上分會其分會會員名冊報部有案者為限
江　蘇	6	
浙　江	4	
安　徽	4	
江　西	4	
湖　北	5	
湖　南	5	
四　川	6	
西　康	2	
河　北	5	
山　東	6	
山　西	3	
河　南	5	
陝　西	3	
甘　肅	2	
青　海	2	
福　建	3	
臺　灣	2	
廣　東	5	

廣　西	3	
雲　南	3	
貴　州	3	
遼　寧	3	
安　東	2	
遼　北	2	
吉　林	2	
松　江	2	
合　江	2	
黑龍江	2	
嫩　江	2	
興　安	2	
熱　河	2	
察哈爾	2	
綏　遠	2	
寧　夏	2	
新　疆	2	
蒙　古	2	由蒙古各盟旗聯合駐京代表辦事處為監督辦理選舉事宜
西　藏	2	由西藏駐京辦事處會同班禪駐京辦事處監督辦理選舉事宜
南京市	3	
上海市	6	
北平市	3	
天津市	3	
青島市	2	
重慶市	3	
大連市	2	
哈爾濱市	2	
廣州市	3	
漢口市	2	
瀋陽市	3	
西安市	2	
總　計	168	

資料來源：同表 3-1，頁 69-72。

八、內地生活習慣特殊之國民

內地生活習慣特殊之國民，依施行條例第 52 條之規定，係指居住在各省市之回民。此一單位應選出代表原為 10 名，經修訂後增至 17 名。

表 3-8：內地生活習慣特殊之國民應選出代表名額分配表

選舉區別	應選出代表數	備　　註
各省市	17	上列 17 名代表中應有婦女代表 1 人

資料來源：同表 3-1，頁 72。

第三節　選務機關之成立

國民大會代表選舉罷免法及其施行條例訂定並經公布後，使選務工作的推展，有了法源的依據，在執行上自然順遂許多。

除了訂定選舉罷免法及其施行條例，國民政府復仿照制憲國民大會代表之選舉方式，成立一統籌整個選務工作的機構，即選舉總事務所（以下簡稱選舉總所）。此外，依照國大代表選舉罷免法第 17-22 條之規定，在各省、市，設立省、市選舉事務所。各縣、市及同等區域，亦各設選舉事務所。蒙古、西藏設立蒙藏選舉事務所，其下分別設置盟旗及分區選舉事務所。僑居國外國民之選舉，設立僑民選舉事務所，

其下分設區選舉事務所。全國性職業團體及婦女團體之選舉，則設立全國性職業團體及婦女團體選舉事務所。至於各省市職業團體及婦女團體之選舉，則由各省市縣選舉事務所辦理。現將各選舉機構組設情形分述如下：

一、中央選舉機構之組設

全國選舉事務，在中央設立國民大會代表立法院立法委員選舉總事務所，直隸於國民政府。國民政府並於 36 年 5 月 5 日公布選舉總事務所組織條例，[25]選舉總事務所設選舉委員會，置委員 3 人至 5 人，並指定 1 人為主席，綜理全所事務，指揮監督辦理全國選舉事宜。[26]同年 6 月 13 日，特派張厲生、洪蘭友、蔣勻田、劉東巖、金體乾為國民大會代表及立法院立法委員選舉總事務所委員會委員，並指定張厲生為主席委員。[27]

選舉總事務所後於 6 月 25 日假國民大會堂舉行第一次會議，會中討論並通過會議規則、辦事規則，以及該所下半年

---

25 《國民政府公報》，第 2817 號，民國 36 年 5 月 6 日，頁 1-4。國民大會秘書處編：《第一屆國民大會實錄》，頁 73。

26 選舉機關，即國家授權辦理選舉事務之機關。像在英國是由郡（Country）主辦，法國是由 Cantton 主辦。我國之選舉機關，在中央設有選舉總事務所，直隸國民政府，主管：（一）關於辦理選舉之指導監督事項，（二）關於選舉法規之釋明，及各種關係章則之撰擬事項。見王樹學：〈論國民大會代表之選舉〉，《剪報資料國民大會部分選輯》（台北市：國民大會秘書處編印，民國 79 年 3 月），頁 66。

27 《國民政府公報》，第 2850 號，民國 36 年 6 月 13 日，頁 9。國民大會秘書處編：《第一屆國民大會實錄》，頁 73。〈選總之成立與選務之推進〉，《中央日報》，南京，民國 37 年 1 月 1 日，第 14 版。

預算各要案，並將原來之制憲國民大會代表選舉總事務所改組，成立行憲國民大會代表選舉總事務所。張厲生、洪蘭友等各委員亦於 6 月 25 日當天就職，選舉總事務所遂正式宣布成立。[28]同時以該總所之成立，通知各省市政府週知。

此外，選舉總所成立後，當即依照選舉總所組織條例呈請國民政府於同年 7 月 2 日令派金委員體乾兼任總幹事，王斌為副總幹事。其下共分 9 組 2 室 21 科，各組、室、科人員，亦由國民政府分別於 10、12 月間派定，其名單如下：戴登為第 1 組組長，周光宇為第 2 組組長，周補天為第 3 組組長，施裕壽為第 4 組組長，諶忠幹為第 5 組組長，張倉榮為第 6 組組長，王斌兼法制組組長，韓家祥為文書組組長，張書田為庶務組組長，沈復初為人事室主任，張冀北為會計室主任，其他各單位工作人員之名額，悉依事務繁簡而配置，[29]現將選舉總所之組織架構暨職掌，如圖三之所示，並列印於後，以供參考。

---

28 國民大會秘書處編：《第一屆國民大會實錄》，頁 73。〈選舉總事務所正式宣告成立〉，《申報》，上海，民國 36 年 6 月 26 日，第 1 張，（三）。
29 國民大會秘書處編：《第一屆國民大會實錄》，頁 73。

圖三：國民大會代表選舉總事務所組織系統暨職掌　立法院立法委員

- 選舉總事務所
  - 選舉委員會
    - 主席委員
    - 委員
  - 總幹事　副總幹事

- 第一組
  - 第一科　辦理江蘇、山東、浙江、南京、上海、青島各省市之選舉事項。
  - 第二科　辦理安徽、江西、福建、臺灣各省市之選舉事項。
- 第二組
  - 第一科　辦理河北、河南、北平、天津各省市之選舉事項。
  - 第二科　辦理湖南、湖北、廣東、廣西、漢口、廣州各省市之選舉事項。
- 第三組
  - 第一科　辦理雲南、貴州、西康各省之選舉事項。
  - 第二科　辦理山西、陝西、四川、重慶、西安各省市之選舉。
- 第四組
  - 第一科　辦理新疆、甘肅、寧夏、青海、蒙藏、綏遠各省之選舉事項。
  - 第二科　辦理熱河、哈爾濱、安東、遼北、吉林、松江、合江、黑龍江、嫩江、興安、遼寧、濱江、大連各省市之選舉事項。
- 第五組
  - 第一科　辦理蒙古、西藏、邊疆地區民族及內地生活習慣特殊之國民選舉事項。
  - 第二科　辦理僑居國外國民之選舉事項。
- 第六組
  - 第一科　辦理全國性職業團體及婦女團體之選舉事項。
  - 第二科　辦理省市職業團體及婦女團體之選舉事項。
- 法制組
  - 第一科　辦理關於選舉法規之闡明、各種關係章則之擬繕，及關於選舉訴訟事項。
  - 第二科　辦理關於選舉法令之編審新聞之發佈事項。
  - 第三科　辦理關於選舉表冊之調訂編製，及選舉材料之蒐集鑑選事項。
- 文牘組
  - 第一科　辦理文書之撰擬繕譯校等事項。
  - 第二科　辦理檔案之保管、印信之典守會議事項。
  - 第三科　辦理電報之謄譯，文件之收發事項。
- 庶務組
  - 第一科　辦理公幼之收支保管及財產登記、員工福利事項。
  - 第二科　辦理選務之出納保管事項。
  - 第三科　辦理購置修繕，及不屬於其他各科之事項。
- 人事室　辦理人事事項。
- 會計室　辦理會計統計事項。
- 參事　設於機關高級職員中調充之。
- 幹事
- 視導員

- 各省選舉事務所
  - 立法委員各區選舉事務所　辦理立法委員各區選舉事務
  - 各省縣市或其同等事務所　辦理各省各縣市或其同等區域選舉事務
- 選舉事務所市　辦理各市選舉事務
- 蒙藏選舉事務所
  - 選德夏藏各區主管事務所　辦理德夏藏各區選舉事務
  - 蒙各區主管選舉事務所　辦理蒙古各區選舉事務
- 僑民選舉事務所
  - 僑各區主管選舉事務所　辦理僑居國外國民選舉事務
- 全國性及職業團體暨婦女團體選舉事務所　辦理各職業團體及婦女團體各區選舉事務

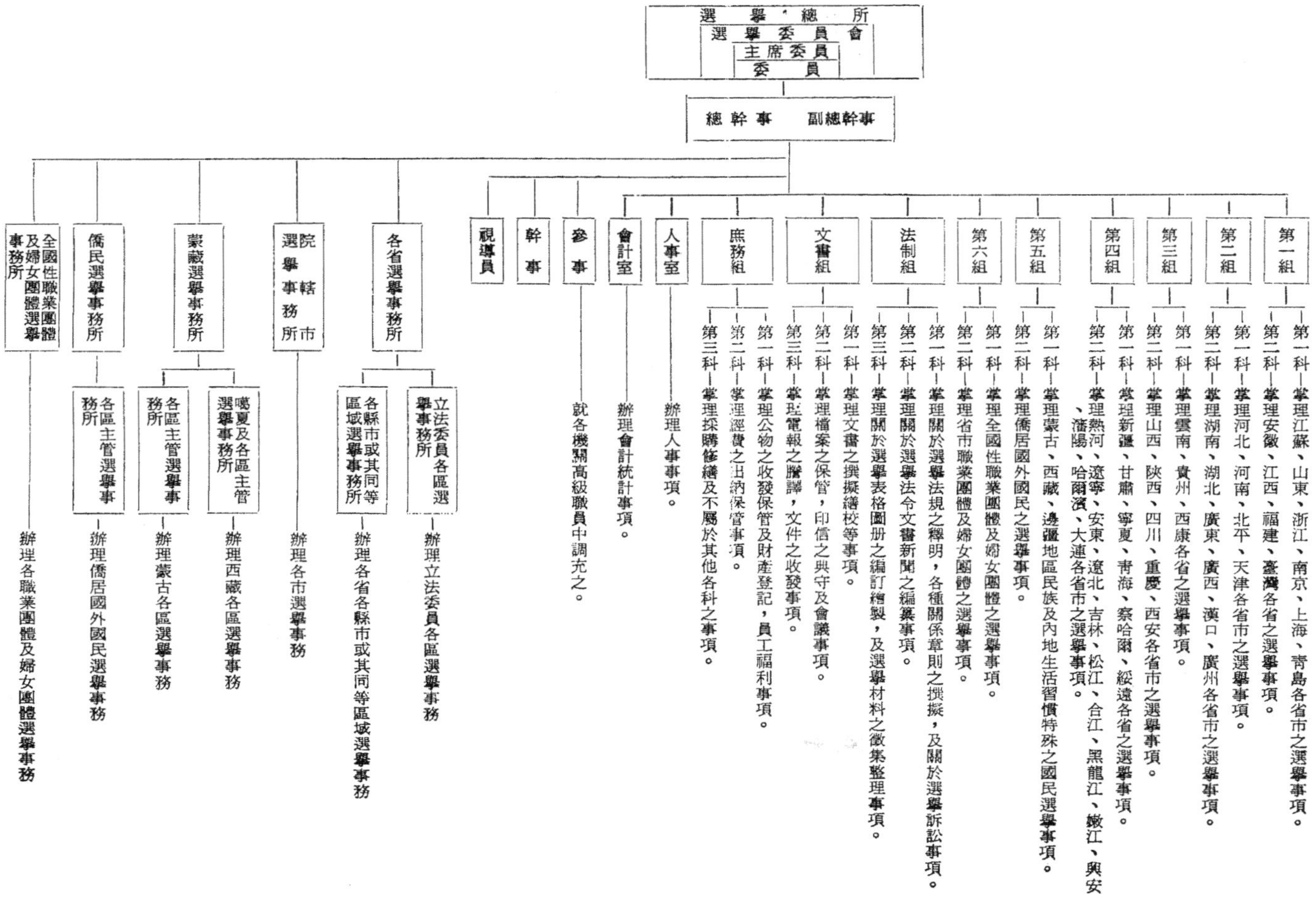

二、省市及縣市選舉機構之組設

依照「國民大會實錄」之記載，在中央除了設立選舉總事務所外，在省及院轄市，設立省市選舉事務所，縣市或其同等區域，設立縣市或其同等區域選舉事務所。其組織均採委員制，由委員 3 人至 5 人組織選舉委員會，以各該區域內之行政長官爲當然委員兼主席。委員人選，在省市者，由選舉總事務所呈請中央令派。在縣市者，由選舉總事務所派充。委員會下各設總幹事 1 人，實際承辦業務，下分選舉、事務兩科，其工作人員之名額，依各該區域內選民人數之多寡爲設置之標準。

由於選舉總事務所已於 6 月 25 日正式成立，且規定各省市選舉事務所必須在 8 月 20 日以前成立。[30]因此，各省市政府乃紛紛召開會議，積極展開部署，希望能夠及早成立選舉事務所。如南京市在 8 月 11 日下午 4 時，在市府召開第一次會議，出席會議的有市長沈怡、政府代表謝徵孚、國民黨代表駱繼常、民社黨代表張仲友、青年黨代表趙瑞麟等數人。由沈市長兼主席委員，並親自主持會議，會中通過選舉事務所組織章程，決定選舉事務所於 12 日正式成立，即日起在市府大禮堂正式開始辦公。組織規程內計分 4 科，第 1 科執掌指導事宜；第 2 科爲區域選舉；第 3 科爲婦女及職業選舉，第 4 科爲事務所。各科科長人選除第 1 科外，已分別派王鏞

---

30 〈各省選所續有成立〉，《中央日報》，南京，民國 36 年 8 月 20 日，第 2 版。

舜、杜章甫、吳毓華兼 2、3、4 科科長，陳楷等 10 人為幹事，以及確定選舉經費預算。[31]

　　江蘇省亦積極展開籌備工作，主席委員一職由中央委派王懋功擔任，另派沈鵬、張宗民、沈夔龍、朱頌真等 4 人為委員，並劃分 7 個選舉區，計第 1 選區設於鎮江，轄 11 個縣；第 2 選區設於武進，轄 7 個縣；第 3 選區設於蘇州，轄 11 個縣；第 4 選區設於南通，轄 6 個縣；第 5 選區設於東台，轄 7 個縣；第 6 選區設於淮陰，轄 8 個縣；第 7 選區設於徐州，轄 10 個縣。[32]

　　上海市亦遵照中央規定辦理國大選舉事宜，特於 8 月 18 日下午 3 時，假市府會議室舉行上海市選舉事務所選舉委員會成立大會。出席的有主席委員吳國楨，委員有吳開先（社會局）、陳保泰（國民黨）、王嵐僧（青年黨）、吳正（民社黨）等 5 人，由吳主委擔任主席，報告成立之意義後，旋即開始討論，最後達成決議，要案如下：[33]

1. 上海市選舉事務所選舉委員會定於 18 日當天正式成立，並定該（8）月之 20 日正式辦公。
2. 選委會聘請李學訓、陳伯良、申守仁、王仲清 4 人為幹事。
3. 選委會下設 3 科，區域選舉科科長由李學訓兼。職業

---

31 〈選總事務所今正式成立，即在市府開始辦公〉，《中央日報》，南京，民國 36 年 8 月 12 日，第 5 版。
32 〈江蘇選舉工作劃分 7 區進行〉，《中央日報》，南京，民國 36 年 8 月 13 日，第 7 版。
33 〈本市選舉委員會昨正式成立〉，《中央日報》，上海，民國 36 年 8 月 19 日，第 4 版。

選舉科科長由陳伯良兼。總務科科長由申守仁兼。

4.選委會之預算暫定為 80 億元，是政府中央撥發。

5.選舉人名冊，限速造就，並定於該（8）月 26 日正式
公布（按上海市有選舉權者約 2 百餘萬人）。

6.參加競選人，於 9 月 1 日起開始報名。

浙江省選務工作也在積極地推動，該省選舉事務所主席
委員為沈鴻烈，與趙見微、阮毅成等 4 位委員，於 8 月 7 日
下午 5 時在省府主席辦公廳舉行談話會，決定該省之選舉事
務所於 11 日正式成立，各縣市選舉委員人選也定於 11 日提
出討論。[34]

另，湖南省由於一直未接到選舉總所頒發的省選舉事務
所組織規程，以致耽誤了成立時間。迨 8 月 13 日接獲選舉總
所頒發的組織規程，以及之前（7 月 26 日）發表劉千俊、陳
大榕、黃鳳池，向構父為該省選舉委員會委員，該省之選務
單位乃順利成立。[35]

由於選舉總所規定各省市選舉事務所必須在 8 月 20 日以
前成立，因此當記者於 19 日訪問該所副總幹事王彬時，王則
稱道：「選舉總所直屬及省市選舉事務所共 50 單位，除 8 月
16 日以前呈報成立之蒙藏、外僑，全國性職業及婦女團體選
舉事務所等 3 直屬選舉事務所，暨四川、重慶等省市選舉事
務所，共 24 單位外，截至 19 日止，續報成立的有大連市（8
月 20 日）、天津市（8 月 1 日）、浙江省（8 月 11 日）、江西

---

34 〈浙省選舉機構已成立〉，《中央日報》，南京，民國 36 年 8 月 13 日，
第 7 版。

35 〈長沙通訊〉，《中央日報》，南京，民國 36 年 8 月 13 日，第 7 版。

省（8月17日）、合江省（8月6日）、雲南省（8月18日）、廣東省（8月20日）等選所，共31單位，尚有19省市。有已成立而尚未具報者如南京、上海等市，故預料各該省市選舉事務所當可如期成立」。[36]

現將各省市選舉事務所成立日期以及主席委員名單列表於下，以茲參考：

表 3-9：各省市選舉事務所成立一覽表

省市別	所在地	主席委員（或監督）姓名	委員姓名	成立日期	結束日期
江蘇省	鎮江	王懋功	沈鵬、張宗民、沈夔龍、朱頌真	36.8.18	
浙江省	杭州	沈鴻烈	阮毅成、趙見微、葉葦、徐家齊	36.8.11	
安徽省	合肥	李品仙	黃國仇、凌孝芬、郭樹幹、徐昌頤	36.8.1	37.5.5
江西省	南昌	王陵基	任師尚、王廣來、朱垂鋤、楊大膺	36.8.17	
湖北省	武昌	萬耀煌	余正東、楊錦昱、李毓華、史魯岩	36.8.1	
湖南省	長沙	王東原	劉千俊、陳大榕、黃鳳池、向構父	36.8.15	
四川省	成都	鄧錫侯	陳開泗、陳紫輿、夏騎風、趙季珊	36.8.1	37.4.16
西康省	康定	劉文輝	張爲炯、戚彬如、謝慕沙、閔錫如	36.8.1	
福建省	福州	劉建緒	鄭俠民、林鳴崗、鄭學立、鄭克鏘	36.8.16	
廣東省	廣州	宋子文	李揚敬、羅香林、胡國偉、黃任寰	36.8.20	37.4.30

---

36 〈各省選所續有成立〉，《中央日報》，南京，民國36年8月20日，第2版。

廣西省	桂林	黃旭初	張威遐、陳錫珖、王世昭、廖葛民	36.8.11	37.3.31
雲南省	昆明	盧　漢	楊文清、隴體要、王湄午、馮家聰	36.8.18	37.4.30
貴州省	貴陽	楊　森	袁世斌、周達時、王樹霖、謝汝霖	36.8.1	
河北省	保定	孫連仲	孫振邦、劉瑤章、朱軼人、王雙歧	36.8.1	
山東省	濟南	王耀武	劉翔、高登海、夏劍秋、王紫賓	36.8.9	
河南省	開封	劉茂恩	張辛南、李鴻音、趙鑑三、王曾述	36.8.1	
山西省	太原	閻錫山	邱仰濬、溫紹熙、丁俊生、梁上椿	36.8.1	
陝西省	西安	祝紹周	蔣堅忍、陳固亭、李文軒、黃佩蘭	36.8.4	
甘肅省	蘭州	郭寄嶠	馬繼周、于衡達、馬福廷、羅延坪	36.8.1	
寧夏省	賀蘭市	馬鴻逵	海濤、任振華、汪朗園、朱瀛山	36.8.15	
青海省	西寧	馬步芳	馬紹武、高文遠、邢毓明、張受騫	36.8.20	
綏遠省	歸綏	董其武	王則鼎、杜品三、鄧啓、元香柏	36.8.13	37.3.31
新疆省	迪化	麥斯武德	王曾善、謝永存、毛以亨	（註1）	
熱河省	承德	劉多荃	李守廉、王致雲、高伯繩、李春榮	36.7.25	37.1.31
吉林省	長春	梁華盛	尙傳道、劉毓文、王道根、劉民悅	36.8.20	
遼寧省	瀋陽	徐　箴	韓涵、卞宗雲、董微、馮亦吾	36.8.1	
黑龍江省	瀋陽	韓俊傑	劉時範、郎道衡、張錫祓、原興華	36.8.1	
察哈爾省	張家口	傅作義	于純齋、焦如橋、柴親禮、孟星魁	36.8.12	
合江省	瀋陽	吳瀚濤	李懋、何漢文、趙純	36.8.6	

			孝、王蔭椿		
松江省	瀋陽	關吉玉	師連舫、趙儒卿、俞康、舒震	36.8.20	
嫩江省	瀋陽	彭濟群	梁中權、蒼寶忠、柴毅、馬超羣	36.8.12	37.2.29
安東省	瀋陽	高惜冰	王育文、劉有同、李若愚、詹思久	36.8.20	
興安省	瀋陽	吳煥章	張震西、孟光宇、文強武、李樹棠	36.8.14	
遼北省	瀋陽	劉瀚東	張式綸、葉叢新、何濟剛、李心園	36.8.16	
臺灣省	台北	魏道明	丘念台、張兆煥、張皋、陳逸松	36.8.11	
南京市	南京	沈　怡	謝徵孚、駱繼常、趙瑞麟、張仲友	36.8.12	
上海市	上海	吳國楨	吳開先、陳保泰、王嵐僧、吳正	36.8.18	
北平市	北平	何思源	溫崇信、陳德武、曹屏藩	36.8.20	37.7.20
重慶市	重慶	張篤倫	汪觀之、徐政、蕭智僧、張烈邦	36.8.1	
天津市	天津	杜建時	胡夢華、徐治、朱德武、曹有義	36.8.1	
青島市	青島	李先良	石鍾琇、牟乃紘、戚光烈、柴春霖	36.8.15	
大連市	瀋陽	龔學遂	王化一、黃露、趙廣元	36.8.20（註2）	
哈爾濱市	瀋陽	楊綽庵	韓靜遠、凌紹康、常介福	36.8.19	
漢口市	漢口	徐會之	阮華國、高鴻彝、周恩久	36.8.20	
瀋陽市	瀋陽	金　鎮	單成儀、張葆恩、韓靜生	36.8.1	
廣州市	廣州	歐陽駒	李樸生、黃晃、梁晨	36.8.20	
西安市	西安	王友直	岳德良、廖兆駿、宋壽夫	36.8.4	
蒙藏	南京	許世英		36.7.19	37.4.30

資料來源：1.〈國民大會代表立法委員選舉總事務所選舉實錄案〉，《內
　　　　　　政部檔案》，國史館藏，目錄號：127，案卷號：933-1。
　　　　　2.國民大會秘書處編：《第一屆國民大會實錄》，頁 77-79。
　　　　註 1：原〈國民大會代表立法委員選舉總事務所選舉實錄〉中並
　　　　　　　未列出新疆省成立日期，且無從查考，故從缺。
　　　　註 2：原〈國民大會代表立法委員選舉總事務所選舉實錄〉中只
　　　　　　　列出大連市成立之年、月，並未列出日期。《中央日報》，
　　　　　　　南京，36 年 8 月 20 日，第 2 版，列出大連市選務所成立
　　　　　　　日期，故補之。

　　至於各縣市選舉事務所亦奉各該省政府之令紛紛成立，
且由縣長擔任各該縣選務所主席委員。如江蘇省之鎮江縣，
選舉事務所組成後，由縣長周天兼主席委員，民政科長席信
之兼總幹事，下設總務、選舉兩科，所有職員均由縣府職員
調兼。該縣共分為 94 個鄉鎮區域，每鄉鎮均設一投票所，各
設一管理員及監察員，[37]積極推動選務工作。

　　嘉興縣亦復如此，選舉事務所奉准成立，省方派定潘振
球、王梓良、沈宗埵、張戛民為委員，各股長、幹事等亦分
別派定。[38]淮陰縣選舉事務所於該（9）月 18 日正式成立，
由縣長陳六秩兼主席，民政科長陳萬瑞兼總務幹事，幹事韓
毅劼兼選務科長，幹事張雲龍兼事務科長，並積極展開選務

---

37 〈鎮江選所正式成立〉，《中央日報》，南京，民國 36 年 9 月 22 日，
　　第 7 版。
38 〈各地零訊〉，《中央日報》，南京，民國 36 年 9 月 29 日，第 7 版。

工作，趕辦選票。[39]

　　廣東省選舉事務所於 9 月 17 日上午 9 時召開第 3 次選舉委員會，出席委員有黃任寰、羅香林、詹朝陽等，由主席委員羅卓英任主席。據該省選務所報告稱：各縣市已成立國大代表選舉事務所者，現據呈報計有靈山、陽江等 39 縣，其未成立選舉事務所者，則由各縣政府負責辦理。[40]

　　臺灣省選舉事務所於 8 月 11 日成立後,亦積極推動各縣市選務單位之成立，先後成立的各縣選舉事務所計有台北、新竹、台南、高雄、台東、台中、花蓮、澎湖等縣，以及台北、基隆、彰化、新竹、高雄、嘉義、台中、台南、屏東等市。[41]

　　除以上所述及部分地區因遭中共侵擾無法進行選務工作外，其餘各地之選務所都依「選舉進行程序」之規定分別進行選舉工作。[42]

三、蒙藏選舉機構之組設

　　蒙古、西藏地區之選舉，乃設立蒙藏選舉事務所辦理之，其組織與職掌與其他各省市選舉機構之組設略有不同。該所

39 〈各地零訊〉，《中央日報》，南京，民國 36 年 9 月 29 日，第 7 版。

40 〈廣東選舉工作，正積極辦理中，已有 39 縣成立選所〉，《中央日報》，南京，民國 36 年 9 月 24 日，第 7 版。

41 〈普選應可如期完成，若干問題正研究中〉，《中央日報》，南京，民國 36 年 9 月 17 日，第 2 版。

42 〈未經匪擾縣份，選政應依程序進行〉，《中央日報》，上海，民國 36 年 9 月 28 日，第 2 版。

組織規程規定，係採選舉監督制，置選舉監督 1 人，以蒙藏委員會委員長充任，其下分設各區主管選舉事務所，亦各置選舉監督 1 人。在蒙古以盟旗最高行政長官充任，在西藏則分別以噶廈及蒙藏選舉監督所指定之人員充任。所有選舉監督除蒙藏委員會委員長許世英係由國民政府特派外，其餘均由選舉總事務所派充。蒙藏選舉事務所內設蒙古、西藏選務各 1 科，事務 1 科。各級工作人員名額，視事務繁簡而定。[43]現將蒙古、西藏部分選舉監督名單列表於下，以資參考。

表 3-10：蒙古、西藏地區選舉監督名單一覽表

（甲）蒙古部分（註）

選舉單位名稱	監督姓名
青海左翼盟	索諾恩旺濟勒
青海右翼盟	林沁旺濟勒
卓索圖盟	達克丹彭蘇克
昭烏達盟	蘇達那木達爾濟
烏蘭察布盟	巴寶多爾濟
伊克昭盟	圖布陞吉爾格勒
阿拉善旗	達里扎雅
額濟納旗	塔旺嘉佈
歸化土默特旗	榮祥

註：蒙古地區原本共有 18 盟旗，現只派了 9 個蒙旗的選舉監督，其他 9 個盟旗的監督不詳，無從查考。見〈蒙藏選民調查案〉，《內政部檔案》國史館藏，目錄號：127，案卷號：613，頁 24。國民大會秘書處編：《第一屆國民大會實錄》，頁 79、80。

---

43 國民大會秘書處編：《第一屆國民大會實錄》，頁 79。

（乙）西藏部分

選舉單位名稱	監督姓名
西藏地方	噶廈
暫時旅居內地西藏人民	班禪堪布會議廳
西康省藏族人民	劉文輝
青海省藏族人民	馬步芳
甘肅省藏族人民	郭寄嶠
四川省藏族人民	鄧錫侯
雲南省藏族人民	盧漢

資料來源：國民大會秘書處編：《第一屆國民大會實錄》，頁80。

四、僑民選舉機構之組設

　　凡僑居國外地區國民之選舉，設僑民選舉事務所辦理之。此外，並在僑民所居住地區分設區選舉事務所，其組織與省市及縣市同。

　　僑民選舉選舉事務所，以僑務委員會委員長為當然委員兼主席，委員人選由選舉總所呈請國民政府派充。至於區選舉事務所委員人選，則由選舉總所直接派任，並以當地使領館領事或僑團為當然委員兼主席。國民政府特派劉維熾為僑民選舉事務所主席委員，並令派鄭振文、洪少植、周雍能、黃鐵錚為委員。現將各區選舉事務所主席委員名單列表於下，以供參考。

表 3-11：僑選各區主席委員名單一覽表

選舉區別	主席委員姓名	選舉區別	主席委員姓名
第 1 區	張紫常	第 2 區	陳長樂
第 3 區	張平群	第 4 區	熊應祚
第 5 區	唐榴	第 6 區	廖頌揚
第 7 區	朱世全	第 8 區	
第 9 區		第 10 區	袁道豐
第 11 區	馮亮愷	第 12 區	鍾繼振
第 13 區	沈祖徵	第 14 區	吳世英
第 15 區	姚定塵	第 16 區	董仲偉
第 17 區	劉伯盈	第 18 區	
第 19 區	劉馭萬	第 20 區	尹鳳藻
第 21 區	袁子健	第 22 區	許紹昌
第 23 區	蔡維屏	第 24 區	孫秉乾
第 25 區	嚴萬里	第 26 區	張德同
第 27 區	喬惕凡	第 28 區	伍伯勝
第 29 區	吳志淵	第 30 區	
第 31 區	酈達	第 32 區	何熾祥
第 33 區	劉伯群	第 34 區	李能梗
第 35 區	俞培均	第 36 區	蔣家棟
第 37 區	李芹根	第 38 區	鄭達洪
第 39 區	王德棻	第 40 區	蔣錫愷
第 41 區	谷兆芬		

資料來源：國民大會秘書處編：《第一屆國民大會實錄》，頁 81-83。

註：第 8、9、18、30 等 4 區，《第一屆國民大會實錄》中未刊登選舉
區別及主席委員姓名，無從查考，故從缺。

五、全國性職業團體及婦女團體選舉機構之組設

全國性職業團體及婦女團體之選舉，設全國性職業團體
及婦女團體選舉事務所，置委員 3 人至 5 人，組織選舉委員
會，辦理各該團體選舉事宜。由於職業團體與婦女團體畢竟

非為同一單位，主席委員一席，法未明定以何人兼任，爰由國民政府特派谷正綱為全國性職業團體及婦女團體選舉事務所主席委員，黃友郢、林可璣、蔣作屏、童冠予為委員。[44]

_____

44 國民大會秘書處編：《第一屆國民大會實錄》，頁 83。

第四章　選舉事務之規劃與運作

第一節　選舉人與候選人資格之認定

　　民國 36 年 6 月 25 日選舉總事務所成立後,各省、市、縣或同等區域之選舉事務所以及直轄市之選舉事務所亦分別成立,選舉總所為便於推展選務工作,復訂定「國民大會代表選舉進行程序」,依此進行程序,各級選務單位於推展選務工作時,除了應先造具選舉人名冊,公告候選人之登記日期外,更將選舉人、候選人之資格,以及登記條件,均作了明確的規定。因此,為了對選舉人和候選人資格有一確切的認識,現分別加以說明。

一、選舉人方面

(一) 選舉人之資格

　　依據國民大會代表選舉罷免法第 5 條之規定,稱選舉人者,首應具備之條件為具有中華民國之國籍,並年滿 20 歲。其次是不得有下列情事之一者,才能擁有選舉權。

1.犯刑法內亂外患罪,經判決確定者。

2.曾服務公務而有貪污行為,經判決確定者。

3.褫奪公權尚未復權者。

4.受禁治產之宣告者。

5.有精神病者。

6.吸用鴉片或其代用品者。

由以上之規定可知,選務工作單位,在造具選舉人名冊時,除了對未滿 20 歲者不能給予選舉權外,對年滿 20 歲,但卻犯有上述 6 項規定之一者,均不能列入選舉人名冊而無法取得選舉權。至於年齡屆滿日期,依選舉罷免法施行條例第 4 條之規定,則以造冊之日為準。此外,選舉人有無精神病與是否吸用鴉片或其他代用品,則不能臆斷,須依選舉罷免法施行條例第 3 條所定,「以經依法登記之醫師證明者為限」。

(二) 選舉人與選舉權

依照選舉罷免法第 7 條之規定,每一選舉人只有 1 個選舉權,若有兩個以上選舉權者,限參加一種,並由選舉人於登記選舉人名冊時,自行聲明。

此外,選舉罷免法施行條例第 5 條規定,「各主管機關於調查登記選舉人名冊時,如發現一個選舉人有二個或二個以上選舉權者,應令其自行認定一種,並通知有關機關備查」。因此,關於選舉人之有兩種選舉權者,由有選舉權人任擇一種,並通知有關機關備查。

（三）選舉人與選舉權證

當選舉人名冊由各地之主管選舉機關編製完成後，隨即辦理選舉人名冊之公告。依照選舉罷免法施行條例第 12 條之規定，「選舉人名冊之公告確定後，各主管選舉機關應於選舉之 30 日前製發選舉權證，以憑領取選舉票」。因選舉權證是取得選舉權之憑證，並憑以換取選舉票，且必須限其本人持用，不容冒領冒換。再者，選舉權證必須貼以照片，但許多選舉人，因礙於經濟能力，無法一一照貼，因此大多以指印代替，如此則造成模糊不清，難以辨認，故以附驗身分證較為妥當，或逕以國民身分證件代替之。

其次是選舉權證之發給，依規定區域是由鄉保轉發，職婦團體會員則由該團體轉發。然，部分地區之鄉保或職婦團體執行時，未能如期將選舉權證發給選民，致使部分選民未能領得選舉權證，而不能參加投票，如福建省林森縣競選國代至為熱烈，聞有候選人為達勝選，竟不擇手段，透過鄉公所控制選民之國民身分證，包攬大選之選舉票。[1]甚至有將選舉權證留置鄉保或該職婦團體辦公室內，待投票時再發給選民，或竟徇情濫發，以致發生冒領選票情事。[2]另，北平市第 2 區第 1 選舉所竟將北平中學進修班全體教職員和學生 7 百餘人之選舉權證扣押，僅發出 3 張選舉權證，引起激憤，並

---

1 〈閩林森縣包攬選舉票〉，《申報》，上海，民國 36 年 9 月 19 日，第 2 張，（五）。
2 郎裕憲、陳文俊編著：《中華民國選舉史》（台北市：中央選舉委員會，民國 76 年 6 月出版），頁 318。

前往投票所理論，投票所負責人承認錯誤，與進修班具結，
風波始告平息。[3]

二、候選人方面

（一）候選人之資格

在候選人資格認定方面，國民政府所公布的選舉罷免法
對此有明確規定。如選舉罷免法第 5 條：中華民國國民，年
滿 23 歲，而無違反先前對選舉人所規定情事之一者，則具有
被選舉權。第 6 條：外國人因歸化取得中華民國國籍，滿 10
年者，有被選舉權，以及回復中華民國國籍人民，滿 3 年者，
有被選舉權。第 8 條：現任官吏不得於其任所所在地之選舉
區當選爲國民大會代表。第 15 條：縣市或同等區域之候選
人，以該縣市或同等區域內之人民爲限。職業團體之候選人，
以各該團體之會員爲限。僑居國外國民之候選人，以居住該
選舉區合計滿 3 年以上者爲限。第 24 條復規定：選舉機關委
員或監督及職員，於其辦理選舉之區域或團體內，不得爲國
民大會代表之候選人。這些條文都足以說明有意參加國民大
會代表選舉的候選人都必須遵守選舉罷免法之規定。

（二）候選人之登記

依 36 年 11 月 8 日國民政府公布修正之選舉罷免法第 12

---

3 〈北平大選一風波，進修班一工友投票被擋，全體員生往爭，選所認錯〉，
　《大公報》，天津，36 年 11 月 24 日，第 2 版。

條之規定：有被選舉權而願爲候選人時，經 500 名以上選舉人之簽署，或由政黨提名，得登記爲候選人，公開競選，非經登記者，不得當選。但僑居國外國民之候選人，經 200 名以上之簽署，職業團體候選人及婦女團體候選人，經 50 名以上選舉人簽署，即得登記爲候選人。

此外，選舉罷免法施行條例第 14 條規定：簽署人須爲選舉區之選舉人，若爲政黨提名者，其名單應在候選人開始登記前提交選舉總事務所。

（三）政黨提名之候選人

此處所謂政黨者，係指國民政府於民國 36 年 10 月 2 日所頒布之訓令：「暫先以參加制憲之中國國民黨、青年黨、民主社會黨爲限」。[4]

由於在選舉罷免法第 12 條中規定，候選人須經 500 名以上選舉人之簽署，或由政黨提名可登記爲候選人。但國民政府在 36 年 11 月 28 日所召開的第 16 次國務會議中，國民黨籍國府委員鄒魯、張繼等提出一關於政黨提名補充規定之建議案，稱：「凡中國國民黨、青年黨、民主社會黨參加國民大會代表競選者均須由各所屬政黨提名」。其後內政部長兼選舉總事務所主席委員張厲生復提出補充意見稱：「用選民簽署手續登記提名者，以無黨派者爲限」。[5]

上項建議復經國務會議第 18 次，補充決議，係解釋法律

---

4 郎裕憲、陳文俊編著：《中華民國選舉史》，頁 319。
5 〈各黨黨員參加競選須由所屬政黨提名〉，《中央日報》，南京，民國 36 年 11 月 29 日，第 2 版。

性質，根據施行條例之規定，用選民簽署登記者，以社會賢
達爲限。國民黨、民社黨、青年黨 3 黨黨員需受其約束，立
法院並於民國 36 年 12 月 13 日經周蜀雲、陳海澄、劉通、羅
鼎、陳顧遠、陳洪等十餘位委員熱烈討論後通過，認爲與立
法院制定國民大會選舉罷免法第 12 條原意相符，案經司法院
於 37 年 1 月 15 日以訓令第 20 號令飭各法院執行。[6]

　　最後，依選舉補充條例之規定，辦理選舉之各省市，由
政黨提名，且經過協調，慎重審查，最後送交選舉總事務所
者，中國國民黨計提名 2,320 人，青年黨提名 362 人，民主
社會黨提名 303 人。現將各選舉單位中各政黨所提人數列表
於下，以供參考。

表 4-1：全國各選舉單位各政黨所提候選人數一覽表

選舉單位	提　　名　　單　　位		
	中國國民黨	中國青年黨	民主社會黨
區域	1,731	288	253
邊區民族	16	1	0
省區民族	13	0	0
提名省市農會	87	9	7
省市婦女團體	128	22	16
省市工會	94	3	6
內地生活習慣特殊國民	14	2	0
總　　計	2,083	325	282

資料來源：郎裕憲、陳文俊編著：《中華民國選舉史》，頁 320。

　　至於全國性職業團體及婦女團體，各政黨所提出之候選

6 郎裕憲、陳文俊編著：《中華民國選舉史》，頁 319。另，〈政黨提名補
　充規定，立法院例會辯論後通過〉，《中央日報》，南京，民國 36 年 12
　月 14 日，第 2 版。

人名單，亦列表於下，以供參考。

表 4-2：全國性職業團體及婦女團體各政黨所提候選人數一覽表

全國性職業團體及婦女團體候選人政黨提名人數			
選舉單位	提　名　單　位		
	中國國民黨	中國青年黨	中國民主社會黨
婦女團體	18	2	1
漁　　會	6	2	1
工人團體	46	1	2
商業團體	29	2	4
工業團體	19	0	2
教育團體	69	15	6
自由職業團體	50	5	5
合　　計	237	37	21

資料來源：同表 4-1，頁 321。

第二節　選民名冊之編造

一、選民人數之調查與名冊之編造

　　選舉人名冊是選務行政的基礎，也是選舉人行使選舉權的根據。而編造選舉人名冊的主要目的，在於促使選舉的確實性，掌握正確的選民數，以便投票能夠順利進行，進而防止選舉舞弊及重複投票之事發生。[7]

　　是以辦理任何選舉，最重要的工作就是要調查出確實的

---

7 袁頌西等編：《中華民國選舉罷免制度》（台北市：中央選舉委員會，民國 74 年 6 月出版），頁 317。

選民人數，有了確實的選民人數，才能掌握選民的投票率，以及選舉的動向。由於此次的選舉，選民事先不再需要宣誓，而是憑選舉權證，換取選票後就可行使投票權。因此選舉總事務所乃通令各主管選舉機關，於投票前，務必要將各地區之選舉人數確實調查清楚，並編造選舉人名冊，才可提供各選務單位作為製發選舉權證之依據。[8]

　　此外，選舉總事務所訂定之「國民大會代表選舉進行程序」，規定各主管選舉機關必須在 36 年 8 月 24 日至 10 月 11 日之間，將選舉人名冊造具完畢，並於 10 月 12-16 日完成選舉人名冊之公告、更正及呈報等事項。

　　除了區域代表之選民調查與名冊編造外，職業及婦女團體代表選舉人名冊之編造及呈報日期與區域選舉相同。然負責職業及婦女團體之主管選舉機關，應先通知各該團體，於選舉前 90 日造具各款之簿冊，以作為確定選舉人資格之依據。[9]

　　所以各地選務單位乃積極展開選民人數之調查，即以當時報刊所載，約略可見各省市選務單位對選民調查之情形，如四川省於選舉事務所成立（8 月 1 日）前，即於 7 月 21 日起由省府先行負責督飭各縣，著手編造選民名冊，並限於 8 月 21 日前編竣。當時各縣名冊編竣報省已達百縣，除有少數縣分發現有不確實及錯誤而發回復查外，大致均可依限完

---

8 〈各區選舉人名冊定 27 日前編竣，31 日前分別公布〉，《中央日報》，南京，民國 36 年 8 月 12 日，第 2 版。
9 〈國大立委選舉人名冊編造辦法，國大選舉人在 55 日前公告〉，《中央日報》，重慶，民國 36 年 7 月 29 日，第 2 版。

成。[10]安徽省亦因大選期近,已展開競選活動,皖南之蕪湖、郎溪、宣城、銅陵等各縣之選舉事務所已先後成立,蕪湖選所刻正集中校核選舉人名冊,情緒至爲緊張。[11]

其他如廣西省調查結果,全省區域、邊民、婦女、職業等 4 種選民總計共有 8,151,869 人,其中區域選民爲 7,078,735 人,邊區選民爲 85,033 人,餘爲婦女及職業團體選民數。[12]

甘肅省全省選民調查完畢,全省 72 縣市局,共有選民 3,072,973 人,其中生活習慣特殊之選民以回民較多,藏蒙民次之。蘭州市共有選民 106,747 人,其中包括回民 6,300 人,藏民 18 人。[13]

天津市選舉事務所在此次選舉中,對選民做了詳盡的調查,區域選民共有 682,740 人,回教選民共有 11,392 人;職業與婦女團體,屬全國性者計有 4,878 人,屬地方性者計有 79,704 人,總共計有選民 773,836 人。[14]

廣東省據當時報載,各縣市呈報選舉人總數者計 89 縣,共 1,567 萬 8,219 人,但尚有從化、英德、樂昌、雲浮、陽山、河源、龍門、連平、文昌、陵水、保亭等 11 縣未據呈報。此外,選舉人名冊原定 8 月 27 日至 31 日爲公告及更正之期,

---

10 〈川省積極進行選舉準備工作,選民名冊大部已編竣〉,《中央日報》,南京,民國 36 年 8 月 21 日,第 9 版。

11 〈安徽展開競選,皖南各縣選所已成立,競選人士均準備登記〉,《中央日報》,南京,民國 36 年 9 月 10 日,第 6 版。

12 〈中央社桂林四日電〉,《中央日報》,南京,民國 36 年 11 月 5 日,第 2 版。

13 〈準備投票〉,《中央日報》,南京,民國 36 年 11 月 19 日,第 2 版。

14 〈國民選舉今起舉行,投票所分設 90 處同時選舉〉,《大公報》,天津,民國 36 年 11 月 21 日,第 5 版。

然有些縣市造冊稍遲，因此未能依期辦理，據當時報載已呈
報且業已公布者計有赤漢等 14 縣，其他縣市則尚未據報，省
選舉事務所已在催促中。[15]

　　江蘇省淮陰縣內之選民名冊也在積極編造中，其中有 4
區之選民冊已編造完成，且已呈送選務單位，其他各區尚未
造報，該縣政府亦多次催促趕辦，然均未能如期呈送，因此
該縣政府認為這些區長「殊屬玩忽選務」，均予記過 1 次，以
示懲戒。[16]這可說是此次辦理選舉以來，首次遇到的懲處事
件。

　　河南省之滎陽縣，或因未受共軍侵擾之關係，選民之調
查工作進行頗為順利，各種選民名冊亦先後造具完畢，並呈
報省選舉事務所公布之，現將其列表於後，以供參考。

表 4-3：國民大會代表河南省滎陽縣各類選舉選民人數統計表

團　體　別	選　民　人　數　（人）
區　　域 （男、女）	65,000
農　　會	12,000
教　育　會	624
商　工　會	980
婦　女　會	480
回　　民	3,486
合　　計	82,570

資料來源：〈各地零訊〉，《中央日報》，南京，民國 36 年 9 月 22 日，
　　　　　第 7 版。

15　〈廣東選舉工作正積極辦理中，已有 39 縣成立選所〉，《中央日報》，
　　南京，民國 36 年 9 月 24 日，第 7 版。
16　〈各地零訊〉，《中央日報》，南京，民國 36 年 9 月 29 日，第 7 版。

　　至於國民政府所在地的南京市，選務工作亦積極推展，不敢稍有怠懈。據 8 月 19 日南京《中央日報》所載：「（南京市）自 8 月 12 日選舉事務所成立後，各科之準備工作乃積極展開，全市選舉人名冊之編造工作，日內即可結束。現正設法調派人員核對此項選舉人名冊」。[17]截至 9 月底止，全市共有 213,483 戶，1,103,538 口，其中男性有 632,796 人，女性有 476,742 人，流動人口計有 31,286 人，外僑計有 178 人。[18]現將該市合於選舉條件之市民人數分區列表於後，以供參考。

表 4-4：南京市區域選舉各選區選民人數統計表

36 年 10 月 11 日

區　　域　　別	選民人數　（人）
第　　一　　區	92,176
第　　二　　區	54,055
第　　三　　區	44,179
第　　四　　區	53,257
第　　五　　區	86,257
第　　六　　區	66,266
第　　七　　區	45,808
第　　八　　區	12,409
第　　九　　區	24,101
第　　十　　區	20,157
第　十　一　區	35,761
第　十　二　區	30,855
第　十　三　區	7,790
總　　　計	573,071

17　〈京選舉人名冊日內即可編竣〉，《中央日報》，南京，民國 36 年 8 月 19 日，第 5 版。

18　〈京市人口，百一十萬〉，《中央日報》，南京，民國 36 年 10 月 16 日，第 4 版。

資料來源：〈南京市選民調查案〉，《內政部檔案》，國史館藏，目錄
　　　號：127，案卷號：624，頁45。

　　南京市除了以上所列各區之區域選民人數外，各職業團
體、婦女團體亦作了詳細的調查。如市屬職業團體共有 184
單位，婦女團體 3 單位，全國性婦女團體 28 單位。而職業團
體中，農會計有 13 區，會員 13,185 人。工會共有 69 單位，
會員 28,640 人。婦女團體 3 單位，會員 24,578 人，合計共
有 66,403 人。惟自由職業團體、工鑛商業團體及全國性婦女
團體，因總事務所分配全國各區名額較遲，故選民人數尚未
確定。[19]

　　因此各省市經此次調查後，截至 9 月底止，據內政部人
口局之統計，全國 48 省市（包括西藏地區）除南京、上海、
北平、天津、青島、漢口、廣州、瀋陽、西安、重慶已全部
完成選民調查外，大連與哈爾濱因情形特殊尚未收復而待舉
辦外，其餘 35 省（西藏地方因情形特殊尚未舉辦）總計 2,132
縣市局旗中，已辦理完成者共 1,550 縣市局，當時正進行辦
理者有 148 縣市局，因戰亂等原因尚未進行辦理者有 434 縣
市局。[20]

　　由以上之論述可以得知，各直轄市中除大連、哈爾濱 2

19 〈京參加選舉團體已有 2 百餘單位，選民已統計者 6 萬餘人〉，《中央
　　日報》，南京，民國 36 年 9 月 17 日，第 5 版。另，《申報》，上海，
　　36 年 11 月 21 日第 1 張，（一），登載南京市選民人數則爲區域選民
　　589,467 人；職業團體選民 78,274 人；婦女團體選民 153,925 人，共計：
　　821,666 人，顯與前者所述略有不同。
20 〈全國戶口總調查，千五百縣市完成〉，《中央日報》，南京，民國 36
　　年 10 月 27 日，第 4 版。

市外均已完成選民調查，其餘未能進行調查選民數之各省多因部分縣市遭共軍佔據，未能收復之故。至於中共佔領區如何辦理選舉，選舉總事務所亦已飭令各該區主管選舉機關，盡可能編造全部選舉人名冊。若中共佔領區次第收復，仍應繼續造冊趕報，俾各區選民皆得行使應享之權利。而情形較為特殊之區域，選所亦已周密考慮辦法，務期此屆選舉能如期完成。[21]

除此之外，還有部分省市則因戰事波及而無法順利調查出選民數，致使選務無法推展，而不得不延期。如山東省之泰安、濟寧、嘉祥、鄆城、鉅野……等 21 縣市，或以工作不力，或以環境軍事影響，迄未造報選民名冊，報告選民總數，影響選務至大。其他各選區，據各督導選舉人員回所報告情形如下：

1. 青島區各縣選舉，能完全舉辦比較完善的僅即墨 1 縣。膠縣、高密等縣僅能辦理一部分。

2. 臨沂區各縣辦理選政，以郯城、臨沂、單縣 3 縣比較良好，正依法辦理。費縣、沂水、日照、莒縣等甚感困難，亦在設法舉辦中。

3. 昌濰區之昌樂、濰縣辦理情形尚屬完善。安邱、臨朐、益都、壽光、臨淄等縣，以受軍事影響，故障實多，然亦正在辦理中。昌邑流亡選民計在 10 萬以上。廣饒選所人員有一部分被俘，主席委員亦負傷。

截至當時為止，經造報選民名冊者，計有長清等 65 縣，

已報選民總數 4,230,150 人，未送選民名冊者有鄒縣等 24 縣。[22]

除山東省外，河南全省共有 111 縣，當時正辦理選務的縣分有 88 縣，亦即河南省有四分之三的地區正進行選務工作。全省選民估計有 2,100 萬人，除受共軍侵擾的柘城、武安、林縣……等 23 縣，選舉工作無法進行，投票遭到困難的選民約有 400 萬人之多。[23]雖然如此，但該省選舉事務所仍將選票印製完畢，共計 2 千 7 百 62 萬 1 千張，其中區域選票計有 2 千 2 百萬張，職業團體選票 2 百 63 萬 1 千張，回民選票 3 百萬張，但仍有一些遭共軍竄擾的縣份，卻無法將選票帶回去。[24]

東北之安東、松江、合江、嫩江、黑龍江、興安及大連、哈爾濱等省市亦受中共之侵擾未能收復，選舉事務所頃奉令依據國代立委選舉補充條例及實施辦法之規定，分別在瀋陽、長春及瀋陽附近各縣設站登記。[25]

至於江蘇省雖位居東南，號稱「魚米之鄉」，但亦遭中共侵擾，許多縣市內之鄉鎮淪陷，影響選務工作之進行。如鹽城縣，遭敵偽共黨蹂躪十載，公民流亡，散處四方。這些淪陷縣市所羈留者，多為中共附庸或婦孺老弱，處於無選民狀

---

22 〈山東選舉困難多，21 縣市未報選民名冊，軍事影響昌邑縣，10 萬選民流亡〉，《大公報》，天津，民國 36 年 11 月 11 日，第 4 版。

23 〈河南的選舉高潮〉，《中央日報》，南京，民國 36 年 9 月 23 日，第 7 版。

24 〈通訊：河南的民主季節〉，《中央日報》，南京，民國 36 年 10 月 30 日，第 7 版。

25 〈東北未收復省市，辦理國代選舉，在長春等地設站登記〉，《中央日報》，上海，民國 36 年 12 月 8 日，第 2 版。

態，真正選民多流亡京滬一帶，是以鹽城同鄉會乃函電選舉總事務所，希望能於京滬流亡集中地區之興化、江都、泰縣、南京、鎮江、蘇州、崑山、常熟、上海等地，設置鹽城票匭，俾該縣流亡選民能夠自由投票，以符實際而利憲政之推行。[26]而銅山縣原係政府全面控制之縣分，且選民人數早已呈報該省選舉事務所，然竟未能依期進行選舉，實因於選舉期間，共軍劉伯承部數千人，突竄抵該縣境內企圖圍攻徐州，幸爲國軍全面擊潰，使得該省完整如初。因此之故，乃不得不援引選舉罷免法施行條例第 40 條之規定，延期舉行選舉。[27]

由於江蘇省江北地區多數縣分遭共軍侵擾，許多鄉鎮淪陷，爲詳加說明起見，現將江北綏靖區局部所能控制之縣分鄉鎮人口及選民數列表於下，以供參考：

表 4-5：江蘇省江北綏靖區局部控制縣分鄉鎮人口及選民數一覽表

縣別	項別 數目	鄉鎮數	人口數（人）	約計選民數（人）	備 註
南通	原有總數	190	1,479,747	1,035,823	
	現有控制數	155	1,025,748	718,024	
	現在不能控制數	35	453,999	317,799	
如皋	原有總數	282	1,541,217	1,078,852	
	現有控制數	230	1,177,256	823,939	
	現在不能控制數	52	364,161	254,913	
海門	原有總數	120	658,091	460,664	
	現有控制數	36	176,976	123,883	
	現在不能控制數	84	481,115	336,781	

---

26 〈江蘇省選民調查案〉，《內政部檔案》，國史館藏，鹽錫字第 31 號，民國 36 年 9 月 10 日。目錄號：127，案卷號：490，頁 43。

27 〈江蘇省選民調查案〉，《內政部檔案》，國史館藏，目錄號：127，案卷號：490，頁 126。

啓東	原有總數	64	364,516	255,161	
	現有控制數	36	237,699	166,389	
	現在不能控制數	28	126,817	88,772	
興化	原有總數	164	600,705	420,494	
	現有控制數	21	171,694	220,186	
	現在不能控制數	143	429,011	300,308	
淮陰	原有總數	75	459,297	321,508	
	現有控制數	38	366,433	256,503	
	現在不能控制數	37	92,864	65,005	
淮安	原有總數	208	768,448	537,914	
	現有控制數	93	301,437	211,006	
	現在不能控制數	115	467,011	326,908	
宿遷	原有總數	50	768,013	537,609	
	現有控制數	40	643,640	450,548	
	現在不能控制數	10	124,373	87,061	
灌雲	原有總數	75	609,106	426,374	
	現有控制數	8	49,168	34,418	
	現在不能控制數	67	559,938	391,956	
東海	原有總數	60	517,446	362,212	
	現有控制數	30	250,700	175,490	
	現在不能控制數	30	266,746	186,722	
邳縣	原有總數	43	642,641	449,849	
	現有控制數	23	317,533	222,147	
	現在不能控制數	20	325,288	227,702	
泰縣	原有總數	81	1,208,464	845,925	內有 28 鄉鎮半控制，9 鄉鎮全部淪陷
	現有控制數	44	664,655	465,259	
	現在不能控制數	37	543,809	380,666	
東台	原有總數	102	1,186,141	830,299	內有 8 鄉鎮半控制，79 鄉鎮全部淪陷
	現有控制數	23	255,668	178,968	
	現在不能控制數	79	930,473	651,331	
泰興	原有總數	199	972,629	680,840	
	現有控制數	69	273,296	191,307	
	現在不能控制數	130	699,333	489,533	
沭陽	原有總數	161	659,754	461,828	
	現有控制數	52	211,121	147,785	
	現在不能控制數	109	448,633	314,043	
鹽城	原有總數	265	1,162,931	814,051	

	現有控制數	35	84,279	58,995	
	現在不能控制數	230	1,078,652	755,056	
泗陽	原有總數	142	586,548	410,584	
	現有控制數	83	395,053	276,537	
	現在不能控制數	59	191,495	134,047	
漣水	原有總數	148	601,988	421,392	
	現有控制數	14	57,188	40,032	
	現在不能控制數	134	544,800	381,360	
阜寧	原有總數	272	1,091,324	763,927	
	現有控制數	17	70,936	49,655	
	現在不能控制數	255	1,020,388	714,272	
贛榆	原有總數	122	462,767	323,937	
	現有控制數	25	97,181	68,937	
	現在不能控制數	97	365,586	255,910	
高郵	原有總數	74	603,193	422,235	
	現有控制數	64	524,778	367,345	
	現在不能控制數	10	78,415	54,890	
寶應	原有總數	69	494,174	345,922	
	現有控制數	48	367,213	257,049	
	現在不能控制數	21	126,961	88,873	
合計	原有總數	2,966	17,439,140	122,073	
	現有控制數	1,184	7,719,272	5,403,490	
	現在不能控制數	1,782	9,719,868	6,803,908	

資料來源：〈江蘇省選民調查案〉，《內政部檔案》，國史館藏，目錄號：
　　　　127，案卷號：490，頁 58-60。

說　　明：1.本表原有鄉鎮總數係就各地現有鄉鎮數全部抄列。
　　　　　2.現在控制鄉鎮係根據民政廳該年 7 月份統計資料。
　　　　　3.將原有鄉鎮總數除去現在控制鄉鎮即為現在不能控制之鄉鎮數。
　　　　　4.選民數一欄因不能控制之地區，情形特殊無法為精確之調查統計，爰就人口數以 7 折計算列入。

　　相較於海峽彼岸的臺灣省，抗戰勝利後，因未再受戰火波及，社會較安定，尚能調查出確實的選民數，由表 4～6 所列之數可以明瞭。

表 4-6：國民大會代表臺灣省各縣市區域選舉選民人數統計表

縣 市 別	選民數（人）	縣 市 別	選民數（人）
台 北 縣	312,380	基 隆 市	44,002
新 竹 縣	350,272	新 竹 市	53,729
台 中 縣	450,731	台 中 市	53,620
台 南 縣	575,831	彰 化 市	27,884
高 雄 縣	280,706	嘉 義 市	55,138
花 蓮 縣	72,197	台 南 市	72,968
台 東 縣	42,050	高 雄 市	58,963
澎 湖 縣	34,312	屏 東 市	44,502
台 北 市	145,809	合　　計	2,675,094

資料來源：內政部，中央選舉委員會編：《中華民國選舉統計提要（35
年-76 年）》（台北市：中央選舉委員會編印，民國 77 年 6
月），頁 15。

表 4-7：國民大會代表臺灣省各縣市職業團體選舉選民人數統計表

團 體 別	選民數（人）
農　　會	151,783
工　　會	10,302
婦 女 會	2,255
合　　計	164,340

資料來源：同表 4～6，頁 16。

表 4-8：國民大會代表臺灣省全國性職業、婦女團體
選舉選民人數統計表

團體別	選 民 數（人）	團體別	選 民 數（人）
漁會	11,683	鐵路工會	9,763
商業團體	10,916	記者公會	394
工礦團體	3,358	技師公會	171
教育會	7,895	醫師公會	2,018
大學獨立學院	583	全國性婦女團體	223
海員工會	1,946	合計	48,950

資料來源：同表 4-6，頁 16。

　　因此，由上之所述，可以了解，這次的選舉，多數的省市無法調查出正確的選民數，其最大的因素即在於戰後共軍的全面叛變，使得社會動盪不安。綏靖地區的百姓，為了逃難，遠離家鄉，選民調查實在難以進行。是以要想在選舉時能夠調查出正確的選民數，一定要有正確的戶籍資料，而正確的戶籍資料則是建立在安定的社會基礎上。

　　其次是這次辦理選民調查之工作時間過於短促，需在兩個月內將全國 4 億 5 千萬人口予以調查、登記及造冊，使有選舉權資格的選民順利進行投票，實屬困難，無法調查出正確的選民數自所難免。[28]

　　南京市中國第二歷史檔案館亦藏有《全國戶口統計表》之資料，我們由此統計表中略可得知當時各省市人口數和選民數，現列表於下，以供參考。

表 4-9：各省市人口數與選民人數紀錄表

省市別	人口數	選民人數	備　註
江蘇省	36,062,623	16,169,588	
浙江省	19,620,833	9,940,216	
安徽省	22,293,288	11,345,238	未報全
江西省	12,472,132	7,110,635	
湖北省	20,913,044	8,693,601	未報全
湖南省	25,948,628	14,469,363	
四川省	47,107,720	21,768,115	未報全
西康省	1,651,132	866,032	
河北省	28,730,258	2,212,591	

---

28 張朋園：〈國民黨控制下的國會選舉（1947-1948）〉，《中央研究院近代史研究所集刊》，第 35 期（台北市：中央研究院近代史研究所發行，民國 90 年 6 月），頁 154。

山東省	39,288,540	5,030,594	未報全
山西省	15,221,807	4,209,539	
河南省	29,253,569	5,660,300	未報全
陝西省	9,880,502	4,091,811	
甘肅省	6,978,445	3,112,138	
青海省	1,346,320	569,337	
福建省	11,110,463	5,950,080	
臺灣省	6,384,019	2,675,094	
廣東省	27,736,219	15,813,656	防城縣投票數尚未據報
廣西省	14,603,247	7,168,380	
雲南省	9,028,761	4,325,167	
貴州省	10,489,691	4,433,575	
遼寧省	10,055,301	1,830,385	遼中、台安、黑山、北鎮4縣陷於匪區，無從查報
安東省	2,971,170	18,856	
遼北省	4,627,841		
吉林省	6,465,449		
松江省	2,570,806	1,371	
合江省	1,841,000	3,607	
黑龍江省	2,844,211	5,876	
嫩江省	3,333,409	2,752	
興安省	307,563	904	
熱河省	6,196,974		
綏遠省	2,229,945	969,220	
寧夏省	773,657	262,870	
新疆省	4,047,452		該省情形特殊，無從查報
察哈爾省	2,150,054	736,084	
南京市	1,084,995	589,467	
上海市	4,300,630		尚未據報
北平市	1,603,324	442,132	
天津市	1.686.543	687,789	
青島市	787,722	337,325	
重慶市	1,000,101	589,716	
廣州市	1,413,460	568,392	
漢口市	749,952	382,452	
西安市	590,685	290,843	
瀋陽市	1,120,918	451,835	

大連市	543,690	4,992	
哈爾濱市	760,000	629	
總計	463,198,093	163,792,547	

資料來源：1.《全國戶口統計表》（民國 36 年 1-7 月），南京市，中國

　　　　　第二歷史檔案館藏，全宗號：451（2），案卷號：6。

　　　　2.〈選舉概況表〉，《內政部檔案》，國史館藏，目錄號：127，

　　　　　案卷號：983，頁 2、3。

說　　明：1.表列各數據時期，江蘇、浙江、安徽、江西、湖北、湖南、

　　　　　陝西、甘肅、福建、臺灣、廣東、雲南、貴州、遼寧、吉林、

　　　　　熱河、察哈爾、綏遠、寧夏、新疆及南京、上海、北平、天

　　　　　津、青島、廣州、漢口、西安、瀋陽等 29 省市，均係 36

　　　　　年 7 月數。四川、西康、青海、廣西、安東、遼北、合江、

　　　　　黑龍江、嫩江、興安及重慶、大連、哈爾濱等 13 省市，均

　　　　　為 36 年 1 月數。河北、河南、山東、山西、松江 5 省，內

　　　　　有一小部分縣市，係 36 年 7 月數。

　　　　2.大連、哈爾濱兩市，係該市政府於 36 年 3 月就偽滿資料及

　　　　　現時當地人口消長情況估計報部數。

　　　　3.旅外僑民人口數，8.700.804 未列入本表。

二、捏造選民冊與浮報選民數

　　在這次選舉中，也發生類似以往選舉時常發生的事，就
是基層選務人員在調查選民人數時動了手腳，做了許多不實
的記錄，不是捏造選民名冊，就是虛報選民數，（包括多報或
是少報）如河南省選舉事務所成立後，即積極展開選務工作，
各縣之選民名冊亦加緊趕辦中，然據該省民政廳長兼選舉總

幹事張平南之談論得知，各縣已送至該省選舉事務所之選民名冊中，約有 20 縣之選民數字超報過多，當時即令飭各專員及縣長徹查其中真象，以便嚴懲。[29]

其次是重慶市亦發現捏造選舉名冊一事，中央社會部乃致電該市社會局，告知：「近來各地團體，企圖爭取選票，便利選舉，有捏造名冊，浮報會員人數情事，為杜絕此種弊病，凡職業及婦女團體之選舉人名冊，應由各級社會行政機關派員會同選舉機關負責審查，倘當時或往後發現有上述舞弊情事，應即送法院依法究辦」。[30]

由此可見浮報選民的情形的確很嚴重，而選務人員如此做法，或許是想以較多的人口數來獲得較多候選人的分配名額。[31]而這兩起捏造選民名冊和浮報選民數之事，幸而都能及時予以糾正，而未釀成重大缺失。雖然如此，但對其所公布之選民人數是否可信，自然會令人有所懷疑。至於其他省市選務工作人員是否也有類似事件發生，由於尚未見到其他資料記載，不得而知。

是以這種捏造選民名冊和浮報選民數的情形，正如張朋園教授在其論著，《中國民主政治的困境，1909-1949》一書

29　〈豫省選舉國代立委，選民超過應有數額，民廳將飭各縣徹查以便嚴懲〉，《中央日報》，上海，民國 36 年 9 月 25 日。

30　〈捏造選舉名冊應送法院嚴辦〉，《中央日報》，重慶，民國 36 年 10 月 6 日，第 3 版。

31　許秀碧：《民國二年的國會 —— 國會的背景分析》（台北市：國立政治大學政治研究所碩士論文，民國 66 年 7 月），頁 79。這些浮報的名額完全操在縣市長官手裡，無從覆查，隨其好惡利害而分配在某某候選人身上，這幾乎成了公開的祕密。見〈社論 —— 選政與選風〉，《中央日報》，重慶，民國 36 年 9 月 27 日，第 2 版。

中所論及的：

> 「選舉事務總所的做法是開出一張紙公文，要求各省
> 市轉飭其所屬縣市，在通知鄉鎮保甲辦理。我們不見
> 調查的事蹟，有之，自由『造報』而已。一個回憶性
> 的記述，諷刺的寫到：所謂選民登記，就是由各鄉鎮
> 的保甲長造具花名冊報上來的，不管他寫的是張三、
> 李四、王二麻子，縣選舉事務所當然也無需審核了。
> 在這樣的情形下，全國 47 個省市單位，有的草草應
> 付了事，胡亂編造一個數字呈上來，有的自始至終，
> 不知所措，遲遲呈報，或根本不報。由於沒有可靠的
> 依據，選民總數說法不一，天津《大公報》說約二億
> 五千萬人民有投票權，上海《字林報》說有一億五千
> 萬，國民政府宣布的數字是三億五千萬，蘇俄駐華大
> 使竟說不到一千萬人」。[32]

因此，無論如何我們都必須了解，要想辦好選務工作，其先決條件之一就是要編造一部確實可靠的選民名冊，因為有了正確的人口數，政府才可以公平分配各省市之代表名額；有了正確的選民數，政府對選民的投票率和整個選舉的動向才可以有效的掌握。至於如何提昇選民的民主素養，以及選務人員的再教育，這也是每一時代的政府所應努力去做的事。

---

32 張朋園：《中國民主政治的困境，1909-1949 —— 晚清以來歷屆議會選舉述論》（台北市：聯經出版事業股份有限公司，民國96年4月初版），頁171、172。

第三節　選舉之規範

一、對選務人員之要求

中華民國自立國以來，曾舉辦多次選舉，對選舉人或候選人，政府均訂有選舉法規，但對選務人員，雖未明確訂定任何法律條文，但政府以及各級長官對其仍有許多要求和規範。

因為選務工作最後的成與敗，與選務人員的工作態度有密切關係，所以政府各級首長，對其所屬選務人員時時予以訓勉，並耳提面命，就是希望選務人員能事事小心，惟恐稍一不慎而鑄成大錯。

因此，選舉總所對選務人員首先提出要求的，就是在辦理選務工作時，必須保持中立的態度。亦即選舉總事務所為表示公平起見，要求所有選務人員不能利用職務上的便利參與選舉，或幫助任何候選人競選。為此，選舉總事務所特在其第 4 次委員會中，針對此一問題做成決議，「辦理選政人員，應迴避競選，自不得援助候選人競選」。[33]而湖南省選舉事務所於 8 月 15 日成立後，該省民政廳長兼選舉總幹事劉千俊於 18 日舉行談話會時亦勉勵全體會員，「確守公正立場，

---

[33] 〈臺灣省選務疑義案〉，《內政部檔案》，國史館藏，發電；選字第 466 號，民國 36 年 10 月 17 日。目錄號：127，案卷號：869，頁 107。

辦理選舉事務,不循私,不舞弊」。[34]更嚴禁選務人員,利用主持選務上之方便而結交權貴。[35]

　　其次要求選務人員,在辦理選務工作時,必須克遵法令,認真辦理。選舉總所在 9 月 17 日下午舉行第 10 次會議時,曾討論各地選所提請解釋有關法令及選務例案多起,張主席委員屬生會中對全國各地辦理選舉人員,應嚴守法令規定切實辦理選舉事,鄭重表示稱:「如經本所委派之各級辦理選舉委員,有違法舞弊情事,本所定當依法嚴辦,不與寬恕」。[36]「……各該主管人員並應嚴加考察,注意防範,如遇有不法情事發生,應即嚴加制止,依法處罰,其情節重大,時機迫促者,並准先行撤職遴員暫代,然後報請上級機關核辦」。[37]

　　再者,選舉總所為革除以往選舉歪風,一再要求選務人員不得任意接受候選人之餽贈與宴飲,以期能夠做到「不參加宴會應酬,不洩露公正祕密,奉公守法,完成任務」。[38]

　　除此之外,部分省市地方選舉事務所為使選務工作能夠順利推展,並讓選務人員嫻熟選舉投開票等工作,均於選前舉辦講習會,並予演練。如南京市選舉事務所舉辦講習會,

---

34 〈湘省競選工作業已熱烈展開,選舉事務所開始工作〉,《中央日報》,南京,民國 36 年 8 月 26 日,第 7 版。
35 〈國民大會代表選舉事務案〉,《國民政府檔案》,國史館藏,檔號:0111.41/60778,頁 43。
36 〈辦理選舉舞弊,依法嚴辦決不寬貸,張屬生在選總所會議中表示〉,《中央日報》,上海,民國 36 年 9 月 18 日,第 2 版。
37 《臺灣省政府公報》,冬字第 36 期(臺灣省政府秘書處編輯發行,民國 36 年 11 月 13 日),頁 566。
38 〈湘省競選工作業已熱烈展開,選舉事務所開始工作〉,《中央日報》,南京,民國 36 年 8 月 26 日,第 7 版。

該市沈市長怡、薛秘書長、汪局長，及各選舉委員均前往參觀。[39]

重慶市選舉事務所亦舉辦選舉法令講習會，約 500 人參加。該市張主席委員篤倫致詞時即鄭重轉達中央蔣主席暨張院長群關於此次大選之指示，「希各負責人員深切了解，努力完成任務」，詞多勗勉。[40]

上海市選舉事務所及民政局，為使各區負責人明瞭選舉法令及手續，特於 11 月 15 日上午 10 時，召集各區公所民政股主任及投票所主任在市參議會 3 樓，舉行演習會，由張曉崧局長主講：申說此次選舉在奠定民主政治之基礎及其重要性，並告誡經辦人員，應「鄭重將事，杜絕舞弊」。[41]甚至南京市警察廳為維持各投票所之秩序與安全，亦召集各投票所服務之官警講習，韓廳長當即指示 3 點，其中 1 點即要求該廳警察，嚴格遵守「在勤不在黨」的原則，以確保警察超然之立場。[42]

除以上之論述外，復依選舉罷免法施行條例第 22 條之規定，各主管選舉機關可派充投開票之管理員和監察員，負責投開票之管理和監督工作，其職責範圍在施行條例第 25、26、27 條內均有詳細記載。

---

39 〈選舉國大代表，投票日期確定，本月 21 至 23 日舉行〉，《中央日報》，南京，民國 36 年 11 月 5 日，第 5 版。

40 〈選舉事務所昨開講習會〉，《中央日報》，重慶，民 36 年 11 月 20 日，第 3 版。

41 〈國代選舉昨演習投票，秩序未盡善，有待改進〉，《申報》，上海，民國 36 年 11 月 16 日，第 1 張，（四）。

42 〈各投票所服務官警，值勤時應注意 7 點〉，《中央日報》，南京，民國 36 年 11 月 21 日，第 2 版。

因此，我們可以得知，選舉總事務所為辦好此次選舉，對所有選務人員均有嚴格的要求，務求切實執行，並為實施憲政奠定良好的基礎。

二、對選民之要求

此次國民大會代表選舉，除對選務人員嚴格要求外，對一般選舉人也提出許多應行注意的事項。尤其是一般選民，知識水準不高，許多人尚不能了解選舉的真意義和重要性，更沒有選擇人選的能力。[43]在此情況下，更應對其有較多的說明和規範才是。

首先就選舉權問題而論，依選舉罷免法第 9、11 兩條之規定，先由各主管選舉機關，造具選舉人名冊，待各主管選舉機關編製完成後，再分別發給選舉權證，以憑領取選舉票。至於職業團體之選舉人，亦復如此，必須領有選舉權證後，才可憑證領取選舉票。此項用意，旨在證明國民擁有選舉之權利，並防止無選舉權證者冒名參加投票。[44]職業團體之選民亦復如此，若無選舉權證，僅有會員名冊或會員證者，亦不發給選票，如此作法乃欲革除一切選舉流弊。[45]至於在制憲國民大會代表選舉時，選務單位曾要求選民先行登記，並參加宣

43　杜建時：〈選民與民主政治的前途〉，《大公報》，天津，民國 36 年 8 月 23 日，第 3 版。

44　《臺灣省政府公報》，秋字第 49 期（臺灣省政府秘書處編輯發行，民國 36 年 8 月 23 日），頁 780。

45　《臺灣省政府公報》，冬字第 41 期（臺灣省政府秘書處編輯發行，民國 36 年 11 月 19 日），頁 643。

誓，才能獲得公民證，有了公民證才可換取選票。[46]在此次選舉中，則不再需要宣誓，實因憲法並無此項規定之故。[47]

其次是對於不識字，瞽目或殘廢不能書寫之選民，臺灣省及其他省市選舉事務所亦曾指示各地選務單位，於投票所處，准許設置代書。選民可自覓 1 人代爲書寫，之後並加蓋選舉人右手大拇指模爲憑，毋庸蓋用私章。[48]

再則，政府爲維護每 1 選民權益之公平起見，於公布的國民大會代表選舉罷免法第 7 條規定，每 1 選舉人只有 1 個選舉權，亦即每 1 選舉人於登記選舉人名冊時，自行認定參加 1 種選舉，如果發現其有 2 個以上選舉權登記時，選舉機關之管理委員或監察委員可不准其投票。[49]

除以上所述外，如何保障一般選民權益不受侵害，以及杜絕日漸敗壞之選風，對一般選民而言，都是很重要的。蓋自民國建立以來，國家始終處於動盪不安的局面，一般言之，人民生活貧苦，知識水準低落，對選舉又缺乏正確認識，以致對選舉並無濃厚興趣，因此之故，往往成爲有心人士或不肖之徒覬覦選票最佳的目標。部分候選人不惜以金錢或物品作爲引誘的方式，或以職權權勢作爲競選活動的手段。在此情況下，選民稍一不慎，即可能墮入其圈套，不但將其神聖

---

46 〈國民大會代表立法委員選舉總事務所選舉實錄案〉《內政部檔案》，國史館藏，目錄號：127，案卷號：933-1。

47 〈選舉郵筒〉，《中央日報》，南京，民國 36 年 9 月 22 日，第 10 版。

48 《臺灣省政府公報》，秋字第 47 期（臺灣省政府秘書處編輯發行，民國 36 年 8 月 21 日），頁 75。因蓋私章深恐仍可僞造，故請人代書時，以按右手大指模爲憑，毋庸蓋用私章。

49 〈選舉郵筒〉，《中央日報》，南京，民國 36 年 10 月 20 日，第 10 版。

的一票輕易的出賣，甚而敗壞了選風，所以有關當局一再呼
籲選民，要堅持自己的立場，不接受候選人之賄賂，更不爲
暴力所屈，認清候選人，選出自己心目中理想的候選人。[50]

三、對現任行政官員參選之要求

依國民大會代表選舉罷免法第 8 條之規定：「現任官吏不
得於其任所所在地之選舉區當選爲國民大會代表」。

此處所指之現任官吏，依南京選舉總事務所之解釋謂：
「各公務職業人員如銀行經理、工廠廠長，合作金庫官股理
事，各學校校長（教員除外）或有相當委任及尉官者，均視
同政府官吏，同受規定限制」。[51]

至於說，現任官吏不得於其任所所在地之選舉區當選爲
國民大會代表之限制，選舉總事務所於 7 月 30 日下午舉行第
5 次委員會議，就此問題張厲生主席解釋爲：「所謂任所所在
地之選舉區，係指其官署所在之縣市或其同等區域之選舉區
而言。省主席、省府委員及行政督察專員，暨省縣級委任以
上之文職及尉官以上之軍職各公務員，如欲在其任所所在地

---

50 駱繼常：〈如何克服大選的困難〉，《中央日報》，南京，民國 36 年
　　11 月 21 日，第 3 版。

51 臺灣省合作金庫總經理劉朝明原欲參加競選，惟依法受限制，但合作金
　　庫總經理是由董事會聘任，並非政府委派，且未支薪俸。其後省選所答
　　覆，該員所陳確係事實，未經政府委派，可參加競選。見《中華日報》，
　　台北，民國 36 年 9 月 16 日，第 1 版。其後臺灣省選舉事務所來電通告
　　各縣市選舉事務所謂：「教育會爲全國性分區職業團體選舉，公立學校校
　　長如參加選舉競選，可不受辭職之限制」。見《臺灣省政府公報》，冬字
　　第 4 期（臺灣省政府秘書處編輯發行，民國 36 年 10 月 4 日），頁 62。

之選舉區競選國大代表，非於候選人登記開始前辭職，不得為候選人。若在非其任所所在地之選舉區，參加競選國大代表，除辦理選政現任人員外，雖為其行政權所及之選區，亦不受上開法條規定之限制」。[52]

此外，關於現任官吏競選職業團體分區選舉之國大代表或立委，應否受法定之限制一節，選舉總所發表解釋，全文如次：

「查依本所釋明成例，現任官吏，競選全國性職業團體或婦女團體之國大代表或立委，不受國大代表選舉罷免法第 8 條及立法委員選舉罷免法第 13 條之限制。蓋以全國性職業及婦女之選舉，係由全國合選，彙計全國所得之票，以定其是否當選，既不劃分區域，自無管轄區域任所所在地之選舉區可言，當不在限制之列」。[53]

另，學校校長是否視為官吏，如遴選國大代表或立法委員時，應否先行辭職？此一問題奉總所解釋：「凡由政府委派相當於委任以上之文職，尉官以上之軍職，得視同官吏，如參加地方性國大代表或立委競選時，均應辭職。但迭據各地婦女團體負責人來所請求，以學校校長均未依銓敘法規任用，且於兼任省縣參議員時，已奉明令不受『官吏不得兼任省縣參議員』之限制，現已再請總所重加考慮」。[54]

---

52 〈現任官吏競選，若非其任所所在地區，雖行政權所及亦可參加〉，《中央日報》，重慶，民國 36 年 8 月 15 日，第 3 版。

53 〈參加職團分區競選，現任官吏，不受限制〉，《中央日報》，上海，民國 36 年 9 月 5 日，第 2 版。

54 〈中央社訊〉，《中央日報》，南京，民國 36 年 10 月 3 日，第 4 版。

　　由以上之所述可以得知，國民政府訂定選舉罷免法第 8
條，對現任官吏欲參選國大代表，有所限制。其主要用意在
於預防這些行政官員利用其職務上的權力，操縱選舉。尤其
是這些行政官員在其職務上有相當大的地位和權力，在地方
上有其既有的影響力，若任其自由參選，則對其他候選人而
言，勢必造成不公，所以選舉總事務所才訂定法規，對這些
官員加以限制。其如此做法，可說是在保障其他候選人，避
免其權利被少數特權階級所壟斷。各級行政長官若有意在其
任職地出馬競選國大代表，可在推舉候選人之前，先行辭去
原有職務，始得參加競選。[55]如此做法，既可使這些官員保
持行政中立之立場，又可免除行政官員遭人批評之口實。

四、對候選人之要求

　　前曾述及，政府為了辦好此次選舉，順利推展憲政工作，
發展民主政治，對這次國大代表選舉，特別重視。除了對所
有選務人員，一般選民以及各級行政官員都有明確的指示和
訓勉外，選務單位對這次參與選舉的候選人則更為重視，希
望藉此次選舉，能夠選出理想的代表，為往後民主憲政的發
展奠定基礎。因此對候選人的要求更趨嚴格。

　　由於以往政府曾舉行過多次選舉，如第一、二屆國會議
員之選舉，制憲國民大會代表的選舉等，其中最為人所詬病
的就是候選人經常以金錢來賄賂選民，或邀宴選民，利用機

---

55 國民大會代表立法委員選舉總事務所編：《選務週刊》，第 11 期（南京
　　市：民國 36 年 11 月 17 日），頁 3。

會非法收購選票或包辦選舉，凡此不法行為，都使得選舉完全變質。

為此，國民政府為表示對此次選舉的重視，對候選人也一再要求，希望他們都能「恪遵法令，依循正軌，以爭取選民之同情，不得有宴集餽贈暨威脅利誘或其他非法舞弊等情事。以後辦理選舉人員及選舉人並應共體此次選舉意義之重大，依循正軌，鄭重將事，倘有故違，應即電主管機關，認真檢舉，用樹新規，而裨選政」。[56]

而行政院長張群亦於選前，特利用廣播電台，對所有候選人廣播，說明：「這次普選，在我國還是創舉，參加競選的人，第一必須要循著和平合法的途徑，要認清國家的利益高於個人的利益。個人的成敗事小，國家的成敗事大，絕不可以暴力來威脅，或是以金錢來賄賂，以此違法亂紀，破壞選政。要知道與其是卑污的成功，毋寧是光榮的失敗。第二，參加競選的動機必須是出於為國為民，『人生以服務為目的，不以奪取為目的』，國父早有明訓，所以參加競選的目的，是在應該爭取一個為人民服務，為國家報效的機會，是這樣的競選才有意義，也才值得稱道。第三，須要有寬容互尊的美德，民主政治不是少數人的專利品，是人人得而過問的，必須要放開眼光，拓大心胸，容納異己，尊重對方。競選成功，固然值得慶幸，萬一失敗，也不必過於失望。美國大選選舉結果發表後，落選的總統競選人立刻電賀當選的總統，像這

---

56 〈國民大會代表選舉事務案〉，《國民政府檔案》，國史館藏，檔號：0111.41/60778，頁 21、22。

種民主爽朗的作風,,是值得我們效法的」。[57]

監察委員黃鳳池、何乃祺、陳翰珍、劉壽朋等亦向選舉總所提出建議,認爲「此次選舉關係憲政實施,暨建國前途,至深且鉅,各參加競選人員均應恪遵法令,依循正軌,以爭取選民之同情,不得稍有威脅利誘或其他舞弊情事」。[58]

是以此次選務單位爲杜絕此種不良習氣再度發生,選舉總事務所亦曾通令各省,要求候選人在競選時務必用「正大光明的手段進行,無論是公開演講、印發傳單、訪晤地方各界人士均可。然若有串通地方惡劣勢力,把持選舉,或宴客餽遺,或利用金錢賄賂當選情事,惟觸犯刑章,顯與節約消費相抵觸,且足以敗壞風俗,屈抑人才,流弊之大,不可勝言,應即採取有效辦法迅速制止,其情節重大者,除依法取消其候選資格外,並應連同其他有關人犯移送法院予以處辦」。[59]

就以臺灣省而言,亦復如此,當時臺灣省同胞對此次選舉頗爲熱衷,且有多人登記參選,該省民政廳長朱佛定至表欣慰,但爲了避免選務人員有不法行爲發生,特別發表談話,要求候選人務必遵守規定,「認爲候選人參與競選,應保持高尚的風度,應以發表政見講演,宣傳道德文章,熱心國家社

---

57 〈對於普選的希望－張群院長前晚廣播〉,《大公報》,天津,民國 36 年 10 月 12 日,第 2 版。

58 〈國民大會代表選舉事務案〉,《國民政府檔案》,國史館藏,檔號:0111.41/60778,頁 27。

59 《臺灣省政府公報》,冬字第 36 期(臺灣省政府秘書處編輯發行,民國 36 年 11 月 13 日),頁 566。〈國代選舉爲期迫近,當局指示注意事項,准許競選人員公開講演〉,《中央日報》,南京,民國 36 年 11 月 7 日,第 5 版。

會事業種種合理方式，取得選民之信任與認同，決不可以威脅利誘，藉金錢勢力行使其不正當之行為，若有違反憲法及選舉規章之不法行為情事，無論選民或競選人均可依法檢舉，並希望參與競選之候選人能以最高尚競選風度，嚴禁浮奢酬酢舉動，實現真正民主精神，奠立行憲，鞏固民主基礎云」。[60]

天津市選舉事務所亦針對此次選舉，訂定競選辦法，並特別要求候選人在競選期間，其所製作之宣傳文件或公開演講的講詞，不得有違反現行法令或攻擊其他候選人之語句。並特別要求候選人自身不得或委託他人做出下列違法之事：[61]

1. 以邀宴、饋贈、祿位、金錢、貸與或其他利益賄賂，或期約賄賂，使選民為一定行使，或一定不行使其選舉權。
2. 以強暴脅迫或其他非法手段，使選舉人為一定行使，或一定不行使其選舉權。
3. 以權勢監視選民寫票或監探選舉之內容。
4. 在投票場所作宣傳活動。

同時建議候選人可利用電台公開廣播，利用電影院放映自我介紹的幻燈片，利用各種報紙雜誌，發表競選言論，張貼競選標語或壁報，遊行散發競選傳單。[62]36 年 8 月 7 日，《中

---

60 〈保持高尚競選風度，實現真正民主精神，朱佛定對本省選務發表談話〉，《中華日報》，台北，民國 36 年 9 月 18 日，第 3 版。
61 〈競選辦法〉，《大公報》，天津，民國 36 年 9 月 14 日，第 5 版。
62 同前註。

央日報》刊載 1 篇〈爲各方競選進一言〉的社論，其中一段
曾云「……希望同一選區的競選人，能夠和諧並進，取決於
選民的公意，而不訴諸非法的手段。……大家要袪除包攬劫
持的心理，其次是要放棄酒食徵逐的習氣。……今日競選者
如以爲選舉可以包辦，可以把持，可以僞造選票，或可以賄
賂操縱，那就是嚴重的錯誤。今日一般選民，只可說服，不
可控制。如果採取非法的手段，抑制選舉的自由，只有喪失
各人自己在選民中間的信仰。所以競選者唯有力求和諧，和
平合法的向選民取決公意」。[63]

　　可見，政府爲要辦好此次選舉，防止長期以來惡質選風
再次發生，才對候選人提出如此嚴屬的要求。但要想徹底杜
絕此種選舉歪風，除了要對選民的素質再教育外，如何提昇
選民的知識水準，也是當政者刻不容緩的事。當然選民在投
票前要睜大眼睛，認清候選人的真面目，審慎投下自己神聖
的 1 票也是非常重要的。

第四節　選舉工作之進行程序

　　本次行憲國民大會代表之選舉，選舉總事務所爲便於督
導選政，以便能依法如期完成起見，將各項辦理程序、選舉
手續、配排日程，訂定「國民大會代表選舉進行程序」一種，
分飭遵行。惟因辦理期限過於迫促，若干省市事實上確有困

63　〈社論：爲各方競選者進一言〉，《中央日報》，南京，民國 36 年 8 月
　　7 日，第 2 版。

難，無法如期完成。國民政府遂於36年9月26日指令選舉總所：「國大代表投票日期，准予展延一月，即11月21日至23日舉行」。[64]選舉總所於接獲指令後，迅即修訂選舉進程，修訂後的選舉進程如下：

表4-10：國民大會代表選舉進行程序表

法定期限	選舉前90天通告		選舉前55天公告期5天	候選人登記期30天	選舉前30天發給選舉權證	選舉前15天公告候選人名單		投票為3天	10日內公告		
辦理期限（年月日）	8月23日以前	8月24日至10月11日	10月12日至16日	10月1日至10月30日	10月22日	11月1日至5日審查6日公告	11月7日至11月20日	11月21日至23日	12月3日	12月4日起	12月24日以前
工作項目	各主管選舉機關辦理選舉人之調查登記並定期通告各職業團體婦女團體造報簿冊。	各主管選舉機關造具選舉人名冊。	各主管選舉機關辦理選舉人名冊之公告更正及呈報事項。	各主管選舉機關開始辦理候選人之登記及造具選舉權證各上級選舉機關製發送選舉票及票櫃。	各主管選舉機關發給選舉權證。	各主管選舉機關辦理候選人審查之公告及發布選舉公告事項。	各選舉機關轉選名冊。	選舉投票期。為候選人。	各選舉機關公告當選人及候補人名單。	各主管選舉機關層報當選代表名冊及履歷。各上級選舉機關發給當選證書。	各代表來京報到。
備註	選舉人之										

64　〈國大選舉展期，國務會議決延緩一個月〉，《大公報》，民國36年9月27日，第2版。

調查登記前國選總所於本年 2 月間及選舉總事務所,於本年 6 月間迭經通告辦理有案,本項爲一種結束程序以符合法律上之規定。									

資料來源:國民大會秘書處編:《第一屆國民大會實錄》,頁 84、85。

　　國民大會代表選舉進行程序經改訂後,選舉總所復通飭各級選舉機關,務須依照規定期限積極進行。各主管選舉機關對於選舉人與被選舉人資格之審核、選舉人名冊之公告、選舉權證之發給、以及選票與票匭之製發,均能一一解決。選舉手續之進行,乃得如期完成。

第五章　選舉活動之剖析

第一節　候選人之政見發表與宣傳活動

一、候選人之政見發表

實施民主政治的國家，選舉是重要活動之一。在競選活動進行時，候選人運用各種方式達成競選效果，如印發名片、張貼宣傳標語、僱用宣傳車隊等等。除此之外，候選人感到最有效且最能吸引選民支持的宣傳方式之一，就是到各處演講以及舉辦政見發表會。實乃由於政見發表會的舉辦，不但可使候選人能夠直接面對選民，將其理想、抱負告知選民，更可讓選民能夠正確的認識候選人，以達到選賢與能的目的。[1]因此，候選人的政見發表，可說是決定選舉勝負的關鍵因素之一。[2]

然而此次國大代表之選舉，由資料顯示，各省市候選人

---

1 中央選舉委員會：《選務研究發展專輯》，第 2 輯（台北市：中央選舉委員會編印，民國 77 年 6 月出版），頁 1-69。
2 袁頌西等編：《中華民國選舉罷免制度》（台北市：中央選舉委員會編印，民國 74 年 6 月出版），頁 282。

除一般性的競選活動外，在政見發表方面的記載卻是少之又少，這或許是因為部分地區仍屬政府尚未完成接收之淪陷區，或部分地區仍處國共交戰區，戰事紛亂，候選人無法在當地進行政見發表會。現僅就目前所能掌握的資料略述當時各地候選人政見發表之情形。以江蘇省吳縣而言，當時國大代表競選，已趨白熱化，候選人錢鼎等 7 人於 11 月 18 日集合於中山堂公開演講。[3]杭州市之選舉情形據報載如下：「今為國大代表普選終了之日，杭州競選情緒更為熱烈，各候選人均以爭取最後勝利之決心，努力爭取選票，渠等除作競選文字宣傳外，更有親至投票附近做競選演說者，……」。[4]北平市則有謂：國大代表之競選活動，一週來已開始展開，除了「請惠賜一票」之請柬遍及全市外，若干報紙亦刊出候選人政見，以作競選資本。[5]

由這些報導可以得知，這些候選人大都只作口頭上的演講，少將政見內容付諸文字，無法看出這些候選人有多少遠大的抱負和理想。但在上海市卻有所例外，候選人劉維熾為表達自己的從政意念，爭取選民的認同，在報端正式發表政見，旅滬粵人並組織「新勝利團體商會」，作盛大之舞獅遊行，為劉氏宣傳。[6]另，該市黨部主委方治，亦於 11 月 18 日選舉

---

3 〈各地競選如火如荼〉，《中央日報》，重慶，民國 36 年 11 月 19 日，第 2 版。

4 〈各地普選結束，奠定行憲基礎〉，《中央日報》，重慶，民國 36 年 11 月 24 日，第 2 版。

5 〈全國大選今起舉行，約有二億五千萬選民分別在全國各地投票〉，《中央日報》，重慶，民國 36 年 11 月 21 日，第 2 版。

6 〈大選為期迫屆，全國競選狂，滬市候選人活動形式頗多〉，《臺灣新生報》，台北，民國 36 年 11 月 19 日，（二）。

前，在天潼路河北大戲院對北站區市民 2 千餘人發表競選演
說，講題爲「一江春水向東流」，方氏就「民猶水也」之古訓，
反覆剖析，旁徵博引，聽者爲之動容。[7]演講完畢後，在接見
記者時，談到渠之競選主張謂：[8]

　　1.願以人民代表的資格，貢獻人民的意見，實行憲法，
　　　革新政治，發揚民主精神。

　　2.願以上海市民代表身分，提供建設大上海，造福市
　　　民的有效辦法。

　　3.願以人民代表的力量，剷除社會上貪污土劣，消滅
　　　政治上民蠹官僚，實現國父民有民治民享的主張。

　　這可說是在當時所能見到較爲完整的候選人的政見內
容。也由此可以看出，方氏所提出的政見內容，除了要實行
憲政，發揚民主精神外，並希望在當選代表後，能爲國家社
會貢獻一己之力，並爲建設大上海而努力。

　　雖然當時各省市候選人能夠提出政見的非常有限，但在
海峽對岸的臺灣，由於遠離戰火的蹂躪，生活較爲安定，各
縣市的選舉活動都能熱烈地展開，尤其是此次行憲國民大會
代表之選舉，政府採取普選制，每位選民都有 1 張投票權，
有別於前次制憲國民大會代表之選舉，[9]因此每位選民都成爲

---

7 方主委赴江灣北站區發表競選演說，昨並接見記者暢談競選主張〉，《中
　央日報》，上海，民國 36 年 11 月 19 日，第 4 版。

8 〈方主委赴江灣北站區發表競選演說，昨並接見記者暢談競選主張〉，《中
　央日報》，上海，民國 36 年 11 月 19 日，第 4 版。

9 臺灣省制憲國民大會代表之選舉是一種間接選舉，只有省參議員才有投票
　權，一般選民無投票權。見李南海：〈臺灣省制憲國民大會代表之選舉〉，
　《中華民國史專題論文集》，第三屆討論會（台北市：國史館印行，民國
　85 年 5 月出版），頁 1310。

候選人拉攏的對象，而各選務單位也一再要求選民要認清候選人，不要隨意放棄自己的權利，慎重投下神聖的 1 票。[10]

　　為此，臺灣省各縣市選舉事務所也盡力為自己轄區內之候選人舉辦多場政見發表會，讓選民能夠認清候選人，而候選人也乘此機會向選民推銷自己。是以當時臺灣省各縣市到處都可看到公辦政見發表會。就以台北市而言，臺灣省憲政協進會曾主辦「台北市國大代表候選人政見發表演講會」，當天雖然風雨大作，但到場（台北市老松國小）的聽眾甚為踴躍，有 1 千餘人。代理市長游彌堅致詞時略述制憲及憲法內容後稱，選舉國大代表，絕不可拘泥人情，願選出真能代表民眾，為民眾謀福利、講話之賢能人士。渠並以諧謔論調稱：選舉國大代表，似選擇女婿，一如往昔千金小姐拋繡球選擇郎君，必須慎重考慮，選出自己意中人士，並盼各選民不可輕易放棄自己之貴重權利。[11]

　　接著即由黃及時、周延壽、鄭邦卿等 3 人開始發表競選演講，黃及時的演講題目是「行憲與臺灣之將來」，渠並談及其政見內容，強調：

　　　1.力謀本省 36 年度歲出歲入預算之平衡。

　　　2.安定平民階級生活，擴大物資配給制度。

　　　3.對於貧困學童免費供給教材。

　　　4.國公營事業盡量解放民營。

---

10 〈魏主席廣播，籲請省民必須慎重投票〉，《中華日報》，臺灣，民國 36 年 11 月 21 日，第 3 版。

11 〈台北市候選人演講政見〉，《臺灣新生報》，台北，民國 36 年 11 月 17 日，（四）。

其後黃及時並接受自立晚報記者專訪，談及此次出來競選國大代表之動機，純為人民服務，並再次發表其政見如下：[12]

1. 國大候選人應為民眾謀利出發，平時真正代表民意，真替民眾做事，敢替民眾說話，選民最理解最清楚的是真正賢能者，必為大家公認擁戴。

2. 台省民主政治基礎優於其他各省，從最近競選現象良好，可料想本省民主政治前途一定光明。至於本省政治動向，勢必隨著祖國行憲，以國父三民主義原理原則，實現高度民主自治，省市縣長普選，任賢與能，發揮台胞智慧，以期達到政治民主化，增進農工生產，加強對外貿易，制止通貨膨脹，將國營省營企業盡量開放民營，實行民生經濟政策，解救人民生活痛苦。關於教育文化，也必須發揚民主科學建設之精神。

接著由周延壽與鄭邦卿演講，[13]周延壽之演講題目為：「我若當選國大代表」，並發表其所抱之政見為：

1. 畢生努力從事教育，力謀改善國民教育經費負擔之不公平，教育待遇及省立與市立或官立與私立學校待遇不平等。

2. 發達合作事業，加強配給物質，充裕合作社資金。

---

12 〈台北市國大代表候選人黃及時發表政見〉，《自立晚報》，台北，民國 36 年 11 月 19 日，第 1 版。

13 〈台北市候選人演講政見〉，《臺灣新生報》，台北，民國 36 年 11 月 17 日，（四）。

    3.改善本省地政戶政事宜，將向中央建議，賦權省政
       府主席，制定因地制宜之法令，強化法律之執行權。
  末由鄭邦卿演講，題目為「撇開全國性的問題來談本省
一般的興革問題」，其所發表政見之內容為：
    1.興革教育。
    2.肅清各級官員之貪污。
    3.安定物價。
    4.確保本省工業必需之原料。
    5.安定糧食問題。
    6.增產煤炭撤消統制。
    7.改善商人向各機關領款時之複雜手續。
  由以上 3 位候選人所發表之政見內容觀察，可以了解其
內容重點涵蓋政治、經濟、教育、民生等方面的問題，除了
希望能夠配合政府早日實施民主憲政外，更希望能加強人民
之民主教育，積極發展農工商業，以及遏止通貨膨脹和國營
企業加速民營化。
  台南市區域代表之選舉亦復如此，候選人陳逢熙、韓石
泉、葉禾田、連震東等四人，於 11 月 9 日早晨，均出席在全
成戲院所舉行之政見發表大會，列席者有市黨部指導員吳海
水、參議會議長黃百祿、省黨部執委蔡培火暨一般聽講民眾
共 2 千餘人，不但座席告滿，就連站立聽講者亦不乏其人，
情況至為熱烈。8 時半，首由西區區民代表主席張慶春致開
會詞後，即分別請各候選人演說，每人限時 20 分鐘。葉禾田
之講題為「市民與國民代表」，連震東之講題為「國民大會代
表之使命」，韓石泉之講題為「我願做一個行憲的公僕來候選

國大」，最後由陳溓熙演講，講題為「國民生活向上的理想」。
這4位候選人對政治、民主等各種問題都有深入探討，聽眾
聽到精彩處亦不忘給予熱烈之喝采。最後由區民代表許耀致
閉會詞，並盼各選民屆時不要放棄自己的選舉權，踴躍參加
投票，以盡國民天職。[14]

　　基隆市雖只有兩位候選人，但隨著大選日子的接近，競
選活動也跟著活躍起來，街上處處貼滿了「請惠賜一票」的
廣告標語。候選人之一的李清波除了隨報分送宣傳品之外，
還決定自11月16日起至19日止，在各大戲院公開演講並發
表政見。[15]此外，某些候選人為了要招徠聽眾，凡是去聽政
見發表會的，還可免費觀看電影助興，真是一舉兩得。[16]

　　而嘉義市國大代表候選人為黃文陶、劉傳來、王鍾麟、
陳尚文等4名，該市選舉事務所亦正式宣布，為便利候選人
發表政見起見，於各區召開里民聯合大會時，可邀請此4位
候選人蒞會做競選演講。此外，該市參議會閉會前亦邀請候
選人蒞場演講。可惜陳尚文未見參加。歸納其他3位候選人
所發表之政見內容可以得知，黃、劉兩氏意見對於實施地方
自治、救濟失業，以及國共問題均有述及，其內容大同小異。
唯王氏所提之政見則另有見地，主張合作政治，健全地方團
體組織、制定糖法及土地法，以及鼓勵本省同胞向外發展等
等，都有不錯的見解。[17]

---

14 〈民主的競選作風，台南市縣及高雄縣等地，舉辦競選人政見發表會〉，
　《中華日報》，臺灣，民國36年11月10日，第3版。
15 〈隨報分送宣傳品〉，《公論報》，台北，民國36年11月17日，第3版。
16 〈大選花絮〉，《臺灣新生報》，台北，民國36年11月16日，（四）。
17 〈嘉義候選人發表政見〉，《中華日報》，臺灣，民國36年11月11日，
　第3版。

　　其他如台南縣、台中市、高雄市等地方之選務單位也都舉辦多場政見發表會，讓候選人都能暢所欲言。至於候選人所發表的政見內容，若能與國家未來所要發展的政策內容相結合，均能贏得民眾的認同。如屏東市國大代表候選人張吉甫，在里民大會裡特別強調說明現今政府實施「動員戡亂」的意義，以及推行「三七五減租」政策的實質內容，使民眾對政府所要實施的政策內容有所了解，如此做法不但提高了他個人的知名度，更對他的開拓票源有相當大的幫助，[18]因此而贏得最後的勝利。

　　除了以上所述，由各地選務單位所公辦的政見發表會外，還有些候選人自己私辦政見發表會。如高雄市候選人楊金虎當初因案判刑，不得登記參選，然在投票前夕，該市選舉事務所接到省選舉事務所正式公文，示覆楊氏可以參加競選，[19]但楊氏早在數日前就在市內各戲院舉行數場政見發表會，並曾演講「國大的使命與臺灣」，並就戡亂建國、民主立憲、經濟問題、地方自治等問題作詳細之闡述。[20]

　　至於在職業團體方面，由於資料有限，僅知教育廳主任秘書薛人仰和台北女師校長任培道參加南區教育團體國大代表之選舉。薛人仰於 11 月 18 日選舉投票前幾天透過廣播，作了一次演講，講題是「我國教育目前急迫要務」，其演講之重點為普及國民教育、鄉村與城市教育應均衡發展，以及教

18　〈屏東訊〉，《中華日報》，臺灣，民國 36 年 10 月 23 日，第 3 版。

19　〈各地開始投票前夕，候選人角逐更緊張，各縣市選所均完成準備工作〉，《中華日報》，臺灣，民國 36 年 11 月 21 日，第 3 版。

20　〈候選人楊金虎身份發生問題，惟渠仍作競選準備〉，《中華日報》，臺灣，民國 36 年 11 月 17 日，第 3 版。

育人員生活應切實保障始能安心工作。[21]任培道亦透過廣播，講述「臺灣師範教育與女子教育」，其內容爲：[22]

    1.師範教育之重要。

    2.臺灣師範教育現況。

    3.女子師範教育應有的發展。

    4.對於本省女子的希望。

    5.切實保障教師生活。

而參與商業團體競選的候選人如彰化市之陳反和台北縣的丁雲霖，此兩人於該月之 17 日上下午相繼抵達高雄市，分別拜會該市之商會，亦作一番拜託，丁氏並於 18 日上午 10 時許在該市之光華戲院參加政見發表會，講題是「對於臺灣經濟建設之我見」。[23]

由此，我們可以瞭解，全臺灣各縣市絕大多數之候選人在這次選舉中均參與政見發表會，候選人均希望藉由政見發表會打動民心，進而獲得票源，所以政見發表會的參與，也表示臺灣選民一直都很關心國事，而這些候選人所發表的政見內容，多半係針對人民之福祉而發的。

二、候選人之宣傳活動

除以上所述各候選人在各地舉行政見發表會和演講外，

---

21 〈台北市候選人演講政見〉，《臺灣新生報》，台北，民國 36 年 11 月 17 日，（四）。

22 〈本省各地明舉行大選，規定投票手續〉，《自立晚報》，台北，民國 36 年 11 月 20 日，第 1 版。

23 〈競選入最後階段，各地選潮益澎湃，高雄等地候選人作最後努力〉，《中華日報》，臺灣，民國 36 年 11 月 19 日，第 3 版。

各候選人復運用各種不同的競選方式來推銷自己，希望藉此獲得選民的認同以達到勝選。

　　在競選過程中，幾乎每位候選人都組有宣傳隊，到各處幫助候選人宣傳和拉票，[24]並在各處張貼宣傳標語和海報。據報載，北平市有 92 處投票所，各投票所門外競選標語到處皆是，五顏六色好不熱鬧，如候選人英千里提出「清苦博學」，市議長許惠東則以「市民代表」稱之。婦女團體候選人徐逸、郭德潔的宣傳海報除貼有個人相片外，下面並書寫「投我一票」的標語。[25]

　　南京市職婦團體的選舉，亦格外熱鬧，看廣告和標語的人也多了好多，其中有 1 張貼在牆壁上的標語格外引人注意，「農會代表趙岱，能說話、能辦事，請投他一票」。[26]

　　漢口市各通衢大道均搭蓋彩牌，綴以「選賢任能、奠定民主基礎」等語。各投票場所彩牌聳立，襯以五彩電燈及醒目標語，景象莊嚴隆重，大街小巷張貼各競選人自我介紹之宣傳品。[27]

　　福州市競選活動日趨熱烈，當地 4 大日報中，第 1、4 兩版幾全為選舉新聞與競選啟事，及「擁護」廣告所佔。各街道遍貼競選人宣傳品，市選所並組織宣傳隊 10 隊，以選舉

24　〈準備投票〉，《中央日報》，南京，民國 36 年 11 月 19 日，第 2 版。
　　臺灣省幫助候選人宣傳的助選員叫運動員。
25　〈北平市長投票後視察全市〉，《中央日報》，重慶，民國 36 年 11 月 22 日，第 2 版。
26　〈注重人才，選舉賢能〉，《中央日報》，南京，民國 36 年 12 月 5 日，第 7 版。
27　〈2 億 5 千萬選民今起選舉國代，全國 47 省市均同時舉行〉，《中央日報》，上海，民國 36 年 11 月 21 日，第 2 版。

要點編成詞話，向民眾演唱。[28]

　　河南省候選人之競選情形，據報載其情形則是如此：「每一縣裡差不多都有 5 位以至 10 多位的候選人，這些候選人中有的是把請客的紅帖做競選的資本，有的則標榜著選舉人半根紙煙也不能吃，有的則用傳單和口號來爭取選票，也有的等待著政黨提名的一圈，把希望寄託在南京，又有的是把競選建築在同鄉、同學、同事、親戚、朋友、僚屬的關係上。競選，競選，選舉的日子近了，競選的活動也急追起來」。[29]

　　在臺灣省，各候選人之競選活動亦復如此，最常見到的就是「敬請惠賜一票」的標語貼滿了大街小巷。基隆市有兩位候選人，競爭非常激烈，双方的宣傳可謂花招百出，無奇不有，除在報紙上大字刊登廣告外，街頭巷尾遍貼各色標語，琳瑯滿目，「惠賜一票」舉目皆是。[30]台中市選舉事務所為鼓勵市民踴躍投票，頃印製標語 4 種，張貼於該市公共汽車內，以喚起市民注意，如「盡量投票完成民主」、「選賢舉能來作民眾代表」、「投票是民主的特權，快來行使」、「快來行使民權，大家各投一票」等。[31]可以看出地方選務單位都在盡心盡力地推動選務工作。

　　就連東北之瀋陽市，競選者均以最大的努力來爭取更多

---

28 〈全國大選今起舉行，約有 2 億 5 千萬選民分別在全國各地投票〉，《中央日報》，重慶，民國 36 年 11 月 21 日，第 2 版。

29 〈河南省的民主季節〉，《中央日報》，南京，民國 36 年 10 月 30 日，第 7 版。

30 〈各地通訊－基隆〉，《自立晚報》，台北，民國 36 年 11 月 20 日，第 4 版。

31 〈官吏不得利用職權援助候選人競選，候選人名單應分類列榜〉，《臺灣新生報》，台北，民國 36 年 11 月 16 日，（四）。

的選民，除報紙刊載之競選宣傳廣告外，行駛於市內各通衢
之電車，公共汽車上也都貼滿了宣傳廣告。[32]而山東省商業
團體有兩位候選人，均屬財閥，一為馬伯聲，一為苗海南。
此兩人競爭異常激烈，已到白熱化的地步。競選期間，雙方
為求勝選，每位候選人均各用卡車多輛到處宣傳，散發宣傳
單，紅紅綠綠的紙片，到處飛舞，標語貼滿了牆壁後，無法
再貼，於是標語上再貼標語，各色紙張，用的太多了，數量
無法估計，據說約有 10 噸。[33]

　　除了張貼海報外，候選人之間為了比氣勢，往往都僱有
車隊或樂隊沿街吹奏宣傳，以壯聲勢。如山東省國大代表之
投票，日期訂於 12 月 28 至 30 日舉行，候選人之間的競選活
動「益趨狂熾」，各報咸以大字登載競選廣告外，通衢要巷時
有競選汽車遊行，市內更有以軍樂隊沿街吹奏者。[34]

　　此外，尚有部分候選人自行印製宣傳品到處散發，如四
川省萬縣之候選人李寰，時任貴州省政府秘書，此人頗具民
主作風，於大選期間，印製大批「告父老書」，說明其主張，
然後分發城鄉各地選民閱讀，頗得各方良好印象，[35]因此順
利當選為代表。

　　南京市各候選人之宣傳標語更屬「五光十色，觸目皆是」

32　〈2 億 5 千萬選民今起選舉國代，全國 47 省市均同時舉行〉，《中央日
　　報》，上海。民國 36 年 11 月 21 日，第 2 版。

33　戴之修：〈濟南兩大財閥鬥選國大代表記祕〉，《新萬象》，第 68 期（台
　　北市：吾興圖書公司，民國 70 年 10 月 31 日出版），頁 20。

34　〈魯省國代今日選舉〉，《中央日報》，南京，民國 36 年 12 月 28 日，
　　第 2 版。

35　〈各地通訊 —— 萬縣：縣人競選，甚為活躍〉，《中央日報》，重慶，
　　民國 36 年 9 月 22 日，第 3 版。

外，多數候選人所備之競選宣傳車，「或往來市區散發紅綠繽紛之宣傳品，或停於街道巷尾，由擴音器中傳播競選呼聲。此為街頭之特殊點綴，均頗能吸引群眾」。[36]

至於臺灣省各縣市之候選人亦有多人備有宣傳車，穿梭大街小巷，真是熱鬧非凡。以台北市為例，23 日為投票的最後 1 天，據報載：「是『生死關頭』的一天，所以各競選汽車出動也加倍勤快，延平北路上像化妝汽車大遊行，高銘鴻的新式客車剛過，周延壽卡車又大吹而來，黃及時的沒篷汽車也自後追到。黃及時的那輛老爺車似乎比第一天跑得快多了，4 隻輪胎的氣也似乎較足，……」。[37]他所雇用的這部無篷汽車，可說演出最為出色，他本人高高站在後座，胸前掛著白緞紅邊大名錶「招搖過市」，頻頻招手，「萬事拜託」。下午有化妝貨車，邊裝肖像，上裝擴音機，沿街吹吹打打，路人停足。[38]

高雄市競選情況亦甚激烈，據報載，高雄市選舉空氣已呈白熱化，楊金虎、林澄增、林迦 3 氏，沿街道貼名單標語，紅綠相間，掩映成趣，或雇人扛大幅競選名牌沿街敲鼓鳴鑼，引人注意，或以汽車縫繫紫色彩帶馳騁市區，呼喚口號，絲竹鼓樂，各顯其技。就在 20 日投票之前 1 天上午，林澄增、楊金虎還分別在大舞台公開作競選演說，市民往聽者至為踴躍。由報紙上之記載可以得知，當時之情形是「競者表現民

---

36 〈全國普選昨熱烈舉行，各大城市秩序均良好〉，《中央日報》，重慶，民國 36 年 11 月 22 日，第 2 版。
37 〈大選小鏡頭〉，《公論報》，台北，民國 36 年 11 月 24 日，第 3 版。
38 〈大選小鏡頭〉，《公論報》，台北，民國 36 年 11 月 22 日，第 3 版。

主同慶，聽者洋溢政治興趣，情形堪喜」。[39]而教育團體候選人薛人仰亦不甘示弱，雇用的汽車都懸掛大幅標語，周遊各學校區域。[40]教育廳所有汽車，各學校及社教機關也貼遍了「薛人仰」的競選廣告。[41]

除此之外，印製名片也是各候選人自我宣傳的方式之一，他們在名片上都印有「鞠躬盡瘁」、「懇請惠賜寶貴一票」的字樣。[42]候選人和助選員在各交通要道或投票所門口，散發名片，頻頻向選民點頭，「拜託」之聲不絕於耳。[43]據報載，「有一老太婆不識字，請代書人書寫候選人姓名，問其書寫何人姓名，竟一時答不出來，隨即拿出名片，直指此人是也」，[44]如此做法也確實收到宣傳效果。

由於競爭的激烈，自然使得各候選人的宣傳經費節節上升外，各種不法情事亦層出不窮的發生。如臺灣省台中市候選人林朝權，競選經費預定花費 6 百餘萬元，另一候選人林湯盤亦準備花費 7 百餘萬元，[45]如此龐大的經費，對候選人而言，確實是一大負擔。

前曾言及，山東省參加商業團體競選的兩位候選人苗海

39 〈選舉國代今第 1 日，全省各地同時投票〉，《臺灣民生報》，台北，民國 36 年 11 月 21 日，（四）。
40 〈大選繽紛錄〉，《臺灣民生報》，台北，民國 36 年 11 月 22 日，（四）。
41 〈大選插曲〉，《自立晚報》，台北，民國 36 年 11 月 22 日，第 1 版。
42 〈大選小鏡頭〉，《公論報》，臺灣，民國 36 年 11 月 22 日，第 3 版。
43 〈本省各地大選彙誌〉，《公論報》，臺灣，民國 36 年 11 月 23 日，第 3 版。
44 〈大選小鏡頭〉，《公論報》，臺灣，民國 36 年 11 月 22 日，第 3 版。
45 〈台中競選展開競選戰〉，《自立晚報》，台北，民國 36 年 11 月 14 日，第 1 版。

南與馬伯聲，由於競爭激烈的關係，彼此為了自身面子著想，不惜撒下鉅額資金來打此一選戰。據《新萬象》雜誌記載：「馬、苗的大肆宣傳，都用盡了種種手段，互相競爭，各不相讓。苗海南第一天在報上登啟事佔了一大片，第二天馬伯聲登了午版，第三天苗登一版，馬也隨著追上去，苗大貼標語，馬廣撒傳單，馬出動汽車 5 輛，苗來上 10 輛。一邊是軍樂隊大大的猛力吹，一邊是鑼鼓拱擊鏗鏘拼命敲，一家設宴泰豐樓，一家包下了百花村。濟南的市民看的真是眼花撩亂，但是無論出些什麼花樣，大家都知道，這都是錢的變化。……總而言之，是無情的耗去了龐大的民脂民膏。濟南的市民，異口同聲的說：『競選，什麼是競選，簡直是競錢，誰的錢多誰當選』，這真叫人痛心」。[46]

　　由這一段之敘述，可以讓人了解，自民初以來，凡地方上進行選舉時，候選人仍不免會使用金錢來操控選舉，賄賂選民，以及酒食的徵逐。然就在此一關鍵時刻，臺灣省台北縣之候選人李建興，為表達讓賢之意，竟宣布退選，並將競選經費新台幣兩百萬元全數奉獻，以其中之一百萬元救濟此次羅東鎮水災受害之災黎，另一百萬元充做臺北縣教育經費，此種熱心公益，犧牲奉獻的精神，自然受到省主席魏道明的贊許和嘉賞。[47]此無異為渾濁的選戰打了一針清涼劑，也是所有參選者應該學習和檢討的地方。

---

46 戴之修：〈濟南兩大財閥鬥選國大代表記祕〉，同註 33，頁 20。
47 〈李建興放棄競選〉，《自立晚報》，台北，民國 36 年 11 月 18 日，第 4 版。

第二節 選舉之進行

一、區域代表之選舉

區域代表之選舉，是民主政治代議制度的產物，它的意義是指地方人民選舉代表參加議會，係以地方行政區域爲其選舉區，而依人口比例選出一定名額之代表，稱爲區域代表制。

採用區域代表制的方式通常分兩類，一爲大選區制，亦稱爲多數選區制。一爲小選區制，亦稱爲單一選區制。前者每區須選代表 2 人或 2 人以上，後者每區僅能選出代表 1 人。無論那一種制度，在現代民主國家中，其分配代表名額的標準，乃爲人口代表主義，即依該選舉區域內人口之多寡，而分配代表的名額。[48]

孫中山先生一直主張「每縣選舉代表一人組織代表會」，建國大綱第 14 條規定：「每縣地方自治政府成立之後，得選國民代表一員，以組織代表會，參與中央政事」。[49]也就是說，中山先生是主張「區域選舉」的。中華民國憲法草案（五五憲草）第 27 條即是反映中山先生此一主張的具體表現，對區域代表的範圍，規定除每縣市及其同等區域選出外，並包括

---

48 高應篤：《地域代表制與區域代表制之比較研究》（自刊本），頁 5。
49 孫文：〈建國大綱〉，《國父全集》，第 1 冊，頁 752。

蒙古、西藏以及僑居國外之國民，[50]乃是因為蒙藏等地之地方政制與內地之省縣制度不同，且為擴大全民政治，實現主權在民理想的緣故。

此次區域代表之選舉，若依照國民大會代表選舉罷免法第 4 條第 1 款之規定，「每縣市及其同等區域各選出代表一名，但其人口逾 50 萬人者，每增加 50 萬人，增選代表 1 名」之敘述觀之，當時全國有 35 省、12 直轄市，應選出 2,177 名區域代表。

由於區域代表選舉所需選出之代表人數較多，且各省區域面積遼闊，所轄縣市甚多，加以共軍滋擾，地方不安，因此無法將各省市選舉概況一一加以論述，僅就當時全國烽火遍地中較最完整之江蘇、廣東、湖南、河南、山東、四川等省，以及南京、北平兩直轄市之代表選舉為例，略加論述。

（一）選務工作之進行

前曾言及，依照「國民大會代表選舉進行程序」之規定，各主管選舉機關必須在 8 月 24 日至 10 月 11 日之間，將選舉人名冊造具完畢，並於 10 月 12-16 日完成選舉人名冊之公告更正，以及呈報等手續。因此，各省市之選務單位首要工作就是積極展開選民人數之調查和選民名冊之編造。

由於在第 4 章第 2 節中，曾針對部分省市之選民做了調查，但仍有許多地區因受共軍之侵擾而滋生許多困擾，無法順利完成調查工作。就以江蘇省海門縣而言，該縣共有 120

---

50 董翔飛：《中國憲法與政府》（台北市：各大書局經銷，民國 82 年 9 月修訂 25 版），頁 163。

個鄉鎮，但實際可控制之鄉鎮只有 36 個，計有選民 12 萬 3
千 8 百 83 人，不能控制數有 84 鄉鎮，約有選民 336,781 人，
佔該縣鄉鎮數和人口數的 3 分之 2。當時自然無法辦理選舉，
只有待國府頒示綏靖區選舉補救辦法後，再行辦理。[51]但是
由國史館所藏《國大代表選舉檔案》中看出，海門縣可控制
之地區仍照常舉行投票，並於 36 年 11 月 24 日上午 10 時開
票。據載，選舉票總數為 127,547 票，投票總數為 127,378
票，有效票為 126,435 票，未投票數為 169 票，廢票為 943
票，最後由徐志道獲得當選，得票數為 117,715 票。[52]這或許
即是依照國民政府於 11 月 13 日所頒布的「綏靖區選舉補充
條例」辦理選舉的結果。另，灌雲、邳縣、睢寧、宿遷、東
海等 5 縣，其選舉人名冊早已送交省選舉事務所，然不久這
些縣分對外交通忽告中斷，致使選票延至 11 月中仍無法派員
領取，郵寄亦感困難，該省選舉事務所除一再電催外，並將
此事呈報選舉總所備查。[53]截至 11 月 19 日止，先後將選舉
人名冊送達省選舉事務所的計有江寧等 61 縣市，僅鹽城、阜
寧兩縣未造送選民名冊及列報選民人數。[54]但由國史館所藏
《國大代表選舉檔案》中記載可知，鹽城縣是在 12 月 3 口上
午 10 時假該縣選舉事務所開票，選舉票數為 609,090 票，投

---

51 〈江蘇省選民調查案〉，《內政部檔案》，國史館藏，目錄號：127，案
卷號：490，頁 98。
52 〈江蘇省選舉結果案〉，《內政部檔案》，國史館藏，目錄號：127，案
卷號：493，頁 318。
53 〈江蘇省選民調查案〉，《內政部檔案》，國史館藏，目錄號：127，案
卷號：490，頁 100。
54 同前註。

票總數為 517,866 票，有效票數為 514,621 票，未投票數為 91,224 票，廢票為 3,245 票，結果由李壽雍和顧安蒲兩人當選。[55]這也應是依照此一補充條例辦理選舉的結果。

廣東省在此次選舉中，各縣市選務單位積極從事選民人數調查，據該省選舉事務所稱，除雲浮、文昌、陵水、保亭4縣尚未辦理選民人數調查外，其餘96縣市選舉人數均已調查完畢，共計 15,853,011 名。[56]此外，在選舉過程中，有河源縣之李道軒等 24 人，被人指控於抗戰期間曾任偽職，而今這些人卻在廣州、香港，以及河源等地區利用巨資活動，企圖分別競選鎮保甲長、省參議員或國大代表，冀能取得地位，以掩飾過去附逆之罪行。[57]

華北地區之河南省，此時亦因共軍竄擾，交通梗阻，致使多數縣分之選舉人名冊及選舉人總數無法報省。當時河南省共有 111 縣，已遭中共佔據的有 11 縣，部分佔據的有 31縣，部分佔據區域自 10 分之 1 至 10 分之 9 不等，較完整的縣分共有 69 縣，當時即積極進行選民人數之調查。這些完整縣分的選民數約當全省選民總數的 10 分之 6 弱，但由於劉伯承的部隊竄擾豫南，陳賡的部隊渡河竄擾豫西，因此完整的區域常有變化，[58]如此這般自然影響選民人數的調查。現將

---

55 〈江蘇省選舉結果案〉，《內政部檔案》，國史館藏，目錄號：127，案卷號：493，頁 330。

56 〈廣東省選民調查案〉，《內政部檔案》，國史館藏，目錄號：127，案卷號：547，頁 19、20。

57 同前註，頁 11。

58 〈河南省選民調查案〉，《內政部檔案》，國史館藏，目錄號：127，案卷號：469，頁 43。

該省在當時已失陷和部分失陷之縣分別列表於後，以供參考。

表 5-1：河南省已遭中共佔據和部分佔據縣份名單一覽表

全部佔據縣分（11縣）	柘城、武安、林縣、涉縣、臨漳、湯陰、滑縣、內黃、溫縣、沁陽、鹿邑
部分佔據縣分（25縣）	夏邑、寧陵、永城、安陽、淇縣、濬縣、修武、孟縣、濟源、延津、封邱、武陟、輝縣、淮陽、沈邱、西華、扶溝、通許、考城、睢縣、杞縣、民權、太康、博愛
新增竄擾縣分（17縣）	固始、陝縣、新安、澠池、潢川、羅山、商城、光山、經扶、靈寶、洛陽、宜陽、閿鄉、盧氏、伊陽、嵩縣、洛寧

資料來源：〈河南省選民調查案〉，《內政部檔案》，國史館藏，目錄號：127，案卷號：469，頁97。

　　雖然河南省部分縣分已失陷，政令推行困難，但仍有88縣應可造送選舉人名冊，然截至9月23日止，選舉人名冊已送到者計有新鄉、廣武等46縣，未送到之各縣已迭電趕造送所，以便審核。在已送省之選舉人名冊中，審查完竣者計有新鄉等10縣，其餘縣分由該省選所全體職員以及河南省政府民政廳職員協同加緊審核。現將該省審查完竣之10縣列表於後，以供參考。

表 5-2：經核合格已送區域選民名冊縣分審查報告表

單位數：人　　　　　　　　　　　　　　　　　38年9月23日

縣別	人口總數	冊報選民	剔除選民	核定選民	備　　考
汲縣	129,648	108,700	124	108,576	剔除選民係不合法定年齡及漏填年齡
尉氏	148,290	99,003	276	98,728	全上
夏邑	308,134	165,953	348	165,605	全上
考城	161,825	104,534	72	104,462	全上
鞏縣	182,673	106,264	1,874	104,390	剔除數內有回民37人，並該縣名冊職業團體選民3,049 共3,086人

新野	272,142	133,970	297	133,673	該縣職業團體選民 16,937人未列入核定數內
杞縣	377,830	252,506	237	252,259	內不合法定年齡者 154人,已剔除又漏報 83 人均已剔除
陳留	139,630	92,745	118	92,627	內不合法定年齡者 118 人已剔除
新鄉	265,499	140,131	702	139,429	內不合法定年齡者 702 人已剔除
獲嘉	159,764	56,592	無	56,592	該縣原報選民 90,975 人嗣因中共竄擾多逃,繼復歸來,其餘共造冊趕送

資料來源：〈河南省選民調查案〉,《內政部檔案》,國史館藏,目錄號：127,案卷號：469,頁 85。

　　山東省方面,亦因中共侵擾,致半數縣市皆已失守,即使復員縣市也因軍事影響,或部分縣市僅收復一部分,又復時得時失,致影響選舉人名冊之造報、公告,以及候選人之登記等,雖經迭次電催,但均未能依期完成。現將當時能夠辦理選舉和失守地區之縣名,以及選民人數列表於後以供參考。

表 5-3：山東省各縣市造報國大代表選舉人名冊數目表

辦理情形	縣別	選民名冊人數（人）	備　　考
能辦選舉縣分	長清	77,219	
	歷城	110,516	
	即墨	180,278	
	齊河	43,172	
	嶧縣	306,676	
	泗水	50,167	回民在內已轉飭另造名冊俟呈報後再剔出
	萊蕪	111,412	
	臨淄	117,661	
	新泰	105,610	
	魚台	152,460	回民在內已轉飭另造名冊俟呈報後再剔出
	長山	29,702	

	曲阜	94,212	
	高苑	1,640	
	濟陽	8,245	
未能收復縣分	惠民	3,234	
	陽信	1,003	
	無棣	3,901	
	霑化	447	
	濱縣	2,598	
	利津	2,558	
	商河	1,699	
	樂陵	593	
	德平	1,858	
	臨邑	2,078	
	陵縣	813	
	德縣	1,455	
	禹城	6,328	
	恩縣	1,646	
	武城	5,118	
	夏津	1,507	
	高唐	7,836	
	茌平	3,612	
	清平	1,910	
	博平	2,854	
	臨清	2,237	
	聊城	6,008	
	堂邑	2,963	
	邱縣	371	
	館陶	706	
	莘縣	585	
	陽穀	3,827	
	朝城	1,218	
	合計	1,459,933	

資料來源：〈山東省選民調查案〉，《內政部檔案》，國史館藏，目錄號：127，案卷號：464，頁33-35。

　　及至 11 月 11 日，山東省選舉事務所復根據平陰等 22
縣市以及歷城等 11 縣所補報的選舉人名冊統計之，共有
2,706,836 人，連同之前所報的選民人數，總計共有 4,166,764
人。[59]

　　四川省選舉事務所於 36 年 8 月 1 日正式成立，並積極展
開工作，該省政府前以大選事繁，為免臨期忙迫起見，於省
選舉事務所尚未成立時，先由省府負責督飭各縣，著手編造
選民名冊，依照中央規定，自 7 月 21 日起開始編造名冊，並
限於 8 月 21 日前編竣。據當時資料顯示，各縣名冊編竣報省
者，已達百縣，除有少數縣分發現不確及錯誤而發回復查者
外，其餘大致均可如限完成。[60]

　　湖南省選舉事務所於 8 月 15 日成立後即展開選務工作，
並分電各縣市政府迅即成立選所，趕辦選民名冊，並編印選
舉手冊一種分發所屬應用。該省選舉事務所將全省各縣市分
為 7 區進行選舉，據統計，全省選民計有 16,062,224 人，該
省國大代表名額為 87 人，但參與競選的候選人共有 4 百餘
人。因此，競爭相當激烈。[61]

　　南京、北平兩直轄市究竟有多少選民數，依第 4 章第 3
節選民名冊之編造一節中之論述可以得知，南京市在此 13

---

59 〈山東省選民調查案〉，《內政部檔案》，目錄號：127，案卷號：464，
頁 48。
60 國民大會代表立法院立法委員選舉總事務所編：《選務週刊》，第 2 期
（南京市：民國 36 年 9 月 15 日），頁 7。
61 〈湖南省選民調查案〉，《內政部檔案》，目錄號：127，案卷號：518，
頁 23。《選務週刊》，第 2 期，頁 7。

選區中共有區域選民 573,071 人。[62]北平市則共有 20 個選區，依照 11 月 11 日該市選舉事務所所作之調查可以得知，其選民人數共有 443,101 人，其後復發現內有不足法定年齡者 408 人應予剔除，實則計有選民 432,574 人（內包括未載年齡者應予更正者若干人）現列表於後，以供參考。

表 5-4：北平市選民名冊審核總表

區別	冊報選民	不足法定年齡應予剔除數	實有選民數	備　　註
1	65,297	132	65,165	由包括未載年齡等應予更正者 23 人
2	38,086	4	38,082	由包括未載年齡等應予更正者 25 人
3	20,726	11	20,715	由包括未載年齡等應予更正者 4 人
4	25,617	25	25,582	由包括未載年齡等應予更正者 24 人
5	42,855	16	42,839	由包括未載年齡等應予更正者 10 人
6	13,540	1	13,539	由包括未載年齡等應予更正者 2 人
7	9,304	2	9,302	由包括未載年齡等應予更正者 2 人
8	15,761	32	15,729	由包括未載年齡等應予更正者 1 人
9	25,930	33	25,897	由包括未載年齡等應予更正者 14 人
10	23,418	64	23,354	由包括未載年齡等應予更正者 26 人
11	23,875		23,875	
12	23,465		23,465	
13	13,624		13,624	

---

62 〈南京市選民調查案〉，《內政部檔案》，國史館藏，目錄號：127，案卷號：624，頁 45。

14	10,696		10,696	
15	23,271		23,271	
16	19,938	22	19,916	由包括未載年齡等 應予更正者 4 人
17	6,045		6,045	
18	10,877		10,877	
19	13,766	54	13,712	由包括未載年齡等 應予更正者 31 人
20	6,895	16	6,879	由包括未載年齡等 應予更正者 4 人
總計	432,986	412	432,574	

資料來源：〈北平市選民調查案〉，《內政部檔案》，國史館藏，目錄號：
　　　　　127，案卷號：630，頁 46、47。

（二）政黨提名之候選人

　　此次行憲國民大會代表之選舉，依選舉罷免法第 12 條之
規定，候選人的提名有兩種方式，一為經由合法的政黨正式
提名產生，二是請求 5 百名以上選舉人之簽署。

　　前曾言及，此處所謂政黨者，係指國民政府於民國 36
年 10 月 2 日所頒布之訓令：「暫先以參加制憲之中國國民黨、
青年黨、民主社會黨為限」。[63]因此，凡屬 3 黨之黨員，若欲
參與競選，勢必一定得經過該黨之正式提名，這也是當時各
民主國家所通用的方式，其用意在「為國求才，薦賢於民，
並集中黨的力量，做一致的支持」。[64]

　　而中國國民黨為鼓勵優秀同志參與競選，乃於民國 36
年 8 月 18 日召開第 80 次中央常務委員會即通過「指導本黨

---

63 郎裕憲、陳文俊編著：《中華民國選舉史》，頁 319。
64 〈短評 ── 本黨候選人的選拔〉，《中央日報》，南京，民國 36 年 9 月
　　12 日，第 3 版。

同志參加國大代表、立法委員、監察委員競選辦法」,[65]此辦法是參照歐美政黨競選提名制度,幾經會商後制定。其用意在於由下而上,無論黨員團員如欲參加國民大會代表、立法委員或監察委員 3 項選舉,均須先向所在地黨部申請。所在地黨部視其個人在當地之社會地位與信譽以及對本黨主義瞭解程度與是否能忠實履行,做比較性之審查,並詳加評語。[66]

　　由於此次國大代表之選舉,有意參加競選的黨員同志甚多,如河南省自 9 月 1 日開放登記後,前往省黨部登記參選的黨員甚為踴躍,在短短 5 天之內,登記國大代表選舉的就有 34 人,[67]而在此次選舉中,由於國民黨尚需負責協助友黨的參與競選,使其順利當選,因此凡在友黨提出候選人之地區,如為實際情形所允許,國民黨即不提本黨之候選人,以便利友黨候選人之參與競選。[68]蔣總裁中正亦希望中央及地方軍政負責同志,除必要者外,能不參加者,可不必參加國大代表競選,以便讓予其他人士參加競選。[69]

　　雖然如此,欲參與競選的黨員同志仍相當多。由於黨中央握有候選人參與競選之絕對提名權,因此勸告黨員同志,

---

65 《中國國民黨第六屆中央執行委員會常務委員會會議紀錄彙編》(台北市:中央委員會秘書處編印,民國 43 年 4 月),頁 478。

66 〈參照歐美競選制度,由黨內決定候選人〉,《中央日報》,重慶,民國 36 年 8 月 20,第 2 版。

67 〈河南競選運動,業已熱烈展開〉,《中央日報》,南京,民國 36 年 9 月 12 日,第 7 版。

68 〈本黨所提名單不少為非黨員,本黨同志全力支持發言人談提名經過〉,《中央日報》,南京,民國 36 年 11 月 11 日,第 2 版。

69 〈本黨國代候選名單送選所正校核中〉,《中央日報》,南京,民國 36 年 11 月 7 日,第 2 版。

在未經黨的同意下，執意參與競選者將受黨紀處分。蔣總裁中正也一再強調，黨中央握有候選人最後的提名權，他說:「黨員參加競選，必須由黨提名，絕對禁止自由競選，任何黨員不聽命令自由競選，黨部即開除其黨籍」。[70]如此作法都是希望黨員能夠遵守黨的規定。而川、康、渝地區之黨務特派員曾擴情即曾召集參加競選之本黨同志，傳達中央意旨，據悉:中央將使本黨同志遵照中央所提出之候選人參加競選，如未經中央提名為候選人者，應自動放棄競選，中央提名為候補而選為正式者，亦將自行放棄，否則將受黨紀制裁。[71]

由此可以看出，國民黨之黨員，若欲參加國大代表之競選，勢必要先獲得該黨黨中央之同意，且經提名後，方可參選。為此，國民黨乃分別在中央和地方設立提名指導委員會和提名審查委員會，前者有委員數十人，分別派遣前往各省市執行提名工作，後者設於中央，審查核定合格的候選人。

現將各省市指導委員名單列表於下，以供參考。

表 5-5：各省市指導委員名單一覽表（註）

省市別	指導委員	省市別	指導委員
江　蘇	鈕永建	浙　江	李文範
安　徽	賀衷寒	江　西	劉紀文
湖　南	劉文島	湖　北	魯蕩平
廣　東	李大超	廣　西	吳忠信
雲　南	黃　實	貴　州	梁寒操

---

70 蔣中正:〈四中全會之成就與本黨今後應有之努力〉（民國 36 年 9 月 13 日），《總統蔣公思想言論總集》，卷 22，演講（台北市：中央文物供應處，民國 73 年 10 月 31 日出版），頁 244。

71 〈本黨開明作風，黨員未經中央提名者將一律自動放棄競選〉，《中央日報》，重慶，民國 36 年 11 月 16 日，第 3 版。

四　川	賀耀組	陝　西	苗培成
甘　肅	彭昭賢	福　建	王泉笙
河　南	程　潛	寧　夏	趙允義
青　海	韓振聲	綏　遠	趙仲容
察哈爾	駱美奐	熱　河	李永新
臺　灣	蕭　錚	西　康	熊克武
新　疆	張治中	上　海	蔣經國
南　京	黃紹竑	漢　口	甘加馨
青　島	王子壯	廣　州	陳　策
天　津	劉瑤章	北　平	李嗣璁
重　慶	曾擴情	西　安	顧希平
遼　寧	黃宇人	瀋　陽	周兆棠

資料來源：《中國國民黨第六屆中央執行委員會常務委員會會議紀錄彙
　　　　　編》，頁 484、498。
註：其餘東北 9 省及山西、河北等省人選未定。〈指導員競選，各地人選
　　決定〉，《中央日報》，重慶，民國 36 年 8 月 29 日，第 2 版。

表 5-6：各組召集人、審查委員及負責區域分配表

組　別	召集人	審查委員	負責區域
第一組	吳忠信、朱家驊、陳立夫	吳敬恆等 30 人	京、滬、蘇、浙、台、閩、皖
第二組	居正、李敬齋、賀衷寒	張默君等 23 人	豫、鄂、湘、贛、漢
第三組	孫科、吳鐵城、白崇禧	鄒魯等 34 人	川、康、滇、黔、渝、穗、粵、桂
第四組	張繼、張厲生、范予遂	姚大海等 18 人	魯、晉、冀、熱、察、綏、平、津、青島
第五組	于右任、李世軍、田崐山	麥斯武德等 20 人	陝、甘、寧、青、新、西京、蒙、藏、內地生活習慣不同的民族
第六組	朱霽青	劉贊周等 11 人	東北 9 省 3 市
第七組	谷正綱、李惟果、馬超俊	劉蘅靜等 30 人	職業團體及婦女團體

資料來源：1.中央委員會秘書處編：《中國國民黨第六屆中央執行委員會常務委員會會議紀錄彙編》，頁 515、516。
2.〈各地選務推行順利，大選決可如期完成，本黨候選人審查7小組已組成〉，《中央日報》，南京，民國 36 年 10 月 26 日，第 2 版。
3.〈各地選務加緊推進，大選可如期完成，國代候選人審查小組人選決定〉，《申報》，上海，民國 36 年 10 月 26 日，第 1 張，（一）。

　　各省市的提名指導委員會，與選舉事務所合設，由中央派去的大員與地方政要組成。以湖南省爲例，其成員如下，主任：劉文島，中央大員。委員：王東原，省主席；張炯，省黨部主任委員；李樹森，三民主義青年團幹事長；莫萱元，省黨部書記長；劉業昭，三民主義青年團書記；劉千俊，民政廳長；劉修如，社會處長；陳大榕，省黨部委員。其他各省市大同小異，黨的控制極爲明顯。[72]

　　一般言之，欲參與競選之候選人名單是由各縣市地方選舉事務所呈報省府，省府再將其他縣市候選人名單彙整後再呈送中央核定，亦即中央掌有候選人最後之核定大權，中央「不僅核可地方呈上的名單，還會主動有所增刪」。[73]因此，候選人即便在地方上爭取到提名，並不代表該員能夠如願參與最後的競選。被提名之候選人不得不想辦法到中央去活動，否則隨時會被中央給抽換掉，而喪失候選資格，所以候

---

72 張朋園：《中國民主政治的困境，1909-1949 —— 晚清以來歷屆議會選舉述論》（台北市：聯經出版事業股份有限公司，民國 96 年 4 月出版），頁 174。
73 同前註，頁 175。

選人寧可多往南京跑而不再向鄉下跑了。[74]

　　陳立夫在其所著《成敗之鑑》一書中，即曾提到：「此次選舉，中常會決定由政黨提名後，致許多人紛紛來京競圈，造成奔營之風。圈到者固然滿意，未圈到者又皆集怨於中央」。[75]

　　除此之外，中央在圈定候選人時，有正選和候補之分，至於誰是正選，誰是候補，這在候選人提名的過程中，中央早已決定了，只要是中央所提之正選候選人勢必要無條件當選，[76]候補者只在正選出缺時遞補，否則將無法變為正選。[77]而國民黨第六屆中常會第 115 次會議中亦決議：「凡未經本黨提名為正式或候補候選人之黨員，而選舉結果竟當選為正式或候補者，由各級黨部照國務會議之規定，通知同級選舉機構，撤銷其當選資格」。[78]

　　由這些論述可以看出，國民黨對地方選舉的控制是極為

74　沈雲龍訪問，賈廷詩等紀錄，郭廷以校閱，《萬耀煌先生訪問紀錄》（台北市：中央研究院近代史研究所發行，民國 82 年 5 月初版），頁 445、446。

75　陳立夫：《成敗之鑑》（台北市：正中書局，民國 83 年 6 月臺初版），頁 358。

76　「安徽省鳳台縣原本有兩候選人，且競爭非常激烈，其後該縣縣長要求兩人放棄競選，謂中央已圈定廖梓英，並命令地方各級政府一定要採取一切手段保證當選，兩人乃不得不退選。後選舉時，選票並未同群眾見面，集中在縣選舉事務委員會裡，找人連夜在每張選票上統一寫上廖梓英的名字，上報蔣黨中央，算他是鳳台的『國大代』了」。見張斐：〈鳳台縣「國大代」的選舉鬧劇〉，《州來古今》，第一輯（政協鳳台縣文史資料研究委員會，1985 年 2 月），頁 56。

77　張朋園：《中國民主政治的困境，1909-1949 —— 晚清以來歷屆議會選舉述論》，頁 175。

78　《中國國民黨第六屆中央執行委員會常務委員會會議紀錄彙編》，頁 596。

嚴密的。迨 11 月 23 日，全國各地之選舉陸續結束後，據報，民、青兩黨之候選人多未被選出，例如浙江省民、青兩黨所提候選人為 18 名，但選出者僅 7 人；又如上海之民社黨候選人金侯城，選舉結果竟排名至第 30 幾位。因此，為求補救起見，國民政府在 36 年 11 月 28 日所召開的第 16 次國務會議中，國民黨籍之國府委員鄒魯、張繼等 10 人提出一關於「政黨提名補充規定」之建議案，稱：「凡中國國民黨、青年黨、民主社會黨黨員參加國大代表競選者，均須由各所屬政黨提名」。鄒氏此案經由民、青兩黨國府委員徐傅霖、曾琦等人連署後，各委員均表同意。其後內政部長兼選舉總所主席委員張厲生則提出補充意見稱：「用選民簽署手續登記提名者，以無黨派者為限」。[79]此項規定復經國務會議第 18 次補充決議，認為此項解釋係解釋法律性質，根據施行條例之規定，用選民簽署登記者，以社會賢達為限。國民黨、民社黨、青年黨 3 黨黨員仍須受其約束，並經立法院於民國 36 年 12 月 13 日通過，認為與本院制定國民大會選舉罷免法第 12 條原意相符，案經司法院於民國 37 年 1 月 15 日以訓令第 20 號令飭各法院執行。[80]

　　至於各政黨應推出多少名額之候選人，3 黨彼此間也經

---

79 〈江蘇省政黨提名案〉，《內政部檔案》，目錄號：127，案卷號：491，頁 88。另，〈各黨黨員參加競選，須由所屬政黨提名〉，《中央日報》，南京，民國 36 年 11 月 29 日，第 2 版。

80 〈湖南省選舉結果案〉，《內政部檔案》，國史館藏，目錄號：127，案卷號：521，頁 7。郎裕憲、陳文俊編著：《中華民國選舉史》，頁 319。另，〈政黨提名補充規定，立法院例會辯論後通過〉，《中央日報》，南京，民國 36 年 12 月 14 日，第 2 版。

過多次討論和磋商，其中以民社黨對名額的分配較爲堅持己見，使得協商過程中遭遇許多困難而延誤了該黨候選人名單公布的時間。

　　起初民社黨和青年黨堅持主張名額的分配採比例分配制，然國民黨認爲此種辦法違反民意，並未同意，[81]待 10 月 17 日，3 黨協商結果，意見仍然不一，無法達成協議。民社黨堅持在名額問題未解決以前，絕不提出名單。該黨並決議，參加國大代表之候選人爲 400 名，立委候選人爲 100 名，倘不能獲得此「最小」之數額，該黨將放棄競選，嗣後仍會以在野黨之身分過問政治。[82]

　　10 月 20 日，民社黨之戢翼翹、孫亞夫自滬返回南京，並帶來該黨參加國大代表競選之候選人名單，該名單共列國代候選人 450 名，包括區域代表 4 百名，婦女及職業團體代表 50 名。[83]但國民黨方面僅同意候選人爲 260 名，（包括區域及海外、婦女、職業團體）候補 40 名，民社黨方面則希望候選人名額須儘量增加，候補人名額亦要求增加 60 名。[84]

　　然選舉總所主席委員張厲生則認爲名額分配問題終可解

81 〈大選名額分配問題民青兩黨堅持比例制，本黨以違反民意未同意，吳鐵城宴民青人士商討〉，《中央日報》，重慶，民國 36 年 8 月 30 日，第 2 版。

82 〈選舉指導會商討各地候選人名單，並商協助友黨競選〉，《中央日報》，南京，民國 36 年 10 月 17 日，第 2 版。另，〈黨派提名僵持中，民社黨堅持配額拒提名單〉，《大公報》，天津，民國 36 年 10 月 18 日，第 2 版。

83 〈參加國代競選人名單，民社黨定今提出，共候選人 450 名〉，《中央日報》，重慶，民國 36 年 10 月 21 日，第 2 版。

84 〈民社黨國代候選人，名單正式提出，共 260 名，候補 60 名〉，《中央日報》，重慶，民國 36 年 10 月 22 日，第 2 版。

決，張氏認為國民黨之所以對民社黨所要求之名額有異議，其主要原因是認為，如名額分配少些，則國民黨易於支持友黨競選。[85]

由於青年黨和民社黨均希望選舉總事務所能多分配些代表名額，然當時尚有 18 個選舉單位尚屬淪陷區，約有 800 名代表無法選出，必須俟綏靖區選舉補充條例公布後，始能提出。[86]因此 3 黨所提出之代表名額，均受影響，如青年黨所提出之國代名額原為 300 名，經審定後為 209 名。民社黨原訂名額為 260 名，現經審定為 190 餘名，均與原來所要求的理想，相差甚遠。[87]

其後，青年黨在京中常委曾琦、余家菊、劉東巖等人仍為此一名單事，作緊急會商。最後，青年黨於 9 日下午 9 時，將該黨審定之國大代表候選人名單送交選舉總事務所公布，計有江蘇、浙江、安徽、江西、湖北、湖南、四川、西康、雲南、貴州、廣西、廣東、福建、臺灣、陝西、甘肅、河南、遼寧、青海、熱河等省以及上海、重慶、南京、漢口、北平、廣州、瀋陽等 27 個省市及一部分之職業團體、婦女團體，共提出國民大會代表候選人 291 人，其餘屬於綏靖區之河北、山東、山西及東北各省市及其他地區與職業團體、華僑團體

---

85 〈黨派提名僵持中，民社黨堅持配額拒提名單，張厲生表示不久可獲協議，國大代表候選人下週發表〉，《大公報》，天津，民國 36 年 10 月 18 日，第 2 版。

86 〈本黨國代候選名單送選總所正校核中，青年民社名單尚未送達，選總所審查完竣後公布〉，《中央日報》，南京，民國 36 年 11 月 7 日，第 2 版。

87 〈國民黨候選人名單送交選總徹夜審校，民青兩黨名單尚待續商〉，《申報》，上海，民國 36 年 11 月 7 日，第 1 張，（一）。

之該黨國大代表候選人，另外提出公布。[88]

再者，選舉總事務所將兩黨所提候選人名單加以審核後，乃於 11 月 10 日下午 6 時正式公布，國民黨方面共提名 1,758 位候選人（計 22 省、10 市、5 特種團體），中國青年黨所提國民大會代表候選人計 288 人。[89]國、青兩黨經公告後之候選人即可公開做競選活動，也使得選舉進入熱烈競爭的階段。

至於民社黨則由徐傅霖、楊浚明、蔣匀田 3 人於 6 日下午 2 時攜帶代表名單乘機飛赴上海，尚待與該黨主席張君勱商議，始可將名單送至選舉總所。據楊浚明 7 日對記者表示：「在此次經分配後之民社黨國代候選人名單中，若干本黨重要分子，非提出不可者，單上均無名，且對地區分配亦與原始名單頗有不符，認為遺憾。經 6 日在滬召開中常會臨時會議決定，仍請國民黨方面能按照民社黨所提原始名單，分配候選人」。此外，並據蔣匀田稱：「在 190 餘人名單中，民社黨方面認為必須更動者約有 6、70 人」。[90]

當國民黨與青年黨之候選人名單於 11 月 10 日公布後，民社黨之徐傅霖、楊浚明、王世憲等人與國民黨組織部陳部長立夫，中央黨部鄭副秘書長彥棻繼續洽談提名問題，民社

---

88 〈黨候選人陸續提出，本黨青年黨名單今公告，民社黨俟決定後即發表〉，《中央日報》，南京，民國 36 年 11 月 10 日，第 2 版。

89 〈國民黨青年黨國代候選人公布〉，《中央日報》，南京，民國 36 年 11 月 11 日，第 2 版。此國民黨與青年黨所提出之名單尚不包括綏靖區之候選人，故與郎裕憲、陳文俊編著之《中華民國選舉史》，頁 320 之數字略有不同。

90 〈國代選舉順序進行，投票日期絕不更改〉，《中央日報》，南京，民國 36 年 11 月 8 日，第 2 版。

黨仍堅持過去所擬國大代表候選人為 260 人之名單，此項名單已由蔣勻田於 10 日晚攜回南京，蔣氏行前對記者稱：「此次在京協商結果，本黨所提名單人數自 260 名減少為 191 名，本黨內部迭經商討，認為雖予接受，決定仍以原名單提交」。[91]12 日當天上午 11 時 30 分，民社黨之徐傅霖、戢翼翹、蔣勻田等人赴主席官邸晉見蔣主席，並由國民黨之雷震陪同前往。徐氏即就民社黨國大代表候選人提名之意見提出報告，蔣主席對徐等表示，選期迫近，民社黨國大代表候選人提名有所困難，當盡量設法補救。[92]

由於蔣主席曾面允就該黨前所提之 191 名候選人名單中，可再修正 15 名，連前次國民黨所答應讓予之 15 名，共計 30 名。蔣主席並表示：大選期近，提名問題應即求解決，俾增進各政黨之合作精神。徐氏對主席此項答覆表示滿意，然認為國民黨前所安排之 191 人中有廣西邊境〈比鄰安南〉之 5 縣 1 自治局之候選人共 6 人應予修正。蓋此等地區並無民社黨員競選，故應予變更，以其他地區補足，連蔣主席所答應之 15 人共為 21 人。因此，當 13 日中午雷震、張壽賢往訪徐氏時，渠即將此 21 人名單面交雷、張 2 氏，請求轉達國民黨。但全部名單總數不變，仍為 191 人。[93]

最後，民社黨於 11 月 14 日晚 11 時，將該黨國大代表候

---

91 〈黨候選人陸續提出，本黨青年黨名單今公告，民社黨俟決定後即發表〉，《中央日報》，南京，民國 36 年 11 月 10 日，第 2 版。
92 〈民社黨國代候選人名單將於今日提出〉，《中央日報》，南京，民國 36 年 11 月 13 日，第 2 版。
93 〈民社黨名單提出，與國民黨續談意見接近〉，《大公報》，天津，民國 36 年 11 月 14 日，第 2 版。

選人共計 238 人之名單送至選舉總事務所,並於當晚 12 時公布,同時並發表書面談話,認為該黨所提出 238 位候選人,是包括江蘇、浙江、安徽、江西、湖南、廣東、廣西、福建、遼寧、甘肅、四川、貴州、熱河、寧夏、察哈爾、西康、雲南、陝西、河南、湖北、南京、上海、北平、瀋陽、漢口、蒙古、臺灣等省市及職業婦女團體等單位。此不得不感佩蔣主席之誠懇與友黨之相諒,仍望友黨今後本此精神共同繼續努力,以利憲政基礎之樹立。[94]但依郎裕憲、陳文俊所編著:《中華民國選舉史》一書之記載,國民黨提名區域代表共 1,731 名,青年黨提名 288 名,民社黨提名 253 名,與所述名額略有出入。[95]

除以上所論的各政黨如何提名候選人,以及名額分配問題外,部分黨員為了想參與競選,並獲得該黨之提名,不惜違法以達成目的。因此黨員之跨黨、冒籍以及以非法簽署方式參與競選事件,便層出不窮的發生。

以跨黨問題而言,許多省分都曾發生,如山東省齊東縣民社黨提名之候選人張鵬士(原名張復乾),為了參加此次國大代表選舉,不惜放棄國民黨之黨籍參加民社黨,企圖「覬覦矇混,巧取名器」,此種行為既屬跨黨,又係冒名,因此遭

---

94 〈民社黨國代候選人 238 名發表〉,《中央日報》,南京,民國 36 年 11 月 15 日,第 2 版。郎裕憲、陳文俊編著:《中華民國選舉史》,頁 320、321 中所列區域代表、內地生活習慣特殊國民以及 5 特種團體中民社黨共提名 282 人;在全國性職業團體及婦女團體中民社黨提名 21 人,合計 303 人,與民社黨所提之 238 人,相差有 65 人之多。

95 郎裕憲、陳文俊編著:《中華民國選舉史》(台北市:中央選舉委員會,民國 76 年 6 月出版),頁 320。

人檢舉。[96]另，該省博山縣青年黨所提之候選人趙鵬翔，原名趙雲程，亦名趙懷琦，別號趙偉卿，原籍益都縣蓼塢莊人，竟冒充博山縣籍，並竊取選舉權。該人曾於民國 35 年 1 月 26 日在濟南加入中國國民黨，黨名趙雲程。在當時為了競選國大代表而加入青年黨，並改名趙鵬翔，此等跨黨分子「既無信仰，又無人格」，理應取消其候選人資格，並請國、青兩黨開除其黨籍，如此方可「重選政而維權益」。[97]

　　湖南省桂東縣亦發生一樁跨黨案例，原來國民黨在該縣已推舉候選人參選，其後中央竟將該縣之席位讓與民社黨，民社黨乃推派郭威廉出馬競選。然郭君本人在他縣任職時貪汙舞弊、盜賣救濟物資，經人檢舉告發，移送法院查辦，通緝有案，其後逃匿長沙改用現今之名，並加入民社黨，擔任民社黨湖南省黨部委員，此時竟代表民社黨參選。[98]因此，我們可以得知，以上幾位代表，原本都是國民黨之黨員，為了參與競選，不惜放棄原本黨籍，加入他黨，乃典型之跨黨分子，此種行為實屬見利忘義，實不可取。

　　至於冒籍之事亦發生多起，如廣東省白沙縣之陳繼烈、保亭縣之蔡篤恭，此兩人均非各該縣區域內之人民，亦無寄籍。陳君實係文昌縣南區之人，蔡君係萬寧縣中區人民。依照選舉罷免法第 15 條之規定，均屬違法。且陳君精神狀態不正常，蔡君亦無黨籍，依選舉罷免法第 5 條之規定，由政黨

---

96 〈山東省政黨提名案〉，《內政部檔案》，目錄號：127，案卷號：465，頁 128。
97 同前註，頁 134、135。
98 〈湖南省選舉結果案〉，《內政部檔案》，目錄號：127，案卷號：520，頁 399、400。

提名，自有未合，此兩人顯係利誘地方黨部矇蔽上峯之行為，理應加以查明。[99]

　　另，江蘇省泰縣國大代表候選人李德義，初以國民黨黨員資格登記聲請提名，未獲核准，嗣即以簽署方式矇得候選人資格，於普選時更挾其阿翁及夫婿夏姓權威人士，強迫選民書寫其名字，以期當選。然，李德義原籍湖北，因再嫁與泰縣夏姓夫婿，遂即混為泰籍，且冒其夫婿之學籍參選，遭到泰縣選民薛志全、韓玉生等 2 萬 3 千 5 百 54 人之聯署抗議。選舉總所則據所陳，認為「李德義以國民黨員身分用簽署方式參加競選，於法不合，其當選自應無效，惟查來文情詞空洞，此件擬予存查」。[100]

　　山東省樂陵縣亦發生冒籍之事。該縣青年黨提名之蕭魯明，既非該縣之縣民，且從未在該縣境內居住過。該縣所有各機關團體亦均無識此人氏者，因此實難承認蕭魯明為該縣之候選人，故該縣旅濟同鄉會和該縣臨時參議會乃聯名致電南京選舉總所，要求撤銷其候選人資格。[101]而該省汶上縣之王仲鳴，亦是青年黨所提之候選人，但非該縣縣籍人士，該省選舉事務所曾上電選舉總所請示，選舉總所則要求該黨劉委員東巖迅賜核復，以便飭遵。[102]

99　〈廣東省政黨提名案〉，《內政部檔案》，目錄號：127，案卷號：548，頁 6。

100　〈江蘇省政黨提名案〉，《內政部檔案》，目錄號：127，案卷號：491，頁 69、70。

101　〈山東省政黨提名案〉，《內政部檔案》，目錄號：127，案卷號：465，頁 15。

102　同前註，頁 141、142。

　　此外，最令人感到不滿，且遭批評最為嚴厲的是湖南省農會國代候選人左舜生和鄧勘兩人，實因此兩人既非農會會員又無會籍，竟能代表該省參與競選，據聞是由中央圈定參與競選的，如此做法自然違反選舉罷免法第 15 條第 2 款之規定。是以長沙市農會理事長吳樹陶呈請選舉總所徹查，並撤銷其當選資格以重選權，但選舉總所批示，「所陳是否屬實，擬轉全國性選所查明核辦具報」。[103]但這些陳情案件，也未見選舉總所有任何處置辦法，而且這些候選人除蕭魯明外，其餘均順利當選，此對其他候選人而言的確感到有些諷刺。

　　在這次選舉中，除發生跨黨、冒籍等不法之行為外，黨務人員和選務人員若欲參與競選，為公平起見，理應辭去所有職務才是。如國民黨江蘇省銅山縣黨部書記長劉志祥和海門縣黨部書記長姚江，因參加此次國大代表之競選，辭去各該縣選舉事務所委員職務，[104]此種作法確實值得肯定。但山東省定陶縣由國民黨提名之候選人李錫瑩，當時即擔任該縣選舉事務所委員，依選罷法之規定，該員自應受限制才是，[105]但卻未見其有任何辭職之表示，亦未見選舉總所採取任何制裁行動。所幸，由選舉結果得知，該員並未當選為該縣之代表。

　　除了以上所曾論述之問題外，在此次選舉中，爭議性最

---

103 〈湖南省政黨提名案〉，《內政部檔案》，目錄號：127，案卷號：519，頁 158、159。
104 〈江蘇省政黨提名案〉，《內政部檔案》，目錄號：127，案卷號：491，頁 13。
105 〈山東省政黨提名案〉，《內政部檔案》，目錄號：127，案卷號：465，頁 13。

大的是候選人若以簽署方式參與競選，必須有 5 百名以上選
舉人之簽署或由政黨提名，始得登記為候選人。但由於此次
選舉結果，民、青兩黨當選的候選人數甚少，國民政府為求
補救，乃於 36 年 11 月 28 日在第 16 次國務會議中做成補救
之決定，前段已論述過，在此不再贅述。由於在此會議中已
決定候選人若用簽署方式參與競選者，必須以無黨無派者為
限，否則即便當選亦屬無效。因此，選舉總所若能嚴格執行
此一決策，自然不易受到選民之批評，但選舉總所的作法並
非如此，如江蘇省溧水縣民魯師爾、吳春山等人上書選舉總
所，認為該縣當選之李徵慶和甘棠、尹緯、王松泉等 3 位候
補代表，雖非由政黨提名，然均屬國民黨黨員，選舉總所對
此並未做出任何裁決，最後仍由李徵慶當選為該縣之代表。[106]
而前述之李德義亦復如此，用簽署方式參與競選，與規定不
符，雖經當選，應屬無效，但該員仍經公告為當選人。是以
這些當選人均未被選舉總所取消資格，因此選舉總所未能貫
徹命令，自然引起許多候選人和選民的不滿和怨言。

　　此外，尚有無錫縣國代候選人楊愷齡，為遵奉總裁指示，
同意將該縣區域代表席位讓與青年黨，而接受黨的安排，列
為候補代表，參與競選。不料竟有中央政治學校畢業生而自
名社會賢達之錢曉雲者，以 5 百人簽署方式登記競選（登記
欄內有黨證特字第 33548 號），且公然四出賄選。當時國務會
議已有黨員不經提名不得參加競選之規定，因此錢君之參與

106　〈江蘇省政黨提名案〉，《內政部檔案》，目錄號：127，案卷號：491，
　　頁 88。

競選應屬無效。[107]慶幸的是，錢君未能當選該縣代表。

　　由以上之所述，可以看出，未經政黨提名，而以簽署方式參與競選者不在少數，且國務會議復不承認他們的當選資格。平心而論，如此做法確實有欠妥當，實因這些候選人亦是依照選罷法第 12 條之規定登記參選的，而選罷法並未規定自行參選者必須以無黨無派者為限，雖然政黨對黨員有節制的權力，但也應在選前先說清楚講明白，不可在事後才臨時做出此項決定，並要求黨員遵守，除了引起黨員普遍不滿之外，更增加選民對政府輕蔑之心，畢竟選舉之進行在前，取消簽署當選之命令在後也。[108]

　　由以上之敘述可以得知，各省市均積極進行選務工作之推展，對於失控區及暫時不能進行選務工作之地區，也期盼選舉總所早日訂定解決辦法，使得選務工作能夠儘早完成。直到 36 年 11 月 13 日，國民政府正式公布「國民大會代表立法院立法委員選舉補充條例」之後，對於這些未能舉辦選舉之省市地區有了解決辦法，將在「綏靖地區代表之選舉」一節中詳細說明。區域代表之選舉順利完成，3 黨共選出 2,141 位區域代表。

（三）選民投票之情形

　　各省市之候選人經過數月的競選活動後，全國約有 2 億

---

107 〈江蘇省選舉結果案〉，《內政部檔案》，目錄號：127，案卷號：491，頁 75、76。

108 司馬既明：《蔣介石國大現形記》，（上）（台北市：桂冠圖書股份有限公司，1995 年 7 月 30 日初版），頁 57。

5 千萬選民，[109]在 11 月 21-23 日舉行全國普選時，投下神聖
的 1 票，並選出自己心目中理想的民意代表。當時全國共有
47 省市、蒙古 18 盟旗、西藏各民族等 3 選區，以及國內各
職婦團體、海外華僑等，除屬綏靖區或未收復區者外，其餘
均如期參與選舉。[110]至於此次區域代表之選舉，各省市之選
民投票情形，在當時各地所發行的報紙都有詳細的報導，現
將區域代表選舉各地選民的投票情形，分別選擇幾個省市地
區加以說明。

　　由於區域代表之選舉是安排於第 3 日進行，因此當大選
進入第 3 天時，各候選人之間的競爭也更趨激烈。各候選人
及其助選員為吸取選票，也到了無所不用其極的地步。以南
京市為例，報紙對該市投票情形的報導最為詳細，實因南京
市是當時國民政府之所在地。據當時報載，市選舉事務所針
對第 3 天區域代表之選舉，將南京市分為 13 個投票區，122
個投票所，約有 60 萬之選民參與投票，因此倍受各界人士矚
目。當天南京市陽光普照，萬里無雲，且適逢星期假日，又
是普選最後 1 日，故選民投票之情形非常踴躍。候選人的宣
傳品更是到處可見，往來市區之巡迴車不時傳來競選呼聲，

---

109 〈二億五千萬選民，今日運用選舉權〉，《中央日報》，南京，民國
　　36 年 11 月 21 日，第 2 版。
110 部分省市則因某些原因無法如期參與選舉，如山東省部分縣市或因選務
　　人員工作不力，或受環境以及軍事影響，迄未造報選民名冊，因此無法
　　如期辦理選舉，只好延期舉行。新疆省因若干選舉方面技術問題尚須另
　　加研究，亦未能如期舉辦選舉。見〈山東推進選政，嚴令各地催辦〉，
　　《中央日報》，南京，民國 36 年 11 月 19 日，第 7 版；《大公報》，
　　天津，民國 36 年 11 月 24 日，第 2 版。

選民與競選人狂熱情緒構成一空前熱烈之景象。[111]蔣主席在 23 日早上，以南京市民身分親赴第 1 區第 8 投票所（大行宮國民小學）投票，選票上寫下「陳裕光」3 個字，並將選票投入匭中。[112]國府各院部會首長，當天均親往各投票所投票。上午 10 時左右，孫副主席科、張院長群、于院長右任、行政院甘秘書長乃光等皆先後入瑯琊路中心小學第 3 投票所投票。戴院長傳賢則在藍家莊國民小學，居院長正在中央團部，張部長厲生在中央大學等投票所分別投下自己神聖之 1 票。[113]

　　北平市於 23 日下午 6 時景山汽笛發出停止投票信號為止，投票工作乃告全部完竣。據非正式估計，北平全市 70 萬選民中，棄權者不足 3 分之 1。由於這天是投票的最後 1 天，又逢星期假日，許多選民一早即紛紛出門，冒著凜冽的寒風，前往投票所投票。北平行轅主任李宗仁亦著便服親往西什庫教堂投其神聖純潔之 1 票。據報載，當天之投票情形，以地方性婦女投票所情形為最熱烈，教育會投票所秩序最佳。全市千餘位管理人員，均無不以認真妥慎態度執行任務，故 3 天來北平市投票情形堪稱良好，主席委員何思源表示至感滿意。[114]

---

111 〈中央社南京 23 日電〉，《中央日報》，上海，民國 36 年 11 月 24 日，第 2 版。

112 〈主席投下崇高一票〉，《中央日報》，南京，民國 36 年 11 月 24 日，第 2 版。

113 〈全國普選圓滿完成，蔣主席昨親投選票〉，《中央日報》，重慶，民國 36 年 11 月 24 日，第 2 版。

114 〈嚴寒無奈選舉熱，最後一日達高潮〉，《中央日報》，南京，民國 36 年 11 月 24 日，第 2 版。

　　上海市國大代表之選舉，在 23 日中午於汽笛齊鳴聲中圓滿結束，民政局長張曉崧於 12 時正偕同家屬赴盧家灣投票所投下最後 1 票。一般言之，區域代表之選舉較職業團體之選舉熱鬧，據大致估計，上海市原有區域選民約百六十萬人，職業選民約 80 餘萬人，此次參加區域選舉者約百萬人，參加職業選舉者約 50 餘萬人，共約合全部選民百分之 70 左右。投票時間告終後即將票匭加封，區域選舉票匭轉送市參議會，職業選票將轉送市商會，並將於 24 日晨 8 時起同時分別開票。[115]

　　杭州市選舉情況更爲熱烈，各候選人均以爭取最後勝利之決心，努力爭取選票。渠等除作競選文字宣傳外，更有親至投票所附近作競選演說者。[116]

　　其他如蘭州市之選舉，於 23 日下午 4 時順利結束，投票情形極爲良好，全市 14 萬選民百分之 90 均已投票。廣州市據報載，有許多投票所於 23 日上午即已結束投票，但也有部分投票所延至下午 6 時者。據該選務所負責人稱，全市選民投票者可能達到百分之 80 以上。[117]至於臺灣省各縣市第 3 日之投票，其激烈程度不下於南京、北平等各大都市。

　　據 11 月 24 日《中央日報》（南京版）之記載，對臺灣省各縣市 23 日當天之投票情形，有詳細描述：「23 日爲普選的最後一日，適逢星期例假，各處投票益形踴躍，當天投票的

---

115 〈中央社上海 23 日電〉，《中央日報》，南京，民國 36 年 11 月 24 日，第 2 版。
116 同前註。
117 〈本報 23 日廣州電〉，《中央日報》，南京，民國 36 年 11 月 24 日，第 2 版。

選民約佔總數百分之 60 以上，其中又以公教人員為最多。此外，各縣市農村正值晚稻成熟之時，農民雖忙於收割，但均不願放棄投票機會，趁中午休息或傍晚餘暇之時，前往投其珍貴之 1 票。其他尚有家住較遠之選民，往往徒步數十里，或以台幣數百元乘車而往者亦不在少數，即使貧苦之百姓亦絕少棄權者。甚而台北市松山區有一年已 65 歲之老嫗，伴其 80 高齡之瞽目丈夫親往投票，精神可佩」。[118]

　　台北市其他地區之選情亦甚熱烈，如延平區投票所，候選人的「助理員」活動最為猛烈，記者到場參觀，入場時一共計收到「鞠躬」23 次，「拜託」56 言，各候選人名片 27 張，內計黃及時 17 張，周延壽 9 張，高銘鴻 1 張。記者以為此次所收到的名片可能造成最高記錄，不想出來之後，眼看卻被 1 位中年婦人打破了。[119]

　　台中市之選舉，在第 3 天亦甚激烈，由於 23 日當天適值假日，台中市各投票所至感擁擠，但投票進行還很順利，當天除公教人員外，農商選民投票者亦甚多，下午 6 時圓滿結束。南臺灣之屏東市選情在最後 1 天亦達到最高潮，據 24 日報載：「屏東市國大代表選舉今為最後 1 日，男女選民絡繹於途，老翁老嫗均來參加，投此神聖 1 票，全市已入選舉最高潮，候選人張吉甫、林石城、洪石柱競選甚熱烈，曾慶福、林盧中亦有千秋」。[120]

---

118 〈各地國代選舉〉，《申報》，上海，民國 36 年 11 月 24 日，第 1 張，（二）。
119 〈大選小鏡頭〉，《公論報》，台北，民國 36 年 11 月 24 日，第 3 版。
120 〈大選小鏡頭〉，《公論報》，台北，民國 36 年 11 月 24 日，第 3 版。

另有多位年邁體衰、行動不便之老人，或眼盲、失聰之選民均前往投票，不願放棄自己神聖的 1 票。而 23 日這天，卻也發生一件不幸的事件，即花蓮縣壽豐鄉米棧村代表胡士坤，協同村民前往鄉公所投票，途中乘船欲渡河時，不幸遇到急流，船隻翻覆，慘遭滅頂，乃本次大選中所發生的不幸事件。[121]

經過這 3 天激烈的選戰後，全國各地的投票工作在下午 6 時截止而告一段落。雖然絕大多數之省市都在既定的時間內完成了投票的工作，但仍有少數省市因屬綏靖區或未收復區而無法進行投票。為此，不得不依 11 月 13 日國民政府所制頒的「國民大會代表、立法院立法委員選舉補充條例」實施辦法辦理之。[122]當時受中共侵擾未能收復的區域有山東、江蘇、河南等省之部分縣市，以及東北之安東、松江、合江、嫩江、黑龍江、興安以及大連、哈爾濱等省市，（此在第四章第二節內已論述過）因此依照國代立委選舉補充條例第 1 條之規定，全部不能辦理選舉時，得在鄰近區域或指定處所辦理，亦即未全部收復者，則由該區域逃出之人民在其鄰區舉行選舉，俟全部收復後，仍依法辦理普選。如此則東北尚未收復之省市得在瀋陽、長春以及瀋陽附近各縣設站登記，各該省市旅居各地之國大立委選民及候選人不另辦理，滿族國民選舉法尚待修正補充，須另案辦理。[123]

---

121 〈臺灣省選舉結果案〉，《內政部檔案》，國史館藏，目錄號：127，案卷號：546，頁 58、59。

122 《國民政府公報》，第 2978 號，民國 36 年 11 月 13 日。

123 〈東北未收復省市，辦理國代選舉〉，《中央日報》，上海，民國 36 年 12 月 8 日，第 2 版。

　　山東省未受中共侵擾之地區，必須依照選舉法之規定辦理選舉，如濟南市未受中共侵擾，但選舉總所仍准其延後選舉，自 12 月 28 日至 30 日 3 天舉行投票。當天早晨 8 時，汽笛聲長鳴 5 分鐘，選舉投票正式展開，選民分赴 54 個投票所投票。據報載，各投票所前但見長長行列中，男女老幼，咸手持選舉權證，靜守秩序，按次登記領票、寫票，再鄭重投入票匭內。而各投票所門外則時有候選者之助選隊演說、吶喊、散發傳單，以冀選民惠投 1 票。主席王耀武於 10 時正赴黃亭投票所投票，在選票上寫上「王子壯」3 字。[124]

　　江蘇省徐屬各市縣除徐州市已順利完成選舉外，其他多數縣市受匪亂流竄，無法順利辦理選舉，銅山縣經選舉總所准其延至 11 月 29、30 及 12 月 1 日 3 天投票。該縣乃按區、鄉劃分 55 處投票所。其他豐縣、沛縣、碭山、邳縣、睢寧等 5 縣，因地方尚未安定，致未能如期舉行，但各縣已分別呈請該省選舉事務所延期舉行。

　　河南省共有 111 縣，因共軍竄擾，已有半數縣分不能如期選舉，省選舉事務所於 11 月 14 日召開第 4 次臨時會議，就本省目前情形分為 3 類來辦理，1 是決定能如期辦理選舉縣分，2 是授權專署選舉縣分，3 是不能辦理選舉縣分。[125]

　　（1）能辦理選舉縣分，計有洧川、長葛、中牟、開封、
　　　　　蘭封…等 43 縣。

　　（2）授權專署選舉縣分計有伊陽、民權、虞成、商邱等

---

124 〈濟南汽笛長鳴，選舉國大代表〉，《中央日報》，南京，民國 36 年 12 月 28 日，第 2 版。
125 〈天南地北〉，《中央日報》，南京，民國 36 年 12 月 3 日，第 6 版。

4 縣。

（3）不能選舉縣分，計有修武、武陟、西華、項城等
64 縣。

以上這些能夠選舉之縣分，如一時因情形特殊，無法選
舉時亦可授權專署酌選。[126]

唐山市之選舉，亦延至 37 年 2 月 1 日開始舉行，該市共
設 10 個投票所，分區個別投票。在競選期間，該市街頭佈滿
了紅紅綠綠的旗幟和標語，街庄子堆滿了傳單式的候選人資
歷表。在當時「洛陽紙貴」的情況下，傳單在飯館的用處很
大，既可充作宣傳品又可權當摺疊紙，一舉兩得，功效兼備。
[127]新疆省亦因選舉方面技術問題尚須另加研究，致使 4 百餘
萬選民未能與內地同胞同時行使此莊嚴神聖之權利。然據中
央社迪化市 11 月 23 日之電文可知，新疆省選舉事務所正在
準備一切選務工作，預期在 11 月下旬開始大選，而各候選人
也開始積極從事競選活動了。[128]

總之這次投票選舉國大代表，除部分省市因屬未收復區
或綏靖區延後辦理外，其他各省市均按照既定的時程完成了
投票事務。雖然部分地區在投票過程中不免發生一些小衝
突，但也都能順利化解，並未釀成重大事件，是以這次的選
舉尚屬圓滿成功。

---

126 〈豫省 43 縣如期選舉國代，因匪患未能選舉者達半數以上〉，《中央
日報》，上海，民國 36 年 11 月 21 日，第 3 版。
127 〈唐山選出國代立委，投票三天完竣，情況尚佳，選民無知，鬧了不少
笑話〉，《大公報》，天津，民國 37 年 2 月 8 日，第 5 版。
128 〈新疆未大選，技術問題待研究〉，《大公報》，天津，民國 36 年 11
月 24 日，第 5 版。

（四）派系之爭

前曾言之，這次國大代表選舉，各候選人彼此之間競爭十分激烈。實則此與各候選人背後所屬之派系有密切的關係。當時每一候選人，除自行參選或屬無黨無派者外，均有自屬之派系，所謂派系則不外國民黨之 CC 派、三民主義青年團（以下簡稱三青團），以及政學系等。但真正最具決定性影響的是 CC 派和三青團。因此與其說是各候選人之間的競爭，無異說是 CC 派與三青團之間的競爭。

至於 CC 派之 CC，其名稱之由來有兩種不同之說法，一種是二陳（陳果夫、陳立夫兩兄弟）英文姓氏 Chen 的縮寫。[129]另一種說法 CC 是國民黨內的 1 個主要派系，是「中央俱樂部」（Central Club）的簡稱，[130]陳氏用此俱樂部控制全局。而三青團於 1938 年 7 月 9 日成立於武漢，蔣中正自任團長，陳誠為總書記，以復興社書記康澤任中央團部組織處處長，各省均成立三青團省支團。[131]

CC 派與三青團的爭執由來已久，其衝突緣由，非本論文研究範圍，因此暫不予討論，僅就此次行憲國大代表選舉時，雙方因推薦候選人而引發的爭執，分別加以論述。三青

---

129 陳立夫：《成敗之鑑》，頁 436，437。何廉：〈簡述國民黨的派系〉，《傳記文學》，卷 26，期 6（台北市：傳記文學出版社），頁 82-90。劉鳳翰訪問，何智霖記載：《梁肅戎先生訪談錄》（台北市：國史館出版，民國 84 年），頁 73、74。

130 柴夫編：《ＣＣ內幕》（北京市：中國文史出版社出版，1988 年 12 月第 1 版），頁 1。

131 熊建璽：〈我所了解的三青團雲南支團昆明區團的一些情況〉，《昆明文史資料選輯》，第 4 輯（雲南省：雲南省昆明市委員會文史資料研究委員會編，1984 年 9 月），頁 270。

團始終將參與行憲之各項選舉列爲民國 36 年之重點工作,雖然此時黨團已在進行統一,但三青團參選主觀意願絲毫不減,團方幹部且在黨團合併作業中有「以競選爲第一要著」之說。[132]由此可以看出三青團在此次選舉中企求獲勝之心非常強烈。

就以甘肅省而言,該省黨團摩擦可說是較爲突出的 1 個省分。黨團摩擦首先表現在爭奪黨團員上,如此你爭我奪的結果,使得不少人既入了黨,也入了團。由於在吸收對象上的爭奪混亂現象,也促使黨團摩擦不斷加劇,在行政方面的專員、縣長,以及鄉鎮長、中學校長,都各有黨團背景,幾乎沒有中間的空隙。所謂「民意機關」,從省參議會到縣市參議會甚至鄉鎮民代表會,都碰到同樣的情形。至於此次國大代表、立法委員之選舉,黨團雙方在激烈爭執,各不相下的情況下,乃由中央委派內政部次長彭昭賢出馬,主持協調,才將名額按照黨團比例分配下去。[133]

四川省雲陽縣派系鬥爭,在此次地方選舉中更是表露無遺。由於黨團之間互不相讓,因此每遇選舉,雙方均推派代表相互競爭,使得選舉更形惡質化。縣參議長、國大代表,以及立法委員的選舉皆是如此,只要黨方提出候選人,團方亦提出人選與之抗衡。此次國大代表選舉,黨方支持涂廷愷,團方馬上推出朱側揚。競選期間,雙方都出動全班人馬,使

---

132 劉先雲口述,遲景德、陳進金訪問,陳進金紀錄整理:《劉先雲先生訪談錄》,頁 155。

133 張開選:〈三民主義青年團在甘肅的始末〉,《甘肅文史資料選輯》,第 3 輯(甘肅省:中國人民政治協商會議甘肅省委員會文史資料研究委員會編,1987 年),頁 81、82。

勁的現出絕招。選舉結束後，只要任何一方失敗，都要興起
選訟，官司打到內政部才會結束。經過多次競爭，雙方勢均
力敵，互有勝負，[134]然亦讓人感到此種選舉，無法讓選民了
解民主的真諦，反而更加深黨團彼此間的仇視。

　　雲南省，雖位處中國西南邊疆，但黨團間的關係與其他
省分無異，彼此間非但矛盾重重，且存在著對立、爾虞我詐
的心結。CC 派的陳果夫、陳立夫兩兄弟一直想把三青團控
制在國民黨的領導下，但康澤等則強調黨團的獨立性，且不
讓國民黨來領導，甚至想把三青團另組 1 個黨。由於蔣中正
之不同意因而作罷，直到民國 36 年國民黨為實施憲政，準備
選舉國大代表、立法委員、監察委員，國民黨與三青團再次
對立，形同水火，最後連蔣中正也控制不了，才決定要將「黨
團統一」起來。[135]

　　除了以上所述這些省分黨團之間的衝突事件不斷發生，
湖南省亦是派系爭執嚴重的省分之一。最顯著的就是邵陽
縣，該縣三青團在民國 28 年成立後，黨團雙方在邵陽 48 鄉
鎮拼命發展組織。特別是抗戰勝利後，雙方到處拉伕，來者
不拒，觸角伸到了中小學師生、政府各部門，以及鄉、鎮、
保甲中，到處都有他們的組織和人員。

　　民國 36 年，行憲國大代表選舉，該縣各候選人都拼命的
拉關係，靠親朋戚友多方串聯，把票拉到手。有時黨方來拉，

---

134 湛廷舉：〈雲陽縣國民黨與三青團的明爭暗鬥〉，《雲陽文史資料》，
　　第 1 輯（四川省：雲陽縣政協文史資料委員會編，1988 年 5 月），頁 29。
135 熊建璽：〈我所了解的三青團雲南支團昆明區團的一些情況〉，《昆明
　　文史資料選輯》，第 4 輯（雲南省：雲南省昆明市委員會文史資料研究
　　委員會編，1984 年 9 月），頁 271。

有時團方來拉，使選民真不知如何應付。特別是那些既是國民黨員，又是三青團員的人，更是傷透腦筋。

此外，尚有部分候選人藉幫會勢力到處威脅選民，有誰敢不聽吩咐者，輕則挨打，重則喪生。[136]至於投票當天，黨團雙方各自早已發動保甲長至選民家中拉票，甚至一家一戶去清查，任何人都不放過，致使許多老年人只好冒著寒風，從十多二十里之外的地方前來投票。由於在競選期間，黨團都聲言要決一死戰，縣長徐君虎擔心因此引起社會不安，人民塗碳，只好在盟華園請了幾桌，語重心長地要求雙方千萬要為邵陽百餘萬老百姓著想，不要因競選而引起騷亂，使飽經戰禍劫後餘生的人民能安全過日子。

在此競選的時日裡，邵陽城鄉尚流傳著兩個新名詞，「坐轎子」和「抬轎子」，坐轎子的人是競選者，幾個人而已，而抬轎著多如牛毛。坐轎子的人為了達到目的，封官許願，不擇手段。他們向國民黨縣黨部、三青團分團的人員許願，這一級的人又向鄉鎮一級的人許願，鄉鎮一級再向保甲長許願。許了願，轎伕們就甘心效犬馬之勞，把主子抬上去，以求如願以償。[137]

因此，我們可以了解，湖南省各縣市之黨團組織，為了能在此次選舉中獲得勝選，真可謂花招百出。甚而在開票時，若是經中央圈定的候選人，則非得讓其當選不可，若是票數

---

136 蘇縉如：〈國民黨內的黨、團派系鬥爭在邵陽〉，《邵陽文史資料》，第 9 輯（湖南省：邵陽市委員會文史資料研究委員會編，1988 年 6 月），頁 269-276。
137 同前註，頁 278、279。

不足，縣長必須增補選票使之當選。因此，開票結果，有的縣就出現了兩個代表，都要出席國大會議，彼此爭吵，兩不相讓，官司打到中央才解決（圈定的出席第一次國大會議，民選的出席 3 年後的國大會議），時人稱此為國大代表「雙包案」。[138]

因此之故，蔣中正早已看出黨團對立、互鬥的嚴重性，極思加以整頓，並認為「國民黨的精神太是頹唐，太消沉，根本提不起氣來。所以我們中央同志人人都要立下決心，要趁此時機來自反自覺，貢獻自己的才力，對於本黨作一番徹底的改造，徹底的刷新，……」。[139]而合併國民黨與三青團正是「改革黨務，統一意志，集中力量」的 1 個具體辦法，於是蔣中正乃以國民黨總裁與三青團團長的身分，在民國 36 年 6 月 30 日下午 3 時，親自主持國民黨第 6 屆第 74 次中常會暨第 6 次中央政治委員聯席會議中，正式宣示合併黨團的決定。[140]如此之黨團合併事宜一直持續到民國 38 年 11 月仍在進行中。

（五）選舉之結果

此次區域代表選舉，全國各縣市及其同等區域共有選舉

---

138 王進三：〈三民主義青年團湖南支團始末〉，《湖南文史》，第 36 輯（湖南省：中國人民政治協商會議湖南省委員會文史資料研究委員會編，1989 年 12 月第 1 版），頁 70。

139 蔣中正：〈當前時局之檢討與本黨重要之決策〉，1947 年 6 月 30 日在中央聯席會議講詞，《黨團統一組織重要文獻》，頁 12。轉引自王良卿：《三民主義青年團與中國國民黨關係研究（1938-1949）》，頁 251、252。

140 《中國國民黨第六屆中央執行委員會常務委員會會議紀錄彙編》，頁 454。

單位 2,126 個,應選出代表 2,177 名。惟其中四川省之興中、麥桑、農祥,及新疆省之布爾津、七角井、烏河等 6 設治局,原未列爲選舉單位,其應產生之代表,任其缺額,法定總額遂爲 2,171 名。嗣以新疆省之七角井、烏河兩設治局,仍請各產生代表 1 名,經國民政府核准,故又增加 2 名,其總額爲 2,173 名。惟廣西省之南寧、柳州、梧州 3 市以及金秀設治局,亦以各該單位未能依法成立,所有應選出之代表各 1 名,應任從缺,並經國民政府核准備案。是以各縣市及其同等區域代表實際名額爲 2,169 名,辦理結果計選出 2,141 名代表。[141]

二、蒙藏地區代表之選舉

前曾言及,蒙藏地區代表之選舉,由蒙藏選舉事務所負責辦理。該所組織規程規定,採行選舉監督制,置選舉監督 1 人,以蒙藏委員會委員長許世英充任,其下分設各區主管選舉事務所,亦各置選舉監督 1 人。在蒙古以盟旗最高行政長官充任,[142]在西藏則分別以噶廈及蒙藏選舉監督所指定之人員充任。

在名額的分配方面,依照民國 36 年 3 月 31 日公布的「國民大會代表選舉罷免法」第 4 條之規定,蒙古各盟旗共應選

---

141 國民大會秘書處編:《第一屆國民大會實錄》,頁 89。
142 蒙古各盟旗中,巴圖塞特奇勒圖盟中路盟,以及青塞特奇勒圖盟兩盟選舉監督,選舉總所核派在案,因此派令尙未頒發。見〈蒙藏選民調查案〉,《內政部檔案》,國史館藏,目錄號:127,案卷號:613,頁 24。

出 57 名代表，其中包括婦女代表 6 名。而西藏地方以及旅居各省之藏族人民共需選出代表 40 名，其名額之分配與蒙古各盟旗名額之分配，在第三章第二節內已予論述。現就此次蒙藏地區如何進行選舉，以及代表如何選出，略述於下：

（一）選舉事務所之成立與選民人數之調查

當蒙藏選舉事務所成立後，蒙古各盟旗之選舉事務所亦分別成立，至 36 年申皓日（9 月 20 日）止，成立的有阿拉善旗等 14 處。西藏方面有班禪堪布會議廳暨各省藏族選舉事務所等 6 所。其餘尚有蒙古 4 所，西藏噶廈 1 所，當時並未成立，蒙藏選舉事務所也正分別洽催辦理中。[143]

雖然有部分選舉事務所未能及時成立，但選務工作仍積極推動。首先乃調查各區之選民人數和造具選民名冊。蓋選舉人名冊，依法規定應由各主管選舉機關分別造具，於選舉 40 日前完成並公告之。同時須將名冊 1 份呈報上級選舉機關備查，並將選舉人總數彙轉選舉總事務所備案。

經調查結果，在蒙古方面，察哈爾八旗群選舉事務所電報該盟選民共 35,000 人。[144]呼倫貝爾部暨布特哈布選舉事務所電稱，呼、布兩部選舉人共有 62 名。[145]另，據綏東 4 旗選舉事務所酉養（10 月 22 日）代電，附送所屬選舉人名冊 4

---

143 〈蒙藏選民調查案〉，《內政部檔案》，國史館藏，目錄號：127，案卷號：613，頁 25。

144 〈蒙藏選民調查案〉，《內政部檔案》，國史館藏，目錄號：127，案卷號：613，頁 9。

145 〈蒙藏選民調查案〉，《內政部檔案》，國史館藏，目錄號：127，案卷號：613，頁 58。

冊，選民總數為 36,160 名，除名冊存查外，相應將選民總數轉報蒙藏選舉事務所。[146]昭烏達盟選舉事務所電報該盟選舉人總數為 32,437 人，其後該盟復增加 1 名選民，及更正為 32,438 人，亦將選舉人名冊送至蒙藏選舉事務所。[147]卓索圖盟之國大代表選舉人共計 348,327 名，然最近據該盟附送所屬各旗候選人名冊時稱，因當地「共匪擾亂，諸多不便」，僅將收復地區及流亡難民調查登記完竣，檢同名冊送請查照等由，經核冊列人數為 63,913 人，較該盟原報選民數少甚多，特電希請將前報該盟選舉人數更正備查示復。[148]土默特旗選舉事務所電報該旗選民共 65,300 名，此乃將老弱及不足法定選舉年齡者包括在內，實則核計所報名冊僅有 11,506 名。[149]錫林果勒盟選舉事務所前報該盟選民人數為 2,515 人，業經該選舉事務所報請鑒核在案，其後復經該所補送 75 位選舉人名冊，使得選民人數共達 2,590 人。[150]至於伊克明安旗選舉事務所電報，該旗選民人數除前所報之 51 名外，尚有旗、蒙、漢難民陸續報到，經審查合於法定選舉人資格者共有 269 名，是以共有選民 320 人，並將選舉人名冊送至蒙藏選舉事

146　〈蒙藏選民調查案〉，《內政部檔案》，國史館藏，目錄號：127，案卷號：613，頁 64。

147　〈蒙藏選民調查案〉，《內政部檔案》，國史館藏，目錄號：127，案卷號：613，頁 67。

148　〈蒙藏選民調查案〉，《內政部檔案》，國史館藏，目錄號：127，案卷號：613，頁 74、75。

149　〈蒙藏選民調查案〉，《內政部檔案》，國史館藏，目錄號：127，案卷號：613，頁 82、83。

150　〈蒙藏選民調查案〉，《內政部檔案》，國史館藏，目錄號：127，案卷號：613，頁 93。

務所。[151]

　　而哲里木盟選舉事務所曾來電，以該區交通不便，請展延至 11 月 10 日後再將選民名冊送齊，並請准用通信方式登記。[152]但最後結果是選民人數仍未調查清楚，選民名冊也未能按期繳交。至於其他各盟旗，選民人數均有調查，但最終仍未能將名冊送至蒙藏選舉事務所。

　　有關藏族選民調查方面，西藏本地區面積遼闊，交通不便，彼此之間聯絡甚感不易，無法對選民作詳細調查，自然無法造報選民名冊，因而沒能將選舉名冊送交蒙藏選舉事務所。[153]其他寄居各省之藏族，亦復如此，難以調查，如四川藏族人民選舉監督鄧錫侯電稱，據該省 16 區專員何本分來電稱：松潘藏族散居千餘里，關內外共有 58 部落，人口 22 萬，但從無冊籍，因此造具選民名冊及公告均感困難異常，其他各縣份情形亦同。[154]其後復據該省藏民選舉事務所申巧（9 月 18 日）電報稱，該省藏族人數經調查結果，共計 326,000 人，並以印製選票需款甚鉅，無法籌墊，請速滙發等語。[155]甘肅省則據藏族人民選舉監督電稱：該省藏民分散各縣，簽署實屬不易，可否免除登記，直接投票選舉。其後該省藏民選

---

151 〈蒙藏選民調查案〉，《內政部檔案》，國史館藏，目錄號：127，案卷號：613，頁 95。

152 〈蒙藏選民調查案〉，《內政部檔案》，國史館藏，目錄號：127，案卷號：613，頁 73。

153 〈蒙藏選民調查案〉，《內政部檔案》，國史館藏，目錄號：127，案卷號：613，頁 100。

154 〈蒙藏選民調查案〉，《內政部檔案》，國史館藏，目錄號：127，案卷號：613，頁 5、6。

155 〈蒙藏選民調查案〉，《內政部檔案》，國史館藏，目錄號：127，案卷號：613，頁 31。

舉事務所亦經調查，並將所調查出之人數先後報至蒙藏選舉
事務所，但據稱所報不實，乃予以退回，並重行查證，最後
經複查結果，該省藏民選舉人數確實數爲 32,311 人。[156]

　　青海省藏民亦散居各地，難以調查，後經蒙藏選舉事務
所依法指定該省主席馬步芳兼辦，經調查所得選民數爲
73,202 人。但因該省藏民散居各處，距該省省會（西寧）有
數千里之遙，所以各縣之選民名冊實無法依限送達，郵寄最
快亦需時 3、4 個月。因此當時考慮可否由蒙藏選舉事務所委
託該地藏民選區地方最高行政機關用該所名義，負責代爲辦
理各項公告等事項，一面仍飭將選民名冊照送，以赴事功。[157]

　　雲南省依該省藏族人民選舉監督盧漢電報稱，該省藏族
選民共計 32,055 人。[158]西康省原本據該省藏族人民選舉事務
所電報稱，該省藏族選民共計 55,000 人，其後復經該所電
稱，據各縣冊報該省藏族選民確實人數爲 34,561 人。[159]然據
旅居內地西藏人民選舉事務所電報稱，暫時旅居內地西藏人
民選舉總數共有 3,852 人。[160]

　　由以上之論述可以得知，旅居邊區各省之藏民，由於地

156　〈蒙藏選民調查案〉，《內政部檔案》，國史館藏，目錄號：127，案
　　卷號：613，頁 33、54。
157　〈蒙藏選民調查案〉，《內政部檔案》，國史館藏，目錄號：127，案
　　卷號：613，頁 42。
158　〈蒙藏選民調查案〉，《內政部檔案》，國史館藏，目錄號：127，案
　　卷號：613，頁 9。
159　〈蒙藏選民調查案〉，《內政部檔案》，國史館藏，目錄號：127，案
　　卷號：613，頁 28。
160　〈蒙藏選民調查案〉，《內政部檔案》，國史館藏，目錄號：127，案
　　卷號：613，頁 51。

處偏遠,交通不便,因此選民名冊難以編造,致使選民名冊多數無法如期送達蒙藏選舉事務所,現將蒙藏兩地區已送和未送選民名冊之各選務單位和選民人數列表說明。

表 5-7:蒙藏各選區選舉人數一覽表

區別	單位名稱	選舉人數(人)	已否據送名冊	備註
蒙古	卓索圖盟	63,913	已送	
	額濟納旗	1,104	已送	
	阿拉善霍碩特旗	22,578	已送	
	錫林果勒盟	2,590	已送	
	伊克明安旗	320	已送	
	綏東四旗	36,160	已送	
	呼倫貝爾布特哈部	62	已送	
	土默特旗	11,506	已送	
	昭烏達盟	32,438	已送	
	察哈爾八旗群	26,000	未送	
	烏蘭察部盟	50,000	未送	
	伊克昭盟	244,000	未送	
	青海左翼盟	30,102	未送	
	青海右翼盟	30,348	未送	
	烏拉恩素珠克圖四路盟	17,000	未送	
	青塞特奇勒圖盟	18,000	未送	
	巴圖塞特奇勒圖中路盟	19,000	未送	
	哲里木盟	未報	未送	
西藏	甘肅省藏族	65,753	未報全	
	雲南省藏族	32,055	未送	
	西康省藏族	34,561	未送	
	四川省藏族	326,000	未送	
	青海省藏族	73,202	未送	
	暫時旅居內地藏族	3,852	未送	
	西藏地方	未報	未送	

資料來源:〈蒙藏選民調查案〉,《內政部檔案》,國史館藏,目錄號:127,案卷號:613,頁99、100。

（二）政黨提名之候選人

在政黨提名候選人方面，依前所述，候選人若已參加政黨，則必須經政黨提名，始可參與競選。蒙古地區，經調查結果，國民黨在各盟旗均有提名候選人。青年黨則提名雷玉豐 1 人，屬巴圖塞特奇勒圖中路盟。[161]另，昭烏達盟候選人馬子祥現任該盟選所幹事，依法不能為候選人，應予剔除。現將國民黨所提蒙古之部分盟旗國民大會代表候選人名單列表於後，以供參考。

表 5-8：中國國民黨提出蒙古各盟旗國民大會代表候選人名單一覽表

選舉單位	姓　名	選舉單位	姓　名
哲里木盟	梁芝祥	卓索圖盟	李春霖
	張樂軒		陳翊周
	李憲章		白潔琛
	包嘉敏（女）		金紫綏
昭烏達盟	陳效藩	錫林郭勒盟	楊潤霖
	吳化鵬		道爾吉
	篤多博		策仁蒙太
	史耀青		奇吉柯
伊克昭盟	賈文華	阿拉善霍碩特旗	陳那 巴圖
	奇士勛	額濟納舊土爾特旗	賽不由
	奇文卿	烏蘭察布盟	殷石麟
	奇湧泉		奇鳳鳴
呼倫貝爾部	郭永年		鄂樞中
	阿勇綽克圖	察哈爾八旗群	李世芬
			福克精阿

---

161 〈蒙藏政黨提名案〉，《內政部檔案》，國史館藏，目錄號：127，案卷號：614，頁 6。

	趙里格琦		胡圖陵嘎
			黃桂芳（女）
	鄂慶祥		
伊克明安旗	史中		
綏東四旗	賀華儒		
婦女	金淑慧		
	陳孝範		

資料來源：〈蒙藏政黨提名案〉，《內政部檔案》，國史館藏，目錄號：127，案卷號：614，頁 3、4。

　　中國國民黨除了將蒙古部分盟旗代表名單提出外，在新疆省方面國民黨亦提出 3 個盟旗之候選人名單和各縣市區域代表候選人名單，現分別列表於後，以供參考。

表 5-9：中國國民黨提名新疆省 3 盟旗國大代表候選人名單一覽表

選舉單位	候選人姓名
巴圖塞特奇勒圖中路盟	達　瓦
	格恩當德爾
	杜固爾
	道爾吉
烏拉恩素珠克圖四路盟	恰克德
	策丹多爾濟
	賈自信
	魯宗嘉木甦
青塞特奇圖盟	易　西
	海玉祥
	普爾布加甫
	洪固爾

資料來源：〈蒙藏政黨提名案〉，《內政部檔案》，國史館藏，目錄號：127，案卷號：614，頁 16、17。

表 5-10：中國國民黨提名新疆省區域國大代表候選人名單一覽表

選　舉　單　位	候　選　人　姓　名
迪化市	劉文龍、胡廷緯
迪化縣	韓景德、金國珍
昌吉縣	朱兆熙、楊茂森
景化縣	庫克蘇千、吳彥傑
綏來縣	郭承華、俞烈
乾德縣	馬雲文、馬生旺
阜康縣	楊國樑、楊建中
孚遠縣	張晏鵬、唐生華
奇台縣	張智高、馮子津
吐魯番縣	穆提義、柯文章
鄯善縣	馬蘭蓀、拜（？）日
托克遜縣	艾米都拉、乃吉木丁
木壘河縣	盛得有、謝登鰲
烏河設置局	哈及牙合甫
疏附縣	蘇皮伯克阿吉、蘇敬新
疏勒縣	阿不都熱合滿
巴楚縣	阿合買提哈力、艾義提
伽師縣	艾則孜伯克烏普爾、買買提朋
蒲犁縣	恰布力伯克
阿圖什縣	阿不都艾則孜、烏拉末丁
烏恰縣	土爾漢、米尾西
英去沙縣	沙馬爾湖山音、阿不都拉哈日
岳普湖線	阿不都蘇布爾、紫恆森
阿克蘇縣	左爾漢、色夔華
庫車縣	斯的克推美、達吾提
溫宿縣	阿合買提尤奴斯、王彥超
烏什縣	吳鐵庫爾、沙本什
新和縣	阿不都拉海提阿吉、廖晴峙
沙雅縣	毛拉哈山馬合素木、鐵木莫
阿互提縣	阿不都熱合滿
拜城縣	特外克里
阿合奇縣	尤素夫、買買可馬力
柯坪縣	牙合甫大毛拉

和闐縣	庫爾板江阿不都外里、阿不都冲滿
于闐縣	庫爾板庫、哈生木
墨玉縣	沙提提阿洪、扎鴻恩
皮山縣	阿皮孜哈力阿吉
策勒縣	恰哈托乎的庫爾班伯克、買買奴日
洛浦縣	阿合買提大五提、胡文郁
民豐縣	沙的克阿洪
焉耆縣	馬學敏、馬維明
輪台縣	成吉斯汗、庫爾班艾里
婼羌縣	艾山、殷培槐
庫爾勒縣	美以棟、哈德仁
且末縣	尼祖新、庫完阿洪
和靖縣	恰克德、楊克
尉犁縣	易德福、伊明
和碩縣	蘇效泉、劉金三
哈密縣	司馬益、李瑞
鎮西縣	涂樂幹、恰賓
伊吾縣	艾拜都拉、伊的利士
七角井設置局	安文惠、蘇英華
莎車縣	鐵拉貝、孜牙五多
葉城縣	牙生大毛拉、阿不互提
澤普縣	阿他五提、阿不互提
麥蓋提縣	哈的爾拜克、阿不都熱合滿

資料來源：〈滿族政黨提名案〉，《內政部檔案》，國史館藏，目錄號：
　　　127，案卷號：709，頁 5-10。

　　除了上列新疆省 3 盟候選人外，國民黨尚提報新疆省 5
特別旗國代候選人，其名單爲（一）顧銳，屬伊犁察哈爾旗
（二）額齊爾，屬伊犁額魯特旗（三）巴圖拉西，屬搭城額
魯特旗（四）石永建，屬舊土爾扈特東敦左旗（五）孔布仁，
屬土爾扈特南盟。[162]

162　〈蒙藏政黨提名案〉，《內政部檔案》，國史館藏，目錄號：127，案
　　卷號：614，頁 17。

在西藏方面，國民黨提出暫時旅居內地西藏人民的候選人只有宋之樞、洛桑喜饒、羅圖丹、明慈仁、丹巴等 5 人。[163]

（三）候選人參與競選

本屆蒙藏地區國大代表之選舉，共有 25 個選舉單位，其選舉監督業經選舉總所悉請派定，各區選舉事務所亦有半數成立，經蒙藏選舉事務所轉報選舉總所。但蒙藏地區選務工作之進行困難重重，一則由於蒙古地區地域遼闊，多數地區早爲共軍勢力所侵據，未能收復，對外聯繫中斷，難於依法進行選舉。西藏方面，雖經該選舉事務所依法請派噶廈擔任西藏地方之選舉監督，但電達已久，迄無反響，其態度之冷淡可想而知。有關選舉之事務，負責該區選務工作之蒙藏選舉事務所雖迭電蒙藏委員會駐藏辦事處洽商催辦，但據當時之記載「有無結果，實難以預料」。[164]因此辦理本屆蒙藏地區國大代表之選舉，實感困難。就以蒙古之錫林果勒盟和昭烏達盟爲例，該兩選舉事務所原本擬照選舉總所之規定推展選務工作，不意共軍猖亂，阻礙復員，破壞大選，該盟各旗大都淪陷，「奸淫擄殺，民不聊生」，因而絕大多數之百姓均扶老攜幼逃往各地，流離失散，居無定所，對於選政之影響至深且鉅。因此，該盟之選民除少數復員之盟旗人民外，再加上保安團隊之官兵，是以選民人數不多。當時又正值寒冬之

163　〈蒙藏政黨提名案〉，《內政部檔案》，國史館藏，目錄號：127，案卷號：614，頁 9。

164　〈國民大會代表選舉事務所案〉，《國民政府檔案》，國史館藏微卷，檔號：0111、41/60777，頁 27。

際，天氣酷寒，欲集結選民前往投票，諸感不易，兩選務所乃呈請選舉總所，為便利選民投票起見，可否將本盟之國大代表和立法委員選舉日期同時連續舉行，即國大代表選舉日期為 12 月 18 日至 20 日，立法委員選舉仍為 12 月 21 日至 23 日。但選舉總所回函認為「國大代表選舉投票日期早有規定，不得變更。該錫盟既係為匪盤據，其選舉辦法自可依照選舉補充條例由貴所斟酌實際情形轉飭辦理，復希查照」。[165]

另，呼倫貝爾及布特哈布選區亦全部為共軍盤據，無法辦理選舉，擬請准予駐長春等地蒙民直接向當地選所投票，寄居各地蒙民准其用函投票。但選舉總所仍要求遵照選舉補充條例辦理。[166]而哲里木盟選舉事務所曾致電選舉總所稱：「該盟 10 旗，人口將近百數十萬之多，然因共軍盤據，無法辦理選舉，而流亡蒙民分居收復之各省市縣者約計 3 千餘人，盟軍計在 3 千左右，共計約 6,500 餘人，復因共軍各處竄擾，交通隔絕，調查頗費時日、且選舉人之登記時日已過、如何補救，且恐在如此少之人數中選出『偏向一隅，不合理之代表』，因此擬請准予在義民中推舉素服眾望，可代表地方人士者，以國大代表法定之數加倍推選，呈由中央決定，是否可行，相應轉請核示」。[167]選舉總所於接獲此案後彙呈國民政府，俟奉核示，再予轉知。

新疆省之烏拉恩素珠克圖四路盟、巴圖塞特奇勒中路盟

---

165 〈蒙藏選務補充條例案〉，《內政部檔案》，國史館藏，目錄號：127，案卷號：896-1，頁 1-6。

166 〈蒙藏選務補充條例案〉，《內政部檔案》，國史館藏，目錄號：127，案卷號：896-1，頁 8-10。

167 〈不能舉辦選務之各省未收復區案〉，《內政部檔案》，國史館藏，目錄號：127，案卷號：659，頁 131-133。

及青塞特奇勒圖盟亦復如此，由於選務進行困難，擬請准予
比照綏靖區適用之國民大會代表立法院立法委員選舉補充條
例及其實施辦法辦理，且依規定投票日期不能遲於 12 月 23
日，此案經提選舉總所選舉委員會第 16 次會議決議：「該地
選舉既未能如期辦理，准予展延投票，至遲應於 12 月 23 日
以前辦竣」。[168]

　　由以上之所述可以看出，由於蒙古各盟旗多數地區均遭
共軍侵占，實在無法依期辦理選舉，不得不依照選舉補充條
例之規定辦理，當時依照補充條例辦理選舉的計有哲里木
盟、昭烏達盟、卓索圖盟、錫林果勒盟，伊克明安旗、呼倫
貝爾部、察哈爾八旗群等 7 單位，其後又經報准比照適用此
一補充條例辦法的有新疆蒙古包拉恩素珠克圖四路盟、巴圖
塞特奇勒圖中路盟，以及青塞特奇勒圖盟等 3 單位，共計 10
個選舉單位。然選舉補充條例第 5 條規定：「每一地區或依行
政區域組織之團體至全部能依法辦理選舉時，應依各該選舉
罷免法之規定辦理普選，其辦理選舉日期由國民政府以命令
定之。前項規定非局部未能辦理選舉之範圍，其區域未達三
分之一以上或區域已達三分之一以上，而人口數額未達三分
之一以上者不適用之」。[169]亦即必須符合此項規定者，才可依
選舉補充條例辦理選舉。但我們由國史館所收藏之檔案紀錄
觀之，蒙古地區各盟旗確實遭遇困難，不得不使用選舉補充

168　〈蒙藏選務補充條例案〉，《內政部檔案》，國史館藏，目錄號：127，
　　　案卷號：896-1，頁 23-24。
169　〈蒙藏選務補充條例案〉，《內政部檔案》，國史館藏，目錄號：127，
　　　案卷號：896-1，頁 31。

條例進行選舉，現將蒙古、西藏地區，難於進行選舉之原因，
以及蒙古適用選舉補充條例和實施辦法列表於後，並說明之。

表 5-11：蒙古西藏地區進行困難原因分析概況表

蒙藏地區別	選區名稱	選舉困難原因	備註
蒙古	哲里木盟	地在遼北、吉林、嫩江，全部為共軍盤據，尚未收復	該區應出國大代表 4 名
	伊克明安旗	地在黑龍江省全部為共軍盤據，尚未收復	該區應出國大代表 1 名
	呼倫貝爾部（布特哈部附）	地在興安省全部為共軍盤據，尚未收復	該區應出國大代表 4 名
	昭烏達盟	地在熱河境內，全部為共軍盤據，尚未收復	同上
	卓索圖盟	地在熱河境內，除其中土默特中左右三旗尚存一部分外，其餘為共軍盤據，尚未收復	同上
	錫林郭勒盟	地在察哈爾境內，全部為共軍盤據，尚未收復	同上
	察哈爾八旗群	地在察哈爾境內，除鑲黃南都太僕寺左右等四旗群已收復，其餘正白鑲白正藍明安四旗群尚為共軍所據	同上
	烏拉恩素珠克圖四路盟	地在新疆現除南路四旗在和靖縣境聯繫如常外，其餘北東西三路各旗均在伊黎塔城兩特殊區內聯繫已斷	同上
	青塞特奇勒圖盟	地在新疆除新土爾扈特左右旗新和碩特旗札薩克尚在內地外，其餘烏梁海七旗在阿山特殊區內，聯繫已斷	同上
西藏	西藏地方	此項奉派西藏政府噶廈為選舉監督，電達已久，尚無反應，可見對此次選舉無遵令速辦之意，雖經電請蒙藏委員會駐藏辦事處洽催，但結果如何尚難預料	該區應出國大代表 14 名

資料來源：〈不能舉辦選務之各省收復區案〉，《內政部檔案》，國史館藏，
　　　　　目錄號：127，案卷號：659，頁 27。

表 5-12：蒙古適用國民大會代表立法院立法委員選舉補充條例及實施辦法選區之區域人口比例統計表

選舉區別	選區名稱	原來狀況		此次參加選舉狀況		未能選舉者佔原有成分		備　考
		區域	人口（人）	區域	人數（人）	區域	人數（人）	
蒙古	哲里木盟	10 旗	561,909	無	8,257	在三分之一以上	在三分之一以上	原來區域人口根據蒙藏會 37 年統計表
	呼倫貝爾部布特哈部	11 旗	120,215	無	175	同上	同上	該區全部淪陷參加選舉係流亡人民
	伊克明安旗	1 旗	4,110	無	1,526	同上	同上	
	卓索圖盟	8 旗	348,327	無	63,913	同上	同上	卓盟原有人口數係據其自報
	昭烏達盟	10 旗	274,633	無	32,438	同上	同上	
	錫林果勒盟	10 旗	54,297	無	2,590	同上	同上	
	察哈爾八旗群	8 旗群	37,767	無	5,500	同上	同上	以上 7 單位備註同哲盟，僅卓盟人口數係自報

資料來源：〈蒙藏選務補充條例案〉，《內政部檔案》，國史館藏目錄號：
　　　　　127，案卷號：896-1，頁 42。

由以上所列之表可以看出，該 7 選舉區此次選舉未能辦理之範圍，以區域言均為全部，以人口言亦達十之八九，亦即超過選舉補充條例第 5 條後項規定之 3 分之 1 以上。而新疆蒙古 3 選區，亦因多數地區電訊中斷，無法聯繫，自不可推動選務工作，是以此蒙古 10 盟旗均屬淪陷區，可適用選舉

補充條例之規定辦理選舉。

至於此淪陷之 10 選舉單位，依「綏靖區蒙古各選區國民大會代表選舉進行程序」之規定，選舉日期訂於 12 月 18-20 日，[170]亦即投票選舉代表必須在此一規定之時間內完成。但蒙藏地區之選民究竟如何投票選舉，由於資料的欠缺，一時無法詳加說明，待以後收集到相關資料後再予以分析和說明。僅知新疆省選舉事務所來電稱：「該省民族複雜，情形特殊，尤以游牧地區人民移動性甚大，以致此次國民大會代表當選人及候補人與前經呈奉核定之候選人更動頗多，茲謹收巴楚等 12 縣國大代表更動原因，列表代電請察核並請俯順地方困難情形，予以核准」。[171]由此可知，新疆省選舉之困難，即便當選了，也會面臨隨時被更換的命運，其更換之原因甚為複雜，因限於資料無法詳加說明。

（四）選舉之結果

蒙藏地區代表之選舉，由表 5-7 可以看出，選民人數雖已調查清楚，但選民名冊竟有多個盟旗未能送出，我們由《第一屆國民大會實錄》記載中得知，18 個選舉單位，應選出 57 名代表，均經全部選出。

西藏部分，計分西藏地方及暫時旅居內地西藏人民與省區藏民 3 種，共應選出代表 40 名。我們由表 5-7 可以看出，

---

170 〈蒙藏選務補充條例案〉，《內政部檔案》，國史館藏，目錄號：127，案卷號：896-1，頁 14。

171 《國民大會代表立法院立法委員選舉總事務所公函》，第 4 宗，南京，中國第二歷史檔案館藏，全宗號：451，案卷號：537。

西藏地方選民人數並未調查,選民名冊甘肅省未報全,其他
省之藏族選民名冊均未送出,但由《第一屆國民大會實錄》
記載中可以得知,西藏地方應選出 14 名代表,經選出 13 名,
其中婦女 1 名,因限於西藏地方婦女不能參政,致少選 1 名。
而暫時旅居內地西藏人民應選出代表 11 名,則全部選出。省
區藏民應選出代表 15 名,其間由西康選出 6 名,青海選出 4
名,甘肅選出 3 名,四川選出 1 名,雲南選出 1 名,均依法
產生。[172]

三、邊疆地區各民族代表之選舉

　　邊疆地區係指雲南、貴州、西康、四川、廣西、湖南等
6 省。各民族即指 6 省之土著民族,在此次選舉中共需選出
17 位代表。民國 36 年 11 月 13 日,國民政府公布並修正「國
民大會代表選舉罷免法」,除原有之 17 名代表外,復增加「其
他邊疆地區」之代表 17 人,但規定必須由各省市之滿族選舉
產生,是以此一選舉單位共應選出 34 位代表。

(一) 土著民族之選舉

1.選舉人名冊之編造

　　此次邊疆地區之土著民族,應選出 17 名代表,其各省代
表名額之分配,計雲南省 4 名 (應包括婦女代表 1 名)、貴州
省 3 名、西康省 4 名、四川省 2 名、廣西省 2 名、湖南省 2

---

172 國民大會秘書處編:《第一屆國民大會實錄》,頁 89、90。

名。依照「國民大會代表及立法院立法委員選舉人名冊編造
要點」第 3 項，「凡在邊疆地區之各民族選舉人名冊，應由各
縣主管機關於各該地區之該項民族，合於選舉人之規定者，
分別造具名冊，呈報上級選舉機關，彙計公告」。

　　另，依照選舉罷免法施行條例第 52 條之規定，「西南邊
疆民族，各主管選舉機關，應將其選舉人名冊，分別造具選
舉票，單獨計算，於公告後，開列名單，附註得票數目，呈
報上級選舉機關彙計公告之」。是以選舉總所乃分別致函此 6
省之省政府，要求各主管選舉機關，應將選舉人名冊分別造
具，不與其他選民名冊相混。[173]

　　但調查之結果，這些省縣主管選舉機關並未能將選民名
冊如期造報至選舉總所，甚至有些地區從未進行選民之調
查，此乃由於西南邊疆地區之民族，不但種族多，而且又甚
複雜，即以雲南省而言，邊疆民族包括有擺夷、夷人、沙人、
儂人和苗、傜、藏等族，其中沙族雖有 20 萬以上之人口，且
為該省各縣之主要民族，但實際之選民人數則難以調查，主
要原因在於該區「地處山國，蠻烟瘴雨，交通梗阻，文化不
易輸入，且地方官紳多重漢輕夷，失於扶植，以致教育水準
低下，百分之九十五以上均為文盲」。[174]至於貴州省亦復如
此，此次國大代表選舉，該省苗夷邊民分配有 3 個名額，依
照規定，應由該省政府查報邊疆民族之選舉人名冊，惟因「該

173　〈有關邊疆民族選舉案〉，《內政部檔案》，國史館藏，目錄號：127，
　　案卷號：974，頁 11、12。
174　〈邊疆民族選舉案〉，《內政部檔案》，國史館藏，目錄號：127，案
　　卷號：707，頁 39-45。

省邊民多係雜居偏地山谷，交通梗塞，智識落後，對於政府
還政於民之德意，茫然不諳，更不知運用民權，兼之縣級選
舉機構主辦人員，對於普選，未能廣泛輔導宣傳，以致未能
獲得邊民之真意⋯⋯」。[175]致使選民之調查遭遇困難。

　　此外，貴州省旅外邊胞朱明道等 36 人亦曾上書選舉總
所，直指該省選務機關對此次選舉，在選民之調查與登記等
工作方面，未盡職責，敷衍了事，認為「此次省府及各縣鄉
（鎮）選舉事務所，對於辦理邊疆選民登記，殊屬忽視，或
不予登記，或制止登記等不法之舉，此種不但有意抹煞邊民
人口，剝奪邊民權利，置邊民於死地，且有意破壞憲法，擾
亂選政，違反國父遺教及中央垂愛邊民之意旨，然按中央既承
認我西南各省邊疆民族給予國大代表立監委員之名額，豈有
不予邊疆民族登記之理乎，此足見省府及各縣鄉（鎮）選舉
事務所確有意破壞國法也」。[176]由此記載可以得知，該省地方
各選務單位未盡職責，自然無法做好選民調查工作。所以朱明
道等人要求選舉總所速飭令貴州省政府暨貴州選舉事務所，
另行辦理邊疆選民登記，以重選政而免糾紛事件之發生。[177]

　　雖然這些省份在選民調查方面遭遇些許困難，但由現有
資料仍可得知部分地區選民人數之多寡，如湖南省永綏縣共
有選民 7 萬 3 千 4 百 23 人，內有苗胞 5 萬 5 千餘人。[178]四川

---

175 〈邊疆民族選舉案〉，《內政部檔案》，國史館藏，目錄號：127，案
　　卷號：707，頁 218、219。
176 〈有關邊疆民族選舉案〉，《內政部檔案》，國史館藏，目錄號：127，
　　案卷號：974，頁 37。
177 同前註。
178 同註 176，頁 11。

省全部邊疆民族總數約有百餘萬之多，即以四川省東南一角而言，苗夷民族人數約有 60 餘萬人以上。[179]其他則不甚清楚。

2.變通辦法之提出

　　由於邊疆地區各省選民人數無法詳加調查，為避免選務工作之延宕，各省選務單位或有心人士乃提出許多變通辦法，希望有助選務工作順利進行。如貴州省政府即認為，需重行調查登記選民人數，非半年以上之時間不為功，如此勢將影響整個選務工作之進行，因此建議選舉總所採取變通辦法，即利用區域選舉調查登記之名冊，於發放選舉權證時分別加以面詢，如係邊疆民族，則於名冊及選舉權證上加蓋「邊疆民族」字樣之戳印以示區別，然後再分別重造名冊，既可免重行調查登記之煩，又可將邊疆民族與區域選舉區分辦理，以符法令。[180]

　　西康省亦復如此，該省兩大邊疆民族係儸族與藏族，依規定必須以普選方式選出代表。惟此兩民族生活習慣與政治情況與內地迥異，以儸族而言，此民族「概居深山，文化低落，固步自封，不與外界往還，調查戶口不過估計大略，更未整編保甲，在夷務未徹底解決前，儸區實行普選，必不可能」。以藏族言之，該民族「多屬遊牧生活，逐水草而居，政府雖可控制，無如舊有土司頭人之封建，潛勢力依舊存在，於低層社會若干地區亦同儸區，實無法執行普選」，故關於兩民族之選舉擬請依儸族之支系與藏族之土頭轄區及人口多寡

---

179 〈邊疆民族選舉案〉，《內政部檔案》，國史館藏，目錄號：127，案卷號：707，頁 95。

180 同前註，頁 53、54。

爲根據，照規定名額由各倮族支系及藏族土頭轄區分別推
出，或由各支系及土頭依法提名指示選出。[181]

　　此外，尚有西南邊疆苗夷民族之旅京人士，惟恐此次選
舉有不肖之徒視邊民知識淺陋，藉機從中操縱舞弊，使「小
人道長，君子道消」。乃聯名推荐學行俱佳，經驗豐富，擁護
黨國，服務邊民多年，熟悉邊民苦情之嶺光電、梁聚五、朱
煥章等人爲西南康、黔、滇、湘、川、桂等省邊疆苗夷民族
之代表候選人，並請選舉總事務所准予採納，並圈定之，如
此方能代表邊胞擁護中央。[182]

　　除了這些省份提出變通辦法之外，尚有部分邊民希望選
舉總所直接分配 1 席代表名額，如此方可保障該族之權益，
乃紛紛提出各種不同之意見。如四川省在此次國大代表之選
舉中，名額分配有兩名，因此，該省東南各縣邊疆地區各民
族代表馬雲等人建議，請將四川省代表名額劃分成西北、東
南兩地區，予以平均分配，使得各區之權力均等。[183]湖南省
湘西 6 縣亦要求每縣增列苗胞代表 1 名，且湖南苗胞僻處邊
疆，希望能夠單獨參與遴選。雲南省則認爲，邊疆民族中以
擺夷、夷人、沙人等 3 種爲主要邊民，其中以沙族人數最多，
似應有代表 1 人方爲正理。[184]

　　雖然西南邊區主管選務機關以及有關團體提出許多變通
辦法，無非是希望各省之選務工作能夠順利進行，選舉總所

---

181 〈邊疆民族選舉案〉，《內政部檔案》，國史館藏，目錄號：127，案
　　卷號：707，頁 92、93。
182 同註 181，頁 179。
183 同註 181，頁 95。
184 同註 181，頁 25、41。

也認同邊疆民族生活習慣及政治情況與內地迥異，文化低落，實行普選確實不易，這些自屬實情，但選舉總所仍認為「事關變更選舉法令，未便照辦，仍應勉為其難，依法辦理」。[185]另，選舉總所在答覆西南邊疆苗夷民族旅京人士之問題時，亦強調，「查各項選舉依法以普通、平等、直接及無記名單記法投票行之，選舉手續公開辦理，所請以梁聚五等為邊疆民族立委及國大代表一節，於法不合，歉難照辦，函復查照」。[186]所以各省仍需編造選舉人名冊，依規定辦理選舉。

（二）滿族民族之選舉

前曾言及，邊疆地區各民族應選出 17 名代表，其後政府為顧及滿族國民之權益，修改選舉罷免法，增列「其他邊疆地區」一欄，並規定此 17 名代表應由滿族國民選出，其中包括婦女代表 1 人。

此次參與滿族選舉的省市，除東北 9 省 2 市（大連、哈爾濱）外，尚包括南京市、北平市、天津市、迪化市、廣州市、杭州市、長沙市、瀋陽市、歸綏市、成都市，以及河南省之開封縣和湖北省之荊門縣等 12 市縣。這些市縣在清朝時均曾是滿清旗營駐防之地，選舉總所為了能夠順利選出滿族代表，乃積極推動選務工作，要求各省市縣選務單位，務必「籌畫辦法，從速進行」。[187]

185　〈邊疆民族選舉案〉，《內政部檔案》，國史館藏，目錄號：127，案卷號：707，頁 91。

186　同前註，頁 177-179。

187　〈滿族選舉結果案〉，《內政部檔案》，國史館藏，目錄號：127，案卷號：712，頁 6。

1.選民人數之調查與選務工作之進行

　　滿族代表之選舉，其選務工作之推動，與其他類別之選舉相同，首要工作就是進行選民人數調查。但由於選舉罷免法於 11 月 13 日修正通過，增加滿族代表 17 名，且需於 11 月 23 日以前完成選舉，因此時間過於迫促。加以各省市選舉人名冊，早已造具完成，欲在極短時間內重新調查選民實屬困難，況且滿族同胞又散居各地。然，為辦好選舉，各市縣選務單位乃依據國民政府所公告之「滿族國大代表選舉修正辦法」進行調查，將東北 9 省 2 市尚未辦理選舉而具有此項選舉權之國民另造名冊，辦理選舉。其他市縣已舉行普選，如具有此項選舉權，而未領取普選選票，尚保留選舉權證者，可於規定日期內，持向所在地選所，聲請登記，各選所接受此項登記後，迅即造具名冊兩份，一份存查，另一份送選舉總所備核，並造冊憑證發票就地選舉。[188]

　　由此段之說明可以了解，當地之滿族選民，只要保有選舉權證，尚未參與區域代表之選舉者，就可登記為滿族代表之選舉人，參與投票。選舉總所除一面將此項決定呈報國民政府備案外，一面電催各單位迅報選舉人數及造送名冊。經由各省市縣選務單位之調查後，截至 36 年 12 月 31 日止，除遼北省、大連市、哈爾濱市、廣州市、長沙市、成都市、河南省開封縣報無選民，吉林省、湖北省荊門縣未報有無選民與迪化市延期至 12 月 26 日投票外，其餘 13 省市均能依限辦

188　〈滿族選舉結果案〉,《內政部檔案》,國史館藏,目錄號：127,案卷號：710,頁 57、58。

理選民調查。[189]選舉總所原本規定各省市代表之選舉於 12
月 31 日前辦理完畢，其後又臨時改變決定，規定至遲不得逾
37 年 1 月 13 日。如逾 13 日限期不辦選舉或不報票數，依法
自不能補辦或補報，且需在投票完畢後 3 天以內呈報。據報
載，平、京、津、杭、綏、瀋等市均已如限舉辦，並將票數
公布。[190]

現將國史館所藏〈滿族選舉檔案〉中有關東北 9 省 2 市
以及南京等 12 市縣之滿族選民人數調查，列表於後，以供參
考。

表 5-13：東北 9 省 2 市及南京等 12 市縣滿族選民人數統計表

省市名稱	選民人數（人）	省市名稱	選民人數（人）
興安省	309	黑龍江省	547
合江省	235	嫩江省	87
遼北省	無滿族選民	遼寧省	14,596
松江省	51	安東省	96
吉林省	5,030	大連市	無滿族選民
哈爾濱市	無滿族選民	南京市	10,384
杭州市	2,205	北平市	12,244
瀋陽市	79,935	歸綏市	2,603
天津市	82	迪化市	114
廣州市	無滿族選民	長沙市	無滿族選民
成都市	無滿族選民	開封縣	無滿族選民
荊門縣	未報	總　計	128,518

189 〈滿族選舉結果案〉，《內政部檔案》，國史館藏，目錄號：127，案
　　卷號：711，頁 70。
190 同前註，頁 73。

資料來源：1.〈滿族選民調查案〉，《內政部檔案》，國史館藏，目錄號：
　　　　　127，案卷號：708，頁 2、5、16、19、23、28、30、32、
　　　　　35、38、49、56、59、81。
　　　　2.〈滿族政黨提名案〉，《內政部檔案》，國史館藏，目錄號：
　　　　　127，案卷號：709，頁 35。
　　　　3.〈滿族選舉結果案〉，《內政部檔案》，國史館藏，目錄號：
　　　　　127，案卷號：710，頁 95、98、113、115。
　　　　4.〈滿族選舉結果案〉，《內政部檔案》，國史館藏，目錄號：
　　　　　127，案卷號：711，頁 2、6、13、20、24、25、29、38、
　　　　　40、42、45、48、51、58。

　　由以上所列之表可以得知，選民總數共計 128,518 人，
但在〈滿族選舉結果〉之檔案中記載，選民總數共計有 123,428
人，兩者顯然是有差距的。所投的票共有 116,920 張，佔全
部選民百分之 94.73 強。[191]另由上表可知，成都市並無滿族
選民之記錄，實則成都駐防自民元以來散住四川各地及他省
滿族同胞，流寓川境者合計不下 10 萬人，而成都市選所在當
時亦未接獲關於此項選舉之指示，致使該市 10 萬滿族同胞無
法行使其選舉權。為此，中國滿族文化協會四川分會籌備會
主任委員佟毅，要求選舉總所提出解決辦法。而選舉總所在
答覆此一問題時說：「查滿族國大代表選舉辦法除東北 9 省 2
市外，其他市縣以具有滿族選舉權而保有選舉權證者為限，
業經電飭成都市選舉事務所查照辦理，嗣據電報並無滿族選
民，自係此項選民已參加普選矣……」。[192]亦即成都市之滿族
已參與區域代表之選舉，所以無法再行使投票權選舉滿族代
表了。

---

191 〈滿族選舉結果案〉，《內政部檔案》，國史館藏，目錄號：127，案
　　卷號：711，頁 76。
192 同前註，頁 12、13。

2.候選人之產生與投票之情形

　　前者除了對東北 9 省 2 市及南京等 12 市縣之滿族選民作一調查外，選舉總所爲鼓勵滿族選民踴躍參選，即規定候選人之產生不以東北各省市之滿族國民爲限，其他各地具有此項被選舉權者均可參與競選，其簽署人數依照選舉補充條例規定爲 50 人，亦不限於各該地人民，得由東北 9 省 2 市之選舉人簽署公告。[193]但由國史館所藏有關「國民大會代表」選舉檔案中可知，滿族之候選人並無任何 1 人是經由簽署而參與競選的，亦即所有候選人均由政黨就滿族人士中不分區域提出 3 倍之人數，且候選人不以東北各省市之滿族爲限，其他各地具有此項選舉權及被選舉權者均可參加。[194]國民黨乃依照此一規定提出應當選人數 3 倍之候選人參加競選，即溥儒、關穎凱等 51 人，青年黨僅提出傅繼良 1 人參選，是以經由政黨提名參與競選的候選人共有 52 位。[195]

　　至於滿族國大代表投票情形，據國史館藏〈滿族選舉結果〉檔案中，有數則文獻資料登載各地滿族選舉之經過情形，如北平市滿族選舉人數爲 12,244 名，該市已於 37 年 1 月 12 日設置 6 處投票所舉行投票，13 日舉行開票，被選人有金光平等 22 人，茲據該市所報，滿族選舉結果，共投 10,184 票，除富廣仁 1 名准予放棄競選，所得票數不計外，其餘候選人所得票數擬予分別登記彙辦。[196]

---

193 〈滿族選舉結果案〉，《內政部檔案》，國史館藏，目錄號：127，案卷號：712，頁 6。
194 同註 193，頁 39。
195 同註 193，頁 15-17、54。
196 同註 193，頁 115-117。

　　瀋陽市滿族國大代表選舉於 37 年 1 月 12 日上午 8 時至下午 4 時投票完畢，共有金鎮、洪鈁等 23 位候選人，得票數共有 78,243 票。[197]合江省滿族選舉人共 235 名，業經登記備查在案，該省滿族選舉結果共投 119 票，經核尙合准予登記彙辦。[198]安東省滿族選舉情形，由檔案中得知，選舉人總數爲 96 名，但投票結果，據聞「竟無一人投票」。[199]

　　杭州市選舉事務所奉令辦理滿族國大代表選舉，於 1 月 10 日上午 8 時起至下午 6 時止，在該市百井坊國民學校投票，12 日上午 9 時在市政府大禮堂開票，結果馬冕群得 1,503 票，庫耆雋得 210 票，關麗生得 64 票，富聖廉得 61 票，溥儒得 48 票。[200]

　　南京市滿族選舉情形，據〈滿族選舉結果〉檔案的記載，選舉人總數爲 10,384 名，該市依照規定於 37 年 1 月 13 日舉行投票，該日參加簽到投票選民共 9,699 人。14 日舉行開票，計有效票 9,639 張，無效選票 37 張，另 21 人棄權。[201]另，南京市《中央日報》對此次滿族代表選舉，刊出一小段消息，記載當天投票情形：「滿族國大代表選舉，定於今（13）日上午 8 時至下午 6 時投票，候選人有溥儒、關穎凱、唐君武、傅繼良（青年黨）等 52 人，選舉人 10,385 人，投票所分設夫子廟民眾教育館及健康路國民小學兩處」。[202]由這些記載可

197　〈滿族選舉結果案〉，《內政部檔案》，國史館藏，目錄號：127，案卷號：711，頁 2、23。
198　同註 197，頁 6。
199　同註 197，頁 20。
200　同註 197，頁 13。
201　同註 197，頁 25、26。
202　〈滿族國大代表今日舉行投票〉，《中央日報》，南京，民國 37 年 1 月 13 日，第 5 版。

以得知，當時東北 9 省 2 市及南京等 12 市縣滿族國大代表候選人之投票情形。現將各省市滿民投票情形，以及候選人得票數列表於後，以供參考。

表 5-14：辦理邊疆民族滿民選舉經過情形概況表

據報	省市數	選舉人數（人）	備　查	投票結果	省市數	原報滿民選舉人數（人）	投票數（票）	百分比（％）
有選民	14	123,428		已報	14	123,428	116,920	94.73 強
報無選民	7			未報				
尚未據報選民	2			備註				
已報名冊	13	123,314	迪化市報選民 114 人名冊未到					
實有		123,428						

排列名次	候選人姓名	得票數（票）	排列名次	候選人姓名	得票數（票）
1	洪　坊	32,849	27	金　湯	302
2	金　鎮	21,079	28	金麓淙	213
3	富伯平	7,327	29	△關麗生	174
4	黃炳寰	6,619	30	安世瓚	160
5	溥　儒	5,063	31	△畢天民	153
6	戴　鼎	4,636	32	△音德善	131
7	富士仁	4,270	33	△富聖廉	116
8	趙清黎	3,927	34	金迪衡	114
9	唐君武	3,468	35	王湘濤	76
10	唐舜君（女）	3,446	36	博大正	76
11	傅繼良	3,075	37	宗　彩	38
12	洪明峻	2,488	38	安崇文	11
13	金光平	2,148	39	博良勳	6
14	庫耆雋	2,097	40	赫貴魯	5
15	王虞輔	1,925	41	佟　毅	3

16	富保昌	1,763	42	全紹武	2
17	關吉罡	1,660	43	傅寶堃	1
18	△馬冕羣（女）	1,505	44	童厚甫	1
19	△吳雲鵬	1,453	45	佟敏長	0
20	費燕之	1,108	46	戴瓊英（女）	0
21	黃大爲	872	47	郝墨莊	0
22	唐　俊	838	48	羅祖蔭	0
23	李蓀樹	701	49	金毓黻	0
24	△關和璋	396	50	傅桐生	0
25	關穎凱	314	51	崐　壽	0
26	鮑靜安	311	總　　計		116,920
備　註	表列各候選人係以得票數多寡依照次序排列，內有排列第 11 之傅繼良，係青年黨提名之候選人，其餘之候選人均爲國民黨所提名。依序排列之前 17 名係正式當選代表，註「△」者爲候補代表。原本由國民黨提名之富廣仁，因該黨另行提名爲嫩江省農會之正式國代候選人，故而聲明放棄滿族國大代表候選人資格。				

資料來源：〈滿族選舉結果案〉，《內政部檔案》，目錄號：127，案卷號：
711，頁 77。

　　至於東北 9 省 2 市與南京等 12 市縣之投票情形，亦可由
下列之表 5-15 可以得知。

表 5-15：東北 9 省 2 市及南京等 12 市縣滿族選民投票數統計表

省市名稱	投票數（票）	省市名稱	投票數（票）
興安省	309	杭州市	1,886
黑龍江省	543	北平市	10,184
合江省	119	瀋陽市	78,339
嫩江省	黃炳寶一人 得 81 票	歸綏市	2,598
遼北省	無法辦理投票	天津市	82
遼寧省	13,199	迪化市	112
松江省	51	廣州市	無法辦理投票
安東省	無人投票	長沙市	無法辦理投票
吉林省	逾投票期限無法辦理選舉	成都市	無法辦理投票

大連市	無法辦理投票	開封縣	無法辦理選舉
哈爾濱市	無法辦理投票	荊門縣	未　報
南京市	9,699	總計	117,202

資料來源：〈滿族選舉結果案〉，《內政部檔案》，目錄號：127，案卷號：711，頁 1-51。

說　　明：吉林省於 37 年 1 月 29 日將選民總數經由電報傳至選舉總事務所，但以逾投票時限，無法辦理選舉。見〈滿族選舉結果案〉，《內政部檔案》，目錄號：127，案卷號：711，頁 71。

　　由表 5-14 和表 5-15 可以得知，選民總數爲 128,518 人（包括吉林省選民 5,030 人），投票數爲 117,202 張。而同樣爲國史館所藏之〈滿族選舉結果〉檔案，第 70、71 頁，所列之選民總數爲 123,428 人，投票數爲 116,920 張，投票率爲百分之 94.73 強，兩者顯有些許誤差。

　　此外，我們由表 5-13 所列各省市選民數可以看出，除遼北省、大連市、哈爾濱市無滿族選民外，其他興安、黑龍江、安東、合江、嫩江、遼寧、松江等省雖列有選民數，但所調查出的選民數實在太少，這些能夠調查出選民數的省份，都是在瀋陽市調查出的，可見當時東北 9 省絕大部分地區都屬未收復區，[203]無法舉辦選舉。因此，各省只得在瀋陽市就地設立事務所，[204]就近調查流落於瀋陽之該省選民。[205]

---

203 〈不能辦理選務之各省未收復區案〉，《內政部檔案》，國史館藏，目錄號：127，案卷號：659，頁 7、8、50、51。

204 〈滿族選民調查案〉，《內政部檔案》，國史館藏，目錄號：127，案卷號：708，頁 2、5、8、16、19、32、38、49。

205 〈東北未收復省市辦理國代選舉，在長瀋等地設站登記〉，《中央日報》，上海，民國 36 年 12 月 8 日，第 2 版。

（三） 選舉之結果

　　此次邊疆區域各民族代表之選舉，計分爲土著民族和滿族民族之選舉。滿族民族代表之選舉，上文已有敘述，且順利選出 17 位代表，但土著民族代表之選舉，本文著墨不多，實因資料有限，故對選民之投票，以及候選人之活動情形不甚了解，但由國史館所藏邊疆民族之選舉檔案中得知，所有 17 位代表均順利選出。[206]

　　然在辦理此次邊疆地區各民族選舉過程中，發現邊疆地區確實存在一些問題，選舉總所理應重視並設法解決，如此亦可爲往後舉辦類似選舉時減少許多困擾。

　　首先應改進的是邊疆地區可比照蒙藏地區或僑選地區之選舉，成立一專責機構，負責邊疆地區之選務工作，在該選務機構的推動下，確實調查邊疆民族之選民數，然後再行編造選舉人名冊，則自然有利於選務工作之進行。

　　再者，由於這些邊疆地區各民族人數多寡不一，因此在這次選舉中，部分人士擔心該省某一民族人數太多，投票時自然較佔優勢，因而囊括該省所有名額，如此則易造成該省人數較少之民族無法當選。因此爲公平起見，能否按區域或各族人數多寡，依比例來分配代表名額，讓人數較少之民族也有機會佔有一席之地，可兼顧各族群人民之利益，又可避免弱小民族始終受制於人數較多之大族。[207]

---

206 〈蒙藏國代選舉結果案〉，《內政部檔案》，國史館藏，目錄號：127，案卷號：616，頁 186-192。

207 〈有關邊疆民族選舉案〉，《內政部檔案》，國史館藏，目錄號：127，案卷號： 974，頁 38。

四、海外華僑之選舉

　　依照民國 36 年 7 月 12 日國民政府公佈的「國民大會代表名額分配表」之規定，海外僑民共分 41 個選舉區，應選出 65 名代表，內有婦女代表 6 名。

　　此 65 名代表較之制憲國民大會選出僑民代表 40 名多出 25 名，實乃由於政府念及僑胞平日經營海外，遠離祖國，倍感艱辛。[208]因此，非但未將其遺忘，反而將其名額增加。

　　至於海外僑民選舉事務，由僑民選舉事務所負責，以僑務委員會委員長劉維熾爲該所當然委員兼主席，其工作人員已在僑務委員會人員中調用爲原則。海外 41 個分區之選舉事務，以駐地領事或僑團負責人爲各該所當然委員兼主席，辦理轄區內國大代表僑民之選舉事務。

　　而辦理選務之首要工作就是調查詳實的選民人數，編造選民名冊，其次就是推薦候選人參與競選，最後論及選舉活動之進行，現分別加以論述。

（一）選民人數之調查

　　前曾言及，旅居海外之僑民，人數約有 8 百數十萬人，散居世界各地，平日均極少聯絡，因此需要調查詳細之人數實感困難。就以暹羅當地之華僑而言，人數逾 3 百多萬，其人數實居其他各地僑民之冠。然，這些僑民除居住暹京曼谷

---

208 郎裕憲、陳文俊編著：《中華民國選舉史》，頁 308。

或其附近之地外，尚有許多住於較偏遠之地區，當時國民政
府在暹羅設有曼谷、宋卡、呵叻、清邁等 4 處領事館，各領
事館所管轄之區域至少佔暹當時行政區 5 府甚或有多至十餘
府者，[209]由於管轄區域太過遼闊，因此對選民人數難以掌控，
更何況一般僑民教育水準過低，程度不齊，對實施憲政又不
甚了解，自然就不會去登記，這都影響選民實際人數的統計。

　　其他各地選民人數調查情形，據僑居國外選舉事務所記
載，可略知一、二。如駐坤甸領事館電稱：該地轄區廣闊，
郵遞不便，似不可能在規定時限內造報候選人名冊，因此要
求將造報名冊時限准予延後。

　　又，據駐馬尼剌總領事館 11 月 18 日電略稱：該（13）
區選民登記已審查核算完竣，計全區 27 縣市已登記合格選民
共 32,170 人，馬尼剌即有 16,362 人。另，第 7 區選舉人經
調查結果，選舉人名冊共 6 本，各地之選民人數，計巴拿馬
3,556 人、瓜地馬拉 511 人、尼加拉瓜 462 人、哥斯達黎加
381 人、洪都拉斯 306 人、薩爾瓦多 159 人，共計有 5,375
位選民。

　　第 10 區選民人數經調查結果，夏灣拿省 5,788 人、東省
1,733 人、甘馬限省 1,174 人、打加拉省 1,095 人、馬丹砂省
383 人、邊省 154 人，合計共有 10,367 人。

　　第 8 區選舉人數，經查明結果，祕魯 8,188 人、厄瓜多
205 人、基阿拿 350 人、委內瑞拉 400 人、哥倫比亞 200 人、

---

209 〈外僑選民調查案〉，《內政部檔案》，國史館藏，目錄號：127，案
卷號：703，頁 3、4。

巴西 200 人，共計 9,543 人。[210]

　　至於未報部分，已由僑居國外國民選舉事務所電催各區之選舉事務所迅速呈報外，並將已報各區選民總數列表於後，以供參考。

表 5-16：國民大會僑民代表各區選民人數彙報表

選舉區別	選民總數(人)	備　　考
第 1 區		正催報中
第 2 區	4,484	第 2 區選舉事務所於 36 年 10 月 13 日來電附呈該區選舉人名冊一份，合計選舉人數總數 4,484 人
第 3 區		正催報中
第 4 區	15,795	第 4 區選舉事務所於 37 年 3 月 9 日呈報該區選民共計 15,795 人
第 5 區		正催報中
第 6 區	3,167	據〈外僑選民調查〉檔案第 63 頁記載，第 6 區墨西哥選民共計 3,167 人
第 7 區	5,375	正催報中
第 8 區	9,543	據祕魯使館表報應為 9,920 人
第 9 區	1,362	
第 10 區	10,364	該區選所應為 10,367 人，但據該區選舉事務所於 37.2.20 日發出之電文說明選民應為 10,205 人
第 11 區	1,363	
第 12 區		不能依法辦理
第 13 區	32,170	不能依法辦理
第 14 區		正催報中
第 15 區	3,418	
第 16 區		不能依法辦理
第 17 區		正催報中
第 18 區		不能依法辦理
第 19 區	6,708	

---

210 〈外僑選民調查案〉，《內政部檔案》，國史館藏，目錄號：127，案卷號：703，頁 14、17、26、29、35。

第 20 區		不能依法辦理
第 21 區		不能依法辦理
第 22 區		不能依法辦理
第 23 區	6,125	
第 24-39 區		不能依法辦理
第 40 區	1,924	
第 41 區		正在催報中

資料來源：〈外僑選民調查案〉，《內政部檔案》，國史館藏，目錄號：
　　　　　127，案卷號：703，頁 39、40。

由上表所列可知，許多地區之選民人數尚未呈報，選務
單位也積極催辦中。其後僑外選務單位復將調查結果陸續呈
報選舉總所，如 37 年 1 月 17 日，第 2 區所編造的選舉人名
冊呈報選舉總所，共計 4,484 人，第 6、10、4 區亦先後分別
呈報選舉總所，其選民人數分別為 3,167 人、10,205 人，以
及 15,795 人。[211]

（二）候選人之產生

在候選人之產生方面，海外僑民需依國大代表選舉罷免
法第 12 條之規定辦理。亦即候選人須經 2 百名以上選舉人之
簽署，或由政黨提名，始能成為候選人。[212]

然，據民國 36 年 9 月 22 日上海《申報》記載，當時僑
務委員會委員長劉維熾在答覆記者詢問時表示，「對各地華僑
普選，政黨提名問題，各地華僑均盼能發揮自由意志，因此
華僑普選，已決定採取自由競選之方式」。[213]但由國史館所藏

211　〈外僑選民調查案〉，《內政部檔案》，國史館藏，目錄號：127，案
　　卷號：703，頁 56、71、74。
212　將簽署人由 500 名改為 200 名，詳情請參考第三章第一節，「選舉法規
　　之制頒與修訂」，內有所說明。
213　〈劉維熾談華僑普選，採自由競選方式〉，《申報》，上海，民國 36
　　年 9 月 22 日，第一張，（二）。

〈外僑選舉檔案〉中，均未見有自由選舉之議案提出或決議，中國國民黨第六屆中央執行委員會常務委員會會議紀錄中亦未見有任何提議或決議案，[214]因此可以看出，此乃劉委員長自身之想法，選舉總所並未對其做出任何承諾。是以海外地區僑民之選舉，仍需依選舉罷免法第 12 條之規定辦理。

　　然，海外各地區僑民選舉事務所在辦理選舉前，遲遲未能接到選舉總所任何「准許政黨提名登記」之來文，致使各地區之候選人在爭取時效的情況下，不得不以普通選民身分，以簽署登記方式報名參選，選舉揭曉，各地區有許多黨員當選，但若依照「政黨提名補充規定」來辦，[215]一旦溯及既往，將使海外許多地區之候選人當選無效，如此必然滋生許多紛擾。況且當時立法委員之登記參選也將開始，然在政黨提名問題未解決前，當時有許多黨員都「徘徊觀望，無所適從」，[216]如此則該「政黨提名補充規定」是否適合僑民選舉，頗有疑義。為此，該選舉事務委員會主席委員劉維熾，乃上電選舉總所，請予解釋，並建議：凡海外之任何選舉，似可任由黨員「自由競選，不必加以限制」。[217]

214　本次國大代表選舉，只有臺灣省一省，因情形特殊，國民黨不提候選人，准由該黨同志自由競選。見《中國國民黨第六屆中央執行委員會常務委員會會議紀錄彙編》，第 90 次會議，民國 36 年 10 月 22 日召開，頁511。

215　政黨提名補充規定是 36 年 11 月 28 日國府委員鄒魯等 10 人，於國務會議中就政黨黨員參加競選國代一事，所提出之建議案，見第四章第一節，「政黨提名之候選人」。

216　〈外僑政黨提名案〉，《內政部檔案》，國史館藏，目錄號：127，案卷號：704，頁 5。

217　同前註，頁 4。

　　但選舉總所之答覆是,「僑區國外國民國大代表候選人均需經選舉人 2 百名之簽署,並向當地選舉事務所登記方可」。[218]基於此一規定,海外僑民選舉事務所仍得依此規章辦理。至於美東紐約地區有 2 位候選人,一是陳中海,一是李覺之,雖獲美東支部之提名,但未獲中央首肯前即因選期迫近,不得不依期參與競選,其中陳中海還當選正式代表,李覺之為候補代表。為此,該區主席委員張平群乃電請選舉總所,希望能准其補辦提名手續,選舉總所將此案先請法制組表示意見,並將此案提列第 17 次會議議程討論。[219]

　　由此可以看出,雖是海外僑民之選舉,亦需依照選舉罷免法之規定辦理方為有效,至於其他地區候選人之提名,由於資料不足,無法了解,只有待以後資料齊全時,再予分析說明。

(三) 選舉活動之展開

　　有關海外僑民之選舉,較國內各類選舉困難甚多,但政府並未因此而放棄這項選舉。當時旅居海外之僑民有 8 百多萬人,政府也希望海外僑民能和國內之選民一樣能享有平等的投票權,所以當時的外交部次長葉公超在一次記者會中答覆記者詢問時稱道:「中國旅外僑胞,為數甚眾,為其他國家所無,中國政府之願望與責任在使所有合格僑民均有投票之

---

218 〈外僑政黨提名案〉,《內政部檔案》,國史館藏,目錄號:127,案卷號:704,頁 8。
219 同前註,頁 8、14、15。

公平機會，俾新政府能在去年 12 月所採憲法下依法產生」。[220]

　　而僑委會委員長劉維熾於 9 月 21 日赴上海公幹時在答覆記者詢問時亦認爲：「……海外僑胞應與國內同胞同等待遇，原爲我政府一貫之方針，彼等之公民權利理應獲得切實之保障」。[221]這些都可以看出，政府對海外僑民應行使之選舉權，和國內同胞一樣重視。

　　然而這些擁有海外華僑之當地國，由於各國國情不同，對我國在其國境內行使選舉權，所抱持的態度也各有不同，有些國家不表反對，許多國家則不表認同。

1.表示贊同的國家

　　表示贊同在該國境內辦理國大代表選舉的國家有好幾國，其中以印度而言，不但不反對我國僑民在該國境內舉行投票，對我國僑民亦甚友善。新德里地區之華僑，具投票資格選民有 55 名，加爾各達、孟買等地及錫蘭則有 1 萬名以上之選民。據聞，這些旅印華僑均已展開熱烈的競選活動，他們已在此投票之 3 天中，對國大代表之 5 位候選人投了票，據駐印度大使館謝秘書稱:新德里方面華僑之選舉進行極爲順利。[222]

　　另，南美洲古巴一地亦復如此，當時我國旅居該地之僑胞甚多，該地區國大代表選舉工作進行亦很順利，且已如期

220　〈旅外僑胞投票辦法，最近即可決定公布〉，《中央日報》，上海，民國 36 年 10 月 23 日，第 2 版。
221　〈劉維熾談華僑普選，採自由競選方式〉，《申報》，上海，民國 36 年 9 月 22 日，第一張，（二）。
222　〈印度僑胞選舉順利〉，《中央日報》，南京，民國 36 年 11 月 24 日，第 2 版。

完成。以在古巴之選舉情形而言，該國境內共設有 43 處投票所，選民有 1 萬餘人，均熱烈參與投票，秩序井然，極獲當地外報之贊譽。古巴政府對此次選舉頗表贊成，並予以協助，所以選舉活動進行甚爲美滿。[223] 至於第 11 區之占美加、聖多明谷、海地、千里達以及附近各島選舉情形，由國史館所藏〈外僑訴訟檔案〉中得知，該區之選舉亦積極進行，該區選舉事務所主席委員馮亮愷領事因身體不適，在美國醫治，所有選務工作均由幹事李熾昌籌劃，各地之選務工作也順利進行。原本該區之投票時間依選舉總所規定，於 11 月 21-23 日舉行，但 21、22 兩日適值星期五、星期六，與僑民商業時間衝突，因而順應 4 位候選人之請求，以及爲方便選民起見，將投票日期改遲兩日，即 23、24、25，3 天舉行投票，總計 3 日來共投票數爲 1,238 票。[224]

　　此外，美國地區華僑於 11 月 21 日起開始投票，在唐人街華僑學校舉行。此次選舉，美國共分 3 個選區，共需選出 6 位國大代表。在美國西部參加競選之候選人共有 6 人，需選出 3 位代表。美國東部則需選出 2 名，中部選出 1 名。此次參加競選之候選人，有國民黨所提名者，也有以無黨派身分參加競選者。這些候選人看似以國民黨提名者較佔優勢，但據報載，候選人之勝負，乃在於各人家族所能活動之票數多寡而定，並非全靠政黨之支持。[225] 而美國華僑選舉之另一

223 〈僑選進行順利，美東部獲初步結果〉，《中央日報》，南京，民國 36 年 11 月 28 日，第 4 版。

224 〈外僑訴訟案〉，《內政部檔案》，目錄號：127，案卷號：1055，頁 34-38。

225 〈全美各地華僑，分別選舉國代，並未公開活動，亦未受干涉〉，《申報》，上海，民國 36 年 11 月 23 日，第 1 張，（一）。

特色，就是候選人大致均持有最為流行之同一競選政綱，就是要「促進華僑福利」。[226]

在紐約之競選方面，經登記的選舉人共有 5 千人，據中央社紐約 21 日電報：「今晨在安靜及秩序井然之方式下開始舉行投票。此次選舉，並未發動任何公開競選運動，而另一方面亦未遭受地方當局之干涉」。[227]

在美國東部其他地區登記之選舉人有 3 千人，在波士頓、華盛頓、巴爾的摩爾及紐瓦克等地舉行投票。候選人中計有當地國民黨支部執行委員會委員伍天生、中華公所主席陳中海、國民黨支部執行委員李覺之，以及巴爾的摩爾福建華僑領袖陳兆明。伍天生及陳兆明 2 人係以無黨無派身分參加競選，陳中海及李覺之則為國民黨提名之候選人。選舉結果，伍天生獲得 1,200 票，陳中海獲得 937 票，李覺之和陳兆明分獲 471 票和 127 票，雖然在當時華盛頓、波士頓、費城、巴爾的摩爾及其他東部各城之選票約有 1 千張尚未統計，但由上述之開票結果觀之，伍天生和陳中海 2 人在當時即已篤定當選，實因東部各地之其他選票將不能影響大局也。[228]

在美國西部方面，僑胞推定舊金山東華醫院院長黃仁俊、舊金山中國航空促進協會主席陳篤周、中山大學畢業生蔡鳳有小姐（上述 3 人均為國民黨員）為出席國大代表。至

---

226 〈全美各地華僑，分別選舉國代，並未公開活動，亦未受干涉〉，《申報》，上海，民國 36 年 11 月 23 日，第 1 張，（一）。
227 同前註。
228 〈僑選進行順利，美東部獲初步結果〉，《中央日報》，南京，民國 36 年 11 月 28 日，第 4 版。

於美國中部之選舉，因選區分散，選票尚未集中，當時未能
計算竣事，但從一般跡象觀之，國民黨支部執委梅友生將當
選為該區唯一之國大代表。據當時我國駐紐約之張總領事稱：
美國東部僑胞之選舉，秩序井然。張氏對此次選舉相當順利
之結果，甚感滿意。[229]

　　此外，兼第 8 區選舉事務所主席委員陸總領事士寅稱，
該區國民大會代表之選舉進行順利，秘魯政府並未予以干
涉，秩序和結果均佳，待 11 月 23 日選舉結束後，將於 10
日後向國內選務單位報告結果。[230]選舉票則於 12 月 1 日在祕
京開票，秩序和結果均佳。

2.表示反對的國家

　　雖然南北美洲各國對我僑胞參與普選，均持友好態度，
但南洋地區仍有許多國家持反對態度，認為如此作法違反國
際法之規定，有侵犯該國主權之意，因此嚴令禁止。暹羅和
印尼之巴達維亞兩地，反對最為激烈，當地政府認為，我僑
胞在彼地舉行選舉，與國際法有所抵觸。[231]暹羅政府外交部
東方司長更明確面告我國駐曼谷總領事孫秉乾，談及我國若
在暹國進行選舉，[232]

　　第一：將侵犯暹羅主權，為暹法所禁。

---

229 〈僑選進行順利，美東部獲初步結果〉，《中央日報》，南京，民國
　　36 年 11 月 28 日，第 4 版。
230 〈外僑選舉結果案〉，《內政部檔案》，目錄號：127，案卷號：705，
　　頁 2、3。
231 〈國外僑胞進行選舉，不礙他國主權原則〉，《中央日報》，南京，民
　　國 36 年 9 月 4 日，第 2 版。
232 〈國民大會代表選舉事務案〉，《國民政府檔案》，國使館藏微卷，檔
　　號：0111.41/6077.7，頁 27、28。

第二：領事官無權作政治活動。

第三：暹羅華僑有使領保護已足，長期以來，僑居暹羅
　　　者不得從事政治工作，否則暹方有權考慮將其驅
　　　逐出境。

其他無法順利進行選舉的國家尚有越南，認為選舉時間
迫促，且經費無着。法國方面亦面告我方人員，不得在其國
內舉辦選舉。南洋地區之英屬新加坡亦反對在其領土內進行
選舉。香港則恐因之而引起黨派衝突問題。[233]其他如第 17
區之澳門，當地政府以有違國際法，不予同意。英屬馬來亞
政府並不允我僑民在該地辦理選舉。第 5 區之檀香山，因當
地政府不允雙重國籍之僑民選舉，均無法順利進行選舉。至
於菲律賓政府的態度，據稱，菲國副總統兼外交部長季里諾
表示，此事涉國家主權，外僑不能在菲國行使選舉其本國官
員之權利。如果中國能派來艦隻，俾選舉得在海上舉行，則
情形又當別論。而我駐菲使領館人員也非正式向菲國有關人
員疏通，期能在不妨害公共秩序，不影響菲國政治之情形下
進行投票，但均未獲得允許。[234]

最嚴重的是澳洲政府，認為在其國內舉辦選舉，無異將
澳洲劃為中國之選區，如此作為，有辱其國家尊嚴，並詢問
我政府是否視澳洲為其殖民地？澳洲政府僅同意，除暫時前
來訪問之中國人，可各依其國內住所參加國內之區域選舉

---

233 〈外僑選舉辦法案〉，《內政部檔案》，國史館藏，目錄號：127，案
　　卷號：706，頁 7、57、72。

234 〈外僑選舉辦法案〉，《內政部檔案》，國史館藏，目錄號：127，案
　　卷號：706，頁 87。又〈菲華僑選舉問題，菲並無正式照會禁止華僑參
　　加〉，《中央日報》，重慶，民國 36 年 10 月 24 日，第 2 版。

外，凡在澳居留之華僑，無論是否具有雙重國籍，均不能參加選舉。雖經我方人員與澳外交部多次交涉，都無法達成協議，且澳方態度一次較一次強硬，至此已成僵局。[235]

　　此外，尚有美中（芝加哥）、大溪地等地區，以該區地域遼闊，僑民居住分散，電請改用通訊投票選舉。而南非、馬達加斯加、模里斯等非洲地區國家，則因航空不能直達，中途須轉船寄遞，而船期又未固定，選舉法規又恐未能及時寄達，從這些問題來看，當時選舉能否如期辦理完竣，殊成問題。[236]

　　至於這些所謂因受國際法限制而無法辦理選舉之問題，政府將採何種措施解決，當時就有部分人士提出不同的看法，如選舉總所主席委員張厲生在答覆記者詢問時曾云：我國雖無法仿照德國於大選時以巨型兵艦迎接僑居英倫之德人在公海上舉行投票，但可考慮採用書信通訊方式投寫選票，俾國外華僑亦得行使其選舉之權利。[237]

　　其次是僑務委員會於 36 年 11 月初，曾奉國府指示，可採變通辦法，即僑胞居留地可依法定辦法選舉者，即行依法辦理，否則暫緩舉行。另，僑委會有高級官員在答覆記者此一問題時，亦認為對若干提出異議之國家，可採推舉和通訊

---

235 〈外僑選舉辦法案〉，《內政部檔案》，國史館藏，目錄號：127，案卷號：706，頁 59。

236 〈國民大會代表選舉事務案〉，《國民政府檔案》，國史館藏微卷，檔號：0111.41/6077.7，頁 28。

237 〈國外僑胞進行選舉，不礙他國主權原則〉，《中央日報》，南京，民國 36 年 9 月 4 日，第 2 版。

選舉辦法。[238]內政部亦考慮投票用郵寄計劃，如此不但可以保障海外僑民之投票權利，亦可避免對投票人所在地國家之主權有任何侵犯之嫌。[239]但事實上這些方法均不易辦理，且與憲法規定之普選原則有所違背，以致無法實現。因此，僑胞之選舉事宜，惟有待第 1 屆國民大會開會時，經大會討論決定新辦法後再行補選。所幸國大代表任期 6 年，立法委員任期 3 年，時間甚長，故雖於國民大會揭幕後再行補選，對僑胞之選舉權與被選舉權尚無重大損失。[240]

（四）選舉之結果

　　由以上之論述可知，海外多數地區之選民，在經過 3 天的投票後，都陸續完成了選舉作業程序，亦即允許華僑在當地國進行投票的國家，都能順利地選出代表，如第 6 區墨西哥之選舉，選出譚新民為代表，得票數為 1,375 票，後補人為黃煥富和李棟偉，分別獲得 1,207 票和 565 票。該區選舉事務所並於 12 月 5 日電呈該區當選人與候補人名冊 2 份至選舉總所。第 7 區選舉結果，鄭凱榮獲得 1,579 票，當選為代表，鄭文亮 538 票為候補代表，該區選舉事務所亦將當選人和候補人名冊乙份電呈選舉總所。[241]第 8 區之秘魯，選舉完

238　〈僑胞緩辦選舉，待首屆國大開會時決定辦法，此舉對僑胞選舉權利並無損失〉，《中央日報》，重慶，民國 36 年 11 月 11 日，第 2 版。

239　〈內政部考慮僑胞投票郵寄計畫〉，《大公報》，天津，民國 36 年 11 月 10 日，第 2 版。

240　〈國外僑胞選舉緩辦，待第一屆國大開會商定新辦法後補選〉，《大公報》，天津，民國 36 年 11 月 5 日，第 2 版。

241　〈外僑選舉結果案〉，《內政部檔案》，國史館藏，目錄號：127，案卷號：705，頁 44-46、56、57。

畢後於 36 年 12 月 1 日在祕京開票。據聞，當天開票時秩序井然，最後的結果也很令人滿意，候選人潘勝元獲 1,987 票，當選為該區之代表。另，胡兆允得 1,644 票、甘達棻得 1,425 票、古煜文得 332 票、曹戌恩得 144 票，胡、甘兩人同為候補人。[242]

第 9 區之選舉，檔案中之記載則更為詳細，其所屬各地之選民對候選人所提出之有效票和廢票均有詳細記載，現列表於後，以供參考。

表 5-17：僑居國外國民第 9 區選舉開票所各埠投票數目一覽表

票類　票數　埠別	有效票				廢票				已投白票	投票總數	退回票	缺票	選舉人登記數
	鄭藻文	孫邦華	吳盛墀	總計	鄭藻文	孫邦華	吳盛墀	總計					
智　京	90	109	34	233	6	6	2	14	2	249	137		386
意　埠	87	27	112	226	6	5	7	18	2	246	62		308
宴　埠	140	48	3	191		1		1		192	30	1	223
鳥　京	24	31		55	2			2	1	58	13	1	72
度　埠	35	9	3	47	1			1		48	15		63
亞　埠	3	34	2	39	2	1		3		42	19	2	63
個卑波	3	24	8	35		1		1	6	36	3		39
角兼步	9	1	17	27			2	2		29		1	30
阿　京	7	10	1	18		1		1		25	68		93
古　華	10	12	1	23						23	3	2	28
達　打	11	5	1	17	1			1		18	9		27
棧夜剌	3	12		15						15			15
華思拿	8	2	3	13		1		1		14	1		15
總　計	430	324	185	939	18	16	11	45	11	995	360	7	1,362

資料來源：〈外僑訴訟案〉，《內政部檔案》，國史館藏，目錄號：127，案卷號：1055，頁 14。

---

242 同前註，頁 2、3。

　　第 11 區所屬各地共有占美加、海地、亞魯巴埠、千里達等地區，在這次選舉中共領取 1,363 張選票，所投出之票數共有 1,340 張，另有廢票 10 張，及未投之選票 11 張。

　　該地區原本定於 11 月 26 日早上 8 時 30 分開票，後因故延至 11 時 3 分，由該選舉事務所之幹事略事致詞後隨即開票，至下午 2 時 11 分共花費 3 小時零 8 分，將 1,236 張選票開畢。[243]每位候選人在各地所得之票數，在檔案中亦有記載，現列表於後，以供參考。

表 5-18：僑居國外國民第 11 區各候選人得票數一覽表

姓　　名	得標地區	得票數（票）	總計（票）	備註
曾公義	占美加（投票匭）	530	609	
	海地國（寄來）	5		
	亞魯巴埠（寄來）	67		
	千里達（投票匭）	7		
陳英豪	占美加（投票匭）	339	346	總計廢票 12 票
	千里達（投票匭）	7		
蔡禮昌	占美加（投票匭）	190	190	
張恩良	占美加（投票匭）	165	183	
	海地國（寄來）	17		
	千里達（投票匭）	1		

資料來源：〈外僑訴訟案〉，《內政部檔案》，國史館藏，目錄號：127，
　　　　　案卷號：1055，頁 41。

　　因此，此次僑民代表之選舉，原本共分 41 區，應選 65 名代表，最後能夠依法完成選務工作的，計有 1、2、3、4、5、6、7、8、9、10、11、15、17、19、23、40、41 等 17 區．

---

243 〈外僑訴訟案〉，《內政部檔》，國史館藏，目錄號：127，案卷號：1055，頁 40-42。

選出了 22 名代表，包括婦女代表 1 名。其不能依法進行選舉的，尚有 12、13、14、16、18、20、21、22，以及 24 至 39 等 24 區，共有 43 名代表未能選出，後經國民政府核准暫緩辦理。[244]

　　分析這次海外僑民選舉，會有如此多的區域無法辦理選舉，原因之一，在於當地政府認爲此種選舉違反國際法之規定，有侵犯當地國主權之嫌，故而出面阻止。其次是第一、二次世界大戰後，僑民人口最多的東南亞地區（戰前稱南洋），各國殖民地紛紛獨立建國，華僑效忠問題爲新興政權所質疑，故僑選選務工作之進行，自然不爲當地國所諒解。[245]

　　此外，這次海外僑民的選舉，由於選舉區域所劃分的範圍太廣，致使許多選民需跋涉萬里而不願前往投票。若能將選舉區域稍事縮小，且在各地普遍增設投票所，必可使選民樂於前往投票而提高投票率。再者，對於使用通訊投票或派艦赴公海投票，這些技術問題若能及早提出，設法解決，也會使更多選民參與投票，並選出更多較爲理想的代表。

　　現將此次海外僑民所有各區選舉結果，列表於下，以供參考。

---

244 國民大會秘書處編：《第一屆國民大會實錄》，頁 90。

245 楊建成著：《華僑參政權之研究 —— 中華民國僑居國外國民對祖國政治參與實例之統計分析》（台北市：文史哲出版社，民國 81 年 8 月初版），頁 32。

表 5-19：國民大會僑民代表選務概況表

36 年 12 月 15 日填報

選舉區別	所轄地區	代表名額	選民人數	投票總數	候選人姓名	當選代表		候補人		備考
						姓名	得票數	姓名	得票數	
一區	國美之美西	3			陳篤周	黃仁俊	2,493	陳邦彥	636	能依法選舉
					阮俠青（女）	陳篤周（女）	1,450	林香泉	237	
					林香泉	周蔡鳳有（女）	544	阮俠青（女）	282	
					黃仁俊					
					周蔡鳳有（女）					
					陳邦彥					
二區	國美之美中	1		2,485		梅友卓	1,461	司徒一平	657	全上
								李爲泮	289	
三區	國美之美東	2			陳中海	伍天生		李覺之		經依期選舉惟當選人陳中海候補人李覺之因提名手續未完備已據情轉請設法補救
					李覺之	陳中海		陳兆明		
					伍天生					
					陳兆明					
四區	加拿大	2				黃景燦		李樂天		能依法選舉
						張子田		林逸川		
五區	檀香山附近各島	1			林燦英					據報不能依法選舉並請准予由候選人 3 人輪流充任代表各 2 年，因照規定不合礙難照准
					何文炯					
					伍君實					
六區	墨西哥	1			譚新民	譚新民	1,375	黃煥富	1,207	候選人黃煥富電稱提出
					李棟俠			李棟偉	565	

									選舉訴訟經電令該區選所查復以憑核辦
				黃煥富					
七區	拿掘孖薩瓦尼拉闈拉馬瓜斯黎 巴馬地拉尔多加瓜多斯拿哥達加	1	5,375			鄭榮凱	1,579	鄭文亮	538	能依法選舉
八區	魯西瓜委瑞基拿倫亞附地 秘巴厄多內拉阿可比及近方	1	9,920	胡兆允 古煜文 曹戊恩 潘勝元 甘達棻	潘聖元	1,987	胡兆允 甘達棻 古煜文 曹戊恩	1,644 1,425 332 144	能依法選舉
九區	利根巴圭拉玻非及 智阿廷拉烏乖利亞	1	1,354	鄭藻文 孫邦華 吳盛墀	鄭藻文	430	孫邦華 吳盛墀	324 185	仝上

區	地區			候選人						備考
	附近地方 近									
十區	古巴	2	10,364	李仲諾	張培梓					全上
				何碧珊	許榮暖					
				張培梓						
十一區	占加多谷地里及近島 美聖明海千達附各	1		許榮暖	曾公義					選舉開票後落選人對於當選人資格問題發生異議經電飭該區選所查報核辦
				陳英豪						
				張恩良						
				曾公義						
				蔡禮昌						
十二區	菲賓宿朗芽三顏洛達島附近地方 律之務芒地寶蘇古嗎及近	1		柯俊智						據報不能依法辦理選舉
				鄭其妙						
				呂應萱						
十三區	菲賓馬剌朗嗎智北宋近各島 律之尼怡杉禮及呂附	2	3,2170	王泉笙						全上
				蔡功南						
				施性水						
				許文錦						
				李柏材						
十四區	澳新 洲西	1		洪子隆						據報雪梨政府不同意雙
				歐陽南						

蘭枝摩群新內東及近島	飛薩亞島幾亞部附各				余錦榮				重國籍之華僑選舉請示辦法等情經電復如雙重國籍華僑不便參加可聽其自便仍仰加速完成選政
十五區	溪及屬黎島附各大地法細臺等近島	1	3,418		余晉堅	余晉堅			能依法選舉
					吳威廉				
					李天任				
					鍾永寧				
					巫子基				
十六區	香港	4							當地政府不同意在港辦理選舉一度核准改在九龍城辦理近據仍不能依法進行
十七區	澳門	1			李秉碩				當地不同意在澳門辦理選舉經核准改在關閘以外舉行並經電令該選所遵辦具報
					盧興原				
					黃豫樵				
					劉次修				
					戴恩賽				
					葉向榮				
十八區	日本	1							未據報告經電令速辦具報
十九區	朝鮮	1	6,708	5,627		王興西	2,048	王公溫	1,915	能依法選舉
								周慎九	1,464	
								孫廣安	200	

區	地名	數		姓名					備註
廿區	南南高 安之圻棉	2							當地政府不同意辦理選舉結果如何未報經電令速將實在情形報核
廿一區	南中北老 安之圻圻撾	1							仝上
廿二區	緬甸	2		陳宗珍					未據報告已電令速辦具報
				崔杰南					
				李瑞軒					
				陳宏典					
				王振宇					
				曹鳳美					
廿三區	度亞西各 印及洲南國	1	6,125	李渭濱					選舉投票第2日發生糾紛中途停止選舉經核准改定日期繼續投票並已電令該選所遵辦具報
				陳林虎					
				鄺一平					
				秦鳴芳					
				余緒賢					
廿四區	羅曼 暹之谷	3							因有困難暫緩辦理
廿五區	羅佛叻通萬宋北年 暹之統呸扣崙卡大	2							仝上
廿六區	羅大 暹之	2							仝上

區			名額						備考
	北柯武叻溫	城柳叻溫							
廿七區	羅華里世坤邦邁	暹之富彭洛南青	2						仝上
廿八區	加	新坡	3						仝上
廿九區	六及近方	馬甲附地	1						仝上
卅區	佛附地	柔及近方	1						仝上
卅一區	蘭及近方	雪莪附地	1						仝上
卅二區	美彭吉丹家及近方	森蘭亭蘭丁奴附地	1						仝上
卅三區	靂附地	霹及近方	1						仝上
卅四	榔	檳	1						仝上

區	地區	名額					候選人	票	候選人	票	備註
區	峴嶼打璃英婆洲　吉玻市屬羅洲										
卅五區	英婆洲　屬羅洲	3									仝上
卅六區	爪及里龍島都及近島　哇巴島目馬拉附各	4									仝上
卅七區	蘇答及近島　門臘附各	3									仝上
卅八區	荷婆洲附各　屬羅及近島	2									仝上
卅九區	西伯及屬文幾亞部附各　里島葡帝新內西與近島	1									仝上
四十區	歐及聯　洲蘇聯	1					葉蕃	407	彭家亮	385	能依法選舉
									馬文山	288	

四十一區	非洲及屬達斯英毛斯屬尼及近島	洲法馬加加屬里法留汪附各島	1			陳靜波	陳靜波					仝上
						李伯宇						
						張景明						

資料來源：〈外僑選舉結果案〉，《內政部檔案》，國史館藏，目錄號：127，案卷號 705，頁 28-34。

五、職業團體代表之選舉

　　職業團體之選舉分為各省市職業團體與全國性職業團體之選舉兩種。

　　全國性職業團體之選舉，依選舉法之規定，係指不能逐業按省市分配名額，必須劃區分選或全國合選之職業團體而言。分配於各省市者，為地方性選舉，兩者均由各該團體基層會員之個人直接投票。全國性職業團體之代表包括漁業團體 10 名、商業團體 44 名、工業團體 24 名、教育團體 90 名和自由業團體 59 名。各省市職業團體應選出之代表，包括農業團體 134 名、工人團體 126 名，總計應選出 487 名代表。

　　在談論職業團體代表選舉前，應先了解此類團體之選民人數究有多少，選舉人與候選人應遵守那些選舉規則，最後

再將選舉結果加以分析說明，現分別論述如下。

（一）選舉法規之遵守

此次職業團體代表選舉，與婦女團體代表選舉相同，欲參加選舉之團體依國民大會代表選舉罷免法施行條例第9條前3項之規定，應於選舉90日以前依法成立，且已造報簿冊呈送選舉總所者，才享有選舉權，否則即不能參加選舉。[246]

其次是，本屆選舉因係採直接選舉法，因此職業團體選舉亦由基層會員直接投票，並非以團體名義參加競選。如商業團體，不問其會員屬於地方商會抑同屬於全國聯合會，俱由各公司行號或工廠依法派會員代表直接行使選舉權。[247]

江蘇省社會處曾電告該省各縣市選舉事務所謂，自由職業團體其會員應以現在從事本業者爲限，其已轉業者，會員資格自應喪失。至於停止執行業務者，應視其停止原因及情形再論及其會員資格之喪失與否。[248]漢口市選舉事務所針對職業團體之選舉人於審查注意事項第3款中特別強調:「各職業團體會員脫離各該業1年以上或已另就他業者，不得爲該業之候選人」。[249]由以上之所述可以看出，這些規定都是爲了保障職業團體選民之權益而設定的。至於各省市之職業團體

---

246 〈參加競選各團體，限大選90日前成立〉，《中央日報》，南京，民國36年7月19日，第2版。

247 〈職業團體行使選舉權，由基層會員代表投票，簽署人不受地區限制〉，《中央日報》，重慶，民國36年9月8日，第2版。

248 〈自由職業資格應以在職爲限〉，《中央日報》，上海，民國36年9月9日，安徽增刊第2版。

249 〈婦團選舉案〉，《內政部檔案》，國史館藏，目錄號：127，案卷號：691，頁20。

或全國性職業團體究竟有多少選民，由以下選民人數之調查
得知一二。

（二）選民人數之調查

此次職業團體之選舉，在選民人數調查方面，由於資料
的欠缺，無法詳細列舉各省市選民之人數，僅能就現有資料
論述。以南京市爲例，計市屬職業團體 184 單位，農會共計
13 區，共有會員 13,190 人，實際參加投票人數爲 13,167 人，
廢票 109 張。[250]

福建省 33 縣市有農會組織，選民人數 194,846 人。工會
共 24 縣市計 40,581 人。[251]漢口市選舉事務所將該市境內各
職業團體和選民數作一統計，現列表於下，以供參考。

表 5-20：國民大會代表漢口市各種團體選舉人數統計報告表

36 年 9 月 30 日

團體名稱	備案會員人數	冊報選舉人數	審除及更正人數	公告後選舉人數	備　註
農業團體	31,721	6,566	46	6,520	
漁業團體					
工人團體	183,174	196,716	31,439	165,277	
商業團體	67,189	28,315	922	27,393	
工礦業團體	36,670	17,582	596	16,986	
自由職業團體	4,410	2,890	13	2,877	
婦女會	15,094	15,094		15,094	
特種工會					

---

250 〈南京市國代選舉結果案〉，《內政部檔案》，國史館藏，目錄號：127，
　　案卷號：626，頁 13。〈京參加選舉團體，已有 2 百餘單位，選民已統
　　計者 6 萬餘人〉，《中央日報》，南京，民國 36 年 9 月 17 日，第 5 版。
251 〈職婦團體選民調查案〉，《內政部檔案》，國史館藏，目錄號：127，
　　案卷號：657，頁 38。

生活習慣 特殊國民					
合　　計					

資料來源：〈職婦團體選民調查案〉，《內政部檔案》，國史館藏，目錄號：127，案卷號657，頁45。

江蘇省社會處於36年7、8月針對該省職業團體和婦女團體之會員數和團體數作一統計，現亦列表於後，以供參考。

表5-21：江蘇省現有職業團體及婦女團體統計表

團體類別	團體名稱	35年起至36年7月底止			36年8月份（呈部核備之團體）			總計		
		團體數	會員數		團體數	會員數		團體數	會員數	
			團體會員	個人會員（公司行號）		團體會員	個人會員（公司行號）		團體會員	個人會員公司行號
職業團體	省農會	1	37					1	37	
農	縣市農會	34	1,584		5	309		39	1,893	
	鄉鎮農會	1,199		700,701	39		23,738	1,238		724,439
漁	縣市漁會	30		13,971	1		111	31		14,082

	鄉鎮漁會分會	1		80			1		80
工	縣總工會	34	712	14,504	1	4		35	716	14,504
	礦業工會	46		27,468	5		4,768	51		32,236
	職業工會	713		158,031	49		10,563	762		168,594
	特種工會	5		5,274				5		5,274
商	省商聯會	1	64					1	64	
	縣市商會	48	1,172	142	4	88	2,582	52	1,260	2,724
	鎮商會	51	561	977	2	81		53	642	977
	同業公會	1,394		57,007	98		3,075	1,492		62,082

自由職業團體	教育類	省教育會	1	60					1	60	
		縣市教育會	39	489	9,211	3	7	426	42	496	9,637
		鄉鎮教育會	354		14,980	26		1,251	480		16,231
	醫師	中醫師公會	38		5,825	2		186	39		6,011
		醫師公會	22		887	2		43	24		930
	律師	律師公會	14		344				14		344
	記者	新聞記者公會	22		1,136				22		1,136
	其他		3		111	1		15	4		126
婦女	省婦女會		1		500				1		500

團體	縣市婦女會	22	17,379				17,880
	鄉鎮婦女會	5	2,399				2,399

資料來源：〈江蘇省選民調查案〉，《內政部檔案》，國史館藏，目錄號：
127，案卷號 490，頁 47。

　　另，廣東省選舉事務所亦將其境內各職業團體分類並統
計之，現列表於下，以供參考。

表 5-22：廣東省職業團體分類統計表

團體類別	團體名稱	單位數	會員數		備考
			團體	個人	
農民團體	省農會	1	67		
農民團體	各縣市局農會	67	707		內有 5 個單位未報團體會員數
農民團體	各區鄉鎮農會	810		184,154	內有 201 個單位未報人數
漁民團體	省漁會聯合會	1	23		
漁民團體	各縣市局漁會	23		7,650	內有 5 個單位未報人數
工商業團體	省商會聯合會	1	84		
工商業團體	省各業工會聯會	2	30		
工商業團體	各縣市局鎮商會	164	18,730		內有 16 個單位未報人數
工商業團體	各工商業同業公會	985		39,870	內有 107 個單位未報人數
工人團體	省特種工會	3		17,810	
工人團體	省河民船船員工會	1		9,200	
工人團體	省各業總工會聯合會	3	98		
工人團體	各縣市局總工會	17	272		內有 3 個未報團體會員數
工人團體	各職業工會	388		189,985	內有 17 個會未

				報人數及3個縣總工會未報人數
自由職業團體	省自由職業公會	2	941	
自由職業團體	各縣自由職業公會	73		6,803	內有 21 個會未報人數
教育會	省教育會	1	102	
教育會	各縣市局教育會	116		12,386	內有 29 個會未報人數
婦女會	省婦女會	1		
婦女會	各縣市局婦女會	40			內有5個會未報人數
婦女會	其他婦女團體	2		
合　計		2,701	21,054	467,858	

資料來源：〈廣東省選民調查表〉，《內政部檔案》，國史館藏，目錄號：127，案卷號：547，頁 6、7。

　　由以上所列各表可以看出，這只是部分省市境內各職業團體之選民數，無法看出全國境內各職業團體究有多少選民。然，《中央日報》南京版於 37 年 1 月 18 日，曾將 36 年 11 月所舉行之第一屆國民大會代表選舉時參加投票之職業團體選民作一統計，共有 4,764,440 人，現將本次選舉各不同職業團體之選民投票數列表於下，以供參考。

表 5-23：全國各職業團體參與投票選民人數統計表

編號	職業團體名稱	選民人數（人）	編號	職業團體名稱	選民人數（人）
1	漁業團體	411,170	2	律師公會	5,941
3	鐵路工會	250,075	4	農業技術	1,004
5	海員工會	138,650	6	土木技術	5,113
7	鹽業工會	247,250	8	機械技師	306
9	礦業工會	215,594	10	電機技師	257
11	公路工會	43,863	12	化學技師	204
13	電信工會	12,595	14	紡織技師	55

15	商業團體	2,097,990	16	礦業技師	58
17	工礦團體	182,033	18	會計師公會	1,055
19	教育會	990,071	20	中醫師公會	91,224
21	教員團體	15,303	22	醫師公會	22,422
23	新聞記者公會	28,316	24	助產士及護士公會	1,972
25	藥劑師（生）公會	1,919			
合計		4,764,440			

資料來源：〈職業選民，近 5 百萬〉，《中央日報》，南京，民國 37 年 1 月
　　　　 18 日，第 4 版。

（三）候選人之登記與參與競選

　　依照國民大會代表選舉罷免法第 12 條修正條文之規
定，職業團體或婦女團體之選舉人欲參加競選者，除由政黨
提名外，還得經 50 名以上選舉人之簽署方可成為候選人。

　　是以此次欲經政黨提名而參與競選的職業團體候選人，
勢必先向各該黨部申請登記。就以中國國民黨而言，原本該
黨部規定 9 月 9 日截止候選人之登記，其後因職業團體選出
名額分配辦法公布較遲，中央黨部乃決定將是項候選人登記
期限向後延展 10 天，至 9 月 20 日截止。[252]

　　至於在政黨提名候選人參選方面，除國民黨外，中國青
年黨亦推出多位候選人，如全國性婦女團體之余傳弨、自由
職業團體候選人如醫師趙伯鈞、律師祝匡正（女）、新聞記者
宋逸清。商業團體為南區之李賓平、農業團體為四川省之童

---

[252] 〈本黨職團同志參加競選，候選人登記准延展 10 天〉，《中央日報》，
　　　南京，民國 36 年 9 月 12 日，第 2 版。

俊屏（女）、漁會代表為 3 區之張子柱和董世源。[253]

除了經由政黨提名外，還有以簽署方式登記參選的，但職團選舉事務所規定 8 月 31 日截止候選人之登記。據報載，南京市此次以簽署方式參與全國性職業團體登記的候選人共有 80 名，其中包括漁會 8 名、特種公會 14 名、商業團體 11 名、工礦團體 1 名、自由職業團體 34 名（內有中醫師 19 名、醫師 13 名、新聞記者 2 名）、教育會 9 名、全國性婦女團體 3 名。這些名單在當時登記完畢後就分別送至職業和婦女團體選舉事務所審核，並於 11 月 6 日正式公告。[254]

青島市亦復如此，登記參選地方性職業團體選舉的有 42 人，審查結果，合格的僅有 35 人，其最大特色是勞工界參加的人極為踴躍。在此 35 人中，屬於工會的有 9 人，除了總工會常務理事脫德榮之外，其他幾位多是實地在工廠裡面做工的人，至於屬於全國性選舉的候選人有 12 人，分別是：[255]

1. 教育團體 3 人：王文坦（青島教育會理事長）、周斌漢（市立中學校長）、呂頌華。

2. 商業團體 3 人：王信民（商會常董）、李代方（商會會長、參議會議長）、于墨章（工礦銀行分行經理）。

3. 醫師 2 人：呂東皋（中醫公會理事）、何仲洲（中醫公會理事）。

---

253 〈全國性政黨提名案〉，《內政部檔案》，國史館藏，目錄號：127，案卷號：669，頁 5。

254 〈職業團體候選人今開始審核名單〉，《中央日報》，南京，民國 36 年 11 月 1 日，第 2 版。

255 〈青島國代競選，勞工踴躍參加〉，《中央日報》，南京，民國 36 年 11 月 19 日，第 7 版。

　　4.技師 1 人：徐緘三。

　　5.漁會 1 人：張雲泰（漁會理事長）。

　　6.工礦 1 人：尹致中（工協理事、冀魯針廠經理）。

　　7.記者 1 人：尹樸齋（青島時報社長，市參議員）。

（四）選民投票之情形

　　有關第 2 天選民投票之情形，一般言之，較第 1 天踴躍。現仍以南京等幾個大城市為例，說明當天選民投票之情形。

　　由於第 2 天係屬職業團體選民投票之日子，當時南京市共有 78,274 名職業團體之選民，市選舉事務所在全市設有 67 處投票所，選務單位將各候選人之生平事蹟以文字書於海報紙上，遍貼投票所四週牆壁上，並將這些候選人之競選標語也貼滿了投票所各處，這些標語皆「鮮明觸目」，頗能吸引選民。[256]當天參與競選的職業團體計有工商公會、市教育會、工會、農會、漁會、自由職業及教育團體等 7 個單位，其中以記者公會之會員投票最為踴躍，實因記者公會除備有專車多輛，不斷迎載會員前去投票外，另與蕭同茲、黃少谷、陶希聖、陳博生等前輩均親自前往投此神聖 1 票有關。該會會員中具有選舉權者共計 858 人，除因公離京者外，當天簽到投票者達 683 人，約佔總數的百分之 80，實屬難得。該會會員自早晨 8 時起開始投票，秩序井然，若干外國同業，均趕往參觀攝影。[257]

256　〈中央社南京 22 日電〉，《中央日報》，重慶，民國 36 年 11 月 23 日，第 2 版。
257　〈全國普選熱烈進行〉，《中央日報》，重慶，民國 36 年 11 月 23 日，第 2 版。

　　北平市選舉熱烈情緒，在第 2 天有增無減，胡適校長於 22 日下午 1 時許，曾赴北大紅樓投票所投票。自由職業選所成群女護士多著工作服參加，頗為生色。區域選舉之候選人許惠東、英千里、樓兆元競爭最為激烈。教育團體投票之教授超過昨（21）日 1 倍，據該市選舉事務所估計，94 處投票所，兩日來約發出 20 萬張選票，佔總數 3 分之 1 弱。[258]

　　其他地區如上海市，第 2 天投票情形一般言之，均較 21 日熱烈，投票人數也較前日增加許多，秩序尚稱良好。當時上海市職業團體方面共分工會、商會、工礦、教育、自由職業、大學教員、全國性婦女、地方性婦女、特種公會等 9 單位，分別展開投票，其中工會、商會及全國性婦女投票情形尤為熱烈。[259]如新聞記者公會國大代表之選舉，於 22 日上午 8 時起至下午 6 時止，在西藏南路青年會 2 樓雪廬堂該市自由職業團體選舉第 7 投票所舉行投票，該市選舉事務所將候選人之姓名以大字書寫並高懸該堂正中間，並將「選罷法施行條例」第 36 條，關於投票規則條文，暨第 44 條，關於廢票認定標準之條文，張貼於面對寫票處之顯著地位，藉以引起投票人注意。[260]當天上午 8 時前，投票所主任、管理員、市選所督導方濂暨監察員孫東城等先後到場，遵照規定程序，開啟票匭，驗明加封，旋投票人紛紛入場，絡繹不絕，

---

258 〈中央社北平 22 日電〉，《中央日報》，重慶，民國 36 年 11 月 23 日，第 2 版。

259 〈職團方面，競爭劇烈〉，《中央日報》，上海，民國 36 年 11 月 22 日，第 4 版。

260 〈記者公會國代選舉昨已順利完成〉，《中央日報》，上海，民國 36 年 11 月 23 日，第 4 版。

依次繳驗選舉權證、蓋章、領票、寫票、投票，情緒異常熱烈，秩序則井然不紊。[261]

此外，虹口華成菸草公司第 8 投票所，所得票數最多，打破各所記錄，當時工界人士預計，22 日係星期例假日，各工廠休假，投票情形將更為踴躍。[262]

青島市投票那幾天的氣溫都盤旋在零度以下，但競選的情緒卻是熾熱的，候選人有的張貼標語，有的散發傳單。商界的李代芳和工界的尹致中，這兩位巨子的競選幹部為了張貼標語幾乎打起架來，因為誰都想把自己的名字貼在最顯著的地方。[263]

江蘇省蘇州縣，於國代普選第 2 日，候選人活動方式，業已面臨短兵相接之階段。各報競選廣告花樣愈見奇特，佔據篇幅之大，堪稱全國之冠。婦女候選人許惠民，且以大卡車 5 輛行駛城郊，散發彩色宣傳品。

廣州市亦復如此，普選之第 2 天，即職業團體代表之選舉，競選人之幹部活動及選民之投票，更見熱烈，各報均以最大篇幅刊登競選消息及競選廣告。各選舉事務所佈置五花八門，有裝配收音機廣播京滬各地選舉情形者，有佈置茶棚以備遠道而來之選民休憩者，莫不匠心獨運，藉以爭取選民。當天競選汽車往來如梭，新聞界選所設於記者公會，秩序最佳，一切均依照選所規定，充分表現民主良模。又記者公會

261 〈記者公會國代選舉昨已順利完成〉，《中央日報》，上海，民國 36 年 11 月 23 日，第 4 版。

262 〈工界投票昨更熱烈〉，《中央日報》，上海，民國 36 年 11 月 23 日，第 4 版。

263 〈青島選舉素描〉，《中央日報》，南京，民國 36 年 11 月 30 日，第 6 版。

兩日來投票者共 196 人，律師公會投票 230 餘票。[264]山西省
太原市選舉事務所以流動汽車 3 輛，上載票匭，至城郊各工
廠及東西煤礦場內方便各工廠內工人之投票，以免影響工人
之工作。[265]

　　重慶市第 2 天之投票係以職婦團體為主，全市共分 7 個
投票所進行投票，迄至傍晚 6 時為止，全市之投票乃順利完
成。該市婦女會理事長王履冰（國民黨員），親自在凱旋路第
一投票所照料，婦女會會員分別推出招待、糾察、聯絡等 3
組負責選務工作之進行與維持秩序。王履冰支持青年黨所提
渝市婦女國代候選人鄭秀卿，故在其寶貴之選票上書寫鄭秀
卿之姓名，並投入匭中，多數會員亦相繼投鄭女士 1 票。此
時市選所主席委員張篤倫、川康渝區黨務指導員曾擴情 2
氏，適時巡視至此，對王履冰協助友黨競選之舉動，至表嘉
許。[266]

　　武昌市各區選民於第 2 日投票時愈行踴躍，尤以工會為
最。胡林翼路總工會投票所門前，工人行列長達數十丈，自
動排隊投票，情緒至為熱烈。據估計，兩日投票之選民已達
大半數。又鄂省西南北各區，及鄂東黃陂 1 縣，均於昨（21）
日開始舉行選舉投票，情形均甚良好。鄂北僅鄖西 1 縣，因

---

264 〈中央社廣州 22 日電〉，《中央日報》，重慶，民國 36 年 11 月 23 日，
　　第 2 版。

265 〈中央社太原 22 日電〉，《中央日報》，重慶，民國 36 年 11 月 23 日，
　　第 2 版。

266 〈中央社重慶 22 日電〉，《中央日報》，南京，民國 36 年 11 月 23 日，
　　第 2 版。
　　〈渝市普選愈趨熱烈，渝黨政軍首長均將親臨投票〉，《中央日報》，
　　重慶，民國 36 年 11 月 23 日，第 3 版。

匪擾暫行停止，鄂東其他各縣則正加緊準備，短期內即可陸續舉行。[267]

　　臺灣省各縣市第 2 天之投票活動積極進行，據當時報載，各地投票情形甚為踴躍，如台北市各投票所 22 日這天仍極擁擠。鐵路工人 1 千 5 百餘人，分由松山機廠及附近各站趕來投票，導致中山堂之票所擁擠更甚。[268]其他各縣市投票情形亦復如此，以台中市而言，該市政府民政科長兼該市選舉委員歐創金告知記者稱，該市國大代表選舉，第 1（21）日投票和第 2（22）日投票成績約佔總數 5 分之 2。[269]台中縣所轄各鄉鎮選舉情形至為良好，員林、北斗、大甲、豐原、東勢、社頭等各區投票已達 10 分之 6，台中縣長宋增渠於 22 日當天赴各地巡視，並派汽車貼滿標語，巡迴各鄉村，提醒民眾「尊重選權」。[270]但中部地區，也有部分候選人彼此之間競爭過於激烈，竟發生一些糾紛，如某候選人之運動員（即今之助選員）竟強迫及利誘選民選舉該候選人，此種干預選民自由意志的行為實屬違法。又，各運動員之間，更為了達成他們對主子的功績，幾釀成暴力事件。[271]這些都是在第 2

---

267 〈中央社漢口 22 日電〉，《中央日報》，重慶，民國 36 年 11 月 23 日，第 2 版。

268 〈國代選舉第 2 日〉，《申報》，上海，民國 36 年 11 月 23 日，第 1 張，（二）。

269 〈台中市已投票者約達五分之二〉，《中華日報》，臺灣，民國 36 年 11 月 23 日，第 3 版。

270 〈本省各地大選彙誌〉，《公論報》，臺灣，民國 36 年 11 月 23 日，第 3 版。

271 〈運動員幾演全武行〉，《中華日報》，臺灣，民國 36 年 11 月 23 日，第 3 版。

天投票過程中所發生的一些事，令人感到遺憾。

　　台南市在第 2 天投票之情形，據報上記載，「市民仍絡繹就近赴各投票所選舉，全市選民共 8 萬零 84 人，至昨（21）日下午 6 時止，即有 2 萬以上人數投其神聖之一票，今（22）日更有續增之勢。目前各投票所均配置憲警人員 5 人，管理員 10 人，及監察人員 3 人，一般情形尚見良好。頃據初步調查，本市區域代表以連震東、韓石泉有當選希望，至全部揭票，則定本月 24 日上午 9 時在市府禮堂公開舉行」。[272]由此可以看出，臺灣省各縣市之選民均熱烈參與投票，據當地記者報導，「若干選民中，不斷見有著新衣冠前往投票者，恭謹不苟，甚為慎重」。[273]而各候選人之間的競爭仍是非常激烈。然關外瀋陽市第 2 天之投票情形則欠熱烈，某投票所竟發現有投票之黃牛黨。至於這些所謂黑票之來源，尚待有關單位追究查明，一般各界對市府亦頗有怨言。[274]

　　此外，在此次職業團體之選舉中，我們應有所了解的是原先選舉罷免法第 4 條第 6 款所訂定職業團體分配的名額是450 名，其後經修改條文後增至 487 名，其中工商團體之名額亦由原先 31 名增至 68 名，實因「商業團體時為最悠久最普遍似不宜過事壓抑，且抗戰時期，商業團體負擔特重，目前戡亂建國尤待商業界負其經濟上應負之責，分配名額過少，不足以示政府之公允」。因此之故，國民政府在 36 年 9

272 〈中央社台南 22 日電〉，《公論報》，臺灣，民國 36 年 11 月 23 日，第 3 版。

273 〈國代選舉第 2 日〉，《申報》，上海，民國 36 年 11 月 23 日，第 1張，（二）。

274 同前註。

月 12 日召開國務會議時，由張繼、邵力子、居正、于右任、吳忠信等 5 位國府委員提議增加名額後，乃予以通過。[275]如此才在選罷法條文修訂時，予以增加名額。

其次在此次職業團體選舉前，國民政府社會部特別要求對職團選舉事務所必須嚴格審查候選人之資格，尤其對農工團體之候選人更應注意。實因制憲國民大會代表選舉時，有若干官吏冒充農工身分參與選舉，因此受人指責，所以本次國大代表選舉，萬不可再重蹈覆轍，否則必引起農工團體之反對及國際人士之譏評。[276]因此，社會部不但積極鼓勵各業真正之從業人員參加競選，且對職業團體國代候選人資格應嚴加審查，才可杜絕一般官吏及與農工毫無關係之分子濫竽混雜其中。[277]

再者，此次職業團體或婦女團體之選舉，與制憲時期職婦團體選舉最大不同之處，即在於本次選舉係採直接選舉法，凡屬職婦任一團體之基本會員均可直接投票選舉候選人，而非以團體為單位參與投票。如商業團體，不問其會員屬地方商會抑或全國聯合會，俱由各公司行號或工廠依法派出所有會員，直接行使投票權。[278]凡此種種，都可看出選務單位均極盡可能要將選務工作做好。

---

275 〈工商團體國代名額決增為 68 名，分配辦法由立法院擬定〉，《申報》，上海，民國 36 年 9 月 13 日，第 1 張，（一）。

276 〈農工團體候選人應為真正農工，社會部分電造冊審核〉，《中央日報》，上海，民國 36 年 10 月 4 日，安徽增刊第 2 版。

277 〈防止冒充混雜，嚴核職團候選人，應鼓勵真正從業人競選，社會部通電各省市注意〉，《中央日報》，上海，民國 36 年 9 月 9 日，第 2 版。

278 〈職業團體行使選舉權，由基層會員代表投票，簽署人不受地區限制〉，《中央日報》，重慶，民國 36 年 9 月 8 日，第 2 版。

（五）選舉之結果

依國民大會代表名額分配表第 6 項之規定，職業團體分為省市性與全國性兩種，省市性爲農工團體，全國性爲工商業、漁業、教育，與自由職業等團體，兩者共應選出代表 487 名。

省市性之職業團體，分爲農業團體及工人團體兩種，均以省及院轄市爲選舉單位，農業團體應選出代表 134 名，除其中婦女代表 14 名爲全國綜合計票外，其名額之分配原則，以每省 2 名，每院轄市 1 名爲基本數，餘額依各該省市農會現有會員數增配之。工人團體應選出代表 126 名，除其中婦女代表 10 名爲全國綜合計票，及不依行政區域組織之工會代表 20 名，由全國分業選出外，其餘 96 名之分配，以每省 1 名爲基本數，餘額依各該省市工會現有會員數增配之。上開兩種代表名額，均隨區域選舉一併依法選出，共計 216 名。

在全國性職業團體選舉方面，選舉單位包括漁業團體、教育團體、自由職業團體、工商業團體，以及工人團體中全國綜合計票之婦女代表名額合計應選出代表 271 名。是以兩項職業團體共應選出 487 名代表，選舉結果，除律師公會代表 1 名（男），商業團體代表 1 名（女），以及工礦團體代表 1 名（女）未選出外，其餘均全數選出。[279]

---

279 國民大會秘書處編：《第一屆國民大會實錄》，頁 90、91。

六、婦女團體代表之選舉

　　婦女團體代表之選舉，分為全國性婦女團體和各省市婦女團體之選舉兩種。

　　全國性婦女團體之選舉，係指由社會部直轄之婦女團體選舉。各省市婦女團體之選舉，是由各省縣市及院轄市婦女團體選舉者，又稱為地方性婦女團體之選舉，其代表都是由各該團體基層會員直接投票選出。

　　依照民國 36 年 11 月 13 日國民政府公布修正「國民大會代表選舉罷免法」第 4 條第 7 款條文規定，婦女團體應選出 168 位代表。此 168 名婦女代表中，有 20 名係屬全國性婦女團體應選出之代表。地方性婦女團體則需選出 148 名代表，此 148 名代表分配於各省市中，其分配之情形見第 4 章第 1 節表 4-7 之所列。由於婦女團體之選舉必須遵守選舉罷免法施行條例所訂定之多項規則，是以在論述婦女團體選舉之前應先了解此一團體之候選人和選民，究竟應遵守那些法規和條文。

（一）選舉法規之遵守

1.就全國性婦女團體而言

　　全國性婦女團體之選舉，係指由社會部直轄之婦女團體選舉產生，但依照 36 年 11 月 7 日國民政府修正公布的婦女團體代表名額分配表內備註欄中規定「全國性婦女團體以在各省市有 5 個以上分會，其分會會員名冊報部有案者為限」。

為此，婦女團體認為極不合理，乃推派沈慧蓮、鄒趙淑嘉、黎劍蓮、莊靜、唐國楨等 10 人赴國務會議請願，反對立法院規定全國性婦女團體至少要有 5 個分會，認為「此項規定實係違反人民團體組織法，婦女團體不能遷就錯誤附和違法，因此請國務會議予以糾正」。[280]社會部長谷正綱在當時曾會晤記者，亦針對此一問題表示不妥。「全國性婦女團體，立法院規定必須有 5 個分會以上，始能參加選舉，然根據現行人民團體組織法，似有未合，蓋根據現行人民團體組織法之規定，婦女團體為普通團體，故不必如職業團體之必須有基層組織也」。[281]

其後立法院憲法法規委員會為此一問題提出討論，譚惕吾委員認為「目前所謂全國性婦團率多係少數人假借名義，若不加以 5 分會之限制，則將產生不良後果」。傅岩委員則持相反意見，認為「依人民團體組織法，全國性婦團實不應有 5 分會之限制」。最後經表決之結果，贊成撤銷 5 分會之規定者為少數，是故未能通過。[282]

此外，婦女團體之 168 名代表，應分配至全國及各地婦女團體。當時分配各地之婦女名額不以人口為標準，更趨錯誤，婦女團體誓為糾正此種錯誤，奮鬥到底，且認為必須維

---

280 〈參加競選各團體，限大選 90 日前成立〉，《中央日報》，南京，民國 36 年 7 月 19 日，第 2 版。
281 〈商會國代增名額，短期內可獲解決〉，《中央日報》，南京，民國 36 年 8 月 31 日，第 2 版。
282 〈工商團體立委國代，增額分配辦法決定〉，《中央日報》，南京，民國 36 年 9 月 26 日，第 2 版。

持社會部所分配之草案，以 33 名方爲合理。[283]

2.就各省市婦女團體而言

　　在各省市婦女團體選舉方面，國民政府頒布之選舉罷免法施行條例，對婦女團體有多項規定。首先最引人注目的是選舉罷免法施行條例第 9 條規定，凡於選舉 90 日前依法成立之婦女團體，均應將入會之會員造報簿冊，並送至當地主管選舉機關，再憑此造具選舉人名冊。若在此限期以後報送者，即不能參加選舉，但不影響此團體組織之進行。[284]亦即婦女團體或職業團體，非經依法選舉 90 日前向其主管機關呈准立案者，其會員不得爲選舉人。[285]

　　其次是，選舉罷免法施行條例第 7 條規定，每 1 選舉人只有 1 個選舉權，是以選舉總所對欲參與選舉之婦女團體候選人亦提出要求，希望務必能夠遵守，即「由社會部直轄之婦女團體，其分支會會員，同時又是各省縣市或院轄市婦女團體會員者，應認定參加一種選舉」。[286]此外，第 15 條對婦女團體之選舉亦有所規定，即「婦女團體所提之候選人，得不以各該團體之會員爲限」。這些都說明了全國婦女團體和地方婦女團體，在進行選舉時應遵守的規則。

---

283 〈南京婦女團體代表昨向國務會議請願，要求糾正設立分會數額規定，代表名額分配應照人口標準〉，《中央日報》，上海，民國 36 年 7 月 19 日，第 2 版。

284 〈代表名額分配應照人口標準〉，《中央日報》，上海，民國 36 年 7 月 19 日，第 2 版。

285 〈婦團選舉案〉，《內政部檔案》，國史館藏，目錄號：127，案卷號：691，頁 18。

286 〈國民大會代表選舉事務案〉，《國民政府檔案》，國史館藏，檔號：0111.41／6077.7，頁 108。

再者，漢口市選舉事務所，對所有職婦團體參加選舉之選舉人，訂定一「審查注意事項」規則，要求所有選舉人都能遵守，其中最值得一提的是第 3 款，「各業團體會員脫離各該業 1 年以上，或已另就他業者不得為該業之選舉人」。[287]但此項規定是否合法，當時並未定案，選舉總所復將呈請社會部查核。

（二）選民人數之調查

在婦女團體方面，究竟有多少選民參與選舉，就以全國性婦女團體論之，經調查結果，全國性婦女團體及其分支會共有中國婦女憲政研究會等 32 個團體，現列表於後，以供參考。

表 5-24：全國性婦女團體分支會統計表

團　體　名　稱	分支會數		備　　註
	分會	支會	
中國婦女憲政研究會	13		
中國婦女服務社	6		
中國職業婦女互助會	5		
中國婦女生活社	8		
中國婦女福利社	5		
中華基督教女青年會全國總會	13		
中國婦女建國學會	14		
中國女青年社	6		
女權運動同盟會	6	1	
中華婦女文化教育協進會	7	3	
中國婦女問題研究會	14	2	
中國職業婦女協會	7		

---

287 〈婦團選舉案〉，《內政部檔案》，國史館藏，目錄號：127，案卷號：691，頁 19、20。

中國婦女生產事業促進社	5		
中國婦女民主建設協會	6		
中國婦女家政研究會	5		
中國婦女生活改進會	6		
中華婦女經濟協進會	無		
中華婦女互助會	6		
中國家庭婦女母教研究會	5	3	
中國婦女心理建設協會	2	3	
中國婦女福利協會	5	1	
中國婦女福利互助會	8		
中國婦女生產協進會	6		
中國婦女政治學會	6		
中國婦女政治研究會	10		
婦女生活輔導社	5		
婦女共鳴社	5		
中國婦女民主促進會	11		
中華婦女職業協進會	無		
中國婦女福利社	6		
婦女文化社	8		
中國天主教女青年會	6		

資料來源：〈職婦團體選民調查案〉，《內政部檔案》，國史館藏，目錄號：
127，案卷號：657，頁 74、75。

　　由此統計表中可以看出，除中國婦女心理建設協會有 2
個分會、3 個支會，中華婦女經濟協進會和中華婦女職業協
進會無分會外，其他各團體至少有 5 到 6 個以上之分會。然
而在其他各省市中，究竟有多少婦女選民屬於全國性婦女團
體之會員，就目前僅有的資料顯示，南京市屬全國性婦女團
體有 28 單位，所登記的會員人數有 129,529 人，實際參與投
票的人數有 44,656 人，廢票有 196 張。南京市屬地方性婦女
團體有 3 個單位，會員人數有 24,396 人，實際參與投票的人

數有 7,752 人，廢票 115 張。[288]廣東省屬全國性婦女團體有
「中國婦女家政研究會廣州分會」27 人、中國婦女生活改進
會 253 人，合計 280 人。[289]此外，南京市參與全國性婦女團
體登記的候選人有沈慧蓮、程翠英、楊俊、左玖瑜、傅伯群、
趙筱梅等 31 名，而參與市婦女會競選的候選人有林瑞藹、李
棠、崇啓、濮舜卿、王湧德、吳蔭華等 6 人。[290]

　　至於各省市婦女團體擁有多少會員人數，前曾言及，任
何婦女團體於選舉 90 日前向其主管機關呈准立案者，其會員
皆可參加該地婦女團體之選舉。今就現有資料而論，南京市
有 3 婦女團體，即南京市婦女會 15,899 人、南京市婦女事業
建設協會 5,777 人、南京市女青年寫作協會 2,720 人，合計
共有婦女選民人數 24,396 人。[291]但實際參加投票人數有 7,752
人，廢票 115 張。[292]福建省則有 35 縣市內有婦女團體，其會
員人數計 8,890 人。漢口市經調查後，婦女冊報選舉人數爲
15,094 人，貴州省普安縣婦女會選民人數僅有 240 人，其中
有被選舉權者 164 人，無被選舉權者 76 人。[293]河南省婦女會

288 〈南京市國代選舉結果案〉，《內政部檔案》，國史館藏，目錄號：127，
　　案卷號：626，頁 13。〈京參加選舉團體，已有二百餘單位，選民已統
　　計者 6 萬餘人〉，《中央日報》，南京，民國 36 年 9 月 17 日，第 5 版。
289 〈廣東省選民調查案〉，《內政部檔案》，國史館藏，目錄號：127，
　　案卷號：547，頁 90。
290 〈南京市國代選舉結果案〉，《內政部檔案》，國史館藏，目錄號：127，
　　案卷號：626，頁 13、14。
291 〈南京市選民調查案〉，《內政部檔案》，國史館藏，目錄號：127，
　　案卷號：624，頁 62。
292 〈南京市國代選舉結果案〉，《內政部檔案》，國史館藏，目錄號：127，
　　案卷號：626，頁 13。
293 〈職婦團體選民調查案〉，《內政部檔案》，國史館藏，目錄號 127，
　　案卷號：657，頁 38、45、54。

約有 3 萬人。[294]江蘇省婦女會則有 290,905 人，[295]臺灣省則
如前之調查，婦女會之選民有 2,255 人。[296]廣東省境內擁有
廣東省婦女福利事業協會等 9 個團體，列表於後，以供參考。

表 5-25：**廣東省婦女團體暨會員人數表**

編號	婦女團體名稱	會員數（人）
1	廣東省婦女福利事業協會	122
2	廣東省女權運動大同盟	1,248
3	廣東省婦女憲政協進會	723
4	廣東省婦女職業教育協進會	14,305
5	廣東省婦女商業協進會	527
6	廣東省職業婦女協進會	8,671
7	廣東省農村婦女教育促進會	1,599
8	廣東省婦女農業協進會	10,730
9	廣東省婦女工業協進會	21,849
總　　計		59,774

資料來源：〈廣東省選民調查案〉，《內政部檔案》，國史館藏，目錄
　　　　　號：127，案卷號：547，頁 91。

　　至於其他地區性婦女團體選民數則受限於資料無法一一
舉例，然社會部曾於 35 年底對全國婦女團體及其會員數作一
調查，所得之婦女團體數為 1,212 單位，會員數則有 150,984
人，[297]但職婦團體選舉事務所復於 36 年對全國各省市之職婦
團體選民人數重新調查，在婦女團體方面，除了部分省市仍

---

294 〈河南選訊〉，《中央日報》，南京，民國 36 年 10 月 28 日，第 7 版。
295 〈江蘇省選民調查案〉，《內政部檔案》，國史館藏，目錄號：127，
　　案卷號：490，頁 71。
296 內政部，中央選舉委員會編：《中華民國選舉統計提要（35-76 年）》，
　　頁 15。
297 〈職婦團體選民調查案〉，《內政部檔案》，國史館藏，目錄號 127，
　　案卷號：657，頁 3。

屬未收復區、或綏靖區、或交通不便等地區、或其他原因無法調查外，其他各省市調查結果共有人數 394,400 名。[298]現將各省市婦女團體所擁有的選民數列表於下，以供參考。

表 5-26：國大代表全國性婦女團體選民人數表

截至 36 年 11 月 19 日止

編號	省市名稱	總人數（人）	編號	省市名稱	總人數（人）
1	江蘇		25	吉林	
2	浙江		26	松江	
3	安徽		27	合江	
4	江西	44,176	28	黑龍江	
5	湖北	12	29	嫩江	
6	湖南		30	興安	
7	四川	946	31	熱河	4,586
8	西康	1,684	32	察哈爾	
9	河北		33	綏遠	
10	山東		34	寧夏	
11	山西		35	新疆	
12	河南	43,827	36	西藏	
13	陝西		37	南京	129,529
14	甘肅		38	上海	49,665
15	青海	496	39	北平	1,671
16	福建	78	40	天津	47
17	臺灣		41	青島	
18	廣東	280	42	重慶	18,600
19	廣西	71,118	43	瀋陽	3,538
20	雲南		44	漢口	16,452
21	貴州	630	45	廣州	3,309
22	遼寧	3,756	46	西安	
23	安東		47	哈爾濱	
24	遼北		48	大連	
總　計		394,400			

298 〈職婦團體選民調查案〉，《內政部檔案》，國史館藏，目錄號 127，案卷號：657，頁 84。

資料來源：〈職婦團體選民調查案〉，《內政部檔案》，國史館藏，目
　　　　　錄號：127，案卷號：657，頁 84。

（三）選民投票之情形

　　依照「選舉進行程序」之規定，11 月 21-23 日爲各類選
舉投票日期，婦女團體則安排於 21 日當天投票，現僅就投票
當天各地投票情形，較爲特出之事，略爲談論。

　　首先以南京市爲例，說明當天婦女團體投票情形。該市
市民以其極爲興奮的心情迎接此一投票日的到來，該市各界
在投票當天都懸掛國旗，如逢盛大慶典。[299]爲愼重起見，該
市選舉事務所早在幾天前即開始佈置整理各投票所之會場。
民政局長汪祖華在投票前 1 天還召集各區選舉督導員談話，
並以「公正和平」4 字勉勵此次襄助選舉之工作人員。[300]

　　21 日當天一早 8 時，市長沈怡和汪祖華局長即驅車至各
投票所巡視，市府也備有專車，招待新聞記者赴各區參觀採
訪。至於市區各街頭，行人和車輛均較往日增加數倍，負責
指揮交通的警察，雖經加崗，但仍大爲忙碌。多數候選人把
握此最寶貴的時刻，往來市區散發五色繽紛之宣傳品，或立
於街頭巷尾，用擴音器播送競選呼聲，也頗能吸引群眾。競
選者之宣傳標語更覺五光十色，觸目皆是。[301]此外，據南京
《中央日報》之記載，「首都要衢時有宣傳車馳過，車廂 3

---

299 〈南京婦女投票盛況，職團選舉今日舉行〉，《大公報》，天津，民國
　　36 年 11 月 22 日，第 2 版。
300 〈二億五千萬選民，今日運用選舉權〉，《中央日報》，南京，民國
　　36 年 11 月 21 日，第 2 版。
301 〈南京婦女投票盛況，職團選舉今日舉行〉，《大公報》，天津，民國
　　36 年 11 月 22 日，第 2 版。

面貼有競選人姓氏之紅綠宣傳紙，字大如斗，宣傳人員則擁於車上。抵熱鬧區，即停下發表競選演說，觀者如堵，亦有僱人散發競選小冊子及傳單者。各投票所附近牆上貼滿了競選人之標語和照片，請人投渠 1 票，以爭取最後勝利。首都南京地方人士均以選舉問題爲談論題材，且有爲投票對象意見不同而發生爭執者」。[302]

　　由於 21 日係屬婦女團體投票的日子，全市婦女自早晨 8 時起至下午 5 時止，分別至中華門、釣魚台、漢中門等 30 處地點投票，全市共有 153,925 名婦女選民。因南京市選民非常看重此次選舉，因此未到投票時間，選民即結隊成群攜帶選舉權證集合在各投票所前鵠候，選民在驗畢選舉權證後，即領取選票並書票及投票，前後需時 10 分鐘，亦即所有選民必須依序完成驗證、簽名、發票、書票、投票等 5 項程序後，[303]才可將選票投入票匭內。對不識字之選民，則另設代書處，由代書員代爲書寫。[304]據天津《大公報》記載，南京市在 21 日當天參加選舉之婦女團體，全國性者計有中國婦女福利互助社、中國婦女福利社、中國婦女福利協會、婦女共鳴社、中國婦女政治學會、中國婦女生產協進會、中國女青年社、婦女生活輔導社、中國職業婦女協會等 9 單位。地方性之婦女團體有南京市婦女事業建設協會、南京市女青年

---

302 〈投純潔的一票，選未來代言人〉，《中央日報》，南京，民國 36 年 11 月 22 日，第 2 版。

303 〈市選所昨招待記者，報告投票有關事項〉，《中央日報》，南京，民國 36 年 11 月 20 日，第 5 版。

304 〈投純潔的一票，選未來代言人〉，《中央日報》，南京，民國 36 年 11 月 22 日，第 2 版。

寫作協會，及南京市婦女會等 3 單位。[305]

　　蔣夫人亦於 21 日當天上午 11 時零 9 分蒞臨南京市珠江路蓮花橋小學投票所投票，渠寫票前，特鄭重參閱候選人名單，最後在選票上書寫民社黨「王湧德」女士之姓名，並親投票匭後離去。[306]

　　中國青年黨主席曾琦於婦女投票之第 1 日，親往各投票區觀察選民投票情形後，談及對此次投票觀感，曾氏表示，婦女能如此熱心投票，中國婦女參政前途大可樂觀。其後得悉蔣夫人投民社黨王湧德女士 1 票，認為此種超黨派作風實為真正的民主精神。[307]

　　天津市選舉情形，據大公報之報導為：「全國各地選區同於昨日開始選國大代表，津市全市國旗飄揚，90 處投票所門前國旗交叉，有警察和民眾自衛隊維持秩序。這次普選是有史以來的創舉，街談巷議都是這件事」。[308]市長杜建時一早即到第 10 區第 62 號投票所巡視，並投下自己的 1 票，下午 5 時返回市府，與幕僚交換意見後隨即要求各投票所應嚴加注意 3 點事項，對無選舉權證者絕不准入場；驗證處人員應嚴予核對國民身分證所貼像片與本人是否相符；以及各投票所主任與監察人員應認真監視代書人，以免所寫者非選民之本

---

305 〈南京婦女投票盛況〉，《大公報》，天津，民國 36 年 11 月 22 日，第 2 版。

306 〈蔣夫人票選民社黨人士〉，《申報》，上海，民國 36 年 11 月 22 日，第 1 張，（一）。

307 〈曾琦談大選觀感，相信下屆選舉必更熱烈〉，《大公報》，天津，民國 36 年 11 月 22 日，第 2 版。

308 〈國代選舉昨日開始，各區投票所選民不甚踴躍〉，《大公報》，天津，民國 36 年 11 月 22 日，第 5 版。

意。[309]

　　雖然杜市長一再要求代書人書寫時不得有任何差錯，但不可否認的是，仍有許多地區投票所內之代書人在不得已的情況下，卻自行替選民作了主張。實乃因多數選民都不識字，且對候選人又不甚了解，只好由代書人自行決定了。如有 1 位老太太欲請代書人代爲寫票，她不知選誰是好，代書人也不願多說話，隨意寫上 1 個候選人的名字就交差了；也有的代書人教選民在候選人中點名，點著誰，就替她寫上誰。[310]

　　此外，天津市爲方便全市各公立學校教職員參加投票的關係，自 21 日起一連放假 2、3 天不等，部分學校爲使學生對選舉有進一步之認識，乃率領學生結隊前往參觀投票，學生情緒都極爲興奮。[311]隨後記者並至各區投票所巡視，各投票所內之服務人員都各司其職，秩序井然。也有些投票所之選民不甚踴躍，每處不過幾百人，有些地區投票所之選民則超過 1 千 5 百人。[312]

　　廣州市之選舉，據報載，百餘萬市民咸以欣悅之情緒，迎接此一歷史新頁。全市各投票所均已佈置完竣，各投票所門前均懸掛巨幅布條，並張貼候選人姓名及有關選舉規則。若干候選人則懸掛自己的肖像，請選民惠投 1 票，市長歐陽

---

309 〈杜市長巡視投票所，選委會各委員昨交換意見，監察人應認真監視代書人〉，《大公報》，天津，民國 36 年 11 月 22 日，第 5 版。

310 〈代書人寫票有自作主張者〉，《大公報》，天津，民國 36 年 11 月 22 日，第 5 版。

311 〈教職員投票，一部分學校放假三天〉，《大公報》，天津，民國 36 年 11 月 22 日，第 5 版。

312 〈國代選舉昨日開始，各區投票所選民不甚踴躍〉，《大公報》，天津，民國 36 年 11 月 22 日，第 5 版。

駒亦於早晨 8 時至所屬德宜區投第 1 號票，書寫「劉紀文」3
字，而青年黨市黨部主席，新任省府委員黃晃，亦赴事務所
投票，市長、黃氏於投票後趨前與之握手，表示兩黨合作之
誠意。[313]

　　上海市之選舉，據《中華日報》記載，該市共有 2 百餘
萬選民，21 日咸以興奮愉快之情緒迎接普選。當天一早 8 時
正，工廠汽笛長鳴 3 分鐘後全市 263 處投票所即分別展開此
一莊嚴大典。[314]市長吳國楨亦於 8 時 20 分至第 4 投票所投
票，一般認為第 1 天的選舉，秩序尚稱良好，惟據中外觀察
家之觀察，認為此次選舉，市民稍顯冷漠，其原因半由於此
為中國破天荒之全國普選，人民尚未習慣；半由於戰後物價
高漲，生活艱困，人民忙於應付柴米油鹽，以致於對政治缺
少興趣。且選舉第 1 天適逢星期五，未值假期，大多數選民
為職業所羈，難以分身前去投票，自然影響投票率，預料第
2、3 日將會有較多的選民前去投票。[315]《大公報》對此亦有
同樣之看法，認為選民投票不甚踴躍的原因在於「物價猛跳，
生活日艱」，自然對選舉不感興趣，因此在選前就預估第 1
天所投之票不過 10 餘萬張。[316]至於許多不識字的選民在管理
員的協助下，手點候選人名單之任何 1 人，而由代書人代為

---

313 〈中央社廣州 21 日電〉，《中央日報》，重慶，民國 36 年 11 月 22 日，
　　第 2 版。
314 〈國代選舉第一日，各地投票情形良好〉，《中華日報》，臺灣，民國
　　36 年 11 月 22 日，第 1 版。
315 〈市民對選舉冷漠有幾種原因〉，《申報》，上海，民國 36 年 11 月
　　22 日，第一張，（四）。
316 〈普選開始進行順利，各地選民投票稍欠熱烈〉，《大公報》，天津，
　　民國 36 年 11 月 22 日，第 2 版。

執筆填寫，此種特別之選舉方法，學童呼之為「點秋香」。[317]

開封市及各鄉鎮選民亦於21日當天早晨8時起紛赴各指定投票所，慎重選擇其可以信賴的候選人。投票所張貼候選人名單，候選人亦利用種種醒目方式引起選舉人之注意。由於投票的第1天是以職婦團體為主，自然各投票所以各職婦團體選民投票最為踴躍。[318]

青島市婦女參加競選，原登記的有7人，審查後通過5人，除了最早登記的女工馬枝外，餘者是婦女會的4位，分別是趙士英、姜淑珍、王沅淑、王俊傑。馬枝當年23歲，中學畢業後做過小學教員、中蠶公司技工，在競選前做過針織廠技工，兼工會理事長，她不但是女工登記的第1人，而且是國代候選人女性登記的第1人。青島工會應選出代表3人，其中有1個須是女性，所以在當時該女膺選代表的希望極大。[319]

至於婦女會所提名之另1位候選人趙士英亦不甘示弱，為了互別苗頭，曾出動4部汽車，載運選民至各投票所投票，婦女界投她票的也不少，但其中竟有人不知道趙士英究竟是男性亦或女性？[320]

北平市亦復如此，選前該市選務單位早已積極展開各項

---

317 〈不識字點秋香〉，《申報》，上海，民國36年11月24日，第1張，（四）。

318 〈各地投票行形，民眾認識尚有未足〉，《大公報》，民國36年11月22日，第2版。

319 〈青島國代競選，勞工踴躍參加〉，《中央日報》，南京，民國36年11月19日，第7版。

320 〈青島選舉素描〉，《中央日報》，南京，民國36年11月30日，第6版。

選務工作，各候選人亦不辭辛勞赴各處進行競選活動。但不幸的是位於中南海延慶樓之選舉事務所於大選前夕（20 日）突因電線走火而遭焚毀，幸好所有選舉票冊均經冒險搶出。據該所選舉總幹事馬漢三局長表示，選舉雖遇祝融之災，但仍決定如期進行，所以在 21 日早晨 8 時全城汽笛夾雜鑼鼓炮聲開始齊鳴，各保辦公處人員沿街鳴鑼，高喊「快去投一票」，週而復始，響徹市區。當時北平市共設 92 處投票所，各投票所門外貼滿五顏六色的競選文句和標語，好不熱鬧。候選人徐逸以大型車接送選民，整日不斷，所獲效果至佳，堪為李宗仁夫人郭德潔之勁敵。[321]若干家庭婦女亦邁出家門與女學生或職業婦女赴投票所參加民主洗禮，記者於凜烈寒風中，看到此幕情景，深感這是我國民主進步之最佳寫照。市長何思源於當天早晨在西什庫投票所投下第 1 票後，驅車赴各處視察。因此，北平市選舉事務所雖被焚毀，並未影響此次選舉之進行。[322]

　　浙江省杭州市在第 1 天投票時，該省民政廳阮廳長及周市長於當日清晨，即聯袂巡視各投票所，並親自為選民糾正投票手續上之錯誤。[323]漢口市或因選民水準不齊，未能配合官方之要求，投票情形較不夠熱烈，除地方各報一致出特刊及官方之少數標語和牌樓外，其餘均無特殊點綴，更未見有

321　〈本報 22 日北平電〉，《中央日報》，南京，民國 36 年 11 月 23 日，第 2 版。
322　〈北平 21 日中央社電〉，《中華報》，臺灣，民國 36 年 11 月 22 日，第 1 版。
323　〈到處一片投票聲〉，《中央日報》，南京，民國 36 年 11 月 22 日，第 2 版。

任何現代化之競選宣傳，似不如去歲選舉市參議員之熱烈，90 處投票所除教育及工人等團體外，餘均異常冷靜，但秩序極佳。武昌市係以分段鳴鑼宣布投票時間，私人所貼請投某某 1 票等類之標語甚多，且間有自我介紹之競選傳單。各投票所之冷靜情形與漢市相仿，亦迄未有何糾紛。[324]

　　以上所述可以得知，各省市都熱烈展開投票，就連關外的瀋陽市和屬於邊區的寧夏、綏遠、昆明等省市亦如期舉行投票活動。以瀋陽市而言，共有 135 處投票所，選民 56 萬餘，[325]在選舉投票當天，全市遍懸國旗，選民自晨至暮絡繹不絕分赴各投票所投票，若干候選人自備宣傳卡車，載著樂隊，穿梭於各通衢要道。甚至有許多婦人還抱兒攜女，手持選舉權證，領取選票，投出神聖 1 票。當天正逢防空節，原本準備舉行全市防空大演習，但因遇上選政忙碌，被迫中止。[326]

　　綏遠省歸綏市國大代表選舉，自 21 日起開始投票，選舉權證已在 19 日分發完畢。另，土默特旗國大代表與立法委員之選舉，於 21 日起同時舉行，因該旗人民分居歸薩托、和清各縣，因此國大代表和立法委員不便分兩次選舉，是以合併舉行。[327]而寧夏省在投票前即已完成籌備工作，該省共設 4

324　〈普選開始進行順利，各地選民投票稍欠熱烈〉，《大公報》，天津，民國 36 年 11 月 22 日，第 2 版。

325　〈二億五千萬選民，今日運用選舉權〉，《中央日報》，南京，民國 36 年 11 月 21 日，第 2 版。

326　〈中央社瀋陽 21 日電〉，《大公報》，天津，民國 36 年 11 月 22 日，第 2 版。

327　〈中央社歸綏 20 日電〉，《中央日報》，南京，民國 36 年 11 月 21 日，第 2 版。

處投票所，選舉權證已完全發出，投票將可如期舉行。[328]

　　而處於西南邊區的雲南省昆明市，在選舉的第 1 天，選民均以極為歡愉的心情前往投票所投票，各重要地區均置有指導選民投票程序之牌告。各投票所自上午 9 時起開放投票，辦事人員隨時為選民解答有關投票問題或代為書寫選票，工作態度極為審慎認真。[329]

　　至於遠在海峽彼岸之臺灣省，各縣市依照既定時程進行選舉，各地候選人把握最後時機，展開熱烈競選活動。據《臺灣新生報》記載，國大代表之選舉，已於 11 月 21 日起在全省各地同時舉行，此為我國史無先例之普選，亦為我國實施憲政之開始。台北市民倍感興奮，自動於 21 日起至 23 日止懸掛國旗 3 天以示慶祝。台北市區域投票設 10 個投票所，職婦投票所則設於中山堂。各投票所之選民均列線各選所門前，魚貫出入，秩序井然，情形良好。投票所門前並有各候選人之競選助理員，代表候選人演說活動，氣氛熱烈緊張。此次大選實為我國實施憲政與民主政治之初步，省垣全市 30餘萬同胞，莫不雀躍歡欣，寄予無限希望。[330]

　　基隆市第 1 天之選舉情形，據報載，「上午 8 時起各投票所即不斷有人前往投票，記者上午隨基隆市長梁吉誠巡視時，見眾多之男女選民排成長蛇陣，按序領取選舉票，此為

---

328 〈中央社寧夏 20 日電〉，《中央日報》，南京，民國 36 年 11 月 21 日，第 2 版。
329 〈中央社昆明 21 日電〉，《大公報》，天津，民國 36 年 11 月 22 日，第 2 版。
330 〈普選第一天，全市選民踴躍投票〉，《臺灣新生報》，台北，民國 36 年 11 月 22 日，（四）。

半世紀以來渠等直接以國家主人身分選舉代表出席全國性會議之第一次。當彼等投票入箱時，均面露笑容，顯示其內心之愉快。若干老婦人且絮絮諄諄代書小心為其寫所欲選舉之人。各投票所代書人由女子中學學生擔任，渠等之主顧大多均為婦女。每次接受工作時均詳細詢問其選舉對象，寫後且朗誦一遍，交其本人投入票櫃。兩候選人今日亦作最後之努力，各以大幅名單張貼於各投票所門口，且有派活動員在各所附近作最後宣傳者。然各選民對選舉之人內心顯已決定，不為所動矣」。[331]

　　高雄市國大代表之選舉，報載各投票所門前，均爭貼名單標語，頗引人注意。街頭猶可睹及遊行汽車及樂隊，若干地區成立某某候選人之選舉臨時辦事處，協助競選。全市共分 8 區投票，以旗山、鹽埕兩區民眾最為踴躍。各區秩序井然，列隊投票，頗能發揮守法精神。市選所嚴禁冒名頂替，稍有嫌疑，即須繳驗身分證。職業及婦女團體投票所設於市府 2 樓，當天前往投票者略呈冷落，但其中以鐵路工會較為踴躍。[332]

　　屏東市國大代表選舉於 21 日起一連 3 天舉行，21 日上午 8 時打鑼通知選民投票，並鼓勵選民踴躍參加投票，防止棄權。此次國代選舉，因候選人熱烈宣傳，人民均極感興趣。[333]而擁有 54 萬 5 千 4 百 51 位選民的台中縣也在 21 日初次行

331 〈縣市首長均往投票所巡視，各選民尚能發揮守法精神〉，《公論報》，臺灣，民國 36 年 11 月 22 日，第 3 版。

332 同前註。

333 〈屏東市打鑼通知選民〉，《中華日報》，台北，民國 36 年 11 月 22 日，第 3 版。

使選舉大權,全縣共設有 76 個投票所同時開始投票,選民之秩序精神也備感緊張與熱烈。[334]

　　雖然臺灣省各縣市之選民在第 1 天都以興奮的心情參與投票,但不可否認的是仍有許多選民因受該年二二八事件之影響,不免對政治懷有戒心而裹足不前,爲了避免此一事件繼續擴大而影響投票率,民政廳副廳長在答覆記者問題時,也一再要求選民踴躍投票,「在此大選時期,大家不要太限於個人的情感,應該以大局爲重,來完成這此民主憲政的第一步」。[335]

　　此外,各地在投票的過程中,曾遇到許多感人的畫面,有部分老太太、老先生或肢體殘障人士,即使行動不便,都在家人攙扶下來到投票所投下自己神聖的 1 票。如台北市松山區有一 87 歲之老太婆,由兩人扶至投票所,親自投下自己的選票。大同區有一男性瞎子,託人代寫被選人姓名,再親自投下選票。[336]松山區亦有一 80 歲之老翁,雙目失明,由他的孫兒帶引到投票所寫票,其他如白頭老翁、盲目或啞癡者都前來投票,亦不在少數,都不願放棄自己的選舉權。[337]這正如省主席魏道明所說的,「此足以反映台省男女同胞對於大選之重視,及對政治之興趣」。[338]

334　〈中央社台中 21 日電〉,《臺灣新生報》,台北,民國 36 年 11 月 22日,(四)。

335　〈國大代表選舉第 2 日投票情緒熱烈,魏主席昨巡視選民表示滿意〉,《自立晚報》,台北,民國 36 年 11 月 22 日,第 1 版。

336　〈國大代表選舉第一日,選民踴躍秩序良佳〉,《中華日報》,臺灣,民國 36 年 11 月 22 日,第 3 版。

337　〈大選小鏡頭〉,《公論報》,臺灣,民國 36 年 11 月 22 日,第 3 版。

338　〈魏主席偕員巡視各區投票所〉,《中華日報》,臺灣,民國 36 年 11月 22 日,第 3 版。

以上所述，係針對第 1 天各地投票情形，做一概括性的報導。雖然看來各省市都熱烈參與投票，但畢竟仍有部分地區投票情形不甚理想，顯得十分冷清，前已論述過，在此不再贅述。

（四）選舉之結果

這次婦女團體應選出 168 位代表，其中全國性婦女團體應選出 20 名，各省市及蒙古、西藏婦女會選出 148 名代表。選舉結果，全國性婦女團體選出沈慧蓮等 20 名代表，各省市之代表也依原分配之名額數選出，如南京市選出林瑞藹、李棠、崇啓等 3 位代表。[339]臺灣省之林珠如、鄭玉麗兩位代表則是依照原分配之名額數選出的。只有西藏地區婦女團體 2 名代表中，1 名規定必須由西藏地方產生，但限於婦女不能參政未選外，其餘均依法選出。[340]

雖然已順利選出這些婦女代表，但由報載，各地選民對此次婦女代表的選舉，反應冷熱不一，就以上海市而言，有些選民不免對此次選舉，稍有冷漠之感。其原因半由於此為中國破天荒之全國普選，人民尚未習慣，半由於戰後生活艱困，物價高漲，人民忙於應付柴米油鹽，以致對政治少有興趣。且選舉期限原有 3 天，昨為第 1 日，而又未放假，大多數有職業之市民勢難分身前往投票。[341]雖然如此，不可否認

---

339 〈南京市國代選舉結果案〉，《內政部檔案》，國史館藏，目錄號 127，案卷號：626，頁 13。

340 國民大會秘書處編：《第一屆國民大會實錄》，頁 91。

341 〈市民對選舉冷漠有幾種原因〉，《申報》，上海，民國 36 年 11 月 22 日，第 1 張，（四）。

的是，這次婦女同胞能夠親自參與投票，是民元以來之所無，也可說是這次選舉的一大進步。

　　遺憾的是，在此次婦女代表的選舉中，亦曾發生不法情事，有選民誣告候選人在選舉期間，設法操縱、把持選舉。如全國性婦女團體候選人沈慧蓮，利用關係把持投票所，憑借職權破壞選舉法。[342]另一候選人楊俊，則賄買投票所人員等，以致引起其他候選人如楊德文、熊非衡、葉蟬貞、左玖瑜、莫希平、張雯等人之不滿，乃向選舉總所提出控訴，然而選舉總所認為「所呈各節如果不虛，應逕向主管法院依法起訴」。[343]台北市在第 1 天婦女團體投票時發現有人操控選票，該市許多婦女選民蓋了印卻領不到選舉權證，事後才知道該市婦女代表候選人鄭玉麗，竟將選舉權證侵佔而不發給選民，致使選民無法參與投票，因而向台北市長提出抗議，要求補發選舉權證。[344]事後此兩位候選人竟也都當選上婦女團體之代表，也未見選舉總所對其作出任何處分，這也是令人感到不解的地方。

七、內地生活習慣特殊國民之選舉

　　所謂內地生活習慣特殊之國民，依選舉罷免法施行條例第 52 條之規定，係指居住各省之回民。

---

342 〈南京市選舉訴訟案〉，《內政部檔案》，國史館藏，目錄號：127，案卷號：1042，頁 18。

343 同前註，頁 20。

344 〈本市第 1 日投票達百分十一，婦女團體選舉時曾發生糾紛〉，《公論報》，台北，民國 36 年 11 月 22 日，第 3 版。

　　依照民國 36 年 3 月 31 日公布的「國民大會代表選舉罷免法」第 4 條第 8 款「內地生活習慣特殊之國民選出者，共 10 名」，亦即此次國民大會代表之選舉，回民僅分配到 10 個名額。為此，中國回教協會安徽省蚌埠市支會函呈國民政府文官處，認為「全國回民近 5 千萬人，分布於全國 30 餘省市，其數目之鉅超越蒙藏民族 10 倍以上，而所選代表人數竟遜於蒙藏，有失平等原則及憲法精神」。[345]建議政府能夠增加回民代表名額。中國回教協會貴州分會亦電呈選舉總所，希望能夠增加回民代表名額。[346]其後，國民政府在修訂選舉罷免法時，乃將回民代表人數增加到 17 名。

　　雖然名額增加至 17 名，但選舉時，依規定各省市仍需調查選民人數，編造選民名冊，以便發放選舉權證。現將此次選舉，各省市回民人數之調查、候選人之登記情形，以及政黨提名等問題略述於下，以供參考。

（一）選民人數之調查

　　由於內地生活習慣特殊國民之選舉屬全國性之選舉，所有各地回民選舉人、候選人之申請登記以及候選人之得票數等，統由各主管選舉機關逐報選舉總所分別核辦。

　　此次行憲國民大會代表之選舉，全國回民人數究有多少？依據國民政府統計處編印「中國人口分析」及 1938 年所

345　〈回民選舉案〉，《內政部檔案》，國史館藏，目錄號：127，案卷號：690，頁 2。

346　〈回民選舉國代案〉，《內政部檔案》，國史館藏，目錄號：127，案卷號：713，頁 11。

編「中國年鑑」，兩書所載，當時我國回民人數共有 48,604,240 人。[347]由於回民散居全國各地，各省市之人數多寡不一，當時（民國 36 年）多數地區尚屬綏靖區或未收復區，選民人數實難以調查。就以安徽省而言，該省之泗縣等 20 縣中，僅有霍邱一縣報有回民選舉人 1,604 名，靈璧、宿縣、望將 3 縣報無回民，其他 14 縣均未據報。[348]另，河南省尉氏縣情況更糟，據國史館所藏〈回民選舉國代〉檔案之記載，「……竊查尉氏自西東至西灰十天之內被土共兩次攻陷，本所全部辦公用具暨選舉人名冊、選舉權證、投票匭等所有物品被焚淨盡。經兩次淪陷後，地方損失慘重，武力單薄，不足以應付土共之竄擾，以故地方秩序極不安定，選舉業務無法進行」。[349]因此，在此種環境下回民選舉人名冊之補造，極端困難。另，據〈河南省選民調查〉檔案記載，對該省各縣職業團體、婦女團體及回民之選舉人數均有詳細數字統計。就以回民人數而言，在此 111 縣中竟有 65 縣未登載人員，或許仍屬淪陷區未能收復之故，其他有登錄選民數之各縣總共有回民 56,706 人。[350]

至於其他各大報紙尚有一些零星報導，記載各地區的回民人數。如江蘇省鎮江縣，回籍選民有 3,128 人，[351]河南省

---

347 〈回民選舉國代案〉，《內政部檔案》，國史館藏，目錄號：127，案卷號：713，頁 11。

348 同註 347，頁 153。

349 同註 347，頁 117。

350 〈河南省選民調查案〉，《內政部檔案》，國史館藏，目錄號：127，案卷號：469，頁 103-111。

351 〈鎮江選所正式成立〉，《中央日報》，南京，民國 36 年 9 月 22 日，第 7 版。

鄭縣回民有 1,814 人，[352]甘肅省 72 縣市局共有選民 3,072,973 人，其中生活習慣特殊之選民中以回民人數較多，藏蒙民次之。蘭（州）市選民有 106,747 人，其中包括回民 6,300 人，藏民 18 人。[353]而該省秦安縣經調查結果，屬「內地生活習慣特殊國民」之選舉人數男女共計 6,707 人。[354]然臺灣《公論報》則登載甘肅省境內「內地生活習慣特殊之選舉人」總人數是 71,445 人。[355]江蘇省亦有不少回民，除南通縣有回民選舉人全部棄權外，江寧、鎮江等 25 個縣之回民共投了 13,067 張選票。[356]

此外，尚有部分地區回民，不願參加全國性回民選舉，反而參加當地之區域選舉，如安徽省當塗縣之回民，聲請全數參加區域選舉，[357]江西省浮梁縣回民人數不多，且無一回教組織，據該縣回民負責人劉筱軒、吳天爵等聯名呈請放棄回教選舉，願參加區域選舉。[358]如此則使得參加全國回民選舉之人數又減少了一些。

雖然回籍選民人數的調查極感困難，但各省市負責選務

352　〈河南省選民調查案〉，《內政部檔案》，國史館藏，目錄號：127，案卷號：469，頁 32。

353　〈準備投票〉，《中央日報》，南京，民國 36 年 11 月 19 日，第 2 版。

354　〈內地生活習慣特殊民意代表案〉，《內政部檔案》，國史館藏，目錄號：127，案卷號：692，頁 11。

355　〈中央社蘭州 25 日電〉，《公論報》，臺灣，民國 36 年 10 月 27 日，第一版。

356　〈江蘇省選舉結果案〉，《內政部檔案》，國史館藏，目錄號：127，案卷號：492，頁 345。

357　〈回民選舉國代案〉，《內政部檔案》，國史館藏，目錄號：127，案卷號：713，頁 110。

358　同前註，頁 42。

工作之選舉事務所仍將所調查之結果陸續呈報選舉總所。據調查結果,已辦理回民選舉人登記之單位有 1,305 個,其中報無回民者 838 個單位,報有回民選舉人數者共 467 個單位,合計回民選舉人共有 808,327 名。惟在報有回民選舉人之 467 個單位中,有 80 個單位在綏靖區內,其中回民之選民數為 92,488 名。若將綏靖區之 80 個單位及這些回民去除,不列入計算,剩下能夠依照國大代表選舉罷免法辦理選舉者實有 387 個單位,選民人數只有 915,839 人。在此 387 個單位中,已將選舉人名冊送到者只有 318 個單位,其餘則尚未送達。[359] 所以選舉總所在召開第 17 次委員會中,對尚未送選舉人名冊之單位決議:「應催速報備查」。[360]其後續有諸省將選舉人名冊呈送選舉總所,如安徽省之蕪湖、繁昌、阜陽、合肥、懷寧、鳳台等縣,河北省之靜海縣、河南省之原武、開封等縣、甘肅省之康縣、廣西省之百色縣、雲南省之洱源、楚雄等縣、安東省之寬甸縣,以及察哈爾省之張北等 15 縣。但由於這些省分在呈送選舉人名冊時,已超過各候選人姓名轉發公告之後,因此將來在呈送選民之票數時,是否准予彙計,當時確實是一大問題,[361]之後也未看到選舉總所採取任何措施。

(二)候選人之申請登記

由於回民選舉屬全國性之選舉,其候選人名冊應由各主

---

359 〈回民選舉國代案〉,《內政部檔案》,國史館藏,目錄號:127,案卷號:713,頁 223。

360 同前註,頁 266。

361 同前註,頁 148。

管選舉機關逐報選舉總所彙集後，於法定期間轉飭各主管選舉事務所公告。此次回民國大代表候選人登記，依照選舉進行程序，應於 10 月底截止，11 月 1 日至 5 日為審查期間，6 日公告候選人名單。但此次申請為回民國大代表候選人者共 72 人，除 7 人經審查未合格不予登記外，其餘 65 人中，經 5 百人簽署，由各主管選舉事務所審查合格，或經 5 百人簽署，由選舉總所審查合格者計 33 人，其餘 32 人則為政黨提名。

此次參與提名之政黨，除國民黨外尚有青年黨。而此 32 位由政黨提名之候選人有 14 人是由國民黨第 1 次提名即產生的，另有 16 人是國民黨第二次提名產生的，而青年黨則提名兩人。[362]

（三）選舉活動之進行

在候選人競選方面，由於這方面的報導較少，所能掌握的資料有限。部分省市為想獲得 1 席國代名額，紛紛上書選舉總所，要求分配 1 席名額。如貴州省，位居我國西南邊區，為西南諸省重鎮，該省之貴陽、平壩、安順、鎮寧、遵義等 14 市縣回民人數甚多，約有 52 萬餘人，因此要求分配 1 席名額，如此可使回民在該省之權益受到保障和應有之尊重。[363]

綏遠省亦復如此，中國回教協會綏遠省分會理事長吳桐與副理事長曹世禎曾致電與行政院院長張群，說明該省回民人數眾多，由於位居國防前線，且該省為北部國防上之東西

362　〈回民選舉國代案〉，《內政部檔案》，國史館藏，目錄號：127，案卷號：713，頁 223、224。
363　同前註，頁 2、11。

走廊，若欲聯合西北回民效忠國家，鞏固邊防，就必須給予平等之待遇，即分配給回民 1 席代表名額，如此可使該省回民享有應享之權利，和盡其應盡之義務，否則易使回民覺得與蒙古民族同處一地，卻有相形見絀之感。[364]

此外，山東省在此次回民代表選舉中，原本依照選舉總所之規定，於 11 月 21 日至 23 日舉行投票，但在投票之前 1 日，突接獲選舉總所來電，令該省之選舉展延 1 月舉行，且認為該省多數縣分既屬綏靖區，則必須依照選舉補充條例實施辦法第 4 條之規定辦理選舉，自不需進行全國性之選舉，如此則使該省回民候選人在他省所獲得之選票無法與原屬省分所獲得之選票合併計算。其中有候選人于學亭者，在青海省即獲有萬餘張之選票，確無法與其本人在山東省所獲得之選票合併計算，以致對其本人影響甚重，因而上書請願。[365]

然選舉總所則認為「合併計算一節事關法定，本所無權變更」，[366]亦即認為所有綏靖區內之回民，既未參加全國性回民之選舉，選舉人應即一律參加區域選舉或職婦團體選舉，以維選權。[367]如此使于學亭的選票無法合併計算而大受影響，因而落選。

---

364 〈內地生活習慣特殊民意代表案〉，《內政部檔案》，國史館藏，目錄號：127，案卷號：692，頁 4、5。
365 〈回民選舉國代案〉，《內政部檔案》，國史館藏，目錄號：127，案卷號：713，頁 181。
　　〈回民選舉國代案〉，《內政部檔案》，國史館藏，目錄號：127，案卷號：714，頁 6、7、8。
366 〈回民選舉國代案〉，《內政部檔案》，國史館藏，目錄號：127，案卷號：714，頁 10、11。
367 同前註，頁 224。

（四）選舉之結果

迨全國各地區回民選舉結束，各地主管選務機關將回民選舉所得票數逐報選舉總所，再與其他各省所得票數統核彙計。現分別將當時已開票之部分省縣介紹之，以供參考。

以河北省灤縣而言，該縣原有回民選舉人 1,289 人。憑選舉權證領取選票共計 540 張，實投票數 538 張。各候選人所得票數如下表所示：

表 5-27：灤縣回民選舉候選人得票名單一覽表

候選人姓名	所得票數（票）	備　　註
石振庭	320	
馬鴻逵	131	
楊敬之	32	
常子春	20	
馬福祥	18	
古希賢	5	
張永順	3	
吳九如	2	
孫繩武	2	
馬步青	1	
馬天英	1	
劉嘉增	1	
馬文達	1	查該被選舉人為非候選人，依法應屬無效，惟依開票筆錄內討論事項之決議暫為列名，如原電碼無錯誤即請彙作廢票。

資料來源：〈回民選舉國代案〉，《內政部檔案》，國史館藏，目錄號：127，案卷號：713，頁 205。

河北省淶水縣國大代表回民選舉辦理完畢，並將選舉結

果呈報選舉總所。但選舉總所認爲該縣屬綏靖區，應照選舉補充條例第 4 條之規定辦理，亦即該縣回民應參加區域代表或職婦團體之選舉，以維選權。因此，對該縣所提報候選人之得票數未便辦理。[368]

另，河北省固安縣回民投票總數竟只有 7 票，得票情形分別是馬天英、馬鴻逵各 2 票，張永順、常子春、孫繩武等 3 名各得 1 票，合計 7 票。河南省之鄧縣因回民國代選舉結果，龔御眾得 2,252 票、馬佩璋 783 票、熊振宙 524 票、許曉初 500 票、石覺民 500 票、張兆理 504 票。安徽省繁昌縣回民選舉開票結果，孫繩武得 46 票、馬步青 13 票、馬伯安 6 票、于樂亭 42 票。[369]

最後由《第一屆國民大會實錄》一書得知，選舉結果，共應選出的 17 名代表，均經依法產生。[370]但限於資料不足，無法得知此當選之 17 人究係何人？僅能由《第一屆國民大會當選代表名冊》一書中得知當選人只登錄 16 人，分別是馬紹武（青海省）、馬鴻逵（寧夏省）、閔湘帆（江蘇省）、龔御眾（河南省）、孫繩武（北平市）、丁正熙（甘肅省）、馬伯安（雲南省）、楊震清（江蘇省）、安舜（河北省）、張永順（青海省）、馬啓邦（廣西省）、吳九如（甘肅省）、常子春（北平市）、穆道厚（安徽省）、石雲溪（山東省）、馬步青（甘肅省）。[371]

---

368 〈回民選舉國代案〉，《內政部檔案》，國史館藏，目錄號：127，案卷號：713，頁 205-207。

369 同前註，頁 209、211、236。

370 國民大會秘書處編：《第一屆國民大會實錄》，頁 91。

371 《第一屆國民大會當選代表名冊》，頁 70、71。

八、綏靖地區代表之選舉

　　由以上各節之論述可知，各不同類別之國大代表已陸續選出，且將選舉結果報至選舉總所。即便有部分省市尚未達成，但也都在遵辦中。然仍有少數省市全部或部分縣市未能收復，這些省市包括東北九省，以及江蘇、山東、山西、河北、河南、陝西等省，其主要原因在於抗戰勝利後，遭到共軍之侵擾，因而陷入戰亂。其中屬於綏靖區域者，為了能夠順利完成選舉事務，國民政府乃於 36 年 11 月 13 日公布「國民大會代表暨立法院立法委員選舉補充條例」，[372]以謀補救。因此，本節將針對這些綏靖地區如何辦理選舉事宜，以及國民政府所頒布的選舉補充條例如何實施之情形加以探討，並說明之。

（一）選民人數之調查

　　前曾言及，在進行任何選舉之前，最重要的工作就是調查選民人數，以及造報選民名冊。然，這些省市多半遭到共軍劉伯承等部隊之竄擾，致使該省市所屬之縣市部分或全部陷入共軍之手，自然影響該區選民人數之調查，只有少數省分尚能調查出些許之選民人數。就以湖北省而言，「該省鄂東、禮山、莫山、黃岡、廣濟、黃梅、浠水、黃安、羅田、麻城、圻春、黃陂等 11 縣被匪竄擾，所有選務無法進行，應

---

372 《國民政府公報》，民國 36 年 11 月 13 日，頁 2、3。

否緩辦，……茲復據禮山縣政府民皋字第 083 號代電稱，本
縣自股匪劉伯承傾巢南犯以來，全縣 15 鄉鎮無一倖免，舉境
騷然。……詎於上月世日，股匪劉伯承部竄陷縣境，各鄉俱
罹肆擾，各鄉所造之選舉人名冊，據報多被焚燬，雖縣城早
經收復，其能推行政令者，僅城鎮、門集、白皋……等 7 鄉，
而縣屬東北之 8 鄉仍爲股匪盤踞，不但鄉保機構均被摧毀，
而該處人民亦盡逃避，茲值選期伊邇，選務急待遵期辦理完
成，惟目前環境惡化，困難特殊，謹擇其要點分別請示如
次，……」。[373]

　　安徽省，據檔案資料記載，可以得知該省各縣市失陷之
情形，以及選民人數難以調查，有謂「近來共匪猖獗，已失
陷縣份計有立煌、六安、霍山三縣，流竄滋擾者計有亳縣、
阜陽、太和、蒙城、桐城等（24）縣，人民冊難以如期完成」。
[374]因此，該省選舉事務所乃將此情形電呈選舉總所，仍望選
舉總所有所指示。選舉總所之答覆是：「目前失陷縣份究應如
何辦理，應候彙案呈請國府核示」。[375]廣西省鳳山、萬崗兩縣
亦遭共軍侵擾，城陷後，各項經辦選民表冊及戶籍冊等均被
焚燬，選舉事務趕辦不及，究應如何補救，該省選舉事務所
亦電呈選舉總所請示之。[376]

　　陝西省之陝北延安等 18 縣，當時仍處軍事狀態中，情形

373 〈不能舉辦選務之各省收復區案〉，《內政部檔案》，國史館藏，目錄
　　號：127，案卷號：660，頁 15-17。
374 〈不能舉辦選務之各省未收復區案〉，《內政部檔案》，國史館藏，目
　　錄號：127，案卷號：659，頁 2。
375 同註 374，頁 1。
376 同註 374，頁 159。

較為特殊，選舉人名冊多未具報，恐難如限辦理，少數偏僻縣份又以交通不便或共軍擾亂電信阻梗之故，猶未具報到省，自然影響該省選務工作之推展。[377]

河北省選舉事務所設於保定，據其 36 年 8 月 22 日電呈選舉總所稱：「本省現辦選舉單位共 46 縣市，選民僅佔全省人口 10 分之 3」。[378]可見其他縣市均屬失陷區，選民人數無法調查，自然難以進行選舉。

此外，河南、山東和山西等 3 省受共軍侵擾亦甚嚴重。以河南省而論，據檔案資料記載，該省原有 111 縣，被共軍全部佔據的有 11 縣，如柘城、武安、林縣、涉縣、臨漳、湯陰、滑縣（政府當局可局部游擊），溫縣（全前）、內黃、沁陽、鹿邑（縣城當時在政府手中，但隨時可陷）。[379]其他部分被佔據的縣份有 31 縣，各縣被佔據之範圍有 10 分之 1 至 9 不等，且情形時有變化，因此辦理選舉甚感困難，當時較完整的縣份有 69 縣，其選民數佔整個人數的 10 分之 6 強。[380]

山西省在共軍侵擾下，部分縣市失陷，百姓亦多逃離家園，散居各地，由資料顯示，當時山西省現有選民人數可分 4 類計算。[381]

---

377 〈不能舉辦選務之各省未收復區案〉，《內政部檔案》，國史館藏，目錄號：127，案卷號：659，頁 108。

378 〈不能舉辦選務之各省市案〉，《內政部檔案》，國史館藏，目錄號：127，案卷號：658，頁 16。

379 〈不能舉辦選務之各省未收復區案〉，《內政部檔案》，國史館藏，目錄號：127，案卷號：659，頁 189。

380 〈不能舉辦選務之各省市案〉，《內政部檔案》，國史館藏，目錄號：127，案卷號：658，頁 69。

381 〈不能舉辦選務之各省市案〉，《內政部檔案》，國史館藏，目錄號：127，案卷號：658，頁 8、9。

1. 政府政權完整，能全部辦理選舉者有陽曲、太原市
　　等 32 縣市，選民有 288 萬餘人。
2. 政府政權能在縣境行使，且能掌握多數人民辦理選
　　舉者，有素陽等 25 縣（按政權所及半數選民為 80
　　萬餘）。
3. 縣府在鄰縣能進入縣境行使政權，且能召集一部分
　　人民選舉者有平定等 31 縣，選民平均能佔各該縣總
　　選民 4 分之 1，為 67 萬餘。
4. 純為共軍佔領區為昔陽等 18 縣，有逃依我區人民能
　　辦理選舉者，平均約佔各該縣人民 10 分之 1，有選
　　民計 10 萬餘。總計在政府所能掌控之政權下，能參
　　加選舉者約有 446 萬餘，佔全省總選民數百分之 52
　　強。

　　山東省因共軍到處竄擾，戰事頻仍，自然影響該省內各
縣市之選舉。山東省共有 110 縣市，當時尚能依法辦理選舉
達 80% 的有濟南、昌樂、濰縣、歷城、長清、滋陽、即墨等
7 縣市；達 40% 的縣份有齊河、滕縣、嶧縣、泗水等 32 縣；
而博山、鄆城、鉅野等 25 縣能辦選舉所佔比例僅有 20%；
其他惠民、陽信、無棣等 46 縣市屬於失守縣市，僅能在鄰縣
辦理流亡選民登記和造報選民名冊。[382] 至於可以辦理選舉的
7 縣市，共約有選民 211 萬 2,227 人，而該省選民總數約有
2,591 萬 2,749 人，約佔總人數的 12 分之 1 強。[383]

---

382 〈不能舉辦選務之各省未收復區案〉，《內政部檔案》，國史館藏，目
　　錄號：127，案卷號：659，頁 176。
383 同註 381，頁 20。

　　至於東北 9 省遭受共軍之侵擾更爲嚴重，9 省幾全數失陷，選民人數無法調查，自然有礙選舉之進行，此在「滿族代表」之選舉一節中曾提及過。就以黑龍江省而言，各縣市均無法獲得關於選民調查登記之資料。遼寧省情況稍好些，在 26 縣市中，「可能辦理選舉者 20 縣市，選民約當該省選民總數 70％」。嫩江省當時亦未收復，並無辦理選舉之縣市和區域，選民數目無從統計。松江省尙未收復，無辦理選舉之縣市，其選民數實無法查報。察哈爾省共有 20 縣市，據調查結果，可以辦理選舉者計張家口市，約爲全省選民總數 12 分之 1；宣化、蔚縣約爲 8 分之 1；萬全、商都約爲 20 分之 1；延慶、張北約爲 17 分之 1；懷來約爲 15 分之 1；逐鹿約爲 24 分之 1；赤城約爲 30 分之 1；懷安約爲 18 分之 1；陽原、尙義、龍關約爲 32 分之 1；寶昌約爲 22 分之 1；沽原約爲 60 分之 1；康保約爲 23 分之 1；多倫 50 分之 1；崇禮 26 分之 1；新明約爲 80 分之 1。吉林省共轄 18 縣 2 市 1 旗，已收復的區域共有 12 縣市，已呈報選民數者 9 縣市，選民共有 1,752,829 人，約當該省 3 分之 2 之數，其餘 3 縣報齊後約達選民總數 7 成。[384]大連市主權迄未接收，選舉人及職業團體會員名冊無法查造。哈爾濱市選舉事務所亦電呈選舉總所，說明該市選民人數調查情形，並強調該省選舉人名冊和選民人數無法造報和統計之原因。[385]

384　〈不能舉辦選務之各省市案〉，《內政部檔案》，國史館藏，目錄號：127，案卷號：658，，頁 5、14、22、24、26、28、45。

385　〈不能舉辦選務之各省未收復區案〉，《內政部檔案》，國史館藏，目錄號：127，案卷號：659，頁 8。

　　由以上論述可知，這些失陷之省市，多因戰後共軍全面
叛亂，侵擾地方之故，因而無法確實調查選民人數，自然對
選務工作之推展有相當大的影響。

（二）選舉活動之進行

　　雖然前已提及未收復區選民人數難以調查，無法順利舉
辦選舉，但在中央對綏靖區無明文規定緩辦以及尙無公布補
救辦法之前，選務工作自不能置諸不辦，且據「選舉進行程
序」之規定，各地選務工作必須按照既定時程完成，不得延
誤，是以各省市之選舉事務仍需持續進行。但由檔案資料觀
之，這些尙未收復之地區，選務工作確實難以進行。就以江
蘇省爲例，江北綏靖區之各縣市即難以推展選務工作，實因
這些區域之各縣市均「動盪靡定，今日看似收復，明日或被
竊據」，[386]令人難以防範。

　　湖北省亦復如此，據該省選舉事務所致選舉總所電文看
出，鄂東之麻城、羅田、黃安、禮山、英山、黃梅等 6 縣，
均受共軍竄擾，雖已實施軍事管制，但各級機構亦變爲戰時
狀態，選舉事務自難依照規定程序進行，是以鄂東 11 縣選舉
事務在當時即電告選舉總所，擬延至共軍平定後舉行。[387]

　　山東省前已論述，有許多縣市未能收復，該省選舉事務
所乃將未收復和已收復一部分之各縣市主席委員先行發表，
並飭令這些縣市先就流亡各地及已控制區域內之選民依法趕

386〈不能舉辦選務之各省未收復區案〉，《內政部檔案》，國史館藏，目
　　錄號：127，案卷號：659，頁 5。
387 同前註，頁 20。

造選舉人名冊，以及候選人之登記，並公告之。但畢竟各縣市所調查出之選舉人數太少，使欲用簽署方式登記參選之候選人都無法達到法定簽署人數。再者，選民又不復在該縣境內投票，致使問題叢生。由於此次選舉事關重大，因此，該省選舉事務所乃將前所報濟南等可以辦理選舉之 7 縣市和可以辦理選舉達百分之 40 的齊河等 32 縣；可以辦理選舉達百分之 20 的博山等 25 縣，以及失守未能收復的 46 縣市製成概況表一份，電呈選舉總所，至於未能收復之縣份究應如何處理，該省選舉事務所亦電呈選舉總所請示，選舉總所之答覆是已將此一情形電告國民政府，正靜待國府裁示中。[388]

　　山西省選舉事務所亦將該省未能辦理選舉之縣市電告選舉總所，並請選舉總所迅予指示辦法。其無法辦理選舉之原因，由檔案資料之記載可以看出，如該省第 14 區專員謝克儉報稱，「共軍盤據汾南各縣，交通全部阻斷近 40 餘日，西安飛機無法抵達運城縣，上峯付郵公文無法收到，當地重要函件亦不能發出。垣曲縣自平陸縣失陷後即失卻聯繫，郵路長時不通，勢必貽誤選政進行等情」。且經查證結果，該省晉南晉北各區縣亦均有此情形，因此山西省選所乃致電選舉總所，特請派撥飛機，並將被匪侵占區域進行選舉事項補充辦法迅予指示。[389]

　　河南省當時選舉情形亦甚艱困，據新鄉縣專員電稱：該省延津、孟縣、陽武、原武等縣政府所在地均被共軍攻陷，

388　〈不能舉辦選務之各省未收復區案〉，《內政部檔案》，國史館藏，目錄號：127，案卷號：659，頁 206、207。

389　同前註，頁 58。

汲縣、修武、輝縣縣境大部分爲共軍佔據，武陟縣甫經收復，但選舉人名冊則難以如期公告。劉伯承與陳賡等部由晉南渡河後竄擾區域已達數 10 縣。[390]睢縣縣長田未青以縣城被共軍所據，選舉人名冊難以如期辦竣，乃電請該省選舉事務所希望能延期辦理。[391]其他縣市亦多如此，我們由下列之表可以看出，當時河南省有許多縣分因遭共軍之侵擾而無法辦理選舉。

表 5-28：河南省共軍部分佔據縣分表

縣名	縣城是否失陷	共軍佔據或竄擾情形	附　註
商邱	城在我手	十分之三	
夏邑	全　上	十分之五	
寧陵	全　上	十分之三	
永城	全　上	十分之六	
虞城	全　上	十分之三	
安陽	全　上	十分之五	
淇縣	城　陷	十分之七	
汲縣	城在我手	十分之四	
濬縣	城　陷	十分之八	
修武	城在我手	十分之三	
孟縣	城　陷	十分之七	
濟源	全　上	十分之九	
獲嘉	城在我手	十分之二	
延津	城　陷	十分之五	
封邱	現在我手	十分之八	
武陟	全　上	十分之七	
輝縣	城在我手	十分之八	
淮陽	城　陷		常有竄擾情形
沈邱	城在我手	十分之二	常有竄擾情形
西華	全　上	十分之三	

390　〈不能舉辦選務之各省市案〉，《內政部檔案》，國史館藏，目錄號：127，案卷號：658，頁 72。
391　同前註，頁 75。

扶溝	全　　上	十分之三	常有竄擾情形
項城	全　　上	十分之二	全　　上
通許	全　　上	十分之四	
考城	全　　上	十分之二	常有竄擾情形
睢縣	全　　上	十分之三	
杞縣	全　　上	十分之三	
民權	全　　上	十分之三	常有竄擾情形
太康	城　　陷		全部竄擾
陽武	城在我手	十分之一	
新鄉	全　　上	十分之二	常有竄擾情形
博愛	城　　陷	十分之九	

資料來源：〈不能舉辦選務之各省未收復區案〉，《內政部檔案》，國史館藏，目錄號：127，案卷號：659，頁187、188。

　　廣東省因河源、廣甯、白沙、定安等縣有少數鄉鎮被匪劫掠，選務推行困難，請示選舉總所，可否有變通辦法。而東北之吉林省，各縣中有收復鄉鎮未過半數者，選舉應否照辦，又未收復區選民寄籍收復區者，如何行使選舉權，而失陷於匪區之選民有無選舉權，應如何辦理，這些問題均請示選舉總所，該所的答覆都是千篇一律，「補救辦法俟呈奉國府核准後再行通知」，[392]所以一時均無法得到圓滿的答覆。

　　因此，我們可以得知，當時江蘇、安徽、山東、河南、河北、山西、陝西、察哈爾、熱河、遼寧、安東、遼北、吉林等省均以一部分或大部分被匪竄擾，不能依法辦理選舉，自應設法補救。東北各省中之松江、合江、黑龍江、嫩江、興安、哈爾濱等6省市尚未收復，大連市據當時報導，尚未

392　〈不能舉辦選務之各省未收復區案〉，《內政部檔案》，國史館藏，目錄號：127，案卷號：659，頁83、84、51。

接收，全部不能舉辦選舉。[393]

　　此外，西康省有昌都等 13 縣尚爲藏方佔有，當地人民在藏軍控制之下，無法從事政治活動，在中央與西藏關係未徹底調整，康藏界務未能勘劃確定以前，辦理選舉殊多困難。因此，有關國大代表選舉之事，只能暫時緩辦，一俟各該縣界務劃定後，再行補選。[394]至於蒙古、西藏兩地方之選舉情形，據當時報導，蒙古方面間有數區尚未收復或以聯繫已斷，無法辦理選舉。西藏地方原由選舉總所派藏政府之噶廈爲西藏地方選舉監督，但電達已久，均無消息，雖經蒙藏委員會駐藏辦事處洽催，但是否能夠順利辦成，「尚難以逆料」。[395]

　　基於以上之論述，可以看出東北九省以及其他省市難以辦理選舉原因之所在。現將這些難以辦理選舉之各省市，統一列表於後，一併說明，則更容易了解其中之原由。

表 5-29：國民大會代表選舉尚難辦理之各地概況一覽表

省市別	單位數	應選總額	尚難辦理單位數	未能選出之代表數	尚難辦理選舉之原因	備　註
松　　江	17	17	17	17	未收復	
合　　江	18	18	18	18	未收復	
黑龍江	26	26	26	26	未收復	
嫩　　江	19	19	19	19	未收復	
興　　安	8	8	8	8	未收復	
哈爾濱	1	1	1	1	未收復	
大　　連	1	1	1	1	未接收	
吉　　林	20	20	8	8	一部分未收復	

393 〈國民大會代表選舉事務案〉，《國民政府檔案》，國史館藏，檔號：0111.41/6077.7，頁 27。
394 同註 393，頁 29。
395 同註 393，頁 27。

遼　北	19	19	8	8	一部分未收復	
安　東	20	20	14	14	一部分未收復	
遼　寧	26	26	6	6	一部分未收復	
熱　河	20	20	約 10	約 10	一部分淪陷	據報全省 20 單位收復區約當全省選民 2 分之 1
察哈爾	20	20	19	19	處於軍事狀態	
山　東	110	110	103	103	軍事頻繁	能辦者 7 縣，約佔全省選民 12 分之 1
河　南	111	111	57	57	一部分被匪佔據，一部分為匪竄擾	
河　北	134	134	88	88	被匪竄擾	
山　西	106	106	74	74	被匪竄擾	其中有能控制半數選民者 25 縣，能召集一部分選民者 31 縣
陝　西	93	93	18	18	仍處軍事狀態	
安　徽	64	67	27	28	內有三縣已失陷，餘為匪竄擾	其中有增額 1 名
江　蘇	63	75	20	27	為匪竄擾	其中有增額 7 名
西　康	52	52	13	13	尚為藏方佔有該省，政治力所不及	經行政院議復暫從緩辦
小　計	948	963	555	563		
蒙　古	18	57	9	33	一部分未收復，一部分聯繫已斷	
西　藏	3	40	1	14	噶廈對此次選舉未能遵此一單位為西藏地方令辦理	
僑　民	41	65	18	32	當地政府不許	

小　　計	62	62	28	79		
總　　計	1010	1125	583	642		

資料來源：〈國民大會代表選舉事務案〉，《國民政府檔案》，國史館
藏，檔號：0111.41/60777，頁 30、31。

　　由所列之表看出，尚難辦理選舉的單位共有 555 個，而不能選出之代表計有 563 名（其中有增額 8 名）。又，蒙藏僑民計有 62 單位，應選出 162 名代表，但當時不能辦理選舉的計有 28 個單位，其不能選出之代表爲 79 名，總計上述不能辦理之單位共有 583 個，不能選出之代表共有 642 名，佔總名額的 5 分之 1 強。[396]可見未能選出之代表人數還是相當多的。

（三）選舉補充條例之訂定

　　由於未能選出之代表人數不少，足以說明綏靖區之選舉確有困難。因此選舉總所主席委員張厲生乃將上述各項情形呈報國民政府蔣主席，請示究應如何辦理，以期選務能夠如限完成。[397]其後國府委員張繼、莫德惠、于右任等 3 人亦請示國民政府，認爲「綏靖區各省市一部分地區或以秩序未定，或以尚未收復，嚴格依法選舉，事實上困難殊多，然在統一之意義上言，如不辦理選舉，又無以符人民之期望」。[398]尤其爲使法律和事實雙方都能兼顧，3 人乃提出補救辦法一種。蔣主席中正將此補救辦法轉交國務會議法制審查委員會審

---

396 〈國民大會代表選舉事務案〉，《國民政府檔案》，國史館藏，檔號：0111.41/6077.7，頁 31。
397 同前註，頁 32。
398 〈國民大會代表選舉事務案〉，《國民政府檔案》，國史館藏，民國 36 年 8 月 28 日起至 11 月 11 日止，檔號：0111.41/6077.7，頁 33。

核。該委員會代理召集人張知本於 10 月 8 日召開第 3 次會議時，將選舉總所呈報辦理選舉各項困難概況一案併案審查，由各出席委員及與會各關係機關主管，詳細研討。會中原本決議對無法選出之地區可保留其缺額，俟各該區有選舉可能時再補選足額，立法委員之選舉亦復如此。但張知本等委員認為，「此項意見係就法律觀點立論原甚允當，惟綏靖區之全部收復，尚須相當期時，且行憲之始召開國民大會與立法院會議時，未能使綏靖區應選出之國民大會代表和立法委員參列其間，『將懷缺望』。因此，為『兼顧人民心理，勉為事實上之補救』，建議將張繼委員等人先前所提辦理綏靖區內國民大會代表及立法院立法委員選舉辦法酌加修正，並補充條文」。[399]國民政府遂根據憲法第 34 條之規定，將修改後之補充條例交立法院迅速制定「綏靖區國民大會代表及立法院立法委員選舉補充條例」，並經國民政府於 11 月 13 日正式明令公布施行。選舉總事務所復依照此一補充條例，訂定實施辦法。現將此項補充條例之要旨陳述於下以供參考：[400]

　　1.每一地區或依行政區域組織之團體，全部不能辦理選舉時，得在鄰近區域或指定處所照規定程序辦理。

　　2.局部不能辦理選舉時，即在能辦理之地區內，由該地區之主管選舉機關，就不能辦理部分，依規定程序辦理之。

　　3.至全部能依法辦理選舉時，應依各該選舉罷免法之

---

399 〈國民大會代表選舉事務案〉，《國民政府檔案》，國史館藏，民國 36 年 8 月 28 日起至 11 月 11 日止，檔號：0111.41/6077.7，頁 90-93。
400 秦孝儀主編：《總裁實踐總理遺志史錄（四）── 實施憲政》，頁 452。

規定，辦理普選。其辦理選舉日期，由國民政府定
之。

至於綏靖區內之蒙古選舉區之選舉，及非綏靖區之蒙藏
各選舉區，其辦理選舉確有困難者，亦經訂頒「蒙藏國民大
會代表及立法院立法委員選舉補充辦法」規定：[401]

1.綏靖區內各蒙古選舉區，其全部收復者，即在該選
舉區內舉行。

2.其一部分未收復或全部分未收復者，即由各該選舉
主管斟酌實際情形，或在該收復區內，或在鄰區，
或指定適當地點，登記選民，辦理選舉。其候選人
之提名，並得不受國民大會代表選舉罷免法第12條
及立法院立法委員選舉罷免法第 12 條選舉簽署之
限制。

3.非綏靖區內各蒙藏選舉區，其辦理選舉事實上有困
難，須予變通程序者，得由各該主管選舉監督根據
實際情況，參酌法令規定，指導選民，完成選政。

由於補充條例已公布施行，當時可以依此條例辦理選舉
的縣市不在少數，現將其統計，列表於下，以資說明。

表 5-30：依補充條例辦理選舉縣市數統計表

省市別	辦理縣市數	全省縣市數	省市別	辦理縣市數	全省縣市數
山東	110	110	熱河	5	20
安徽	20	64	遼寧	7	26
河北	134	134	安東	20	20
河南	76	111	遼北	19	19

---

401 同前註，頁 452。

湖北	11	71	吉林	20	20
廣東	2	100	松江	17	17
廣西	2	104	合江	18	18
西康	13	52	黑龍江	26	26
山西	75	106	嫩江	19	19
陝西	20	93	興安	8	8
新疆	70	71	大連市		
蒙古	7 盟旗		哈爾濱市		
新省蒙部	3				

資料來源：郎裕憲，陳文俊編著：《中華民國選舉史》，頁 327、328。

（四）選舉之結果

　　迨此一選舉補充條例公布施行後，各省市紛紛依此條例辦理選舉事宜。然在實施選舉之前，必須先行完成政黨提名手續，選舉總所為使各政黨應提之候選人得以參加競選，曾分電屬綏靖區之東北 11 省市，以及山東、山西、河南、河北各省和西康之 13 縣。凡屬政黨之候選人，其參選資格須俟政黨提出之國代候選人名單送達核准公告後，方可開始辦理選舉。所以選舉總所除催請國民黨中央黨部外，並請民、青兩黨對各該省縣市應提之國代候選人名單儘速提交選舉總所，以便轉發公告，如此方可參與競選。其後，選舉總所復於 12 月 17 日再行通電綏靖區各省市選所，強調仍應俟政黨提名名單發到後再行辦理投票。惟此項選舉名單究於何日才能提齊，選舉總所尚難預測，為避免投票日期無限期延展，以免耽誤所有選務工作之進行，張厲生主席委員乃於選舉總所召開的第 17 次選舉委員會議時提出討論，並決議：[402]

　　1.政黨提名名單已送到所者即行轉發，並飭於公告後
　　　5 日開始投票。
　　2.其餘各省市選舉日期「呈府請示」。

　　但按選舉補充條例實施辦法第 1 條之規定，選舉程序、
時間、日期，應由各上級選舉機關以命令定之。而實施辦法
第 2 條對其程序中之投票日期有不得遲逾 12 月 23 日之規
定。依照上述條例及實施辦法，各上級選舉機關可視地方實
際情形酌定選舉程序，則其投票日期亦可能提早於 12 月 23
日以前舉行。[403]

　　就以陝西省為例，該省於選舉補充條例與實施辦法公布
後，即參酌該省實際情形訂定「綏靖區內辦理國大代表及立
法委員特定方案」，經該省選舉事務所第 5 次委員會議討論通
過，隨即通令各區縣確實遵照辦理。當時奉令辦理選舉的縣
份計有榆林、府谷、神木等 21 縣及黃龍山設治局。關於非政
黨提名之候選人其簽署人數，國大代表及立法委員都可減為
50 人以上，且規定於該年之 12 月 5 日以前編造選舉人名冊，
6 日公告，6 日至 7 日更正並呈報，8 日至 10 日審查候選人
名單及公告，14 日至 15 日舉行國代之選舉投票。[404]其他各
省亦依此補充條例及實施辦法辦理之。

　　至於東北之安東、松江、合江、嫩江、黑龍江、興安及
大連、哈爾濱等未收復之省市，其選舉事務所亦奉令依據國

　　案卷號：670，頁 41-43。

403 同前註，頁 44。

404 〈陝西綏靖區內定期辦理特種選舉〉，《中央日報》，南京，民國 36
　　年 12 月 4 日，第 7 版。

代及立委選舉補充條例及實施辦法之規定，分別在瀋陽、長春及瀋陽附近各縣設站登記辦理選舉。[405]蒙藏地區未能依法辦理之困難部分，亦依前之所述，另定補充辦法辦理。如此使綏靖區各省市及蒙藏地區代表之選舉，均獲解決，且能依法辦理竣事。

　　經過漫長的選舉活動後，各地選務單位也克服了萬難，完成了投票工作，陸續選出不同類別的代表。現將第一屆國民大會代表法定名額及選舉結果列表於下，以供參考。

表 5-31：第一屆國民大會代表法定名額及選舉結果一覽表

類別	縣市及同等區域	蒙古	西藏	邊疆地區各民族	僑民	職業團體		婦女團體		內地生活習慣特殊之國民	總計（人）
						地方性	全國性	地方性	全國性		
法定名額	2,177	57	40	34	65	216	271	148	20	17	3,045
已選出數	2,141	57	39	34	22	216	268	147	20	17	2,961
未選出數	36		1		43		3	1			84
備註	已選出之代表中有婦女代表40名	已選出之代表中有婦女代表6名	已選出之代表中有婦女代表3名	已選出之代表中有婦女代表2名	已選出之代表中有婦女代表1名	已選出之代表中有婦女代表24名	已選出之代表中有婦女代表50名				除其他各團體外已選出之代表中有婦女代表126名

資料來源：國民大會秘書處編：《第一屆國民大會實錄》，頁 92。

405　〈東北未收復省市，辦理國代選舉，在長瀋等地設站登記〉，《中央日報》，上海，民國 36 年 12 月 8 日，第 2 版。

第三節　選舉開票之情形

　　經過 3 天的投票後，除未收復區和綏靖區外，絕大多數省市均完成投票作業。依照「國民大會代表選舉進行程序」之規定，各省市選舉機關於投票結束後 10 日內（12 月 3 日）公告當選人及候補人名單，12 月 4 日起各主管選舉機關呈報當選代表名冊及履歷，並由各上級選舉機關發給當選證書。[406]

　　因此，為了遵照選舉總所之規定，各省市選舉事務所乃於 24 日起展開開票工作。現仍以首善之區的南京市為例，說明該市開票之經過情形。該市自 24 日起分別在市政府、市黨部、第 3 區區公所、夫子廟、第一民校、第二民校、新運分會、第一民教館及健康路小學等 9 處開票。南京市選舉事務所派員分赴各開票所監察。該市之開票以「區」為單位，就區域候選人名單，將每一候選人姓氏分別貼於桌上，由專人清理。每一票匭除貼有選舉總事務所封條外，復加有重鎖。由指定之開票主任將票匭啓封打開後，由理票員照票面所書被選舉人，放在原候選人姓名紙條下。遇有疑問選票則另外理出，以便送選所作最後決定。據報載，各區選票中以投陳裕光、陳紀彝、劉詠堯者為最多。預計 25 日可全部計算完畢，26 日即可公佈，並將底冊呈選舉事務所備查。[407]

---

406 國民大會秘書處編：《第一屆國民大會實錄》，頁 84、85。

407 〈各地選所計票忙碌，首都結果明可揭曉〉，《中央日報》，南京，民國 36 年 11 月 25 日，第 2 版。

　　這次選舉，在自由職業團體之新聞記者方面，11 月 22 日當天前去投票的共有 683 人，而 24 日上午 10 時，在昇州路開票所開票，首都新聞記者公會理事多人均蒞臨參觀，開票結果以馬星野獲票最多，計 332 票，馮有真次之，計 261 票（另有 8 票因名字寫錯，尚待決定）。此外，張明（女）獲得 32 票、陸晶清（女）13 票、詹文滸 6 票、宋益清 5 票、朱苴英 4 票、徐鍾佩（女）、范爭波各 3 票、趙君豪、楊浚明各 2 票，其他獲 1 票之候選人尚有若干人。[408]

　　婦女團體方面，在開票時有數個票匭中有空白選票若干張，據當時調查，係因選舉時人多擁擠，投票人忘記簽名所致，選務人員乃將此種情形爲文附書理由，送選舉總所核辦，因此該團體之當選名單只有延期公布。[409]

　　北平市國大代表選舉開票工作於 24 日晨在懷仁堂舉行，何市長思源曾到現場致詞，勉各負責人保持 3 日來之精神，完成此次偉大之任務。隨即分 30 組開票，每組由管理員 10 人及監察員 1 人負責。馬漢三局長及其他委員均蒞臨會場監督開票。先開區域代表之選票，繼開職業團體。迄當天晚上 9 時，全部竣事。各組均發現不少廢票，有隨便書寫非候選人名字者、有誤書白字者，並有多張選票上書寫「不知道」3 個字，還有 1 選票上寫「白麵 8 千 4，小米麵 4 千 2，玉米麵 3 千 2」，[410]真是無奇不有。

---

408 〈國代普選各地開票，競選結果一部業已揭曉〉，《大公報》，天津，民國 36 年 11 月 25 日，第 2 版。
409 〈各地國代選舉陸續揭曉〉，《中央日報》，南京，民國 36 年 11 月 26 日，第 2 版。
410 同註 408。

　　上海市區域及職婦團體國大代表選舉，於 23 日圓滿結束後，24 日早晨 8 時在市參議會及市商會分別開票，監察人員並於開票前舉行莊嚴簡單之儀式，吳市長國楨以選舉監督身分親赴兩開票所主持開票儀式，並有數分鐘演講。區域選舉之開票共分 11 組工作，職業團體則分 6 組工作，直到 28 日下午 6 時，經過漫長的 5 天開票作業，終於圓滿完成。區域代表之選舉，共選出 10 位代表，得票最多的是市參議會議長潘公展，共獲 143,045 票，其次是市黨部主委方治。地方協會會長杜月笙晉至第 3 位，前市長錢大鈞獲 124,116 票，居第 4。現將該市各當選人得票數列舉於後，以供參考。

表 5-32：上海市國大代表區域選舉候選人得票數一覽表

當選人姓名	得票數（票）
潘公展	143,015
方　治	131,588
杜月笙	127,634
錢大鈞	124,116
錢新之	106,025
劉維熾	71,260
陳啓天	54,005
汪子奎	50,876
金振玉（女）	11,675

資料來源：〈本市大選圓滿完成，區域代表昨揭曉〉，《中央日報》，
　　　　　上海，民國 36 年 11 月 29 日，第 4 版。

　　在職業團體方面，工會、工礦、技師、大學及獨立學院已於 25 日全部開完票。自由職業團體中之新聞記者國大代表選舉票於 26 日開票完畢，共計 4,281 票，內有廢票 11 張，實際計算票數爲 4,270 票。其中馮有真得票最多共 1,210 票、

詹文滸次之得 853 票、馬星野只得 398 票，此外青年黨之宋益清得票 247 張，民社黨之楊浚明得票 195 票。[411]其他如商會、農會、自由職業、全國性婦女、地方性婦女、漁會、特種工會、教育會等 8 個單位選舉票，亦自 26 日起陸續開畢。

　　天津市國大代表之選舉，於 23 日順利結束後，各投票所於當天晚上將票匭嚴密加封。區域代表之票匭均交由各區公所派員警負責看守，職婦團體票匭分別送交總工會、市商會等指導所內亦由員警負責看守。24 日於各監察員嚴密監視下，分別開票，當天晚上完成所有開票工作，25 日先後將所有票匭報告表送交選舉事務所。選舉委員會特於 25 日下午 5 時在市府召開第 8 次會議，由杜兼主席委員建時主持，出席委員徐治、朱德武、胡夢舉（韓克敬代），列席兼總幹事馮步洲、科長王增培。席間對於區域國大代表及該市職婦團體國大代表當選及候補人員於審核後發表。其屬於全國性職婦團體各種工會等之當選及候補名單，則另行呈由全國性職婦團體選舉事務所核記。至於第 7 區官壽街投票所第 84 號票匭內選票 9,889 張，則靜候法律處理，另行計算。[412]

　　江蘇省各縣市候選人之選票也陸續開出，如無錫縣國民大會代表選舉，於 23 日圓滿完成，城鄉各投票所票匭陸續送至縣府集中，縣選舉事務所湯總幹事，於 24 日親電各區及職團負責人，對如期將票匭集中表示慰問。下午該所舉行第 13

411　〈大選開票第三日，職業團體全揭曉，新聞記者馮有真得票最多〉，《中央日報》，上海，民國 36 年 11 月 27 日，第 4 版。

412　〈津國代選舉選票計算完了，選舉事務所昨召開會議，當選及候補者名單發表〉，《大公報》，天津，民國 36 年 11 月 26 日，第 4 版。

次委員會，決定 25 日上午 9 時起開始開票，分兩日辦理完竣。
25 日當天，縣府動員全體職員，分 5 處同時開票。[413]

　　儀徵縣於 23 日投票完畢，25 日上午 8 時在縣府大禮堂
當眾開票，各機關皆派代表前往參與此一神聖之儀式，至下
午 5 時乃告竣事，結果包明叔以 68,710 票當選，章今默、趙
東木、歐陽晏清 3 人爲候補國大代表。[414]徐州市於 24 日上午
8 時在市商會開票，全市選民爲 255,822 人，選票達 249,149
票，棄權者不及 25 分之 1。現將江蘇省區域及職婦團體開票
結果列表於後，以供參考。

表 5-33：江蘇省徐州市國大代表各類選舉候選人得票數一覽表

選舉類別		候選人姓名	候選人得票數 （票）	備　註
區　域 選　舉		賈韞山	67,170	當　選
		藍伯華	19,402	候　補
		葛砥石	8,830	候　補
		宋廣仁	3,791	候　補
地方性 職婦團 體	農　會	王振先	18,062	
	工　會	祁仰希	23,267	
	商　會	王繹齋	6,224	
	教育會	江學珠	399	
	婦女會	李崇祐	24,870	
	律師公會	蔣慰祖	19	
	西醫公會	徐梓南	553	
	中醫公會	陳存仁	92	
	記者公會	馮有真	64	

---

413 〈各地競選如火如荼，熱烈宣傳公正投票〉，《中央日報》，南京，民
　　國 36 年 11 月 29 日，第 7 版。
414 〈選舉熱浪遍中國，國大代表揭榜時〉，《中央日報》，南京，民國
　　36 年 12 月 2 日，第 7 版。

全國性職婦團體	電信公會	朱一成	282	
	鐵路工會	湯本照	3,356	
	回　民	馮慶鴻	1,010	
	教　育	羅家倫	30	

資料來源：〈選舉熱浪遍中國，國大代表揭榜時〉，《中央日報》，南京，民國 36 年 12 月 2 日，第 7 版。

　　而浙江省吳興縣國大代表選舉完畢後,於 25 日在縣府大禮堂當眾開票，惟全部點檢完成約須 1 週。據 1 日來開票情形觀察，以國民黨戴傳賢、凌以安兩氏獲票最多。教育會多集中於朱家驊 1 人，農會以顧本得票最多，記者公會以孫義慈較多，次為馬星野，工會可說為陸煜 1 人所包辦。工礦團體首推陳勤士，商會則一致投金潤泉，青年黨潘潤田亦獲相當票數。[415]

　　至於臺灣省各縣市之開票情形，除台北縣所轄之羅東、太平、南澳等鄉鎮因受水災危害，澎湖縣因受季風之吹襲，均不能如期舉行投票，自然開票時間亦順延數日外，其餘各縣市均依照既定時程，順利完成開票工作，共選出黃及時等 19 名區域代表，以及洪火煉等 8 名職婦團體代表。[416]

　　在海外華僑之投開票方面，據僑務委員會報告，海外華僑選舉工作數月以來，經僑居國外國民選務所積極推動，辦理情形尚稱良好。南美洲古巴一地，我僑胞旅居此地者為數

---

415 〈選舉熱浪遍中國，國大代表揭榜時〉，《中央日報》，南京，民國 36 年 12 月 2 日，第 7 版。
416 中央選舉委員會編：《中華民國選舉統計提要（35-76 年）》，頁 17。〈各地區域國大代表五市續經揭曉〉，《自立晚報》，台北，民國 36 年 11 月 26 日，第 1 版。

甚多，該地國大代表選舉工作進行順利，業已如期完成。據
電告，「古巴全國境內，我國僑胞選舉分設投票所 43 處，選
民 1 萬餘人，均熱烈參與投票，秩序井然，極獲當地外報之讚
譽。古巴政府頗表贊成，並予協助，故選舉情形甚為圓滿」。[417]

　　又，美國東部華僑選舉國大代表 2 名之結果，於 6 日獲
得決定。蓋美東部選區中最大城市紐約之選票已計算竣事。
此間國民黨支部執行委員伍天生，以獨立派人士身分競選，
獲得 1,200 票。中華公社主席陳宗海以國民黨員身分競選，
獲得 937 票。國民黨員李覺之及巴爾的摩爾福建僑胞領袖陳
兆明分獲 471 票及 127 票。雖然華盛頓、波士頓、費城、巴
爾的摩爾及其他東部各城之選票約有 1 千張尚未統計，但自
上述結果觀之，伍天生及陳中海 2 人諒能當選。蓋東部各地
之其他選票將不能影响大局也。而美國西部和中部地區之選
舉及開票情形，在本章第二節「海外華僑代表之選舉」中已
有論述，在此不再贅述。但據我國駐紐約張總領事稱，「美國
東部僑胞之選舉，秩序井然，張氏對此次選舉相當順利之結
果，甚感滿意」。[418]

　　由以上之論述可以得知，當時全國各省市除部分地區因
延後選舉，所以開票時間較遲外，其他均能在既定的時程內
開票完畢，甚至海外華僑地區也都順利地完成開票事宜。

417　〈僑選進行順利，美東部獲初步結果〉，《中央日報》，南京，民國
　　36 年 11 月 28 日，第 4 版。
418　〈僑選進行順利，美東部獲初步結果〉，《中央日報》，南京，民國
　　36 年 11 月 28 日，第 4 版。

第四節　選舉之弊端與糾紛之處理

　　中國自民初以迄 36 年，政府曾舉辦過多次選舉，雖然每次選舉都能在既定時間內完成，但事後檢討，仍覺得有許多不盡理想之處，追究原因，則在各種弊端之發生。雖然此次選舉，在選前政府一再叮嚀，務必「恪遵法令，依循正軌，以爭取選民之同情，不得有宴集餽贈暨威脅利誘或其他非法舞弊情事。各級辦理選舉人員及選舉人並應依循正軌，鄭重將事，倘有故違，應即電主管機關，認真檢舉，而裨選政」，[419]並認為此次選舉，「關係憲政實施暨建國前途至深且鉅」。[420]然，不法之事仍一再發生。陳之邁在制憲國大代表選舉時，在其〈論國民大會的選舉〉一文中即曾提到，發生舞弊情事的基本原因在於「中國自民國建立以來，政局始終動盪不安，政府不能有效的訓導人民行使政權，致使民主政治的理念無法在民間普遍扎根，是以一般選民對民主政治仍缺乏深刻的認識，推行成效自然不佳」。[421]此次選舉正是如此，弊病百出，其中又以舞弊行為的發生最為嚴重，不但使原有的選舉美意遭到破壞，更使得國家威信掃地，民主政治的發展受到重大阻礙。

---

419 〈國民大會代表選舉事務案〉，《國民政府檔案》，國史館藏，檔號：0111.41/6077.8，頁 21、22。
420 同前註，頁 27。
421 陳之邁：〈論國民大會的選舉〉，《獨立評論》，第 220 號（民國 26 年 4 月 18 日出版），頁 5。

　　除此之外，國民黨內部的派系鬥爭，也直接影響此次選舉，使選情更加複雜。為便於對此次選舉所發生的舞弊行為和糾紛問題的解決有進一步的了解，現分別加以敘述並說明之。

一、選舉之弊端

（一）賄　選

　　在歷次所發生的選舉舞弊事件中，賄選可說是最被普遍使用且影響最為嚴重的一種方式。賄選之所以盛行，除因候選人及其助選人員希望以「微薄小利」促使選民支持一己之外，主要原因是多數選民不了解選舉的意義及選舉的可貴與神聖，常誤認選舉為發財的終南捷徑。[422]

　　張朋園教授在其論著「從民初國會選舉看政治參與」一文中指出：

> 「控制票櫃及賄賂選票，在選舉史上為兩個不同程度的腐化行為，權力的取得，如能奮臂攫取，則賄賂亦嫌代價過昂，及至不能明目張膽以武力奪取選票，賄賂始廣為運用」。[423]

　　由此可知，在歷次的選舉中，賄賂選民和收買選票均普

422　許秀碧：《民國二年的國會 ── 國會的背景分析》，（台北市：國立政治大學政治研究所碩士論文，民國 66 年 7 月），頁 94。

423　張朋園：〈從民初國會選舉看政治參與-兼論蛻變中的政治優異分子〉，《中國近代現代史論集》，第 19 編，民初政治（一）（台北市：臺灣商務印書館股份有限公司，民國 75 年 6 月初版），頁 51。

遍存在著。如民初第一屆與第二屆國會議員的選舉，以及民國 35 年制憲國大代表的選舉均是如此。此次政府為了辦好行憲國大代表的選舉，可謂費盡心力，無論對選務人員、候選人或選民等都嚴格要求必須遵守法令，不得有違規舞弊等不法情事發生，但事情的發展並非如此，賄買選票之事仍不時發生。其中又以酒食宴飲最為普遍，我們亦可由檔案資料中之記載看出。如國府委員鄭湘濤等 14 人，已看出此一問題的嚴重性，並在國務會議第 4 次聯席會議中，提請政府重視此一問題，嚴禁候選人任意宴客，以杜選舉之舞弊。並指出部分候選人在其選區內「大宴其客，借此拉票，至為熱烈，亦有至酒店醵貲酒食，歡逐奢侈成風。明為聯歡，暗送行情，甚至利用袍哥會互相動武，收買身份證，預為居奇，種種色色花樣翻新，奇奇怪怪恬無廉恥……」。[424]因此認為此種宴客競選之惡例，政府確實應該嚴加禁止才是。

　　另有安徽省繁昌縣青年分團主任謝鴻軒者亦是如此，謝於其任內，不但不服從命令，甚至詆毀中央，侮辱領袖。更為嚴重的是此次國大代表選舉，原被該省會報列為候補人後，以為大勢已去，乃運用銅臭孤注一擲，向其本姓公堂及親友挪借稻穀鉅款實行宴客賄選，共費去國幣 3 億元之鉅。每鄉設筵數十席至百餘席之多，直到投票時猶在佈置，每人入場時遞給紙煙 3 隻，各投票所辦事人員助其舞弊者，每人贈金星水筆 1 桿，故其票數全由酒肉禮品交換而來。是以此種干法犯禁，在所不顧之行為，何能充代表，樹立廉潔風尚。

---

424 〈國民大會代表選舉事務案〉，《國民政府檔案》，國史館藏，檔號：0111.41/6077.8，頁 24。

因此引起該縣現任省府參議鮑士鎏等人之不滿，將其罪狀呈請選舉總所張厲生主席委員，請予以撤銷其當選資格，並依法嚴懲，以重選舉而慰輿情。[425]

　　廣東省海豐縣長黃幹英，在其任內參加蕉嶺縣國大代表選舉，並利用縣長身分花錢賄買選民簽名，承認其為國大代表候選人，每名給款 10 萬元、20 萬元不等，已用去 3、4 億元，並聲言準備再用 10 億元強姦民意，總以達到目的為止。此種逞錢藉勢，違背選舉法規，破壞民主真義的行為，引起蕉嶺縣參議會之抗議，將其惡行告之選舉總所，並懇請張厲生主席委員察核迅賜嚴究，以維法紀。[426]

　　此外，尚有江蘇省吳縣部分選區之投票所，選前並未將所有候選人姓名公布，致使選民欲投選當事人而不可得。此乃一、二位候選人事先以金錢運動主持選舉場所之鄉鎮長作弊之關係，[427]此亦屬賄選之一例。又，南京市 9 區農會會員鄒學詩等向主管機關呈控大地主華德臣利用物質誘惑選民違法競選：「華德臣原係國民黨員，竟不遵照中央規定，向京市黨部登記，反敢冒充社會賢達，採用 5 百人題名方式矇蔽上聰投機競選，因彼擁有大量洲地，各洲均有佃戶供其榨取，彼因政府現已實行扶植自耕農與佃農之政策，恐與彼不利，故不惜運用手腕希圖獲選俾可抬高身價，依然榨取佃農血

425　〈安徽省選舉訴訟案〉，《內政部檔案》，國史館藏，目錄號：127，案卷號：1019，頁 53。

426　〈廣東省選舉訴訟案〉，《內政部檔案》，國史館藏，目錄號：127，案卷號：1033，頁 8。

427　〈江蘇省選舉訴訟案〉，《內政部檔案》，國史館藏，目錄號：127，案卷號：1017，頁 69。

汗，任其揮霍，其用心不堪設想等情，事關選務，相應電請查照核辦為荷」。[428]

湖北省黃陂縣國大代表候選人吳仲行，利用此次選舉，賄賂公行，參與競選。該員時任國防部撫恤處處長，派該處上校秘書陳作璽攜帶巨款，專程自南京回黃陂活動。陳除到四鄉活動，宴請各鄉保長之外，又在其住所，逐日酒食徵逐，卑詞厚市，延攬新知舊識。紙牌、麻將日必數場，所有來客賭資均由陳供給，輸贏不計。[429]

臺灣地區亦有類似賄選情形發生，知識水準較低之平民百姓，較易為候選人收買賄賂。如投票當天，有一苦力除了手拿選舉權證外，還有 1 張「懇請惠賜一票」的名片，說是昨天有人送了 1 斤米給他，還交給他 1 張名片，告訴他今天寫選票時，照樣寫之。[430]

由以上這些敘述可以得知，候選人最常用的舞弊辦法，就是利用金錢賄買選票，至於以酒食徵逐，設宴款待選民，更是家常便飯常有的事。因此，如果選民及候選人都能了解選舉的意義和選舉的可貴與神聖，不將選舉視為發財的終南捷徑，或許可減少許多賄選等不法情事的發生。

（二）政府官吏的參與舞弊

候選人除了因賄買選票而造成舞弊行為外，在這次選舉

428 〈南京市選舉訴訟案〉，《內政部檔案》，國史館藏，目錄號：127，案卷號：1042，頁 23、24。
429 劉明遠：〈黃陂縣國大代表競選內幕〉，《武漢文史資料》，第 4 輯（武漢文史資料，1987 年 12 月），頁 135。
430 〈大選插曲〉，《自立晚報》，台北，民國 36 年 11 月 22 日，第 1 版。

中，政府官吏以及選務人員也都參與了舞弊，其中尤以政府官員親自干預選舉，參與舞弊，影響最為嚴重。這些官員非但未能保持行政中立，甚且利用其既有的特權，上下其手操縱干預選舉。不但違反選舉法規，也使這次的選舉蒙上陰影。這些政府官員包括有鄉鎮長、區長、縣長，甚至部分省分之省主席亦參與其事。

首先以鄉鎮區長而言，江蘇省吳縣某鄉鎮區長受到一、二位候選人之金錢賄賂，而未將轄區內候選人姓名完全公布，致使部分候選人得不到選民之選票而落選。此外，該縣黃埭區所轄各鄉鎮於選舉完畢，將選舉票甌解送縣城時，行經黃埭區長門前，即被身穿便衣者 8、9 人截至該區長家中，私自開啓票甌 4 只，換掉選票，經縣府發覺，並由各機關派人到場制止，重行加封提至縣府，然已真相不符了。再者西區區長強迫選民選舉其指定之人，選民若不允，竟以機槍威脅，以致選民全數逃避，該區長乃膽大妄為，將全部選票 1 人包辦，選其指定之人。至於選舉權證則不完全發出，選舉票之獨手包辦，到處請酒送錢，運動作弊，種種非法行為罄竹難書，因此該縣選民劉許道明等人乃將這些不法情事具呈選舉總所，請派人徹查，並要求此次非法選舉無效，應予重選，以孚民望。[431]

該省之丹陽縣有數位鄉鎮長亦復如此，縣長於省選舉事務所領回選票後，即飭令各鄉鎮長來縣選所，按各鄉鎮選民人數多寡領取選舉票。表面看來好像是極其慎重，大公無私，

---

431 〈江蘇省選舉訴訟案〉，《內政部檔案》，國史館藏，目錄號：127，案卷號：1017，頁 70-72。

實際上許多鄉鎮參與投票之選民寥寥無幾，全由各鄉鎮長僱人代填選票，千篇一律地納入甌中，然後再把票甌送進縣府集中，定期開票。[432]

天津市第 7 區亦發生舞弊事件，該區國代候選人李墨元向選委會控告該區區長劉楚箴，於 11 月 21 日下午在區公所召集 6 個投票所幹事，要求為時子周想辦法增加票數，乃於 22 日中午 12 時，乘監察人員午間用饍之時，7 區保戶總幹事穆以寧等 3 人偷出選舉票千餘張，在南市夜市事務所第 7、8、9、11 保辦公處繕「時子周」後陸續分疊投入 43 號投票所票甌內。天津選委會據報後，特於市府召開第 7 次會議，研討處理辦法，由主席委員杜建時主持，各委員亦均出席，並對劉楚箴、穆以寧違規部分做了處置，第 43 號投票所內兩投票甌亦加封條查封，交警察第 7 分局保管。[433]

除了鄉鎮區長參與舞弊外，還有多位縣長因干預選舉而涉嫌舞弊，遭人檢舉。由檔案文獻中可以看出，縣長在這些政府官員中，涉嫌舞弊所佔的比率最高，這或許是因為當時的選舉是以縣為單位的關係，縣長較容易上下其手。就以廣東省徐聞縣而言，該縣在大選期間，縣長陳桐以武力脅迫，不准選候選人鄭振葵的選民入場投票。且開槍將所轄之下洋鎮投票所內之選民擊斃 1 人，傷 1 人，前山鎮傷 2 人。而前山、下洋、曲界、白龍 4 投票所亦因此而罷選，如此之行為

---

432 蔡伯川：〈青年黨在丹陽獲選國大代表之內幕〉，《鹽城縣文史資料》，第 1、2 輯（中國人民政治協商會議鹽城市郊區委員會文史資料委員會，1984 年元月重印），頁 285。

433 〈選舉官司李墨元控劉區長舞弊，選委會決交警局查覆〉，《大公報》，天津，民國 36 年 11 月 24 日，第 5 版。

造成流血事件，引起選民慌恐不安。[434]

安徽省潁上縣縣長兼選舉事務所主席委員高瞻，行為更為囂張、狂妄，於選舉時利用職權包辦選舉，威脅詐欺，無所不用其極，縣民王壽山等人乃上電選舉總所，控訴其違法舞弊之事項。如縣選舉事務所竟不遵照法定日期公告候選人姓名，致使候選人權益受損。另，未經縣選所委員會議通過擅派投票監察員，擅派槍兵分赴各鄉鎮脅迫選民，對不願選舉縣長所支持之「常法毅」者，立即予以脅迫，輕則驅逐，重則毆打或看管。更甚者勒令各鄉鎮長必須舞弊威脅選民，務使其候選人常法毅當選。凡此種種都說明了縣長違法舞弊之行為。[435]

江蘇省睢寧縣縣長朱伯鴻，在辦理國大代表選舉時，不遵中央命令，支持未經中央提名之另一國民黨員陳會端競選，此種違法行為，引起其他選民不滿，要求選舉總所取銷陳會端當選資格。[436]

山東省高唐縣徐縣長亦復如此，不但獨斷專行，且又違法貪污，劣跡不勝枚舉。如該縣地方人士為縣選舉事務所同仁募集一筆福利費，交由徐縣長轉發，不意竟被徐縣長吞蝕。另，由省府所發給縣選務單位之選舉經費共計 380 萬元，但徐縣長只發了 3 百萬元，其餘 80 萬元亦被其本人吞蝕了。再

434 〈廣東省選舉訴訟案〉，《內政部檔案》，國史館藏，目錄號：127，
　　案卷號：1033，頁 58。

435 〈安徽省選舉訴訟案〉，《內政部檔案》，國史館藏，目錄號：127，
　　案卷號：1019，頁 30。

436 〈江蘇省選舉訴訟案〉，《內政部檔案》，國史館藏，目錄號：127，
　　案卷號：1017，頁 86。

者，該縣在選舉國大代表時只有選民 7 千 9 百餘人，至立法
委員選舉開票時竟增至 2 萬 8 千餘票，此突然增加的 1 萬 9
千餘票從何而來，所內同仁一概不知，顯然係徐縣長偽造選
民數之結果。此外，該縣選舉事務所自成立以迄結束，縣長
從未召集選舉委員開會討論選舉事務，所有一切均由徐縣長
1 人決定，此種行為確屬獨斷專行。[437]

　　至於縣長與黨務人員相互勾結，操控選舉，亦有多起，
如廣東省靈山縣參議會寧克烈，控訴該縣縣長及黨部書記長
包辦選舉，違法舞弊。[438]而東北憲政實施促進會委員康兆庚
控訴候選人韓靖淪勾結瀋陽縣縣長馬克禮與縣黨部書記長張
樞，在此次選舉中操控選舉，違法亂紀，一意孤行。除將其
所貼宣傳標語撕去，並以其本人之標語粘蓋其上外，復對各
投票所加以控制，選民如欲入投票所投票時，均先問其選何
人，如所說之人非姓韓者，即令其退出，不准入內投票。即
便有選民入投票所內欲書寫候選人姓名時，這些人竟不顧投
票場地之規定，大聲指令選民寫韓靖淪方可，否則勒令退出
或令寫廢票。此種目無法紀，囂張行為，縣長及縣黨部書記
長均未加制止，任其為所欲為，此對選務機關而言，自是一
大諷刺。[439]

　　除了以上所述地方縣長違法舞弊外，某些省份竟連省主

437 〈山東省選舉訴訟案〉，《內政部檔案》，國史館藏，目錄號：127，
　　案卷號：1010，頁 48、49。
438 〈國民大會代表選舉事務案〉，《國民政府檔案》，國史館藏，檔號：
　　0111.41/6077.9，頁 46。
439 〈國民大會代表選舉事務案〉，《國民政府檔案》，國史館藏，檔號：
　　0111.41/6077.01-15，頁 82-86。

席亦參與舞弊，就以寧夏省主席馬鴻逵為例，馬主席平日作
為已令該省省民不滿，今值國大代表選舉，馬主席復利用其
權勢，開始操縱選舉，違法舞弊。寧夏省旅外各地同鄉聯合
會向國民政府蔣主席控訴其違法之行為，由國史館所藏《國
民政府檔案》中之記載即可知其梗概：

「查寧夏省政府馬主席鴻逵主寧迄 15 年，積黨政軍
權於一身，割據稱雄無惡不作，舉凡百政莫不集黑暗
之大成，壯丁悉被徵拔，田園隨處荒蕪，其有丁遺之
民盡屬疲癃殘疾之人，致寧夏雖為中華版圖，實則已
成甌脫之域，寧民何辜遭此荼毒，……呈請速解其軍
政大權，另簡賢能，用救時弊，無如下情終難上達，
只有暗自飲泣，現值大選，馬氏更毫無忌憚，已開始
包辦操縱選舉，排擠地方忠貞人士，拒而不予登記為
候選人，亦不依法辦理選務，凡彼所報稱之候選人儘
屬其爪牙親信，多非本省籍貫且與人民為敵者。如中
樞早不加察，勢必中其奸術，非僅剝奪全寧人民權
利，抑且破壞憲政百年大計，而阻礙民治建國之方
針，長此以往，寧民將無噍類，國運更受其影響，為
此推定本省孚望之士雷啟霖、袁金章、司以忠等三人
面謁鈞座，痛陳下情懇乞俯准，變寧夏選舉辦法，逕
由中樞直接提名遴選，並請准予撤換馬鴻逵，另簡賢
能主寧，則國家幸甚，寧民幸甚」。[440]

寧夏省除了馬主席有違法舞弊之行為外，復傳出該省蒙

---

[440] 〈國民大會代表選舉事務案〉，《國民政府檔案》，國史館藏，檔號：
0111.41/6077.01-14，頁 67-69。

藏區國大代表選舉，阿拉善旗亦有舞弊之行為。該旗投票共分 7 個區域，第 1 區在定遠營，其餘 6 個區域在沙窩為巴格，候選人經公布者為羅巴圖孟柯、陳那笋巴圖、張元忻、鄭禮範等 4 人。11 月 21 日，第 1 區各機關及各界選民前往位於中正蒙古學校之投票所投票。其餘 6 個區域票匭及選票並未分發至各區辦理，事後調查才知道均在旗政府財政處，由達王及羅巴圖孟柯及陳那笋巴圖兩人自行分派票數秘密私填，並非由人民選舉產生，[441]如此作法自屬舞弊之行為。

另，廣東省萬寧縣行政督察專員兼剿匪指揮官蔡勁軍為使其弟蔡篤恭順利當選，憑恃武力包辦選舉，調派武裝士兵分赴各投票場所，藉名維持秩序，實則誇耀威勢，予選民以武力威脅並勒令各鄉鄉長不顧一切實行包辦。如「寧二鄉選舉時，蔡勁軍令派萬陵保自衛總隊長龍步雲率領自衛隊前往該鄉投票所實行威脅，並嗾使專署秘書卓雲台，鄉長卓克禮等一手包辦。每當選民持選舉權證請發選舉票，卓雲台等必先問是否選舉蔡篤恭，否則拒絕發票，且將之驅逐出所，此種情形該鄉數千選民均歷歷可證，……」。[442]

由以上之敘述可知，這些政府官員的舞弊行為，不但對選民造成不良印象，也直接影響到整個國家的形象。

（三）選務人員之徇私舞弊

此次行憲國民大會代表選舉，除了政府官員從中舞弊，

---

441 〈蒙藏選舉訴訟案〉，《內政部檔案》，國史館藏，目錄號：127，案卷號：1041，頁 3。

442 〈廣東省選舉訴訟案〉，《內政部檔案》，國史館藏，目錄號：127，案卷號：1033，頁 149、150。

造成選風敗壞，負責承辦選務工作的選務人員也利用其職務上之方便，徇私舞弊，如此之行徑實令人感到遺憾，而此種作爲自然影響到整個選政。我們可由當時的檔案資料，可以看出這些選務人員如何從中舞弊。如廣東省選舉事務所委員黃國政，控告該縣選舉事務所主席委員饒邦泰，在主持該縣選務工作時，犯下多起舞弊事件。如爲了袒護己方之候選人，故意延後公布其他候選人之姓名，以及安排己方人員參與投票所內投票事務，以致發生扣留、盜匿、搶寫、塗毀選票之事，其本人竟視若罔聞。甚而爲了達到勝選，不惜違反選務人員應持中立之態度，反而幫助己方候選人公開活動和拉票，[443]這些行爲都有違選罷法之規定，且爲人所不齒。

除此之外，河南省選務單位之同仁，亦發生不法情事。開封縣國民黨員彭河山等人，檢舉該縣選舉事務所委員段武潘，該員非但謊報學歷，甚且以選舉委員身分，擅自列名競選，此種行爲嚴重違反國大代表選舉罷免法施行條例第 28 條「選務人員均不得於其辦理選舉之區域內爲國民大會代表候選人」之規定，因此遭人檢舉，並請依法予以剔除，以杜冒濫而符法令。[444]無獨有偶的是，四川省內江縣國大代表之選舉，亦發生此一類似事件，該縣國代候選人有兩人，一是國民黨中央圈定的郭嘉儀，一是經 5 百名以上選民簽署提名的許伯洲。郭嘉儀雖被黨中央圈定爲候選人，但其本身復兼

---

443 〈廣東省選舉訴訟案〉，《內政部檔案》，國史館藏，目錄號：127，案卷號：1033，頁 97。

444 〈河南省選舉訴訟案〉，《內政部檔案》，國史館藏，目錄號：127，案卷號：1011，頁 13、14。

第 3 選區之選舉委員，理應不得參選，因此遭人檢舉，並要求撤銷其候選人之資格，但選務單位並未處理，仍准其參選，結果還當選該縣之代表。許因此憤而提槍找郭理論，最後達成協議，竟然是在此 5 年任期內，雙方各任兩年半，此即"輪流坐庄"之由來。[445]看畢此一協議，實令人感到痛心，竟有如此不遵守法令之國大代表，豈可將"代表"一職私相授受。

該省固始縣選舉事務所主席委員趙襄吾，亦因違法包辦選舉而遭人檢舉，據檔案記載：

「查本縣選舉事務所兼主席委員趙襄吾對於此次國大代表選舉，並未公告選舉日期和投票場所，將選舉票握存包辦，竟私擅捏報選舉結果，一手掩盡 40 萬人民耳目，剝奪 27 萬選民公權，撕毀憲法與國大代表選舉罷免法，似此舞弊當選，自應無效，……為此聯名電請鑒核，准飭再行依法公開投票，以維選政而重民意，……」。[446]

湖北省竹溪縣國大代表選舉，亦是如此，縣長為確保上級所交待之候選人務必當選，採取偷樑換柱的方法，叫人趕寫當事人之選票，乘管理員熟睡之時，將票櫃抬到縣長室撬開底板，再把寫好的原票換入，事後再將票櫃放回原處。[447]如此完成換票工作，當事人也順利當選上該縣之代表。

445 肖晴天：〈憶內江縣的"國大"和"立委"選舉〉，《內江市市中區文史資料選輯》，第 25 輯（中國人民政治協商會議內江市市中區委員會文史資料委員會，1987 年 12 月），頁 65、66。
446 〈河南省選舉訴訟案〉，《內政部檔案》，國史館藏，目錄號：127，案卷號：1011，頁 63、64。
447 賀覺非：〈記竹溪縣國大代表的選舉〉，《湖北文史資料》，第 5 輯（湖北文史資料，1982 年 6 月，第 1 版），頁 117。

尤有甚者，部分地區之選務人員，竟將選民之選舉權證扣押，不予發還，亦不發給選票，引起所有選民不滿而群起抗議。如北平市第 2 區第 1 投票所選所工作人員即是如此，非但將選民所遞交之選舉權證扣押，復不發給選票，因此引起該區北平中學進修班學生之不滿，前往理論，投票所負責人承認此項行爲不當，與該進修班具結，風波乃暫告一段落。[448]

更令人感到荒謬的是江蘇省丹陽縣的選舉，選務人員奉上級指示，爲使青年黨之候選人余康當選，在開票前演出換龍盜鳳的把戲。縣長指示將所有票匭啓封，取出選票計算，將國民黨候選人裴元鼎多餘之票取出，付之一炬，而易以空白票，填上余康之名，分別塞於各匭中，再以由省所帶回之封條重行封于匭上，開票結果，余康果然順利當選。事後，省選舉事務所以縣長遵從指示，達成任務，特以辦理選舉事務成績優良傳令嘉獎，同時也發給總幹事獎狀一紙。反之，江蘇省南通縣則未能依照上級指示，選出青年黨之代表，結果縣長竟因而被撤職。[449]由此可知，此次國大代表選舉，由於中央顧及友黨當選名額，事先不得不做名額的分配，並指示地方選務單位配合，才有如此之結果，但不論如何，此種作法均屬舞弊行爲，實不足法。

（四）候選人自身之舞弊

除了選務人員違法舞弊，候選人自身之舞弊，也是相當

---

448 〈北平大選一風波，進修班一工友投票被擋，全體員生往爭，選所認錯〉，《大公報》，天津，民國 36 年 11 月 24 日，第 2 版。

449 蔡伯川：〈青年黨在丹陽獲選國大代表之內幕〉，《鹽城縣文史資料》，第 1、2 輯，頁 286、287。

嚴重的問題，雖然選前選舉總所爲杜絕此種不良習氣，也曾通令各省，要求候選人在競選時務必遵守規定。

　　但部分候選人仍無視法令之規定，運用各種不當手段，以求勝選。其舞弊之情形，以南京市職婦團體候選人之選舉而言，該市職婦團體候選人沈慧蓮，不但憑藉職權破壞選舉，復於投票期間「利用職權把持一切，並於場外派出幹部排斥他人之選民前往投票，而選所一部分負責人又復秉承其意旨留難異己，便利個人，遂至神聖之選舉變成御用之集團舞弊，層出不窮，醜態到處畢露，……」。[450]

　　除了南京市職婦團體沈慧蓮利用職權把持投票所外，尚有廣東省之候選人鄭振葵，以暴力手段威脅選民最爲嚴重，由當時檔案資料可知，「……據下洋鄉長兼投票所主任管理員陽文偉，監察員陳胡清報告，該鄉競選人鄭振葵在下邑圩該競選辦事處先藏機槍兩挺，當 21 日開始投票即派其黨羽林大騰、蘇兆麒、鄭家興等數十人懷短槍美其名爲競選工作人員，遍布場所外面，威脅選民，擴張設獸豬籠數具於選場門首，聲言威脅異己之保甲長，是日選民千餘到場投票，有張志光、郝方仲兩人不服威脅，竟被重傷，復拉至鄭振葵競選辦事處擅行公審，繼而槍聲四起，射殺張宗祥 1 名，又追擊保長李耀唐、陳光昌等，包圍投票所，聲勢洶洶秩序大亂，無法維持，投票所人員幸雇訓中隊隊長陳鍾北掩護救出，迫至停頓選舉等情，至管理投票所當日，亦受鄭之黨羽鼓動搗亂，以石擲擊辦理選務人員，同樣陷於搗亂，職早知鄭振葵參加競

---

450 〈南京市選舉訴訟案〉，《內政部檔案》，國史館藏，目錄號：127，
　　案卷號：1042，頁 18。

選是別有企圖，煽動選民暴動，經以成梗特電請省府核辦在案，……」。[451]

依照「國民大會代表選舉罷免法施行條例」第 2 條之規定，「中華民國國民，合於國民大會代表選舉罷免法第 5 條之規定，而在縣市區域居住 6 個月以上，或有住所達 1 年以上，或其本籍未變更者，在該縣市區域內有選舉權及被選舉權」。亦即候選人，必須是當地人才有資格參與競選，而此次選舉，竟有多人冒充他縣市之名而前來參選，顯然與施行條例第 2 條之規定不符。然此次江蘇省灌雲縣之選舉，竟有連雲市籍之汪寶瑄強行加入競選，不但違反選舉法令，抑且有背輿情。而汪寶瑄既係外境人，對於灌雲素無關係，一切向即隔閡，有何代表民意之可言，且伊既非灌雲人而強行競選灌雲國代，更可知其用心之不善。因此，灌雲人士對汪寶瑄強行冒籍競選，「群情鼎沸，一致拒絕」。[452]此外，尚有湖北省武昌縣國大代表當選人劉宗麟，不但冒籍，且冒名，因而遭到該縣參議會議員桂放勛、胡寅初等人控訴其非法當選，並請依法取消其當選資格。[453]

除了這些候選人冒籍參選外，選罷法施行條例第 9 條第 4 款規定，職婦團體所造報之候選人簿冊，必須將會員姓名、性別、年齡、籍貫、住所及從事該職業之年期記載之。亦即

---

451 〈廣東省選舉訴訟案〉，《內政部檔案》，國史館藏，目錄號：127，案卷號：1033，頁 112。

452 〈江蘇省選舉訴訟案〉，《內政部檔案》，國史館藏，目錄號：127，案卷號：1017，頁 28、29。

453 《有關選舉事項》，南京，中國第二歷史檔案館藏，全宗號：451（2），案卷號：37。

非從事該行業之人士不得參與該職業團體之競選。然此次安徽省工業團體之選舉，有一陳協五者欲參與競選，該人雖在蚌埠多年，但從未參加工會團體，且在淪陷期間並未離蚌，又設立豫源錢莊，從事敵偽經濟活動，爲皖省國民黨省黨部所不滿，因此陳雖爲國民黨黨員，並未獲得提名，然陳仍擅自登記參選，並冒工業團體之名選舉，甚至逢人大吹此次國大代表選舉，誓以 5 億元競選，此種上欺黨國，下騙人民之行動，自然引起地方人士不滿，乃聯名上書選舉總所，控訴其不法行爲，希望將其候選人資格剔除，俾使賢能者當選，而造福工界。[454]但最後這些正義之士仍不敵其銀彈攻勢而讓其當選，實在令人扼腕。

這些冒籍者既非本籍人士，又非從事該職業團體之成員，或祖輩即已外遷，老死不相往來者，都被「選舉風」給刮了回來，而從來不幹這一行道者也成了這一行道的成員，[455]真可謂是一十足的投機分子。

（五）事先指定當選人

此項事先指定當選人，係指候選人在競選期間，即由政府當局指定某一候選人必須當選之意，是中央勢力介入地方選舉的最佳例證。按理，中央政府在此次選舉中，應保持中立的態度才是，非但不應干預地方選務工作，更不可操控選

---

454 〈安徽省選舉訴訟案〉，《內政部檔案》，國史館藏，目錄號：127，案卷號：1019，頁 15。

455 梁上賢：〈湖北省僞大選一瞥〉，《湖北文史資料》，第 5 輯（1982 年 6 月，第 1 版），頁 111。

舉之進行，但由於國民黨爲顧及民、青兩黨能夠參與此次選舉，並使其候選人順利當選，以期達到既定的比例數，不得不有此行動。[456]亦即選舉總所依中央指示，於競選期間，明令告之地方選務單位，務必配合，選出該黨之候選人。[457]是以此種作法，雖然滿足了該黨之需求，但卻是一種舞弊的行爲，且是由中央主導其事的，我們由下列之例證，可以看出當時中央如何操控選舉。

以湖北省黃陂縣爲例，該縣選務單位將一切選舉工作準備就緒後，卻在正式投票之前幾天，縣政府和國民黨縣黨部同時接到國民黨中央組織部和中央選舉總所聯銜自南京發來的電令，要求黃陂縣國大代表席位由青年黨余家菊充任，爲確保余家菊獲選，原先之安排作廢，並將此「聯銜」原文分別用函件通知各競選人。最後縣選舉事務所採取了最便宜的作法，就是「將所有選舉權證一律不發給選民，也不經任何投票形式」。爲了照顧各競選人的面子和掩飾局外人的耳目，在票數上按一定的比例，分配給各競選人，縣選舉事務所乃

---

456 國民、青年、民社等 3 黨於 10 月 24 日晨會商，由孫科主持，出席者吳鐵城、蔣勻田、左舜生、徐傅霖、余家菊等 6 人。會中對選舉區域劃分問題曾作詳細商討。國民黨在若干地區非選舉不可者，民、青兩黨決不活動競選，民、青兩黨中如有 1 黨擬在某地非選舉不可者，國民黨及其他 1 黨亦不得在該區參加活動，互本謙讓原則，以促進選舉如期完成。見〈三黨會商競選問題，互本謙讓原則，以促選舉如期完成〉，《中央日報》，重慶，民國 36 年 10 月 25 日，第 2 版。

457 國民黨讓給民、青兩黨的縣份，是由中央命令省主席，省主席再命專員和縣長，必須將他們選出來，命令中就暗示著可以不擇手段。因之，由鄉鎮長或聯保主任雇人圈票，就是有人投別的人，到開票時，也可以將票調換。所以，當時那一個縣讓給民、青兩黨時，競選的人便說遇到「地雷」。其不擇手段的作票，已爲不爭的事實。見司馬既明：《蔣介石國大現形記》，（上），頁 56。

臨時抽調繕寫人員，關起門來填寫選票，百分之五十以上的
選票填寫余家菊，其餘 4 人各分若干票，僅在幾天之內就突
擊完成了。[458]

其次是湖南省農會，在國大代表選舉時，候選人左舜生
既非湖南省農會會員，又未參加農業團體，不符國大代表選
舉罷免法第 15 條之規定，竟被列為該團體之候選人，自然與
規定不合，其後當選為正式代表，因此遭到衡山縣農會理事
長王欽明等人之反對，電請撤銷其當選資格。[459]由此可以看
出左舜生的能夠順利當選，完全是受了上級指示，召開黨派
協商會議所作成的決定。

再者，浙江省永嘉縣教育會之候選人有江學珠、鄭通和、
陳石珠 3 人，均係中央核定之全國性國代候選人，縣黨部得
到上級指示後，乃密議該縣教育會，務須集中全力使此 3 人
當選，絕不可有任何變動，縣教育會乃將全縣 17,822 張選票
分投江學珠 6,822 張、鄭通和 9,000 張、陳石珠 2,000 張。[460]
如此之選舉，自然使得 3 人順利當選全國性教育團體之代
表，這可真是典型的「政府與黨派的權勢介入」。[461]

另，蔣相浦在「選舉國大代表的片斷回憶」一文中提及，
「根據 1947 年 2 月 12 日國民黨六屆中央常會第 55 次會議通

---

458 劉明遠：〈黃陂縣國大代表競選內幕〉，《武漢文史資料》，第 4 輯（武漢文史資料，1987 年 12 月），頁 138。

459 〈國民大會國民黨代表選舉案〉，《國民政府檔案》，國史館藏，檔號 0111.42/6077.123，頁 45。

460 〈國代選舉：全國教育會〉，《朱家驊檔案》，中央研究院近代史研究所藏，館藏號：301-01-13-047，頁 121。

461 張朋園：《中國民主政治的困境，1909-1949，晚清以來歷屆議會選舉述論》，頁 183。

過的《省市選舉指導委員會組織章程》的規定,各省應成立
選舉執行委員會,設委員 9-15 人,受中央指導委員會的指
導,負責各該省的選舉事宜。貴州省提名指導委員是梁寒操,
他於該年的 10 月 6 日召集選舉執行委員會成員 10 多人開座
談會(又叫匯報會),在會議上亮出了事先已圈定好的候選人
名單,會後並上報中央,隨即返京復命。雖然有多人憤憤不
平,聚眾開會,聯名向中央上告,並發出快郵代電,指責此
次會報不公,必予推翻,但在當時的情況下,鬧也沒有多大
作用。而梁寒操是代表中央來董其事的,雖然候選人提名顯
係選舉執行委員會所包辦,但它是在梁寒操的主持下決定
的,想推翻,談何容易。這種硬性提名(包括國大代表、立
法委員、監察委員候選人),同時也包括分配給民社黨和青年
黨的名額,而他們當中有的人其籍貫根本不是某縣人,也要
硬塞在某縣去作候選人,(如丹寨縣就是由民社黨的湖北人潘
墀作國大代表候選人)。又由各級地方政府採用或變相採用行
政命令支持。這種方式,當時在各省都引起強烈不滿,貴州
也是如此。被提名的當然要競選,沒有被提名的也要競選,
有些地區為此曾發生械鬥,從中央到地方到處都演出『雙包
案』」。[462]

　　由此敘述可以看出,上級官員硬性提名,不理會地方人
士之反應,並使這些候選人都能當選,充分顯示中央決定一
切,嚴格來說,皆屬弊端。

---

462 蔣相浦:〈選舉國大代表的片斷回憶〉,《貴州文史資料選輯》,第
　　24 輯(1986 年 12 月,第 1 版),頁 163、164。

（六）候選人自身行為不檢，品德不端

在這次選舉中，除前述各類不同的舞弊行為外，尚有許多候選人品德不端，行為不檢，甚至在抗戰期間參加敵偽組織，但卻仍能參與此次國大代表之選舉，自然引起許多選民不滿，因此而向選舉總所提出檢舉，甚至要求撤銷其候選人之資格。如安徽省太平縣有焦鳴鑾者，申請登記參與競選。據云，該員思想極不純正，且曾參與共產黨方面之工作，事後既未自首，復混入安徽建設研究會之小組織，企圖不軌，因被其他黨員發覺，上呈選舉總所主席委員張厲生，懇請將焦鳴鑾剔除，以利選舉而免後患。[463]然，遺憾的是此人並未因此而被取消參選資格，最後且被選為該省國大代表，令人感到不平。

其次江蘇省有若干縣分之候選人，亦復如此，非但行為不檢，且屬投機分子，選務單位在圈選名單時，或因一時不察而讓其系列候選人名單，甚至有些人還當選為代表，然而此種選舉結果，實令人感到遺憾而難以心服，現列舉數則說明如下：

> 江蘇省阜寧縣黨員王嵐僧（即王天潛），於宜興縣長任內迭遭地方百姓控告瀆職縱匪，並經省政府撤職候查。今復改名王嵐僧，加入青年黨，於選舉期間在各地煽惑國民黨員多人投機跨黨，並挑撥上海幫會領袖顧軒加入該黨，吸收上海各階層力量，並將累及國民

---

463 〈安徽省選舉訴訟案〉，《內政部檔案》，國史館藏，目錄號：127，案卷號：1019，頁7。

黨，因此阜寧縣國民黨員曹慕秋等 85 人深感支持此
類瀆職叛黨分子，有損本黨威信太大，特臚陳事實，
請中央拒徵而做效尤。[464]

丹陽縣國大代表候選人胡邁遭人檢舉，謂此人人面獸
心，因受其長官許世英之拔擢，方有今日之地位，然
其本人非但不知感恩圖報，反而與許之妾通姦，並使
其髮妻憤而自殺，成為殘廢，此種行為實屬不仁不
義，莫此為甚，因此若准其競選，非特我丹陽全縣 50
萬人之恥辱，抑且為我黨政長官之污點，此種行為應
受該縣全體民眾之譴責。[465]

溧水縣縣黨部在審查該縣國大代表候選人時，將王松
泉列入名單，並呈報中央核圈，遭到該縣旅京黨員之
非議。蓋王松泉係 63 歲之老人，新近加入青年黨，
竟朦報入團多年，此種欺騙組織之行為，若由中央核
圈為候選人，必與中央原先指導黨員競選之意旨相違
背，因此為了溧水黨務及團務前途計，理應將其候選
人資格刪除。[466]

此外，江蘇省有名賈廷申者，竟報名參加湖北省興山
縣之競選，遭人檢舉；實乃賈廷申在外設籍 40 餘年，
已與祖籍脫離關係，且其為人品行卑劣，並在鄂北販
賣鴉片，被當地軍警破獲，經由第 5 戰區長官部軍法

---

464 〈江蘇省選舉訴訟案〉，《內政部檔案》，國史館藏，目錄號：127，
　　案卷號：1017，頁 56、57。

465 〈國代選舉：江蘇省〉，《朱家驊檔案》，中央研究院近代史研究所藏，
　　館藏號：301-01-13-018，頁 29。

466 同前註，頁 36。

處第 5 軍法執行監部及光化地方法院判處徒刑，成案
俱在可以覆查，因此興山縣人民代表陳邦本乃呈請中
央黨部選舉指導委員朱家驊於審查提名時予以剔
除，以肅黨紀而維選政。[467]

東台縣國大代表候選人韓寶鑑，在民國 33 年春，隨
訾鐵漢投降偽軍第 29 旅旅長徐容，充任偽少校政治
指導員，此種不顧廉恥之漢奸何能當本縣之國大代
表，自然引起東台縣民之不滿，誓死不能承認，因此
上書朱家驊部長，將其除名懲治，以伸正義而平人
心。[468]

由上之所述可以看出，部分候選人行為操守確有問題，
竟被提名為候選人，實令人難以置信。選務單位事先若能對
候選人之言行操守表現詳加調查，應可選出更為理想的人
選，也可避免許多無謂的紛爭。

（七）操縱選舉之舞弊

在這次選舉中，除了前面所述許多舞弊之行為外，對這
次選舉造成另一種傷害的，就是有心人士和土豪劣紳操控把
持地方上的選舉。

江蘇省常熟縣國大代表候選人龐樹森，抗戰期間，與偽
江蘇省民政廳長張逆北生勾結，陷害我抗戰工作同志，此種
投機分子不僅為地方所不齒，更為國法所難容。嗣後龐樹森

---

467 〈國代選舉：江蘇省〉，《朱家驊檔案》，中央研究院近代史研究所藏，
　　館藏號：301-01-13-018，頁 46。
468 同前註，頁 59。

利用敵偽勢力經營商業，積有資財，此次選舉彼以政客手段大肆奔走活動，自縣府領出選民之選舉權證，僱人包辦抄寫，由彼支付每張法幣伍拾元之抄寫費，此即典型以金錢掌控地方選舉之惡劣行為，實令人感到切齒。[469]

至於土豪劣紳在地方上的惡行惡狀，更加速此次的選舉惡質化。陳之邁在其「論國民大會的選舉」一文中指出，「土豪劣紳勢力之大，即地方上的長官也不得不去逢迎敷衍，他們操縱選舉，更是易如反掌的」。[470]尤其在 1 個選民對民主的認知不足，本身知識水準又未達既有的水準前，這種地方選舉極易被其操控。[471]江蘇省宜興縣國大代表候選人楊翹新即是一典型之土劣，其劣行真是罄竹難書，非但組織地痞集團武裝競選，且又賄買省社會處長薛秋泉，支持其為第一名候選人。因此宜興縣黨員及全體民眾哭叩朱家驊委員，請註銷楊翹新之競選資格，另圈賢能以順民意，而維黨譽不勝迫切。[472]

河南省洧川縣惡豪馬錫霖，原於 33 年 12 月間擔任該縣縣長，供職年餘毫無建樹，而瀆職貪污案件不勝枚舉。省政府依縣民之呈控，查有實據，於 35 年 6 月將該縣長撤職查辦，

---

469 〈國代選舉：江蘇省〉，《朱家驊檔案》，中央研究院近代史研究所藏，館藏號：301-01-13-018，頁 32。

470 陳之邁：〈論國民大會的選舉〉，《獨立評論》，第 220 號（民國 26 年 4 月 18 日出版），頁 7。

471 至於選舉，鄉下的民眾，絕大多數是不識字的，不識字便見聞不廣，知道的不多，容易受愚。對於這種選舉，尤其不知道它的重要性，只要他們認為有力量的人說一句話就成了。見司馬既明：《蔣介石國大現形記》（上），頁 57。

472 〈國代選舉：江蘇省〉，《朱家驊檔案》，中央研究院近代史研究所藏，館藏號：301-01-13-018，頁 30。

並移送許昌地方法院依法辦理。當時馬錫霖欲參加此次國大代表選舉，依國民大會代表選舉罷免法第 5 條第 2 項之規定，「曾服公務而有貪污行為經判決確定者不得為候選人」。馬不僅不自反省，反令其擔任該縣參議會議長之弟馬國聘，假其議長勢力強迫縣民，提名簽署競選該縣之國大代表，致使縣民嘖有煩言，因而上書選舉總所，懇請將馬錫霖提名簽署登記資格取消。[473]

　　浙江省天台縣國大代表候選人金瑞林，唆使武裝勢力勾結地痞流氓在各投票所威脅選民，扣毆管理員，搶扣選票，焚燒鄉長房屋，製造糾紛，搗亂選舉，事態嚴重，縣黨部特電請省府派保安隊前往鎮壓。此外，縉雲縣亦發生選民遭人毆打綁架之事，即選民應國士者，因不受該縣國代候選人施北衡之驅使，遭到毆傷並將其綁架而失蹤，其妻王綺雲急電省府請求營救。省選所電飭該縣選所予以徹查，但並無下文。由此可見，這些候選人勾結土豪劣紳、地痞流氓、無賴，在地方上為非作歹，妨礙選舉順利進行，其影響是相當大的。[474]

　　此外，國民黨部分黨工人員亦利用職權，威脅選民，操控選舉，使其本人順利當選。如安徽省盧江縣城兩度被匪攻陷，人民紛紛逃亡他鄉，此城早已成為混亂狀態，無法舉辦選舉，該省省黨部副主委張宗良唆使盧江選舉事務所阻止他人競選，指定盧江青年團職員在縣城寫票，閉門造車，選舉

---

473 〈河南省選舉訴訟案〉，《內政部檔案》，國史館藏，目錄號：127，案卷號：1011，頁 2、3。

474 〈閩浙蘇選舉糾紛〉，《申報》，上海，民國 36 年 11 月 26 日，第 1 張，（一）。

伊爲該縣國大代表，在其本人操控之下，自然順利地當選。
如此之行爲遂引起該縣選民之不滿，而提出抗議，要求選舉
總所張主席委員屬生，撤銷其當選資格，並宣布張宗良包辦
之盧江國大代表選舉無效。[475]

同樣的，江西省崇義縣黨部書記長張政聲，利用職權，
朦蔽工會，操縱選舉，其違法行爲引起選民不滿，上書中央
執行委員會秘書長，請黨部予以制裁，並撤銷該縣候選人吳
祥益當選資格。[476]

由以上之論述可知，部分黨工人員違法濫權的行爲，非
但使黨所提名的候選人未能當選，更使選民對該黨產生惡劣
的印象，這些都對黨造成既定的傷害。

綜觀這次選舉，雖然弊端不少，且不斷發生，主要還是
在於一般選民對民主的認識不足、知識程度低落、政府官員
不能信守中立，以及選務工作人員從中舞弊等。因此要想改
善這些缺點，可從提昇選民知識水準方面做起，即讓一般民
眾對民主和法治觀念有更正確的認識，儘量將舞弊等不法情
事降到最低點。

其次我們亦應了解，民主政治就是民意政治，而表達民
意最好的方法就是選舉，它是近代民主制度的產物，也是實
施民主政治的主要管道，任何候選人想要參與政治，政黨想
要掌握政權，唯有從選舉着手，透過清白選舉，獲得廣大選

---

[475]〈安徽省選舉訴訟案〉，《內政部檔案》，國史館藏，目錄號：127，
　　案卷號：1019，頁 127。
[476]〈國民大會代表選舉事務案〉，《國民政府檔案》，國史館藏，檔號：
　　0111.41/6077.9，頁 41。

民的支持，才能贏得最後的勝利。

　　以上所述，係區域代表於選舉時所發生的舞弊事件。蒙藏地區和邊疆地區之土著民族選舉時亦發生類似事件。蒙藏委員會人事主任張秀熙，竟串通外人將數百張選舉權證出賣，每張索價 10 萬元，致使該委員會全體員工無法參與投票，如此目無法紀、破壞憲政運動之推行，實令人不齒。[477]

　　除了在選舉過程中有不法之舞弊行為發生外，嚴重的冒籍事件，也同樣在蒙藏地區發生。青海西寧市之陳炳源和互助縣之張振邦，兩人確係漢人，但竟妄用地方權勢，冒當青海右翼盟及左翼盟蒙籍國大代表。楊立君係北平市人，亦冒用哲里木盟蒙籍當選為國大代表。另有倪純義者，確係江蘇省漢人，竟勾結權勢，串通哲里木盟選舉監督，共同作弊，偽造選票 2 萬餘張，而該盟具選舉資格之選民僅 4 千餘人，彼等妄用權力，破壞憲法，擾亂選政，欺矇政府，愚弄蒙民，剝奪蒙民權利等行為，令所有蒙胞感到痛心。[478]為此，蒙古旅京同學會以及蒙古青年聯誼社聯合上電選舉總所，希望爭取自己的權利，維護憲法，堅決否認彼等為蒙籍國大代表，並請撤銷其國大代表資格。但這些遭檢舉涉嫌舞弊之候選人，並未見選舉總所對其有任何處置，且陳那笋巴圖和楊立君、張振邦等人也順利當選為代表，這對其他候選人而言，確屬不公。

　　至於邊疆地區之少數民族在此次選舉中，亦發生舞弊事

---

477 〈蒙藏選舉訴訟案〉，《內政部檔案》，國史館藏，目錄號：127，案卷號：1041，頁 13。

478 同前註，頁 15。

件。一些不肖之候選人為達勝選目的，不惜非法操控選舉，致使邊疆地區之選舉遭受蒙羞。

以湖南省而言，當地漢族候選人為求順利當選，竟鼓動邊胞，嗾使違法，以苗招漢，甚至強制整個苗鄉保長全部申報為漢族，如此則增加了漢族投票人數，但相對的使邊區土著民族之選民人數減少，不但影響選舉的公正性，更使政府垂愛邊民之美意受到嚴重之打擊。因此該省邊民石啓賢等人向選舉總所提出檢舉，懇請該所重視此一問題，設法制止此一不法行為。[479]

貴州省亦復如此，該省政府與省選舉事務所、省黨部等單位，聯合組成國代立委選舉會議，竟被少數人操控，勾結派系，串同舞弊，將一般不三不四之流的候選人提名在前，忠實黨員與賢能人士均被排斥列於最後，此舉不但違反民意，且與中央之意旨不符，因此引起該省邊民楊漢光等 91 人聯名簽署，提出抗議，並懇請選舉總所「垂察實情，速飭令廢除此次黔省邊疆民族選舉會報舞弊記分提名方式，依法重行選舉，以重邊政而免糾紛」。[480]

二、選舉糾紛之發生

除了上述選舉舞弊事件層出不窮的發生外，在這次選舉過程中，也發生了許多選舉糾紛的事，這些糾紛也給選務單

---

479 〈有關邊疆民族選舉案〉，《內政部檔案》，國史館藏，目錄號：127，案卷號：974，頁 34。
480 同前註，頁 40、41。

位帶來許多的困擾。

　　據上海《申報》36 年 11 月 23 日福州電文記載，福建省林森縣大選糾紛殊多，據悉該縣陳厝、江濱兩鄉保長及劣紳囤積選舉權證，導致選民無法投票，而江濱鄉投票匭內塞滿選票，雙方因此發生嚴重衝突，投票所也被群眾毀損。[481]而該縣之榕橋及雙鄉兩投票所，亦於大選之第 3 日下午為選民劫走投票匭，致使部分選民無從投票，引起糾紛，省選所據報後，急電南京選舉總所請示如何處理。[482]閩東長樂縣崑石鄉林姓鄉民，集隊前往投票所時，與高樓鄉陳姓鄉民發生衝突，林方鳴槍示威，並擲手榴彈，雙方互有死傷。又該縣譚頭鎮亦發生糾紛，毀投票匭及傷監票員。[483]

　　河北省亦發生選民搗毀票匭之事，由於北平市有流亡縣分 90 餘縣，定於 37 年 2 月 1 日起 3 天在北平市之黃獸醫胡同、霞公府、大佛寺 3 處設有投票所。1 日早晨黃獸醫胡同及霞公府兩處選民擁擠不堪，守衛警察力量不夠，秩序大亂，一部分選民衝入監督選舉人辦公室，搗毀票匭及一部分選票，致使投票無法進行。大佛寺雖未發生暴亂事件，但秩序亦不甚好，選舉事務所乃施行緊急措施，停止投票並宣布選票作廢，另定日期再行選舉。[484]復因選舉再次受到阻礙，無法順利進行，而又告延期。

481 〈各地選舉竣事，閩林森縣起糾紛投票所被毀〉，《申報》，上海，民國 36 年 11 月 24 日，第 1 張，（一）。

482 〈閩浙蘇選舉糾紛〉，《申報》，上海，民國 36 年 11 月 26 日，第 1 張，（一）。

483 同註 481。

484 〈冀省平區選舉未成，票匭搗毀選票被搶，選所宣布延期選票作廢〉，《大公報》，天津，民國 37 年 2 月 2 日，第 2 版。

　　湖南省婦女團體之選舉，原候選人褚淑亞得票最多，依法當選，而另一候選人凌智得票較少，理應列為候補人。然，國民大會秘書處所編之「代表通訊錄」上竟附註褚淑亞任前兩年，凌智任後 4 年，如此之決定，不知根據何項規定，致使褚淑亞權益受損，褚本人得知此一消息後不勝駭異，除上呈國民黨中央黨部鄭重聲明外，另又上書給國民大會秘書處，要求予以更正。[485]其後由「第一屆國民大會當選代表名冊」一書中得知，褚淑亞仍列名為該省婦女團體之代表，亦即經此抗議後，褚本人終於保住了自己的代表席位。

　　遼寧省撫順縣在此次選舉中亦發生一糾紛事件，即該縣原本所選出的代表為張其威，但行憲國民大會召開時，竟由得票次多的王今文僭越行事，出席大會實屬不當。張乃上書國民大會秘書處，要求制止此種不合法之行為。[486]後由「當選代表名冊」中所列撫順之代表確為其本人，亦即秘書處做了更正，並恢復其原有之合法資格，使之明正言順的成為撫順縣民所選出之代表。

　　湖南省茶陵縣，亦發生一選舉糾紛案，原本當選之代表是蕭光國，然竟有人以蕭光國名義發出偽造的寅豔電，表示其本人自願將代表資格讓與劉柔遠。消息傳出，群情憤慨，該縣縣民陳潤湘、黃景福等乃率選民 44,184 人，上電國民大會秘書處代表資格審查委員會，要求仍以蕭光國為該縣代

485　《為代表通訊錄附註淑亞任前兩年，凌智任後四年，不知何所根據，特　　　請賜予更正由》（1948 年 4-6 月，第三宗），南京，中國第二歷史檔案　　　館藏，全宗號：451，案卷號：537。

486　《函請制止王今文出席由》（1948 年 4-6 月，第三宗），南京，中國第　　　二歷史檔案館藏，全宗號：451，案卷號：537。

表。其後張厲生主席委員指示選舉總所，追查偽造人，俟確定後，再行核辦；一面電湖南省選舉事務所，就近查明豔電來源報核。[487]然由「當選代表名冊」中所列，得知該縣當選人竟是劉柔遠，亦即蕭光國之當選資格確實已遭撤換。

廣東省徐聞縣國大代表之選舉亦發生糾紛問題，且更為複雜。即候選人鄭振葵曾上書選舉總所，認為徐聞縣在此次國大代表選舉時發生舞弊案，事後經廣東高等法院湛江分院判決無效，因此應制止當選人何犖出席大會才是。[488]然，當選人何犖亦上書選舉總所主席委員張厲生，謂鄭振葵於大選期間率同黨回縣，乘機作亂，其後被通緝，逃匿湛江市，並密召其同黨王克之等人，聯名向湛江高分院誣控徐聞縣選所包辦選舉，湛江高分院根據此一偽證，並歪曲事實，認為徐聞縣選所組織不合法等不實理由，遽然判徐聞縣選舉無效，全縣縣民聞後為之譁然。由於當選之代表何犖早已領取當選證書，且出席國民代表大會選舉總統，完成任務。因此，當何犖等人聽此一不合法之宣判後，異常憤慨，一致請求徐聞縣選所提起再審，並請省選舉事務所轉送至選舉總所察核，亦請中央黨部暨選舉總所賜予維持徐聞選舉原案，俾免奸黨利用重選機會再謀叛亂，危害國家。[489]然，事後「當選代表名冊」中所列該縣之當選人仍是何犖，可見並未將其當選資格取消。

---

487 《偽國大代表蕭光國等選舉舞弊糾紛情形》（1948 年 7 月-1949 年 8 月），南京，中國第二歷史檔案館藏，全宗號：451，案卷號：537。

488 〈廣東省選舉訴訟案〉，《內政部檔案》，國史館藏，目錄號：127，案卷號：1034，頁 29。

489 同前註，頁 36、37。

　　在這次選舉中，最讓人感到棘手的問題就是「以黨讓黨」。由於部分當選代表係以簽署方式參與競選，事後國民黨為使民、青兩黨當選代表人數增加，乃採用此一辦法，勸導這些用簽署方式當選之黨員同意退讓。事實上這些被勸退之代表已依法當選，且堅持司法院之解釋，因而反對退讓，以致於發生「抬棺絕食」之抗爭事件。由於事態非常嚴重，且日以繼夜的在選舉總所或國民大會堂前抗議，歷時數星期之久，未能解決，最後政府當局只有採取強硬手段，強制執行，將這些抗議代表抬離國民大會堂，[490]暫時解決此一抗爭行動。但問題並未因而解決，換來的卻是代表們憤懣之心，以及對政府的極度失望和失去信心。其後國共鬥爭日益嚴重，局勢也隨之逆轉，終於導致政權不穩，山河變色，不得不說與此次選舉有若干的關係。

　　至於滿族、海外華僑，以及職業團體在本次選舉時亦都發生一些糾紛事件，自然也影響選務工作之進行，在此略為敘述。首先以滿族之選舉為例，該族在此次選舉中所選出的國大代表金光平，原名恆煦，在日本統治東北時期與溥侗共同附逆，並遭通緝有案，今竟利用化名和賄選方式當選國代出席大會，此種行為時為滿族之恥，亦為國法所不容，因此北平滿族協會乃提出控訴，並要求選舉總所正視此一問題。[491]選舉總事務所將此一附逆通緝案交由該所法制組查核。[492]至

---

490 司馬既明：《蔣介石國大現形記》（上），頁 102、103。
491 〈滿族選舉結果案〉，《內政部檔案》，國史館藏，目錄號：127，案卷號：711，頁 89。
492 同前註。

於法制組如何處理則不得而知，但可以知道的是未見其有被
取銷當選資格的任何消息，仍然名列在當選名單中。

　　另，北平市參議員費燕之，原名費燕知，係國民黨所提
名之滿族國代候選人。經人檢舉，以往有通敵之嫌，乃訴請
選舉總所將其競選資格取銷。然，選舉總所謂，無權取銷競
選資格，所幸選舉結果，該員並未當選。[493]

　　其次是在此次國代選舉中，滿族之候選人彼此間亦發生
一些小糾紛，然均能順利解決，實屬幸事。即滿族國大代表
留京候選人關穎凱、富聖廉、音德善、吳雲鵬、馬冕羣等 5
人聯袂致函選舉總所，抗議瀋陽市市長兼瀋陽市選舉事務所
主任委員金鑪，認為該員係現任官吏，竟不知迴避，反參與
此次滿族國大代表之選舉，如此做法顯然不遵守選舉法規，
因而訴請選舉總所予以處理。選舉總所在答覆此一問題時認
為「滿族之選舉係全國合選，其參選不受任何選區之限制」。
[494]如此化解了此一紛爭。而金鑪本人亦以第 2 高票當選滿族
代表，此不能不說與其所擔任之官職有關，而關穎凱等 5 人
均未能當選此次之國大代表。

　　在海外華僑選舉方面，亦發生一些糾紛事件，如第 4 區
（加拿大）國大代表候選人林逸川呈請控訴選舉舞弊案，第
11 區（占美加等）國大代表候選人蔡禮昌等前後控告選舉舞
弊，以及第 23 區（印度等）國大代表候選人余緒賢控告候補
人陳林虎威脅選舉等案例。其中以第 11 區之蔡禮昌控告該區

493　〈滿族選舉結果案〉，《內政部檔案》，國史館藏，目錄號：127，案
　　　卷號：711，頁 43。
494　同前註，頁 53-56。

選舉事務所之幹事李熾昌違背法紀，未能組織委員會，蓄意實行包辦選舉，並列舉 9 大理由控訴之，請予宣判選舉無效。[495] 最後曾公義獲得最多選票，並當選該區代表，而非蔡禮昌。[496]

在訴訟案方面，以第 6 區（墨西哥）國大代表候選人黃燦富等呈，控告選舉舞弊案，據僑民選舉事務所表報，已將有關全卷移送首都高等法院核辦，選舉總所函僑民選舉事務所速電該院提前審判，並將判決書檢寄選舉總所，以憑核辦。[497]

至於職業團體之代表，雖都順利選出，但在選舉過程中仍不免發生賄選舞弊和糾紛之事，實感遺憾。如雲南省昆明市總工會國代候選人羅鑑，因有賄選嫌疑，經該市選舉事務所查出，而取消其被選之資格。[498]江蘇省蘇州縣選所各委員在巡視各投票所時，發現西區區長陳兌甫違法控制各鄉鎮選舉，指導員且有違規包庇選舉情事，其後經由委員顧自羽派指導員杜中丞將其逮解縣府法辦。[499]另，該縣東吳鎮亦發生選舉糾紛之事，即該鎮辦事人員強迫選民簡孝忠必須選舉某候選人，未順其意，竟扯破簡某長袍，簡遂投地檢處申告，並檢舉該鎮鎮長陸志誠，違反選舉意志並妨害自由。[500]

儘管如此，但不可否認的是，各省市仍有許多選務人員

---

495 〈外僑訴訟案〉，《內政部檔案》，國史館藏，目錄號：127，案卷號：1055，頁 106。

496 同註 495，頁 123。

497 同註 495。

498 〈各地國代選舉陸續揭曉〉，《中央日報》，南京，民國 36 年 11 月 26 日，第 2 版。

499 〈國代選舉第 2 日〉，《申報》，上海，民國 36 年 11 月 23 日，第 1 張，（二）。

500 同前註。

兢兢業業的為選務工作而付出,如浙江省民政廳阮廳長與杭州市周市長清晨即聯袂巡視各投票所,並親自糾正選民在投票手續上錯誤之處。[501]另,天津市長杜建時與各選舉委員自上午 9 時起即分別至各投票所巡視,至下午 5 時返回市府,並將所見交換意見,做成決議後,由市長交待各投票所加以改善,尤其要求驗證人員應嚴予校對國民身分證所貼相片與本人是否相符,以及各投票所主任與監察人員應認真檢視代書人,以免所寫者非選民之本意。[502]由此可以看出,這些選務人員都是盡職負責的。

第五節　選舉結果之分析

　　此次國民大會代表選舉,各省市選務單位陸續完成開票事宜後,許多候選人也都當選為正式代表。綏靖區和蒙藏代表之選舉,也依國民政府所頒布的「選舉補充條例」之規定,完成了選舉,選出了代表,第一屆行憲國民大會代表之選務工作依法正式辦理完畢。

　　綜觀此次選舉,可說是民國建立以來,所辦最大規模的選舉,所有的候選人都熱烈參與競選,選務人員也以敬業的精神籌備所有選務工作,而選民更是抱著既興奮又期待的心

---

501 〈到處一片投票聲〉,《中央日報》,南京,民國 36 年 11 月 22 日,第 2 版。

502 〈杜市長巡視投票所,選委會各委員昨日交換意見,監察人應認真監視代書人〉,《大公報》,天津,民國 36 年 11 月 22 日,第 5 版。

情來迎接此一盛事。

　　所以，當青年黨主席曾琦在第 1 天投票時，巡查各地選民投票情形，即有感而發曰：「此次試行普選，有此情形已屬難得，相信 6 年以後第 2 次普選，其熱烈必更勝過於今日」。[503]民社黨主席張君勱於 22 日亦對此次大選發表私人觀感稱：「此次大選在我國歷史上尚屬創舉，故其影響於今後民主憲政之推進，當極重大，綜觀選舉進行二日來之情形，容有使人不盡滿意之處，但一般尚屬良好，值得欣慰，希望大家自此益加奮勉，為憲政奠定堅固之基礎」。[504]由此可知，兩位黨主席對此次大選均給予正面之肯定。

　　然在此次選舉中，除了部分省市因屬綏靖區而延後辦理外，其他各省市均按照既定時程完成投開票工作。但由這次的選舉，亦讓人發現中國本身內部存在一嚴重問題，而此一問題在當時而言，即是指一般選民的知識程度太低，以及對選舉國大代表一事不能了解其真意義和重要性，[505]以致於在投票時鬧出若干笑話。如邊區選民約百分之 70 都是煩人代書。[506]這些選民進入投票所後，不但不認識候選人，甚且不知要選誰，只好胡亂指 1 人，由代書草草書寫了事。[507]就連

503　〈曾琦談大選觀感，相信下屆選舉必更激烈〉，《大公報》，天津，民國 36 年 11 月 22 日，第 2 版。

504　〈看誰當選？選舉國代最後一天〉，《中央日報》，南京，民國 36 年 11 月 23 日，第 2 版。

505　〈杜建時 —— 選民與民主政治的前途〉，《大公報》，天津，民國 36 年 8 月 23 日，第 3 版。

506　〈杜兼主席委員談普選觀感，認為一般人教育水準低〉，《大公報》，天津，民國 36 年 11 月 23 日，第 5 版。

507　〈代書人寫票有自做主張者〉，《大公報》，天津，民國 36 年 11 月

北平市亦復如此，據報載，「……至於不識字的老百姓，他們完全是被勸誘著接受選舉權證，被請上汽車送到投票所，手裡拿著候選人的小卡片，請代寫一下，然後又被送回來，他們心頭是麻木的」。[508]還有一位老太婆，手裡拿著選舉證，顫巍巍的走到投票所，以為是善救總署在發放麵粉等，[509]還有選民在投票時，欲將選舉權證連同投票一併投入票匭內，幸監察人員及時發現予以阻止。[510]更可笑的是有一擦皮鞋的選民，在與同行朋友閒談時，談及此次選舉，竟說這是選總統，並說：「我們擦皮鞋的能不能當選總統」，引起了一陣哄笑。他的朋友還說：「我若當了總統，先買輛洋車圍著天津市轉三圈再說」。[511]凡此都說明了這些選民對此次大選之認識實感不足。

因此，選後許多有識之士即已發現，要想順利推動憲政運動，除了政府必須長時間來教導民眾認識了解民主和憲政方面的常識外，還要設法提昇一般選民的知識水準，以及積極推動「掃盲運動」。[512]因為當時大家都認為中國需要民主，但國民教育水準的提高，才是民主真實的外衣。[513]

除了以上所論述的選後需設法提昇選民的知識水準外，

---

22 日，第 5 版。

508 〈李紫尼 —— 故都民主第一課〉，《中央日報》，南京，民國 36 年 12 月 2 日，第 7 版。

509 同註 508。

510 〈各地投票情形，民眾認識尚有未足〉，《大公報》，天津，民國 36 年 11 月 22 日，第 2 版。

511 〈老太太的身後，有人低聲叮囑〉，《大公報》，天津，民國 36 年 11 月 22 日，第 5 版。

512 同註 508。

513 同註 508。

選務單位在選民投票的過程中，仍不免發生一些小缺失，使得此次選舉有美中不足之感。其一爲在這次選舉中選民仍和制憲國大代表選舉一樣，必須在選票上書寫候選人之姓名後，再將選票投入票匭內。對於不識字的選民，選務單位仍設有代書人，代其書寫候選人姓名。然則此種辦法，易產生弊端，因此在制憲國大代表選舉後即已提出要求改善，希望將候選人姓名直接印在選票上，選民只需在選票上直接圈選候選人姓名即可，不需再另行用筆書寫或另請代書人代寫，但在此次選舉中，依然故我，未見有任何改善。有些代書人未能依照選民之指示書寫，多半自己做了主張，任意寫了其他候選人的名字，[514]因此難免又產生一些無謂的紛爭。

再者，許多投票所，由於設備簡陋，致使選民書寫選票之處不夠隱蔽，書寫候選人姓名時，常易暴露於外，而被外人所知，此種未能顧及選民隱私，常使選民之生命遭到威脅，這些都是選務單位必須改進的地方。因此胡適在參觀北平各投票所後，有感而發的說：「把握投票的秘密是很要緊的」。[515]

其次是，由這次的選舉可以看出，部分地區之選民投票率太低，顯示選民對選舉的冷漠。則由於氣候之影響，在11月至元月間舉行投票，氣候寒冷，冰天雪地，影響至大。[516]再則，一般民眾所關心的是如何解決現實問題，亦即如何

---

514 〈代書人寫票有自做主張者〉，《大公報》，天津，民國 36 年 11 月 22 日，第 5 版。

515 〈胡適參觀北平投票，認爲教育會投票所成績最好〉，《大公報》，天津，民國 36 年 11 月 23 日，第 2 版。

516 張朋園：《中國民主政治的困境，1904-1949（晚清以來歷屆議會選舉述論）》，頁 182。

解決民生問題才是最重要的。尤其是抗戰勝利後，正當國共交兵，物價飛漲，自顧不暇，要求毫無政治意識的人民去投票，幾為奢望。[517]我們亦可由當時的報紙所登載的一則消息可以看出選民不熱衷此次選舉的原因，「……一個報販向另一個報販問投了票沒有，答案意外的是『放賑我都沒有份，誰還有閒功夫去投票』？這似乎說明了一個真理，老百姓肚子吃不夠的時候，對於任何其他事情是不會發生多大興趣的」。[518]可見要想順利實施民主，推動憲政工作，也得讓人民衣食無虞，以及擁有一安定的生活環境才是最重要的。

　　儘管部分選民對此次選舉不感興趣，但絕大多數的選民都對這次選舉抱持既興奮又期待的心情來迎接這 1 天的到來。就以臺灣省而言，該省國民黨省黨部主任委員丘念台於 11 月 24 日舉行國父紀念週時曾云：「……本省係採用自由選舉，故省民特別感到興趣，多數競選人均能充份表現政見，不持勢力和金錢，可見本省同胞已具有高度的民主精神」。[519]是以該省在區域代表之選舉方面，總投票率竟高達 73.24％；職業團體的投票率也高達 79.17％。[520]可見臺灣選民是如何重視此次之選舉。

　　雖然選務單位在這次選舉中有這些缺失的問題存在，但

517 張朋園：《中國民主政治的困境，1904-1949（晚清以來歷屆議會選舉述論）》，頁 182。

518 〈老太太的身後，有人低聲叮囑〉，《大公報》，天津，民國 36 年 11 月 22 日，第 5 版。

519 〈國代名單部分揭曉，丘念台指出本省競選兩缺點〉，《大公報》，民國 36 年 11 月 25 日，第 3 版。

520 內政部，中央選舉委員會編：《中華民國選舉統計提要（35 年-76 年）》，頁 15、16。

不可否認的是他們也有表現優異的一面,而受人肯定。由報
上之登載可以得知,許多省市投票所之監理人員,認真負責
的態度,實令人感到欽佩。就以青島市為例,該市共有 115
處投票所,監理人員達千名以上,都是臨時調用市政府的職
員,在投票的前 1 天,曾受一整日的訓練,市長親自講解監
理工作應注意之事項,並親自演習投票。由於這些監理人員認
真負責的態度,使得該市「包攬選舉」的情事無由發生,甚
至對違規或舞弊之行為也極力加以防範,使其發生率降至最
低點。因此,青島市的選舉表現良好,最是值得被人稱讚。[521]

其次,北平市選委會主席委員何思源亦認為,「此次國大
選舉,雖屬創舉,但此三日情形堪稱良好,尤以全市辦理選
務人員,在零下五度酷冷天氣下,認真執行任務,實為難得」。
[522]甚至還有江蘇省泰興縣所轄之 2 區霞幕圩投票所之監察員
印希良於護送票甌至縣城途中,遭匪突擊,喪失性命。[523]而
臺灣省之台北市政府,為防止選民棄權,擬定了獎勵辦法,
凡鼓勵選民踴躍投票,成績優良之里長,由市長頒發獎狀與
獎牌,以茲鼓勵。[524]這都說明了地方選務人員盡忠職守,認
真負責的一面。

此外,由前節之論述可以得知,國民黨之候選人在這次

---

521 〈青島選舉素描〉,《中央日報》,南京,民國 36 年 11 月 30 日,第
　　6 版。
522 〈各地選所計票忙碌,首都結果明可揭曉〉,《中央日報》,南京,民
　　國 36 年 11 月 25 日,第 2 版。
523 〈江蘇省選舉結果案〉,《內政部檔案》,國史館藏,目錄號:127,
　　案卷號:492,頁 57。
524 〈台北 17 日中央社電〉,《中華日報》,臺灣,民國 36 年 11 月 18 日,
　　第 3 版。

選舉中當選人數最多。相對的民、青兩黨之候選人在各區得票率甚少，因而當選的人數也大爲減少，國民黨總裁蔣中正乃不得不採「以黨讓黨」的方式，來增加民、青兩黨之當選人數，此在上節中已有論述，在此不再多述。

　　雖然國民黨在此次選舉中獲得勝選，但各不同類別之選舉項目，究竟有多少選民參與選舉，其投票數以及投票率又是多少，我們由《內政部選舉檔案》中略可看出，現列表於後，以供參考。

表 5-34：首屆國民大會代表選舉概況表

民國 37 年 12 月底

類　　別	國民大會代表選舉概況			
	選舉人數（人）	投票數（票）	投票數佔選舉人數百分比(％)	備　註
各縣市及同等區域	163,792,547	128,017,968	78.16	遼北、吉林、上海市未據報，新疆省情形特殊無法查報，安徽、湖北、山東、河南、廣東、遼寧等省未報全。
蒙　　古	531,581	208,696	39.26	巴圖塞特奇勒圖中路盟、烏拉恩素珠克圖四路盟、青塞特奇勒圖盟及歸化土默特旗尙未據報。
西藏（註）	178,119	165,674	93.01	西藏地方尙未據報
邊疆地區各民族	991,108	682,833	68.90	尙未據報者未予列入

僑　　民	84,858	52,959	62.41	僑民除 4、5、6、8、9、10、17、19、23、41 各區填報外，餘均尚未據報。
全國性職婦團體				尚未據報。全國性職婦選所裁撤後，社會部已將該案轉飭各省市選所逕報本所
地方性職婦團體	13,814,141	9,780,537	70.80	安徽、四川、西康、山東、河南、陝西、廣東、遼北、吉林、熱河、新疆、上海市均尚未據報。
生活特殊國　　民	677,868	534,821	78.90	
總　　計	180,070,222	139,443,488	77.43	

資料來源：〈選舉概況表〉，《內政部檔案》，國史館藏，目錄號：127，
　　　　　案卷號：983，頁 1。

　　註：西藏部分，計分西藏地方及暫時旅居內地西藏人民與省區藏
　　　　民 3 種，共應選出代表 40 名。暫時旅居內地西藏人民應選出
　　　　代表 11 名，與省區藏民應選出代表 15 名，均全部選出。西
　　　　藏地方尚未據報，無法選舉，事後乃援用「選舉補充條例」，
　　　　補選之。

　　由以上所列之表可以看出，各縣市區域代表和西藏地區
選民投票率均很高，分別高達 78.16％和 93.01％，實因仍有
許多省份未將投票資料送至選舉總所之故。如區域代表之選
舉，部分省市未據報，部分省市則未報全，西藏地區則完全
未據報，是以此表之投票數據並不正確，只可做為參考用。

　　總之，這次國大代表之選舉，除部分選區因屬失陷區或
綏靖區而延後辦理選舉外，其他各省市區域均按照既定的時

程，完成投票事宜。由這次的投票我們亦可了解，部分選民因知識水準較低且對選舉一事無所認識，以致無法善用此張選票，殊屬遺憾，所以在選後即有許多有識之士紛紛認為，要想辦好選舉事務，政府除了應有計畫的向選民宣導和介紹有關實施憲政的一般常識外，如何提昇選民的教育水準和積極推動「掃盲運動」，確實是一件刻不容緩的事。

第六章　當選代表之比較分析

— 以江蘇、廣東、湖南、河南、南京、北平等 六省市當選區域代表之分析為例

　　此次應選出之國大代表，法定名額 3,045 人，實際選出 2,961 人，其中部分曾當選過制憲國民大會代表。

　　為對新選出之行憲國大代表有進一步之認識和了解，茲就這些代表之性別、年齡、學歷和經歷等 4 大類別加以說明和分析，並與制憲國大代表或民國初年所選出之 1、2 屆國會議員作一些比較。

　　由於這次選出之國大代表人數眾多，成分龐雜，且許多代表基本資料不全，若要一一整理分析，實難如願。現僅挑選部分省分與兩直轄市為代表加以分析。即以華東地區之江蘇省、華南地區之廣東省、華中地區之湖南省和華北地區之河南省，以及南京、北平兩直轄市選出之區域代表為分析對象。[1]至於職業團體或其他類別之代表，限於資料不全，無法加以分析。現乃針對此 6 省市所選出之區域代表，就其性別、年齡、教育背景和經歷等項目分別加以分析，或能對這些代

1　區域代表人數最多，資料亦較整齊，分析所得之數據也較客觀，故以區域代表為分析之對象。

表有進一步的認識和了解。

第一節　代表性別之分析

首先就性別方面論之，中國自古以來由於受到傳統思想的影響，總認為女子應以家庭為重，不應參與政治活動，即便後來推翻君主專制政權，建立了民國，並實施民主政治，但一般仍有此種思維，是以民國 2 年和 7 年，北京政府舉辦第一、二屆國會議員選舉，只准符合參眾兩院議員選舉法規定之男子才擁有選舉權和被選舉權，婦女是不能享有選舉權和被選舉權的。[2]

然自北伐完成，全國統一後，國民政府在其頒布的訓政時期約法第 6 條云：「中華民國國民，無男女種族宗教階級之區分，在法律上一律平等」。是以民國 26 年 5 月 21 日修正公布的制憲國民大會代表選舉法第 2 條規定：「中華民國人民，年滿 20 歲，經公民宣誓者，有選舉國民大會代表之權」。至

---

2 民國 2 年第 1 屆國會與民國 7 年第 2 屆國會議員之選舉，對選舉人與候選人都有許多的限制。民初第 1 屆國會議員的選舉，參議員選舉，候選人需年滿 30 歲；眾議員選舉，候選人需年滿 25 歲，選民則需 21 歲。民國 7 年，第二屆國會議員選舉時，參議員之選舉，候選人需年滿 35 歲；眾議員選舉，候選人需年滿 30 歲，選民則需 25 歲。此外，民 2 與民 7 參眾兩院之選舉人與候選人尚有學歷和財產等限制，以及居住選區 2 年以上的規定。至於婦女，民 2 與民 7 的選舉法均規定婦女是沒有選舉權的。參看許秀碧：《民國二年的國會 —— 國會的背景分析》（台北市：國立政治大學政治研究所碩士論文，民國 66 年 7 月），頁 71-73。李南海：《安福國會之研究 —— 民國七年～民國九年》（台中市：私立東海大學歷史研究所碩士論文，民國 70 年 6 月），頁 53-56。

於候選人之規定,不論區域或職業選舉,最基本的條件是:「凡具有選舉人之資格,年滿 25 歲者,均具有此資格」。由此可以看出,制憲國民大會代表選舉時,婦女不再受到排斥,和男性相同,均擁有選舉權和被選舉權。可以看出婦女的地位和權利已經和男子享有相同的待遇。

此次行憲國大代表之選舉亦復如此,只要符合國大代表選舉罷免法第 5 條之規定:「中華民國國民,年滿 20 歲,而無左列情事之一者,有選舉權,年滿 23 歲,而無左列情事之一者,有被選舉權」。或國大代表選舉罷免法施行條例第 2 條之規定:「中華民國國民,合於國民大會代表選舉罷免法第 5 條之規定,而在縣市區域居住 6 個月以上,或有住所達 1 年以上,或其本籍未變更者,在該縣市區域內有選舉及被選舉權」。由此可以看出,行憲國民大會代表之選舉,對選舉人或候選人而言,絕對沒有性別上之區分,甚而沒有財產或學歷之限制,在候選人之年齡上又由 25 歲放寬至 23 歲。

但是由附表 6-1 至 6-6,可以看出,此 6 省市所當選的代表仍以男性當選人數最多,計有 354 名,佔所有當選人數 93.4 %,比例很高。而女性代表在此 6 省市中只選出 25 位代表,佔所有當選代表人數的 6.6%。現列表於後,以供參考。

表 6-1:國民大會 6 省市當選區域代表性別綜合統計表

省市名稱	當選代表人數(人)		合計(人)
	男	女	
江蘇省	64	11	75
廣東省	99	4	103
湖南省	79	8	87
河南省	109	0	109

南京省	1	1	2
北平市	2	1	3
總　計（人）	354	25	379
比　例（％）	93.4	6.6	100

資料來源：1.〈河南省選舉結果案〉，《內政部檔案》，國史館藏，目錄
　　　　　　　號：127，案卷號：475。

　　　　2.〈江蘇省選舉結果案〉，《內政部檔案》，國史館藏，目錄
　　　　　　　號：127，案卷號：493。

　　　　3.〈湖南省選舉結果案〉，《內政部檔案》，國史館藏，目錄
　　　　　　　號：127，案卷號：521。

　　　　4.〈廣東省選舉結果案〉，《內政部檔案》，國史館藏，目錄
　　　　　　　號：127，案卷號：552。

　　　　5.〈南京市選舉結果案〉，《內政部檔案》，國史館藏，目錄
　　　　　　　號：127，案卷號：626。

　　　　6.〈北平市選舉結果案〉，《內政部檔案》，國史館藏，目錄
　　　　　　　號：127，案卷號：632。

　　而此 25 位女性代表，除了廣東省保亭縣之吳覺民是與其他男性候選人一齊參與競選而當選外，其餘 24 名女性代表都是因各省增加代表名額而當選的，亦即國民政府為解決原定名額之不敷分配問題，乃在民國 36 年 9 月 29 日重新修正並公布名額分配辦法，在所公布的辦法中，各省除原先已分配到之代表名額外，各省均獲增加數目不等之代表名額，但規定必須在這些名額中選出若干婦女代表，[3]由於河南省未增加名額，所以並未選出女性代表。其他如江蘇省增加 11 名女性候選代表，湖南省增加 8 名，廣東省增加 3 名，南京市 1 名，北平市 1 名，均如數選出，連同吳覺民共選出 25 名女性代表。

　　雖然所選出的女性代表人數並不多，但這些當選者的教

3　〈制定國民大會代表名額分配表〉，第 2875 號（民國 36 年 7 月 12 日）
　　《國民政府公報》，頁 1。

育程度都很高，如江蘇省當選之 11 名女性代表中，受過大學教育的竟有 8 人之多，其中顧安蒲於復旦大學畢業後復留學英國；袁行潔則留學法國；張林則畢業於南通學院之醫科。其他如沙毓奇和章繩以是師範學校畢業的，蔣佩儀則畢業於專科學校。

　　廣東省所選出的 4 位女性代表有 3 位曾留學國外，如李粹芳，畢業於美國南加州大學教育研究所，獲得碩士學位；孫陳淑英則畢業於美國加州斯耐爾女子學院；倫蘊珊畢業於中山大學教育系，亦曾留學瑞士家政學院。另 1 人則是吳覺民，畢業於廣東瓊崖師範學校，她們在事業上都有傑出的表現。

　　湖南省選出 8 位女性代表，均具大專以上之學歷。其中曾寶蓀和劉曼珠留學英國倫敦大學；蕭岷則留學法國，畢業於里昂高等美術建築專校。其他如蔣志雲畢業於復旦大學；吳琛肄業於武漢大學；范衡則畢業於北平大學女子學院；徐慧玉畢業於朝陽大學。此外，尚有周靜芷者，不但畢業於南開大學，甚且畢業於中央軍校武漢分校，這可說是所有女性代表中唯一畢業於軍事學校的。至於南京市和北平市各選出 1 位女性代表，分別是陳紀彝和吳慕墀。陳紀彝留學美國孟浩麗澳大學，後又畢業於哥倫比亞大學教育學院，獲得碩士學位；而吳慕墀則畢業於廣州聖希里達學院。

　　總之，這次行憲國大代表之選舉，此 6 省市雖選出 25 位女性代表，實乃係各省市多增加了當選代表名額，且必須選出既定數額的女性代表之故。若是去掉此 24 位增額代表數之外，實際上僅選出 1 位（吳覺民）代表而已。較之制憲國大代表選舉時，同樣的 6 省市所選出之區域性婦女代表人數

還少。[4]

　　因此，我們可以肯定的說，這次行憲國大代表選舉，各省市能夠增加代表名額，且選出多位婦女代表，與憲法第 134 條條文：「各種選舉，應規定婦女當選名額，其辦法以法律定之」之訂定有關，[5]所以選舉總所才依照憲法條文規定，增加各省市之代表名額，並選出定額的婦女代表，其原因即在此。

第二節　代表年齡之分析

　　依照行憲國民大會代表選舉罷免法之規定，參與競選之候選人必須年滿 23 歲，是以此次 6 省市中當選之代表，其年齡均在 23 歲以上，而本節所論述各省市代表之年齡，係以民國 36 年當選時之年齡爲準。

　　由附表 1～表 6 之所載，6 省市當選區域代表之資料觀之，其中以湖南省之徐慧玉最爲年輕，只有 29 歲。而以江蘇省選出之吳敬恆最爲年長，當選時已高齡 83 歲。一般學者作年齡之分析，係採 5 歲爲一組之分組觀察法來統計，現將此

4　制憲國民大會代表選舉時，此 6 省市共選出 3 位婦女代表，分別是從廣東、湖南、河南等 3 省選出的。如廣東省之伍智梅、湖南省之何玫、河南省的石清等 3 人。見李南海：《制憲國民大會代表選舉之歷程》（台北市：文京圖書有限公司，民國 87 年 10 月 24 日初版），頁 564 之表 5-8。

5　當初在制定此一條文時，婦女代表即一再要求政府重視婦女權益，原本堅持非將「婦女當選名額至少應佔 20%」字樣列入憲法條文中，後經協調，乃修正爲現今憲法第 134 條之條文。見李南海：〈制憲時期婦女爭取代表名額始末 ── 以國民大會代表之選舉爲例〉，《近代中國》雙月刊，第 123 期（台北市：近代中國雜誌社編輯，民國 87 年 2 月 25 日出版），頁 184、185。

6 省市當選之代表，依其不同之年齡層，分別分類統計，並列表於後，以供參考。

表 6-2：國民大會江蘇省當選代表年齡統計表

年齡級	當選人數（人）	所佔百分比（％）
26-30 歲	0	0
31-35 歲	3	4.00
36-40 歲	15	20.00
41-45 歲	26	34.67
46-50 歲	17	22.67
51-55 歲	3	4.00
56-60 歲	6	8
61-65 歲	1	1.33
66-70 歲	1	1.33
71-75 歲	1	1.33
76-80 歲	0	0
81-85 歲	1	1.33
不　明	1	1.33
合　計	75	100

資料來源：〈江蘇省選舉結果案〉，《內政部檔案》，國史館藏，目錄號：127，案卷號：493，頁 343-400。

表 6-3：國民大會廣東省當選代表年齡統計表

年齡級	當選人數（人）	所佔百分比（％）
26-30 歲	0	0
31-35 歲	11	10.68
36-40 歲	11	10.68
41-45 歲	25	24.27
46-50 歲	14	13.59
51-55 歲	19	18.45
56-60 歲	14	13.59
61-65 歲	3	2.91
66-70 歲	6	5.83
合　計	103	100

資料來源：1.〈廣東省選舉結果案〉，《內政部檔案》，國史館藏，目錄
　　　　　　　號：127，案卷號：552，頁 4-168。
　　　　　2.〈廣東省選舉結果案〉，《內政部檔案》，國史館藏，目錄
　　　　　　　號：127，案卷號：553，頁 108-288。

表 6-4：國民大會湖南省當選代表年齡統計表

年齡級	當選人數（人）	所佔百分比（％）
26-30 歲	2	2.30
31-35 歲	2	2.30
36-40 歲	14	16.09
41-45 歲	19	21.84
46-50 歲	22	25.29
51-55 歲	13	14.94
56-60 歲	7	8.05
61-65 歲	3	3.45
66-70 歲	1	1.15
不　明	4	4.59
合　計	87	100

資料來源：〈湖南省選舉結果案〉，《內政部檔案》，國史館藏，目錄
　　　　　號：127，案卷號：521，頁 86-131。

表 6-5：國民大會河南省當選代表年齡統計表

年齡級	當選人數（人）	所佔百分比（％）
26-30 歲	1	0.29
31-35 歲	4	3.67
36-40 歲	25	22.93
41-45 歲	30	27.52
46-50 歲	20	18.35
51-55 歲	7	6.42
56-60 歲	5	4.59
61-65 歲	1	0.92
不　明	16	14.68
合　計	109	100

資料來源：〈河南省選舉結果案〉，《內政部檔案》，國史館藏，目錄
　　　　　號：127，案卷號：475，頁 166-273。

表 6-6：國民大會南京市當選代表年齡統計表

年齡級	當選人數（人）	所佔百分比（％）
41-45 歲	0	0
46-50 歲	1	50
51-55 歲	1	50
合　計	2	100

資料來源：〈南京市選舉結果案〉，《內政部檔案》，國史館藏，目錄
　　　　　號：127，案卷號：626，頁 23。

表 6-7：國民大會北平市當選代表年齡統計表

年齡級	當選人數（人）	所佔百分比（％）
36-40 歲	1	33.33
41-45 歲	1	33.33
46-50 歲	1	33.33
合　計	3	100

資料來源：〈北平市選舉結果案〉，《內政部檔案》，國史館藏，目錄
　　　　　號：127，案卷號：632，頁 64。

表 6-8：國民大會 6 省市當選代表年齡綜合統計表

省市名稱　　年齡類別	江蘇省	廣東省	湖南省	河南省	南京市	北平市	共計（人）	百分比（％）
26-30 歲	0	0	2	1	0	0	3	0.8
31-35 歲	3	11	2	4	0	0	20	5.3
36-40 歲	15	11	14	25	0	1	65	17.4
41-45 歲	26	25	19	30	0	1	101	26.6
46-50 歲	17	14	22	20	1	1	75	19.9
51-55 歲	3	19	13	7	1	0	43	11.3

56-60 歲	6	14	7	5	0	0	32	8.4
61-65 歲	1	3	3	1	0	0	8	2.1
66-70 歲	1	6	1	0	0	0	8	2.1
71-75 歲	1	0	0	0	0	0	1	0.3
76-80 歲	0	0	0	0	0	0	0	0
81-85 歲	1	0	0	0	0	0	1	0.3
不　　明	1	0	4	16	0	0	21	5.5
合　　計	75	103	87	109	2	3	379	100

資料來源：同表 6-1，江蘇、廣東、湖南、河南等 4 省，以及南京、北平 2 市之選舉結果檔案。

　　由以上所列 6 省市代表之年齡層觀之，江蘇、廣東、河南 3 省中以 41-45 歲此一年齡層當選人數最多，分別是 26、25 和 30 人，所佔比例也最高；46-50 歲此一年齡層當選的人數居次。湖南省則是 46-50 歲此一年齡層當選代表人數最多，共有 22 人；其次是 41-45 歲此一年齡層。因此，若以 41-50 歲之年齡層為觀察對象，則此 6 省市當選代表之人數更佔多數，共有 176 人，所佔的比例是 46.5%。若以此 6 省市當選代表情形加以類推，其他省市類皆如此，亦即以 41-50 歲之年齡層當選人數較多。根據法國政治學家 Mattei Dogan 之研究，認為候選人進入議院服務的最佳年齡在 45 歲左右，此時正值一個人的壯盛之年，心智皆已成熟。[6]不但富有朝氣，而且正是發揮自己才華和貢獻智慧的最佳時機。

　　至於 61 歲以上者，此 6 省市當選的代表人數並不多，除了年齡不明者外，江蘇省僅有 4 人，廣東省 9 人，湖南省 4

6　M.Dogan，"*Political Ascent in a Class Society*：French Deputies，1870-1950" in Marrick，pp.57-90。轉引自張朋園〈從民初國會選舉看政治參與〉，中華文化復興運動推行委員會主編：《中國近代現代史論集》，第 19 編，頁 60。

人，河南省 1 人。南京市和北平市則無 61 歲以上之老代表，
因其所選代表人數太少，對整體國大代表運作作用不大。據
張朋園教授之解釋，60 歲以後進入議院者，其目的多不在政
治，[7]若與 35 年所選出之制憲國民大會代表來比較，則 45-50
歲此一年齡層當選代表之人數仍是最多。如江蘇省選出 44
位代表，屬於此一年齡層的就有 20 人之多，湖南省則有 11
人，河南省有 16 人，廣東省有 11 人，均佔該省各年齡層中
人數最多的一層。而南京市選出 4 位代表，亦屬此一年齡層，
北平市亦復如此，選出 6 位代表，其中有 3 人屬此一年齡層。
其次是 40-45 歲此一年齡層，6 省市有多位代表屬於此一年
齡層。[8]因此我們可以看出，制憲國民大會代表和行憲國民大會
代表所選出之代表，均以 40-50 歲此一年齡層的人數為最多。

　　由此可知，不論制憲國大代表或行憲國大代表，當選時
的年齡大都屬於壯年期，正是對國家社會貢獻智慧，有利國
家發展的好時機。

第三節　代表學歷之分析

　　當選代表學歷之分析，係對當選代表所受不同類別教育
加以分類，並予以分析說明。

　　為了便於分析，自然須對這些代表之學歷有進一步之了
解，茲據國史館館藏檔案資料及相關書籍，將此 6 省市當選

---

7 同註 6。
8 李南海：《制憲國民大會代表選舉之歷程》，頁 580 之表 5-12。

代表之學經歷、黨籍等編成名冊，附於本章之後。由所列印的「當選人名冊」中，可以清楚地看到絕大多數當選人曾受多種不同類型的教育，除了少數幾位受過傳統舊式教育或中等教育外，許多代表都受過高等教育（包括大學教育和專科教育）。現將此379位代表，依其所受各類教育或短期訓練班等，分為12個不同的類別（包括其他和學歷不明兩項在內）分別予以統計並列表於後，以供參考。

表6-9：國民大會江蘇省當選代表學歷統計表

學歷類別	人數統計	共計（人）	百分比（%）
大學程度	①③④⑥⑦⑧⑩⑬⑭⑮⑰⑱⑲⑳㉒㉓㉔㉕㉘㉛㉜㉝㉟㊱㊴㊵㊶㊷㊸㊺㊻㊾(53)(54)(56)(57)(58)(59)(61)(63)(65)(67)(69)(70)(71)(72)(73)(74)(75)	49	46.23
專科程度	㉙㊼(52)	3	2.83
師範畢業	⑰㉟(64)(66)	4	3.77
中學程度	⑤(62)	2	1.89
留日（包括軍校）	③⑩⑪㉑㉘㊳㊿(55)(56)(60)(69)	11	10.38
留學歐美（包括軍校）	⑫㉝㉞㊵㊻㊽(51)(58)(59)(72)(74)	11	10.38
軍（警）學校	⑥⑩⑭㉖㉗㉚㉞㊲㊴㊹(56)(68)(73)	13	12.26
中央訓練團團	③⑲㉗㊴(56)(58)	6	5.66
特種短期訓練班	⑤⑨㊳㊴(62)	5	4.72
舊式學堂	⑯	1	0.94
其　　他		0	0
不　　明	②	1	0.94
總　　計		106	100
備　　註	每項「學歷類別」所註之阿拉伯數字，係以本章附錄該省「當選人名冊」中當選人之編號，以此數字來表示該代表曾受過此項教育。		

資料來源：1.〈江蘇省選舉結果案〉，目錄號：127，案卷號：493，頁
　　　　　　343-400。
　　　　　2.國民大會秘書處編：《第一屆國民大會代表名錄》（台北市：
　　　　　　國民大會秘書處編印，民國 50 年 10 月初版）。
　　　　　3.王星華編：《國大風雲錄》（出版社與出版年代不詳）。
　　　　　4.吳相湘著：《民國百人傳》（台北市：傳記文學社出版，民
　　　　　　國 60 年元旦），第 1、2、3 冊。
　　　　　5.傳記文學雜誌社編輯：《民國人物小傳》，第 1 冊（台北市：
　　　　　　傳記文學社出版，民國 70 年 9 月 30 日再版）。
　　　　　6.《第一屆國民大會當選代表名冊》（出版社與出版年代不詳）。
　　　　　7.中國現代史辭典編輯委員會編：《中國現代史辭典－人物部
　　　　　　分》（台北市：近代中國出版社，民國 74 年 6 月出版）。
　　　　　8.秦孝儀主編：《中華民國名人傳》，第 2、6 冊（台北市：
　　　　　　近代中國出版社，民國 73 年 11 月 24 日、75 年 6 月 30 日
　　　　　　出版）。
　　　　　9.《國史擬傳》，第 2 輯（台北縣：國史館編印，民國 79 年
　　　　　　6 月出版）。
　　　　　10.《民國人物大辭典》（石家莊市：河北人民出版社，1991
　　　　　　年 5 月出版）。

表 6-10：國民大會廣東省當選代表學歷統計表

學歷類別	人數統計	共計（人）	百分比（％）
大學程度	①③⑤⑫⑯⑰⑳㉑㉒㉔㉗㉙㊱㊲㊳㊵㊶㊸㊹㊺㊻㊼㊽㊾㊿㉒㉓㉖㉕㉗①③⑥⑧⑧⑨㉒㉓⑤⑥⑩⑩⑩	39	28.06
專科程度	④⑩⑱㉜㊺㊿⑦㊽	8	5.76
師範畢業	㉝㉟⑩	3	2.16
中學程度	㊴㊾⑥	3	2.16
留日（包括軍校）	①⑦⑪⑲㉓㉜㉞㊻⑦⑨	10	7.19
留學歐美（包括軍校）	①②⑥⑫⑭⑮㊷㊾㊺㊼㊱㊻㊾㊻㊸㊺⑨⑨㉓⑩	20	14.39
軍（警）學校	⑧⑨⑩⑬⑭㉕㉘㉚㉛㊸㊹㊽㊿㉚㉚㊽㊾㊻㊻⑦㉚⑧⑧㊽⑥⑧⑦⑧⑨㊿㊹㊺㊾⑦⑧⑨	32	23.02
中央訓練團	③⑩㉓㊵㊾⑥㊸⑦⑧㊻⑩⑩	10	7.19

特種短期訓練班	(9)(29)(39)(47)(51)(52)(58)(60)	8	5.76
舊式學堂	(26)(35)(70)(77)(85)	5	3.6
其　　他		0	0
不　　明	(74)	1	0.72
總　　計		139	100
備　　註	同表 6-9 之備註		

資料來源：1.〈廣東省選舉結果案〉，目錄號：127，案卷號：552，頁
4-168。案卷號：553，頁 108-288。
　　　　　2.同表 6-9，資料來源之 2-10。

表 6-11：國民大會湖南省當選代表學歷統計表

學歷類別	人數統計	共計（人）	百分比（％）
大學程度	(7)(8)(10)(16)(17)(18)(20)(21)(24)(25)(33)(34)(37)(41)(43)(48)(49)(53)(60)(62)(67)(74)(77)(79)(82)(83)(85)	27	26.47
專科程度	(44)(63)(84)	3	2.94
師範畢業	(9)(27)(71)	3	2.94
中學程度	(70)	1	0.98
留日（包括軍校）	(3)(44)(45)(50)(53)(61)(78)(81)	8	7.84
留學歐美（包括軍校）	(1)(2)(6)(8)(12)(29)(30)(39)(40)(54)(55)(59)(75)	13	12.75
軍（警）學校	(4)(5)(9)(10)(11)(13)(14)(18)(19)(22)(23)(28)(33)(35)(36)(38)(40)(41)(46)(47)(48)(51)(52)(54)(56)(57)(63)(65)(66)(68)(70)(72)	32	31.37
中央訓練團	(26)(67)(81)	3	2.94
特種短期訓練班	(15)(64)	2	1.96
舊式學堂	(31)(32)	2	1.96
其　　他	(42)	1	0.98
不　　明	(58)(69)(73)(76)(80)(86)(87)	7	6.86
總　　計		102	100
備　　註	同表 6-9 之備註		

資料來源：1.〈湖南省選舉結果案〉，目錄號：127，案卷號：521，頁
86-131。
　　　　　2.同表 6-9，資料來源之 2-10。

表 6-12：國民大會河南省當選代表學歷統計表

學歷類別	人數統計	共計（人）	百分比（%）
大學程度	② ④ ⑤ ⑩ ⑪ ⑫ ⑬ ⑭ ⑲ ⑳ ㉒ ㉖ ㉛ ㉜ ㉟ ㊱ ㊵ ㊶ ㊷ ㊸ ㊹ ㊺ ㊽ ㊾ (54) (59) (61) (63) (67) (69) (70) (75) (78) (79) (83) (84) (86) (87) (90) (99) (107)	41	27.9
專科程度	⑨ ⑰ ㉑ ㉓ ㉗ ㊼ (55) (60) (71) (81)	10	6.8
師範畢業	③ ㊻ (62) (68) (76) (98)	6	4.08
中學程度	㉕ ㊲ (58)	3	2.04
留日（包括軍校）	② ⑧ ㉑ ㉔ ㉘ ㉙ ㉚ ㊱ (95)	9	6.12
留學歐美（包括軍校）	⑥ ⑯ ㉞ ㊳ (84)	5	3.4
軍（警）學校	⑦ ⑩ ⑫ ⑱ ㉑ ㉔ ㉕ ㉘ ㉛ ㉝ ㊴ ㊿ (51) (57) (58) (62) (64) (65) (66) (73) (76) (82) (93) (94) (99) (107)	26	17.69
中央訓練團	① ⑤ ⑪ ⑬ ⑮ ⑳ ㉔ ㊳ ㊷ ㊹ (54) (59) (63) (66) (67) (68) (69)	17	11.57
特種短期訓練班	⑭ ㉕ ㊳ ㊻ (53) (56) (69) (74) (77) (96)	10	6.8
舊式學堂	㉒ (52) (53) (72)	4	2.72
其　他		0	0
不　明	(80) (85) (88) (89) (91) (92) (97) (101) (102) (103) (104) (105) (106) (107) (108) (109)	16	10.88
總　計		147	100
備　註	同表 6-9 之備註		

資料來源：1.〈河南省選舉結果案〉，目錄號：127，案卷號：475，頁166-273。

2.同表 6-9，資料來源之 2-10。

表 6-13：國民大會南京市當選代表學歷統計表

學歷類別	人數統計	共計（人）	百分比（%）
大學程度		0	0
留學歐美（包括軍校）	① ②	2	100
總　計		2	100
備　註	同表 6～9 之備註		

資料來源：1.〈南京市選舉結果案〉，目錄號：127，案卷號：626，頁 23。
　　　　　2.同表 6-9，資料來源之 2-10。

表 6-14：國民大會北平市當選代表學歷統計表

學歷類別	人數統計	共計（人）	百分比（％）
大學程度	①②③	3	75
軍（警）學校	②	1	25
總　　　計		4	100
備　　　註	同表 6-9 之備註		

資料來源：1.〈北平市選舉結果案〉，目錄號：127，案卷號：632，頁 64。
　　　　　2.同表 6-9，資料來源之 2-10。

　　由這些表可以看出，每一位代表大多受過各類不同的教育。若將此 6 省市相同之各項學歷合併計算，則更可清楚看出每項學歷究竟有多少人接受過此項教育，也可看出其所佔有的百分比，現列表於下，以供參考。

表 6-15：國民大會 6 省市當選代表學歷綜合統計表

學歷類別 ＼ 省市名稱	江蘇省	廣東省	湖南省	河南省	南京市	北平市	共計（人）	百分比（％）
大學程度	49	39	27	41	0	3	159	31.8
專科程度	3	8	3	10	0	0	24	4.8
師範畢業	4	3	3	6	0	0	16	3.2
中學程度	2	3	1	3	0	0	9	1.8
留日（包括軍校）	11	10	8	9	0	0	38	7.6
留學歐美（包括軍校）	11	20	13	5	2	0	51	10.2
軍（警）學校	13	32	32	26	0	1	104	20.8
中央訓練團	6	10	3	17	0	0	36	7.2

特種短期 訓練班	5	8	2	10	0	0	25	5
舊式學堂	1	5	2	4	0	0	12	2.4
其　　他	0	0	1	0	0	0	1	0.2
不　　明	1	1	7	16	0	0	25	5
總　　計	106	139	102	147	2	4	500	100
備　　註								

資料來源：同表 6-9、10、11、12、13、14。

　　由以上所列之表可以看出，此 6 省市所選出之代表，其學歷仍是以受過大學教育的人數爲最多，共有 159 人，所佔比例爲 31.8%，這些人數係指在國內接受大學教育者，尚不包括單獨留學國外大學之代表。

　　接受軍事教育方面的代表人數也不少，是所有各項學歷中高居第 2 位的項目，共有 104 人，所佔的比例也很高，爲 20.8%。再次者是留學國外的代表，包括留學日本和歐美兩方面，合起來共有 89 人之多，佔全體人數的 17.8%。因此，若將此 3 項代表人數合併計算，共有 350 人，所佔比例則高達 70%，若再加上具專科程度之代表 24 人，則共有 374 人，佔此 6 省市區域代表人數的 74.8%，可見此 6 省市區域代表的教育程度很高，較之制憲國大代表之教育程度毫不遜色。[9]

　　此外，這些代表曾參加中央訓練團或特種短期訓練班的人數也不少，兩者加起來共有 61 人，佔 12.2%；師範學校畢業的有 16 人，所佔比例是 3.2%；而具中學程度或受過舊式學堂教育的代表人數並不多，分別是 9 人和 12 人，所佔的比例是 1.8% 及 2.4%。至於學歷不明的代表竟有 25 人，佔 5

9 李南海：《制憲國民大會代表選舉之歷程》，頁 622 之表 5-23。

％，多是河南省之代表。

　　前曾言及，具大學程度的代表人數最多，其中又以江蘇省人數居首，共有 49 人，所佔的比例是 46.23％，其他各省如廣東省有 39 人，佔該省所有學歷人數的 28.06％；湖南省有 27 人，所佔的比例是 26.47％；河南省有 41 人，則佔 27.9％；北平市有兩人，佔該市的 50％，因此我們可以看出，由於各省市所擁有的學歷總人數之不同，自然所獲得的比例數也不同。

　　但我們也可由本章所附之表 6-1 至表 6-6 所列之「當選人名冊」中看出，這些代表所就讀的學校有許多是知名的大學，如中山大學、中央大學、復旦大學、暨南大學、河南大學、政治大學、北京大學等，且就讀的科系多半偏向法律、政治、經濟方面。

　　至於受過軍事教育的代表人數各省也不同，在此 6 省市中，以湖南省所佔的比例最高，32 位代表竟佔有 31.37％；廣東省也有 32 人，但所佔的比例只有 23.02％；河南省有 26 人，則佔 17.69％；江蘇省只有 13 人，僅佔 12.26％，因此，百分比的高低，自然是受到該省總人數的多寡而造成的。這也是因為各省所擁有該項學歷人數不同，而影響到百分比的高低。而廣東省和湖南省會有如此多的代表就讀軍校，這自然與該兩省自晚清以至民國初年以來的社會有關。以湖南省為例，自清末以來，民間即具有濃厚的革命思想。[10]該省有

---

10 湖南知識分子自自立軍起義失敗後，逐漸走上革命的道路，藉著學堂、學會與學報刊物，革命派大力鼓吹其革命救國的主張與理念。革命派在學堂中宣傳革命，不但其愛國意識容易被激發，從而參加革命行列，成

兩大救國運動，一是立憲運動，一是革命運動。立憲運動由
官方推動，紳士響應，是公開的。革命運動則發自民間，參
加者多爲新興的知識分子，又與會黨聯合，是秘密的。湖南
的革命運動，前期（1903 至 1905）由華興會領導，後期（1905
至 1911）則由同盟會領導。[11]

　　廣東省自清朝中葉以來，即爲人文薈萃之地，人才輩出，
如鄭觀應、康有爲、梁啓超之流均具有改革之思想。且廣州
開港甚早，與外界早有接觸，因此民智開化較早。加以中山
先生自清末以來鼓吹革命，屢次在廣東各地起義，並宣傳革
命思想。迨民國肇造，復與其先後成立多所軍事學校有關，
先是廣東軍政府接收清軍各學堂後，多數改編爲軍事學校，
繼續開辦。其後又陸續創辦幾所新學校，因此廣東前後所成
立的軍校有陸軍小學校、陸軍速成學校、廣東陸軍測量學校、
廣東海軍學校、大本營陸軍講武學校、黃埔軍校、廣東航空
學校等。[12]因此廣東省具有濃厚的革命氣息，自不待言。該
省青年學生就地利之便，投考軍校的人也較多。

　　由上之論述，除可得知各省市代表受過軍事教育的比例
外，亦可由本章附表 6-1 至表 6-6 所列「當選人名冊」中看
出，這些代表就讀的軍校多是保定軍校、黃埔軍校、中央軍

爲革命黨的幹部人才，也厚植了革命勢力。見周麗潮：《湖南開民智運
動之研究（1895-1911）》（國立政治大學歷史研究所碩士論文，民國 71
年 6 月），頁 243。

11 張朋園：《中國現代化的區域研究 —— 湖南省（1860-1916）》（台北市：
中央研究院近代史研究所發行，民國 72 年 2 月出版），頁 135、136。

12 廣東省地方史志編纂委員會編：《廣東省志・軍事志》（廣東人民出版
社發行，1999 年 11 月第 1 版），頁 340-343。

校和陸軍大學等。就以廣東省而論，畢業於保定軍官學校的代表有 9 人，黃埔軍校的有 4 人，陸軍大學的也有 4 人。湖南省畢業於保定軍校的有 2 人，黃埔 1 期的有 5 人，陸軍大學的有 6 人，而畢業於中央軍校的竟有 15 人之多。河南省畢業於保定軍校的有 3 人，黃埔軍校的有 2 人，陸軍大學的有 4 人，中央軍校的有 7 人，以及陸軍官校的有 2 人。江蘇省之代表畢業於保定軍校的有 2 人，黃埔軍校的有 3 人，陸軍大學的有 6 人，中央軍校的有 5 人，以及陸軍官校的有 1 人。另外還有一部分就讀各該省所創辦的軍校，如廣東省之陸軍速成學校、警衛軍官學校和廣東軍事政治學校，以及早期各省所創辦的陸軍講武堂等學校均是。然無論如何，保定軍校和黃埔軍校都是老字號的軍校，有其卓越的歷史與獨特的傳統風格。

　　這些代表，除擁有良好的軍事教育背景外，尚有多位代表在當時仍都任職軍中，且為高階將領，在抗戰期間表現優異，立下汗馬功勞。如廣東省之羅卓英、薛岳、李漢魂、張發奎；河南省的趙家驤，以及江蘇省的方先覺等人，都是知名的抗日名將。

　　至於在留學國外方面，6 省市中，除北平市外，其他 5 省市皆有代表留學國外。在此 5 省市中，若以留學海外代表所佔比例來說，則南京市所佔比例最高，竟高達 100%，實因南京市只選出兩名代表，一是陳裕光，一是陳紀彝，兩人皆曾留學海外，是以該市所佔的比例最高。

　　除南京市外，出國留學次多的代表是廣東省，共有 30 人，其中留學日本的有 10 人，留學歐美國家的有 20 人，所

佔的比例分別是 7.19％和 14.39％。再次者是江蘇省，留學日本和歐美國家的代表各有 11 人，所佔的比例各為 10.38％。而湖南省留學國外的代表亦不少，共有 21 人，其中留學日本的有 8 人，留學歐美國家的有 13 人，所佔的比例分別是 7.84％和 12.75％。河南省出國留學的人數最少，只有 14 人，其中留學日本的有 9 人，留學歐美國家的只有 5 人，所佔的比例分別是 6.12％和 3.4％。

若針對此兩個不同的留學區域分別加以探討，由表 6-9 至 6-14 所示得知，留學歐美地區（包括軍校）的代表有 53 人，[13]其所佔比例是 10.56％，留學的國家包括有美、英、法、德、蘇俄等國，甚至還有代表留學奧國和瑞士的。其中又以留學美國的人數最多，共有 17 人，法國次之有 12 人，再次者為英國有 9 人、德國 9 人、俄國 6 人，赴奧國和瑞士的各有 1 人。在這些留學歐美的代表中，也有多人獲得博士學位，如王寵惠、李悅義、祝平、陳裕光等共有 12 人，獲得碩士學位的有 10 人。由「當選人名冊」中亦可看出，這些代表赴海外留學，仍以修習法政、經濟等學科居多，只有少數幾位是修習教育或工程方面的。此外，曾赴俄國留學的代表也有 6 人，這可以說是當時的年青人，受到孫中山先生「聯俄容共」政策之影響，紛紛遠至俄國求學，他們到俄國多就讀於莫斯科中山大學。

王覺源在其《留俄回憶錄》書中對此一時期留俄學生求

---

13 原本留學歐美國家的代表共有 51 人，所佔的比例是 10.2％。然因湖南省之李毓九和陸瑞容兩人，除了留學德國外復留學俄國，故多增加兩人次，因此共有 53 人，其所佔的比例是 10.56％。

學過程有較深刻的描述：

> 「1917 年以後，『到俄國去看看』，在西方學者和政治
> 家中，便形成為一種普遍的願望。1925 年至 1926 年，
> 此一短短期間，即是中國留俄學生的黃金時代。1925
> 年俄國籍紀念孫中山先生為名，在莫斯科設立一所
> 『孫逸仙大學』，並要求革命政府派遣大批學生留
> 俄，國民黨接受了蘇俄的建議，在廣州公開考選了 180
> 名青年（中央黨部考選 150 名，黃埔、湘軍、滇軍三
> 軍官學校各考選 10 名），上海和平津兩地各選派（因
> 兩地不能公開招考）50 名，通過鮑羅廷路線，特別介
> 往者，不下 30 餘人，共約 320 名青年學生，都於 1925
> 年冬或次年秋，分批進入了紅色的溶爐」。[14]

這些代表除留學歐美國家外，尚有部分留學日本（包括
軍校），共有 38 人，所佔的比例是 7.6%。由資料顯示，在
此 38 人中，7 人畢業於日本陸軍士官學校，湖南省的程潛和
趙恆惕都是該校畢業的學生，抗戰期間也都是國軍高級將
領，尤其是程潛，是一位頗有爭議性的人物。[15]其他非士官
學校畢業的代表，多就讀日本頗負盛名的大學，如日本法政

---

14 王覺源：《留俄回憶錄》（台北市：三民書局有限公司，民國 63 年 12
　月 3 版），頁 3、8、9。

15 民國 35 年 5 月，程受命為軍事委員會委員長武漢行營主任。36 年春，
　調任長沙綏靖主任。37 年 3 月，國民大會第一屆會議在南京舉行，依照
　憲法規定選舉總統副總統，程參加副總統競選，未能當選，憤懣異常，
　旋墮入共黨和平統一戰線圈套。38 年 8 月 3 日宣布向共黨靠攏。這一轉
　變，使國民黨原來守衛廣州計劃無法實行，更加速大陸局勢的激變與惡
　化。見吳相湘：〈程潛晚節不堅〉，《民國百人傳》，第 3 冊（台北市：
　傳記文學社出版，出版年代不詳），頁 231-243。

大學、明治大學、早稻田大學、東京帝國大學等，他們就讀
的科系與當時在國內就讀大學的代表類似，多半偏向於法
政、經濟類，都是順著當時時代潮流發展的一種趨勢。正如
李筱峯教授在其論著《臺灣戰後初期的民意代表》書中所言：
「受教者多修習的科目不僅反映民意代表的成分，亦可以看
出當時社會的變貌」。[16]

　　除了以上所述各類學歷外，尚有許多代表在此期間曾接
受中央訓練團和其他短期訓練班的訓練。中央訓練團是民國
28 年 3 月 1 日在重慶青木關成立的，這是蔣委員長為了加強
對日作戰，在戰時首都重慶舉辦以「抗戰建國」為主旨之訓
練，其重點在於加強推行地方自治與精神總動員之實施，以
適應抗戰建國實行三民主義之要求，其調訓對象為全國各省
與各業之中級以上幹部。[17]據統計此 6 省市中共有 36 位代表
參與訓練，所佔的比例是 7.2％。短期訓練班則是各省市之
有關單位，依其不同需要而創辦，如部分戰區成立之幹訓班、
戰幹團、軍官訓練團，以及省黨部成立之黨政訓練班，或地
方政府成立之各類講習班等，接受過此種訓練的共有 25 人，
所佔的比例是 5％。

　　其他尚有少數代表，畢業於師範學校和僅受過中學程度
的教育。就以此 6 省市「當選人名冊」來統計，畢業於師範
學校的代表 16 人，所佔的比例是 3.2％，這些師範畢業的代

---

16 李筱峯：《臺灣戰後初期的民意代表》（台北市：自立晚報社文化出版
　　部，民國 76 年 6 月，3 版），頁 81。
17 劉世昌：〈中央訓練團〉，中國現代史辭典編輯委員會編輯：《中國現
　　代史辭典－史事部分（一）》（台北市：近代中國出版社出版，民國 76
　　年 6 月出版），頁 129。

表由於受過專業的教育訓練，畢業後都能貢獻所學，除了多人任職教員外，尚有 7 人擔任中學校長。也有部分代表當過縣長或參議員的；如江蘇省的朱敬一，當過縣參議長，羅奕民當過副議長。廣東省之陳學談擔任過縣長，許賡梅除當過中學校長外，亦當過省參議員。湖南省之滕國英除了當過中學校長外，還當過縣長和縣參議長。他們都能貢獻所學，服務社會和國家。

至於僅受過中學教育的代表，只有 9 人，所佔比例很低，只有 1.8%，但這些代表在中學畢業後有先後參加許多訓練班或考入軍校的，都有傑出的表現。如江蘇省之劉志強，曾參加民眾學校校長訓練班，擔任該縣民眾學校校長。廣東省之吳敬群，於瓊崖中學畢業後考入中央軍校第 3 期、陸軍大學第 13 期。河南省之崔友韓，中學畢業後考入黃埔軍官學校，畢業後又參加河南地方行政人員訓練班、縣長班之訓練，先後擔任河南省柘縣、溫縣、鹿邑等縣縣長。

至於曾接受舊式教育的代表有 12 人，所佔的比例是 2.4%，其中江蘇省之徐子為據資料顯示只受過私塾教育，此外資料從缺，無法得知是否還受過其他教育。廣東省之崔廣秀亦只受過舊學制教育，其他相關資料亦缺。再者，廣東省之許賡梅是清貢生，陳學談是國子監生。河南省之龐文仲是清附生，但許賡梅後再就讀兩廣師範學校，而龐文仲則畢業於金陵大學，可說都接受了新式教育。其他如廣東省之徐傅霖和李肇統，以及河南省的張華祖均畢業於京師法政學堂，湖南省之譚肖崖畢業於湖南高等學堂，彭運斌畢業於優級師範學堂，河南之何佛情畢業於河南高等學堂，都屬於高等教育

學制。

　　除了對以上不同類別之學歷作了說明外，尚有學歷不明的代表 25 人，所佔的比例是 5％。其中又以河南省所佔的人數最多有 16 人，湖南省次之有 7 人，江蘇省和廣東省各 1 人，此主要原因是資料的不夠齊全，因此無法再進一步加以分析，只有待以後資料補齊另行分析。

　　總之，由以上對各省市代表之學歷作了分析後，我們可以了解這次所論述行憲國民大會代表之學歷明顯偏高，如江蘇、廣東、南京等 3 省市，不但具大學程度的人數最多，出國留學的人數也最多，實與地處東南海疆，佔地利之便，且該地區與外界接觸最早，因而開風氣之先有關。至於湖南省自晚清以來，由於得到幾位熱心教育的巡撫和士紳的支持，使得教育蓬勃發展，如巡撫趙爾巽，於光緒 29 年至 30 年任職期間，不但注意普及教育，而且積極開辦各類實業學堂，並發展職業教育。端方則在短短幾個月的任職期間，興辦初等小學 80 餘所，使湖南小學教育迅速發展。在這期間，湖南士紳捐資興學的風氣十分濃厚，如衡陽的王之春和桂陽的陳兆璇，2 人合捐萬兩，為減輕學校經費困難，發展湖南教育助了一臂之力。[18]此外，自光緒 21 年以來，陳寶箴和端方先後擔任該省巡撫，積極鼓勵青年學生出國留學。光緒 30 年（1904）全國留日學生有 3 千餘人，湖南省即有 8 百餘人，佔全國 4 分之 1。影響所及，形成一股風氣，1905 年這個數目更有大幅的增長。及至民國，亦復如此。因此，該省不但

18　伍新福等主編：《湖南通史》（湖南出版社出版發行，1994 年 12 月第 1 版），頁 529、530。

受過高等教育的代表人數不少，且出國留學的人數也很多。[19]

　　至於河南省由於位處中原地區，人民生性保守，與外界接觸少，出國留學的風氣不盛，自然赴海外留學的人數也較少。但畢竟河南省是中原文化發源地，文風很盛，也因而造就了不少政治人才。而北平市自古以來就有多個朝代在此建都，政治和文化氣息都很濃厚，雖然沒有代表出國留學，但所選出的 3 位代表仍屬優秀。

第四節　代表經歷之分析

　　此次所選出之代表，在經歷分析方面，係以當選前和當選時所從事之職業為主，時間上係自就業開始至當選為代表時止，亦即在當選前所從事過之任何職業均在本次分析範圍之內。

　　由附表 6-1 至 6-6 所列「當選人名冊」中看出，每一位代表在當選前均從事過多項職業，為了對這些代表所從事過之職業有進一步之了解，依其不同性質分類，包括「職業不明」一項在內，共分為 12 類。現將此 6 省市當選代表之職業，依此 12 類分別加以統計，並列表於後，以供參考。

---

19 湖南省志編纂委員會編：《湖南近百年大事紀述》（湖南人民出版社，1959 年），頁 217。

表 6-16：國民大會江蘇省當選代表經歷統計表

經歷類別	人數統計	共計（人）	百分比（%）
公職	②③④⑤⑦⑧⑨⑪⑫⑬⑭⑮⑯⑱⑲⑳㉑㉒㉓㉘㉙㉚㉛㉝㉞㉟㊱㊳㊵㊶㊷㊸㊹㊺㊻㊽(51)(55)(60)(61)(62)(64)(65)(67)(69)(70)(72)(74)	48	28.92
黨務工作	⑤⑨⑭⑲㉑㉒㉓㉔㉕㉗㉙㉛㉜㉞㊳㊴㊶㊸㊹㊻㊿(51)(53)(55)(56)(58)(59)(62)(64)(66)(67)(69)(70)	33	19.88
教育界	③④⑧⑲⑳㉑㉝㊵㊷㊽㊾(55)(57)(58)(59)(60)(62)(63)(65)(66)(69)(71)(75)	23	13.86
軍（警）職	③⑧⑩⑭㉑㉕㉖㉗㉘㉙㉚㉝㉞㉟㊲㊸㊹㊺(56)(58)(68)(73)	22	13.25
民意代表（省縣市參議員、立法委員）	①⑤⑧⑪⑰⑱㉑㉜㊳(52)(56)(62)(64)	13	7.83
民間團體	㉜㊼(51)(53)(59)(66)(70)(74)	8	4.81
工商企業界	①⑪⑯⑱㉖㊼(71)	7	4.22
文化界（記者、出版業、編輯、作家）	⑧⑳㉜(55)	4	2.41
農漁水利等合作事業	④⑱㉕	3	1.81
律　師	⑳㉔(70)	3	1.81
醫　生	(54)(72)	2	1.20
不　明		0	0
總　計		166	100
備　註			

資料來源：同表6-9之資料來源。

表6-17：國民大會廣東省當選代表經歷統計表

經歷類別	人數統計	共計（人）	百分比（％）
公職	① ② ③ ⑤ ⑩ ⑪ ⑫ ⑬ ⑮ ⑰ ⑱ ⑲ ㉑ ㉓ ㉔ ㉖ ㉗ ㉚ ㉛ ㉜ ㉝ ㉞ ㊲ ㊳ ㊴ ㊵ ㊶ ㊷ ㊽ ㊾ ㊸ ㊹ ⑤⑤ ⑤⑧ ⑥⑩ ⑥① ⑥② ⑥③ ⑥④ ⑥⑤ ⑥⑦ ⑥⑧ ⑦⑩ ⑦① ⑦② ⑦③ ⑦⑤ ⑦⑥ ⑦⑦ ⑧② ⑧③ ⑧⑤ ⑧⑦ ⑧⑧ ⑨① ⑨③ ⑨⑤ ⑨⑧ ⑩① ⑩③	59	27.06
軍（警）職	③ ⑦ ⑧ ⑨ ⑩ ⑬ ⑭ ⑯ ⑱ ⑲ ㉕ ㉗ ㉘ ㉛ ㊳ ㊵ ㊸ ㊹ ㊻ ㊽ ㊿ ⑤① ⑤③ ⑤⑤ ⑤⑥ ⑤⑧ ⑤⑨ ⑥⑩ ⑥④ ⑥⑥ ⑥⑧ ⑦② ⑦③ ⑦⑤ ⑧⑩ ⑧② ⑧③ ⑧④ ⑧⑥ ⑧⑦ ⑧⑨ ⑨⑩ ⑨④ ⑨⑥ ⑨⑦ ⑨⑧ ⑨⑨ ⑩⑩ ⑩① ⑩②	50	22.93
黨務工作	② ③ ④ ⑤ ⑩ ⑫ ⑬ ⑭ ⑯ ⑰ ⑳ ㉑ ㉓ ㉕ ㉖ ㉙ ㉚ ㊱ ㊳ ㊵ ㊺ ㊼ ⑤③ ⑤④ ⑤⑤ ⑤⑥ ⑤⑧ ⑥⑩ ⑥① ⑥④ ⑥⑤ ⑦⑥ ⑦⑧ ⑧④ ⑧⑤ ⑧⑧ ⑨① ⑩⑩ ⑩③	38	17.43
教育界	① ⑥ ⑨ ⑫ ⑮ ⑲ ㉑ ㉒ ㉔ ㉗ ㉟ ㊱ ㊳ ㊶ ㊺ ㊻ ㊼ ㊾ ⑤③ ⑤⑦ ⑤⑨ ⑥① ⑥② ⑥⑤ ⑥⑦ ⑦① ⑦③ ⑦⑧ ⑧① ⑨② ⑨③ ⑨⑤ ⑨⑨ ⑩②	34	15.60
民意代表（省縣市參議員、立法委員）	④ ⑤ ⑧ ⑩ ⑰ ⑱ ㉚ ㉟ ㊱ ㊳ ㊺ ㊼ ㊽ ㊱⑤ ⑥⑩ ⑥③ ⑥⑤ ⑥⑧ ⑦⑩ ⑦⑧	7	3.21
文化界（記者、出版業、編輯、作家）	⑲ ㉝ ㊱ ㊲ ㊾ ⑦③ ⑩⑩	7	3.21
民間團體	㉜ ⑥⑩ ⑥⑨ ⑨② ⑨③	5	2.29
工商企業界	⑦ ㊲ ㊻	3	1.38
農漁水利等合作事業	⑩	1	0.46
律師	⑪	1	0.46
醫生		0	0
不明		0	0
總計		218	100
備註			

資料來源：同表6-10之資料來源。

表 6-18：國民大會湖南省當選代表經歷統計表

經歷類別	人數統計	共計（人）	百分比（％）
公職	(1)(2)(3)(8)(11)(12)(13)(14)(15)(16)(17)(19)(20)(21)(24)(27)(28)(31)(37)(38)(39)(40)(42)(45)(46)(47)(48)(50)(51)(53)(55)(56)(57)(60)(61)(62)(63)(64)(66)(67)(68)(71)(74)(75)(77)(79)(80)(81)(82)(83)(84)(85)(86)	53	28.34
軍（警）職	(4)(5)(10)(11)(13)(14)(18)(19)(22)(23)(28)(33)(35)(36)(38)(40)(45)(46)(47)(48)(50)(51)(52)(54)(55)(56)(57)(61)(63)(64)(65)(68)(70)(72)(73)(77)(78)(79)(81)(82)(87)	41	21.93
黨務工作	(2)(3)(4)(13)(15)(20)(21)(23)(26)(28)(29)(32)(34)(35)(40)(41)(42)(43)(44)(46)(49)(52)(53)(54)(55)(61)(73)(79)(81)(83)	30	16.04
教育界	(2)(5)(7)(8)(12)(15)(24)(25)(27)(29)(30)(32)(39)(41)(43)(49)(60)(71)(74)(75)(77)(79)(80)(83)(85)	25	13.37
民意代表（省縣市參議員、立法委員）	(7)(15)(19)(23)(24)(26)(27)(32)(34)(35)(42)(43)(44)(50)(57)(60)(63)(65)(69)(71)(73)(77)(78)(80)(81)	25	13.37
文化界（記者、出版業、編輯、作家）	(7)(9)(26)(77)(83)	5	2.67
民間團體	(14)(31)(37)(41)	4	2.14
不　　明	(58)(59)(76)	3	1.60
農漁水利等合作事業	(6)	1	0.53
工商企業界		0	0
醫　　生		0	0
律　　師		0	0
總　　計		187	100
備　　註			

資料來源：同表 6-11 之資料來源。

表 6-19：國民大會河南省當選代表經歷統計表

經歷類別	人數統計	共計（人）	百分比（％）
公　　職	①②④⑥⑨⑩⑪⑫⑬⑭⑮⑯⑰⑲㉒㉓㉕㉖㉗㉙㉚㉜㉞㉟㊲㊳㊵㊸㊺㊼㊾㊿㊶㊷㊿㊻㊽㊾⑤⑤⑤㊿㊿㊿㊿㊿㊿㊿㊿㊿⑤⑤㉖㉗㉙㉚㉜㉞㉟㊲㊳㊵㊸㊺㊼㊾㊶㊷㊿㊻㊽㊾	56	25.57
軍（警）職	④⑦⑩⑫⑬⑭⑱㉑㉒㉓㉔㉕㉘㉙㉛㉜㉝㉞㊱㊵㊸㊺㊿㊾㊱㊲㊳㊶㊷㊸㊹㊺㊻㊼㊾㊿㊾	50	22.83
黨務工作	⑧⑩⑪⑬⑲⑳㉓㉕㉗㉚㉜㊲㊳㊸㊺㊼㊿㊻㊽㊾㊿㊿㊿㊿㊿㊿㊿㊿㊿㊿㊿㊿㊿㊿㊿㊿㊿㊿㊿	40	10.25
教育界	②③④⑧⑯⑲⑳㉒㉞㉟㊵㊶㊸㊹㊺㊻㊽㊿㊿㊿㊿㊿㊿㊿㊿㊿㊿㊿㊿㊿㊿㊿㊿	33	15.07
民意代表（省縣市參議員、立法委員）	㉒㉟㊷㊽㊾㊿㊿㊿㊿㊿㊿㊿㊿㊿㊿	15	6.85
文化界（記者、出版業、編輯、作家）	⑤㊸㊿㊿㊿㊿㊿	7	3.2
工商企業界	④⑨⑯㊹㊽㊾㊿	7	3.2
民間團體	㉜㊿㊾㊿㊿	5	2.29
農漁水利等合作事業	㊱㊽㊿㊽㊿	5	2.28
律　　師	㉖	1	1.37
不　　明	㊼㊿	2	0.91
醫　　生	㊿	1	0.46
總　　計		219	100
備　　註			

資料來源：同表 6-12 之資料來源。

表 6-20：國民大會南京市當選代表經歷統計表

經歷類別	人數統計	共計（人）	百分比（％）
教育界	①	1	33.33
民意代表（省縣市參議員、立法委員）	①	1	33.33
民間團體	②	1	33.33
總　　計		3	100
備　　註			

資料來源：同表 6-13 之資料來源。

表 6-21：國民大會北平市當選代表經歷統計表

經歷類別	人數統計	共計（人）	百分比（％）
民意代表（省縣市參議員、立法委員）	①③	2	33.33
軍（警）職	②③	2	33.33
黨務工作	①	1	16.67
民間團體	③	1	16.67
總　　計		6	100
備　　註			

資料來源：同表 6-14 之資料來源。

　　由以上所列之表可以看出，此 6 省市當選代表所從事之職業，並將相同類型的職業歸併在同一類中。為了便於對此 6 省市之各類職業人數有確切的掌握和了解，茲將 6 省市中各類代表人數歸併統合計算，表列如下，更可看出各類職業人數之多寡及其所佔的百分比，從而了解當時何項職業較屬

熱門，較能吸引眾多人士從事此一行業，何者較屬冷門，不但從事此行業之人數少，甚至乏人問津。

表 6-22：國民大會 6 省市當選代表經歷綜合統計表

經歷 類別 ＼ 省市 名稱	江蘇省	廣東省	湖南省	河南省	南京市	北平市	共計 （人）	百分比 （％）
公職	48	59	53	56	0	0	216	27.03
軍（警）職	22	50	41	50	0	2	165	20.65
黨務 工作	33	38	30	40	0	1	142	17.77
教育界	23	34	25	33	1	0	116	14.52
民意代表 （省縣市參議員、 立法委員）	13	20	25	15	1	2	76	9.51
文化界 （記者、出版業、 編輯、作家）	4	7	5	7	0	0	23	2.88
民間團體	8	5	4	0	1	1	19	2.38
工商企業	7	3	0	7	0	0	17	2.13
農漁水 利等合 作事業	3	1	1	5	0	0	10	1.25
律師	3	1	0	3	0	0	7	0.88
不明	0	0	3	2	0	0	5	0.63
醫生	2	0	0	1	0	0	3	0.38
總計	166	218	187	219	3	6	799	100
備註								

資料來源：同表 6-16、17、18、19、20、21 之資料來源。

　　由以上所列之表，對各項職業究竟有多少國大代表任職過，可謂一目瞭然，而在此 12 項職業類別中，醫生與律師兩項人數最少，分別只有 3 人與 7 人，這是因為此兩項專業性

之職業，需具備專業知識及技能方能勝任，因此符合此種條件的代表人數較少，可資評析之處無多，擬略而不談。至於「職業不明」一項亦有 5 人，乃因資料不全之故，別無其他原因，亦不擬列入討論範圍，其餘 9 項則分別說明如下。

（一）公職人員

此處所謂的公職人員，係指民國 14 年國民政府成立後，在國民政府或各省縣市政府所屬各機構內任職之各種高低層的公務人員，不包括抗戰前與勝利後曾擔任省縣市參議員等人士在內，此等民意代表擬在「議員類別」中加以分析說明，在此不予多述。

由表 6-22 所列當選代表經歷統計表中可以看出，擔任公職是所有各「經歷類別」中之人數最多者，共 216 人，所佔的比例是 27.03％，其中又以廣東省的 59 人爲最多，但若以百分比言，則以江蘇省所佔的比率爲最高，高達 28.92％。其次由本章所附 6 省市「當選人名冊」中可以看出，這些擔任公職的代表，多居各單位之要職，所擔任的職務有專門委員、科長、主任秘書、省府委員，以及法院院長、各廳處長等職。而擔任縣市長一職的代表其人數尤眾。

此外，尚有幾位代表，所擔任的職務位階較高，如直轄市市長或省主席者，如廣東省代表陳策，曾擔任過廣州市長。而擔任過省主席的有江蘇省之韓德勤、湖南省之趙恆惕和廣東省之林雲陔等 3 人。陳策係海軍出身，曾擔任過艦隊司令等職，爲抗戰勝利首先進入廣州執行市長職務之廣州市長。而江蘇省之韓德勤亦係軍人出身，歷任師、軍長和戰區副司

令長官，後擔任該省省政府主席。[20]趙恆惕則畢業於日本陸軍士官學校，民國十年任湖南省長兼湘軍總司令。廣東省之林雲陔，則留學美國研習法律、政治，民國 12 年任廣州市長，旋改任廣東高等審判庭長和高等檢查廳長，16 年復任廣州市長，20 年任廣東省政府主席兼財政廳長又改兼建設廳長。

　　除了任職地方省縣級之公職人員外，尚有部分代表任職中央政府單位，且官職甚高，其中又以廣東人居多。如徐傅霖，早期畢業於京師法政學堂，其後留學日本，畢業於早稻田大學，曾擔任民國初年之參眾議員，復歷任廣東高等審判庭庭長、司法部部長、大理院院長等職。李文範，亦畢業於日本法政大學，曾擔任過內政部部長、國民政府委員、司法院副院長等職。而廣東省東莞縣選出之王寵惠，早期於北洋大學法政科畢業後，曾赴日本研習法政，並赴美國耶魯大學深造，獲得法學博士學位，出國前曾在上海南洋公學校任教，其後並擔任復旦大學副校長。民國元年臨時政府成立，應孫大總統之邀，擔任臨時政府首任外交總長。北京政府時期擔任司法總長，國民政府時期曾擔任司法部長、司法院院長，以及國防最高委員會秘書長，並一度代理行政院院長，其後復被選為中央研究院院士，[21]真可說是學經歷俱佳的公職人員。

---

20 劉先軍：〈韓德勤〉，《中外雜誌》，第 77 卷，第 4 期（台北市：中外雜誌社總發行，民國 94 年 4 月出版），頁 116、117。
21 余偉雄：〈王寵惠〉，秦孝儀主編：《中華民國名人傳》，第 6 冊（台北市：近代中國出版社，民國 75 年 6 月 30 日初版），頁 2-22。

（二）軍（警）職

此次行憲國大代表之選舉，各省市所選出的代表中，多位曾在軍（警）界任職，乃因選前適逢八年抗戰，投身軍旅的人較多之故。就以此 6 省市而言，所選出的代表中，曾在軍（警）界任職的有 165 人，此在表 6-21 所列各項職業中之人數位居第 2，僅次於公職類之 216 人，所佔比例爲 20.65％。其中又以廣東省和河南省之人數最多，各有 50 人，所佔比例分別爲 22.93％和 22.83％。其次是湖南省之 41 人，所佔比例爲 21.93％；江蘇省投身軍旅生涯的人數最少，只有 22 人，所佔的比例是 13.25％。南京市所選出的兩位代表無人投身軍（警）行列；北平市所選出的 3 位代表中，有兩人曾任職軍中，一是樓兆元，一是吳慕墀（女）。

這些服務於軍（警）界之代表，可就其學歷和所擔任之職務兩項分析說明。就其學歷方面而言，各省均有多位代表畢業於國內外之軍事學校，如國內之黃埔軍校、保定軍校、中央軍校、陸軍大學，以及各省所創辦的軍事學校等，真可謂科班出身的軍系代表。這些在第 3 節「代表學歷之分析」中已論述過，在此不再贅述。然就留學國外之軍校而言，以留學日本陸軍士官學校爲最多，6 省市之代表中，共有 7 位代表畢業於該校。分別是江蘇省之陳倬、朱文伯；廣東省之劉麗生；湖南省之程潛、趙恆惕、賀耀組；以及河南省之張軫。此外，廣東省之張惠長留學美國，畢業於屈士柯佛航空學校；湖南省之賀衷寒、杜從戎畢業於俄國陸軍大學；陸瑞榮則畢業於俄國之福朗嗣陸軍大學。

　　這些當選之軍系代表，除了畢業於國內外各軍事學校外，亦有多位曾在國內外大專院校就讀，且獲有畢業文憑，可說是具有雙重學歷的代表。就以江蘇省而言，陳倬除了畢業於日本陸軍士官學校和陸軍大學外，並獲有交通大學之文憑；芮晉畢業於中央軍校政訓研究班外，復畢業於勞動大學；朱文伯除赴日本陸軍士官學校砲兵科深造外，亦畢業於上海大夏大學；滕傑畢業於上海大學，復就讀中央軍校第4期步科，以及赴日本東京大學專科部深造；方先覺曾先就讀上海法政大學，其後就讀黃埔軍校第3期，以及陸軍大學第4期。

　　廣東省的代表亦復如此，如羅偉疆，畢業於廣東警衛軍官學校，亦畢業於廣東公立法政專門學校；關伯平畢業於南京陸軍中學，同樣亦就讀廣東公立法政專校，且獲得畢業文憑。

　　湖南省之劉柔遠曾就讀武昌大學，未及畢業即投身軍旅，先後畢業於中央軍校和陸軍大學；賀衷寒和杜從戎均畢業於黃埔軍校1期，後均赴俄國陸軍大學深造；羅毅，畢業於湖南大學政經系，後投考中央軍事政治學校，並畢業於該校；黃鳳池除了畢業於湖南中華大學法律專門部外，復畢業於湖南高等警官學校，他是此6省市中畢業於警官學校的2位代表之一。河南省則有兩位代表於大學畢業後，投考軍校。一是劉藝舟，美國預備學校英文系畢業，以及河南省中州大學畢業，後投考軍校，畢業於陸軍官校第6期騎兵科；一是劉雨民，畢業於國立河南大學，後投考中央軍校，畢業於該校高教班。

　　至於南京市和北平市而言，南京市並無代表就讀軍校和在軍（警）界服務。北平市則有兩位代表服務於軍（警）界，

但只有樓兆元 1 人於杭州之江大學文學系畢業後，復考入中央軍校，並於高級班第 2 期畢業。

　　除了上述代表曾在軍校就讀，尚有許多代表並無任何軍校學歷，只就讀國內外一般大專院校，甚且獲有碩、博士學位，後因從事軍（警）職工作，自然將其列入此一類別之中。如江蘇省，在此 22 位代表中有 12 位代表畢業於軍事學校，其餘 10 位則畢業於國內外之一般大學。如丁宣孝，畢業於江蘇省高等師範學校，後赴日本帝國大學研究；袁希洛畢業於日本大學高等師範部；蔣建白則畢業於東南大學，後又赴美國哥倫比亞大學留學，獲得教育學博士學位。李壽雍，獲北京大學法學士學位後，曾赴英國倫敦大學和牛津大學留學。

　　廣東省之 50 位代表中有 34 位曾就讀於海內外之軍事學校，其他則畢業於國內外之一般大學，如虞澤廣，畢業於國立中山大學法學院；吳公虎畢業於國立北京大學；黃天鵬，留學日本，畢業於日本新聞研究所，以及赴早稻田大學政治經濟系研究；李彥良則畢業於莫斯科中山大學。至於該省留學國外，獲得博士學位的有 3 位，一是鬱南縣選出的謝鴻，留學法國，獲得該國國立都魯斯大學博士學位；一是澄邁縣選出的曾祥鶴，曾就讀廣東公立法政專校和北平大學，最後遠赴法國，獲得法國里昂大學政經系博士學位；第 3 人則是廣寧縣所選出的陳伯驥，獲得暨南大學法學士後再赴英國留學，獲得倫敦大學政治學博士學位。

　　湖南省 41 位軍系代表中有 34 人畢業於國內外之軍事學校，其他則畢業於國內外之一般大學。如鄧武，畢業於法國巴黎大學，其後擔任中央軍校上校教官；李鐘祺則畢業於湖

南大學；彭旭和蕭新民均畢業於日本早稻田大學；郭威廉畢業於武漢大學；劉鎮越畢業於群治大學，他們都在抗戰期間投身軍旅，擔任軍職工作。

　　河南省擔任軍（警）職工作的代表有 50 人，其中 26 位畢業於國內外軍（警）學校，其他多畢業於一般普通大學。如祝更生，畢業於國立河南大學；周祜光畢業於美國庇巴底大學，並獲得碩士學位；陳天秩畢業於莫斯科中山大學；黃任財畢業於北京法政大學；于榮岑則是第 2 位畢業於中央警官學校的代表，曾擔任過開封軍警聯合稽查處副處長，及河南省政府警務處薦任秘書。

　　由以上之論述可以看出，這些當選軍（警）界之代表，除了少數幾位只有軍校文憑外，其他絕大多數代表均擁有兩張以上之文憑，亦即除了軍校之文憑外，尚有一般大學之文憑，甚且還有些代表擁有碩、博士學位，可以看出軍（警）界選出之代表，其教育程度是很高的。

　　至於在擔任職務方面，許多代表在抗戰期間，在軍中擔任重要職務，且官階甚高，如擔任師長、軍長、集團軍總司令、指揮官，以及綏靖公署主任的比比皆是。甚至部分軍系代表曾任省主席、直轄市長或縣市長、議員等職務，這些在「公職」類別中即已論述，不再多述。由於需要介紹之將領人數太多，無法一一加以論述，僅就保定軍校、黃埔軍校，以及日本士官學校畢業的代表予以介紹。

　　首先以江蘇省而言，畢業於保定軍校的有 2 人，分別是江倬雲和韓德勤。畢業於黃埔軍校的有 3 人，分別是何尚時、冷欣和方先覺。畢業於日本士官學校的有陳倬和朱文伯兩人。

　　江倬雲，曾任軍委會少將參謀、吳淞要塞司令部參謀長、淞滬警備司令部副官處處長等職務。

　　韓德勤，在抗戰期間，歷任師長、軍長、戰區副司令長官等職。

　　方先覺，於黃埔軍校畢業後，曾任排、連、營、團、師、軍長、軍團副司令，歷經東征、北伐、討逆、剿匪及抗日，尤以湘北第 3 次會戰固守長沙，締造空前大捷，獲授青天白日勳章，民國 33 年夏，任第 10 軍軍長時，受命保衛衡陽，以 1 萬 8 千餘人之師，對抗 10 餘萬精銳之日軍，固守 47 天，日軍兩次增援，3 次總攻，均遭我軍擊退，立下汗馬功勞。[22]

　　何尚時，曾任第 3 戰區司令部駐滬少將聯絡專員。

　　冷欣，曾任師長、軍長、總指揮、陸軍總部軍務處處長，以及陸軍總司令部副參謀長。

　　陳倬，曾擔任排、連、營、團、旅長、獨立師長，以及甘肅保安處長。

　　朱文伯則擔任福建保安處副處長，以及軍管區司令部參謀長。

　　至於廣東省方面，畢業於保定軍校的有 9 人，分別是吳逸志、羅卓英、薛岳、葉肇、簡作楨、何犖、鄧定遠、李漢魂、鄧龍光。畢業於黃埔軍校的有 4 人，分別是黃珍吾、龔少俠、嚴國藩、吉章簡。畢業於日本士官學校的只有劉麗生 1 人。

---

22 高純淑：〈方先覺〉，中國現代史辭典編輯委員會編輯：《中國現代史辭典 —— 人物部分（二）》（台北市：近代中國出版社，民國 74 年 6 月出版），頁 112。

羅卓英、薛岳、李漢魂、鄧龍光等 4 人，抗戰期間都是傑出的國軍將領。羅卓英，抗戰初期參與上海戰役。27 年冬，任武漢警備總司令。嗣調第 3 戰區，任第 19 集團軍總司令，因功擢為第 9 戰區副司令長官。31 年春，任遠征軍司令官，率軍入緬甸，解英軍之危。32 年 5 月，任軍令部次長。33 年秋，任青年軍總監。抗戰勝利後，曾出任廣東省政府主席。36 年冬，調任東北行轅副主任。[23]

薛岳，更是沙場老將，曾任陸軍第 5 軍上將軍長、省主席、第 19 集團軍總司令、第 9 戰區司令長官、徐州綏靖公署主任、國民政府上將參軍長，戰功彪炳。

李漢魂，曾任 39 軍團軍團長、35 集團軍總司令、衢州綏靖公署中將副主任。

鄧龍光，曾任 156 師師長、64 軍軍長、35 集團軍總司令、第 2 方面軍副司令官、粵桂南區總指揮，以及廣州行轅副主任等職。

此外，張發奎亦是抗日名將，民國 27 年任第 2 兵團總司令兼第 8 集團軍總司令，參加武漢外圍戰鬥。28 年春，任第 4 戰區司令長官，29 年春，轉桂指揮作戰，駐柳州。先後克復廣西南寧、龍州，廣東防城、欽州一帶。34 年春，中國陸軍總司令部成立，改任第二方面軍司令官，十月，晉升陸軍二級上將。35 年，任國民政府主席廣州行轅主任，以及戰略顧問委員會委員等職。[24]

湖南省畢業於保定軍校的有 2 人，分別是唐生智和毛秉

---

23 郭易堂：〈羅卓英〉，同前註，頁 607。
24 張瑞成：〈張發奎〉，同註 3，頁 356。

文。畢業於黃埔軍校的有 5 人，分別是蔣伏生、賀衷寒、李樹森、賀揆彰、杜從戎，此 5 人都是黃埔 1 期畢業的。畢業於日本士官學校的有 3 人，分別是程潛、趙恆惕、賀耀組。

　　唐生智，民國 3 年畢業於保定軍校第 1 期步科，先後任湘軍見習排長、團長、旅長、師長，湖南善後督辦，曾參加討袁、護法諸戰役。北伐時任國民革命軍第 8 軍軍長、前敵總指揮、第 4 集團軍總司令，湖南省主席兼軍事廳廳長。民國 18 年任國民政府軍事參議院院長，後任「護黨救國軍」第 4 路總司令，廣州國民政府委員兼軍事委員會常委。「九一八」事變後，再任南京國民黨參議院議長、訓練總監部總監，授陸軍一級上將。抗日戰爭時期，任南京衛戍司令長官和國民革命軍軍事委員會委員。[25]

　　毛秉文，曾任師長、軍長、總指揮、行政公署主任等職。

　　蔣伏生，曾任師長、副軍長、副總司令，以及湖南省政府委員等職。

　　賀衷寒，於 26 年抗戰軍興時，任軍事委員會政治訓練處處長。27 年 2 月，調任軍事委員會政治部第 1 廳廳長，旋任祕書長兼廳長。30 年春，任行政院國家總動員會議人力組主任。31 年，任社會部勞動局局長。36 年，任社會部政務次長。[26]

　　李樹森，曾任師長、副軍長，以及防空司令等職。

　　賀揆彰，曾任師長、軍長、總司令、訓練副監代總監等職。

25 〈湖南和平起義將領小傳（一）〉，《湖南文史》，第 36 輯（湖南文史雜誌社出版，1989 年 12 月，第 1 版）。
26 吳伯卿：〈賀衷寒〉，同註 3，頁 433。

　　杜從戎，曾任黨團代表、團長、高參、中將主任等職。

　　至於程潛，民國 26 年，抗戰爆發時，任第 1 戰區司令長官，兼河南省政府主席。29 年，任軍委會副參謀長，33 年代理參謀總長。35 年，任武漢行營主任。次年，調任長沙綏靖主任。[27]

　　趙恆惕，民國 10 年，曾任湖南省省長，兼湘軍總司令，倡聯省自治，26 年抗日軍興，蔣委員長任命為國民政府軍事委員會上將參議官，及湖南省臨時參議會議長。35 年，正式省議會成立，當選為議長，後被選為制憲國民大會代表。[28]

　　賀耀組，經歷豐富，民國 17 年任國民革命軍第 3 軍軍長，20 年任國民黨中央監察委員及南京衛戍司令。23 年，任駐土耳其公使。26 年代理甘肅省政府主席。31 年，任重慶市市長兼防空司令。34 年任國府戰略顧問委員會委員、行政院政務委員。35 年，當選制憲國民大會代表。[29]

　　河南省就讀於保定軍校的有 3 人，分別是張軫、羅震、時君謀。[30]畢業於黃埔軍校的有 2 人，分別是龐國鈞和崔友韓。畢業於日本士官學校的只有張軫 1 人。

　　羅震，曾擔任國民革命軍第 15 路總指揮部中將參謀長、青島市公安局局長、河南省第 1、6 行政督察專員兼保安司令，以及河南省政府委員，保安處處長等職。

27　胡璞玉：〈程潛〉，同註 3，頁 446。
28　胡春惠：〈趙恆惕〉，秦孝儀主編：《中華民國名人傳》，第 6 冊，頁 434-450。
29　王章陵：〈賀耀組〉，同註 3，頁 434、435。
30　由附表 6-4「河南省當選人名冊」中得知，張軫就讀保定軍校第 9 期，未畢業即赴日本成城學校及日本士官學校就讀，並畢業於此兩校。

　　時君謀,曾擔任第 33 集團軍總司令部少將高級參謀,以及河南省制憲國民大會代表等職。

　　龐國鈞,曾任第 1 戰區自衛軍第 7 路司令及戰區司令部少將高參,重慶衛戍司令部少將交通處長、工程處長、以及國防部兵役署、兵役局辦公室少將主任。

　　崔友韓,曾任河南大學、浙江大學軍事教官,河南省柘城、溫縣、鹿邑等縣縣長、河南省警察隊長、河南省第 12 區行政督察專員兼保安司令等職。

　　至於張軫,曾任團、旅、師、軍長,參謀長、教育長、副總司令、總指揮、國民政府武漢行轅副主任兼第 5 綏靖區司令官等職。

　　此外,河南省尚有多位傑出將領亦應略加介紹,如趙家驤,也是抗日名將之一,民國 13 年入東北講武堂 9 期步科就讀,18 年 7 月,中東路事件發生,參加滿洲里抗俄之役,後返講武堂以第 4 名畢業。在東北軍任連、營長。24 年考入陸軍大學 14 期,27 年畢業,10 月調第 3 軍少將參謀長,兼第 11 軍團部參謀處長。會武漢保衛戰中,指揮大軍,迭創強敵,以戰功升任第 11 軍團參謀長。32 年春,調任軍令部第 3 處處長,主持抗日全盤戰略策劃,同年赴滇主持中美合辦之駐滇幹訓團步兵大隊。33 年 9 月,復調任第 5 集團軍少將參謀長,防守昆明,策應反攻。34 年 6 月,升任昆明防守司令部中將參謀長;其間迅確策劃,弭平滇變。是年秋,東北保安司令長官部成立,受任為參謀長,統率大軍自秦皇島登陸,排除萬難,直驅瀋陽。此後兩年,指揮遼南、四平、吉長等重大戰役,迭造佳績。36 年秋,東北剿匪總司令部成立,回

任參謀長兼政務委員。時共軍勢力猖獗，處境艱危，心力卒瘁。其後，東北全局既敗，乃奉命擔任徐州剿匪前進指揮所副主任，至浦口負責後方事務。[31]

陳舜德，北平中國大學畢業，中央訓練團畢業，曾任浙商均聯防指揮官、豫西左地區清剿指揮官，河南省立宛西鄉村師範學校校長、對宛西地方自治工作的推動貢獻良多。

另外，尚有張鈁，張係保定陸軍速成學校砲科畢業，民國 26 年，抗戰軍興，鈁初奉命為第 12 軍團軍團長，後任第 19 集團軍總司令。淞滬之戰，屢挫日軍，後任第 1 戰區預備軍總司令，駐許昌，協同劉峙主持籌備河南防務。27 年 2 月，特任國民政府委員兼軍事參議院副院長，襄贊中樞，貢獻良多，深得蔣委員長之倚重。

34 年 5 月，鈁當選中國國民黨第 6 屆中央執行委員。35 年 1 月，獲頒忠勤勳章；7 月，授任陸軍上將，並退為預備役。36 年春，聘為國民政府國策顧問，11 月，當選第一屆國民大會代表。[32]

而北平市之樓兆元，戰時曾任雲南省軍隊黨部少將書記長、軍委會駐滇幹訓團軍幹班少將主任、中央軍校北平特警班少將主任，以及天津警備司令部稽察處少將處長。而另一女性代表吳慕墀，曾任中央軍校婦女工作隊隊長。

由以上論述得知，在軍（警）界服務過的代表，不但受

---

31 李鑑銘：〈趙家驤傳〉，《國史擬傳》，第 2 輯（台北縣：國史館編印，民國 79 年 6 月出版），頁 242-248。

32 李守孔：〈張鈁〉，秦孝儀主編：《中華民國名人傳》，第 2 冊（台北市：近代中國出版社，民國 73 年 11 月 24 日初版），頁 364-375。

過正規教育，知識水準很高。經歷方面，絕大多數代表均任職高階將領，在前線領兵作戰，衝鋒陷陣，立下汗馬功勞。即便在後方的代表們也積極從事後勤支援、補給、政治文宣等工作，任勞任怨、貢獻良多。

（三）黨務工作

此處所謂黨務工作，係指曾在中國國民黨、青年黨，以及民主社會黨（以下簡稱民社黨）之各級黨部工作，或其職務與此3黨黨團之有關係者。

由表6-21當選代表經歷統計看出，有142位代表從事各該黨（國、青、民）之黨務工作，佔所有代表人數（799人）之17.77%。其中以江蘇省所佔比例最高，雖只有33位代表從事過黨務工作，但所佔比例則高達19.88%；其次是河南省，有40位代表曾從事黨務工作，所佔比例為18.26%；廣東省有38位代表，所佔比例為17.43%；湖南省有30位，所佔比例為16.04%。

若以黨派加以區分，則此6省市選出的代表，究竟有多少位代表屬於國民黨、青年黨或民社黨?由6省市「當選人名冊」中可以看出，加入國民黨之代表有281人（其中尚不包括南京市由國民黨提名參與競選的兩位候選人），佔6省市所有應選出代表381人的73.75%。加入青年黨的代表有30人，加入民社黨的代表有26人，各佔7.87%和6.82%。因此可知，國民黨在當時確屬第1大黨。

其他黨籍不明的代表有37人，所佔的比例是9.17%，其中以河南省最多，計有24人，乃因這些代表的資料不全，

無法加以確認之故。湖南省 6 人，廣東省、江蘇省、南京市各 2 人，北平市 1 人。未參加任何政黨的代表則有 7 人，列表如下：

表 6-23：國民大會 6 省市當選代表黨籍統計表

省市名稱　　黨籍類別	江蘇省	廣東省	湖南省	河南省	南京市	北平市	共計（人）	百分比（％）
中國國民黨	57	83	70	69	0	2	281	73.75
中國青年黨	6	10	7	7	0	0	30	7.87
民主社會黨	7	6	4	9	0	0	26	6.83
黨籍不明	2	2	6	24	2	1	37	9.71
未參加政黨	3	2	0	2	0	0	7	1.84
總　　計	75	103	87	111	2	3	381	100
備　　註								

資料來源：附表 6-1 至 6-6，國民大會 6 省市區域代表當選人名冊。

　　由此可知，3 黨共有 142 位代表曾從事黨務工作，但這些黨員在各黨內擔任何種職務，由附表 6 省市「當選人名冊」中看出，國民黨之代表，多在縣市黨部或省級黨部任職，如縣市黨部執行委員、書記長，或省黨部主任委員、執監委員、書記長。也有部分代表在三民主義青年團（以下簡稱三青團）內擔任職務，[33]而部分在中央任職者多半擔任中央執行委

---

33 三民主義青年團於民國 27 年 7 月 9 日成立於武昌，此一具有特殊意義與神聖使命之三民主義青年團因應時代之需要而誕生，結合愛國青年，成為黨的新血輪，增強抗戰建國力量，厥功甚偉。見吳伯卿：〈三民主義青年團〉，中國現代史辭典編輯委員會編輯：《中國現代史辭典－史事部分（一）》，頁 30、31。

員、監察委員。如江蘇省之李徵慶，任溧水縣黨部執行委員和常務委員；戴軼群任青浦縣黨部常務委員；袁希洛則任省黨部主任委員；鈕長耀任該省黨部執、監委員、特派員等；趙友培則任三民主義青年團重慶支團書記；李壽雍任中央政治會議北京分會委員、三民主義青年團第 3 戰區支團部幹事兼主任、省黨部主委、中央執行委員等職務；吳敬恆則擔任多屆中央監察委員。

廣東省之詹競烈和蘇秀謙任饒平縣、感恩縣黨部書記長，李漢魂任該省黨部主任委員，陳策任廣州特別市黨部委員兼組織部長、主任委員，羅卓英任中央執行委員會委員，蕭吉珊任中央執行委員兼海外部副部長。

湖南省之邱贊良任江華縣黨部書記長；鄭翼承任澧縣縣黨部書記長、三青團支團部監察；周靜芷、吳琛分別擔任該縣黨部之委員和執委；萬衡則擔任衡陽縣黨部婦運會常委等職；毛秉文則擔任中央執行委員；賀耀組則擔任中央監察委員。

河南省從事黨務工作的人數最多，共有 40 人，除部分代表任縣黨部書記長外，亦有多位代表擔任省及中央級之職務。如王果正擔任省黨部監察委員及青年團河南支團第 9 分團主任；曹彬擔任三民主義青年團河南支團部監察、國民黨河南省黨部監察委員；陳泮嶺擔任河南省黨部主任委員；孟昭瓚擔任中央監察委員；楊卻俗任中央黨部幹事、祕書、三青團分團幹事長等職務。

南京市兩位代表，均無任職黨務工作。北平市之許惠東曾任北平市黨部主任委員；樓兆元曾任雲南省軍隊黨部少將書記長。

　　除國民黨外，青年黨和民社黨亦有多位代表從事該黨黨務工作，但限於資料不足，青年黨方面，只知江蘇省之沈雲龍曾任該黨上海市黨部委員、青年黨中央執行委員兼中央宣傳部副部長，其他青年黨代表有未參加黨務工作，資料從缺，無法查考。

　　民社黨方面，從事黨務工作之代表由「當選人名冊」資料顯示，部分代表曾任黨務工作，如江蘇省之孫亞夫和黃孟剛，都曾擔任民社黨中央黨務委員。廣東省之梁應棱，擔任該黨廣東省黨部組織科長。湖南省之郭威廉，擔任該黨湖南省黨部執委。河南省則有兩位代表任職該黨，一是郭桂森，曾任該省黨部委員；一是程文熙，曾任該黨中央組織部副部長。

　　由上論述可知，此次行憲國民大會代表之選舉，除了隸屬國、青、民 3 黨以及無黨籍之代表外，並無其他政黨參與此次選舉，共產黨未參與此次國大代表之選舉，自然沒有選出任何共產黨之代表。

　　此外，我們仍可由「當選人名冊」看出，這次選出之代表，凡出身於軍事學校或由中央訓練團黨政訓練班畢業者，其黨籍均屬國民黨，不可否認的這自然與其所處的時代背景和所受的教育有關。

（四）教育界

　　此次國民大會選舉所選出之代表，由 6 省市「當選人名冊」中可以看出，曾在教育界服務過的代表有 116 人，所佔的比例是 14.52％，在所有各職業類別中所佔有的人數還算不少，高居第 4 位。其中又以廣東省所擁有的人數為最多，

共有 34 人，所佔的比例高達 15.6%；其次是河南省之 33 人，所佔的比例是 15.07%；湖南省又次之，雖有 25 人，但只有 13.37% 的比例，反不如江蘇省 23 人的 13.86% 高；南京市則只有陳裕光 1 人曾在教育界服務過，陳氏曾任金陵大學校長。

這些曾在教育界服務過的代表，絕大多數都是畢業於國內各大專院校，也有部分代表留學國外，並取得碩、博士學位。而就讀師範學校的也有 10 人。因此，這些代表可說是擁有高學歷的代表，這些都在第三節「代表學歷之分析」一節中論述過，在此不再多述。至於這些在教育界服務過的代表，以擔任教師（包括大、中、小學教師）一職的人數最多，6 省市共有 78 人，其中則以任大專院校教（師）授一職之人數最多，共有 53 人。如江蘇省有 13 人，廣東省有 20 人，湖南省有 11 人，河南省有 9 人。擔任中學教職的次之共有 22 人，江蘇省有 3 人，廣東省有 4 人，湖南省有 5 人，河南省有 10 人。曾任職小學者人數最少，僅只有江蘇、廣東、河南 3 省，各有 1 名代表而已。

此外，尚有不少代表在競選前曾任校長一職（包括大、中、小學校），6 省市中共有 54 人。其中擔任大學正副校長的有 4 人，分別是江蘇省的劉季洪（河南大學）和李壽雍（暨南大學），廣東省的王寵惠（復旦大學副校長）和南京市的陳裕光（金陵大學）。擔任專科學校校長的有兩位，都是河南省所選出者，一為郭桂森（河南農專），一為陳泮嶺（河南水利工程專門學校）。擔任軍校校長的只有 1 人，就是湖南省的梁化中（聯勤總部經理學校）。擔任師範學校校長的有 8 人，中學校長的有 33 人，民眾教育學校校長的有 2 人，小學校長的

有 4 人。其他如廣東省之李滿康，曾任該省三水縣督學，關昌榮則擔任該省昌江縣教育科長，而河南省所選出之張谿然，亦曾擔任該省教育會理事。這 3 位代表雖未直接從事教職，但其所負責之職務與教育人員之培育有密切關係，因此仍將其納入本範圍內討論。

　　由上可知，此 6 省市所選出之國大代表，從事教職之人數確實不少，在大學任教或擔任校長的人數也最多，因此這些擔任中央級之民意代表，至少都具有大學以上之學歷。此種情形正好與臺灣省之選舉略有不同。臺灣省於戰後所選出之中央級民意代表共有 56 人（包括民國 35 年 8 月選出國民參政員 8 名，同年 10 月選出制憲國大代表 17 名，36 年底選出行憲國大代表 27 名，37 年 1 月選出第 1 屆立法委員 8 名，同年 1 月選出監察委員 5 名，總計 65 名，但因部分代表有重複當選情形，故實際的總人數計有 56 人），[34]其中只有 7 人出身教員，佔 56 名中央民意代表的 12.5%，所佔的比例明顯偏低。[35]因此可以看出，地方級民意代表出身於師範體系（非大學畢業）的人數較多，亦即出身師範體系的中小學教師在光復初期，最容易當選地方民意代表，尤其在民國 40 年到 43 年當選的比例最高，這主要是由於當時的國民政府在臺灣重建之初，基礎尚不穩固，最需要依賴中小學教師這一

---

34 李筱峯：《臺灣戰後初期的民意代表》，頁 72。

35 當時臺灣全省各縣市所選出之參議員共有 740 人，出身教員的有 136 人，所佔的比例為 18.38%；省參議員方面，出身教員的有 9 人，佔 47 名省參議員的 19.15%。同註 15，李筱峯：《臺灣戰後初期的民意代表》，頁 112。

階層。[36]除了中小學教師外,醫生在當時也是最容易當選地方民意代表的階層之一,因爲醫生在臺灣光復之初,以及民國 35 年所謂的「民選初期」,非常活躍於地方政治舞台。因此之故,臺灣在光復初期,醫生和教師在政壇上之發展多限於省縣市級之民意代表。

(五) 民意代表

此處所謂的民意代表,係指 36 年競選國大代表前或當年曾任各縣市或各省市參議員,包括國民政府任命爲立法委員者。

在此次所選之 6 省市代表中,曾當選過議員或現任議員的有 76 人,佔所有代表人數 9.51%。其中又以湖南省擔任議員的人數爲最多,共有 25 人,所佔的比例是 13.37%;其次是廣東省之 20 人,所佔的比例是 9.17%;再次者是河南省有 15 人,所佔的比例是 6.85%。江蘇省雖只有 13 人,但所佔的比例竟比河南省高,爲 7.83%;最後南京市也有 1 人,北平市有 2 人,都曾擔任過議員一職。

由「當選人名冊」之學歷欄中可以看出,這些曾任議員之代表,多位在大學就讀的科系即是法政方面,因此他們既有專業知識,又有實際議會運作經驗,加上這些代表在擔任議員期間在地方上已建立良好的人際關係,自然具有當選國大代表之條件。如江蘇省之陸容庵,上海持志大學畢業,曾當選省臨時參議員,又曾當選制憲國大代表。滕傑,畢業於上海大學,又畢業於日本東京大學。曾當選制憲國大代表,

---

36 陳明通:《威權政體下臺灣地方政治菁英的流動(1945-1986)》(台北市:國立臺灣大學政治學研究所博士論文,民國 70 年 12 月),頁 273。

此時身分是立法委員。廣東省之陳劍如，畢業於北京法政大學經濟科，民國 35 年當選制憲國大代表，此時是立法委員。河南省之李雲，北京大學法科畢業，當選過該省臨時參議會第 1、3 屆參議員。南京市之陳裕光，不但獲得美國哥倫比亞大學之博士學位，且擔任南京市參議會議長。至於其他省市之代表，擔任各該省縣市議會正副議長的大有人在。由於這些代表都具有豐富的議事經驗，自然對行憲工作的推展大有幫助。

（六）文化界

　　此處所謂文化界代表，依李筱峯教授在《臺灣戰後初期的民意代表》書中提及，所謂「文化人」，泛指一切與從事文化事業有關的人，包括新聞記者、編輯人員、報紙雜誌的發行人或董監事、作家、詩人等等。[37]由 6 省市「當選人名冊」中得知，23 位文化界代表均曾擔任過報社或雜誌社之社長或總編輯職務，且都在政府機關內擔任要職，如江蘇省之周宏基，畢業於上海法政大學，曾任高等法院推事、院長、法學教授、報社主編，現任律師，實屬難得。廣東省之黃天鵬，不但曾任上海申報主筆、時事新報主編，且任復旦、滬江大學教授，來台後在中央、政大、師大等校擔任兼任教授。湖南省之唐際清，開南大學畢業後，曾任多家報社總編輯、社長和主筆，並擔任大學教授和省參議員，與文化界關係非常密切。河南省之徐志中，河北省保定大學中文系畢業後，除

---

37 李筱峯：《臺灣戰後初期的民意代表》，頁 118。

任豫北日報社社長外，還曾擔任師範學校校長、第 1 戰區長官司令部參議、河南省政府民政廳秘書、縣長等職。其餘代表經歷亦甚豐富，在此不再贅述，但可以看出，這些代表對文化事業的推廣確實有相當貢獻。

（七）民間團體

除了上述代表在公職、軍（警）職、教育界等類別中有其相當的成就外，少數代表在民間默默為廣大群眾服務，犧牲奉獻，精神亦足敬佩。

此「民間團體」係指一般社會服務性或學術研究單位。在此類別中有 19 位代表，所佔比例是 2.38%。

在此 6 省市中，河南省和南京市並未看到有代表服務於民間團體。服務於民間團體者以女性代表居多。如江蘇省之蔣佩儀、許憲民、顧安蒲、沙毓奇等 4 人，均在各地之婦女會服務，分別擔任理事長、委員、會長等職，對婦女運動的推廣貢獻良多。此外，許憲民復擔任救濟院副院長、婦女教養所主任，從事慈善救濟工作精神可佩。至於其他男性代表如錢公南，任中國工程師學會重慶分會會長，趙友培任中央文化運動委員會主任秘書，袁行潔擔任中國建設協會常務理事，黃孟剛任人民保障自由委員會主任委員。

廣東省有 5 位代表在民間團體服務過，其中孫陳淑英曾任香港青年救護團理事長、婦女慰勞會會長、廣東中山縣育幼院院長，以及美國加州地區教會婦女會委員，可說是典型的從事婦幼慈善事業的代表。另，蘇秀謙曾任救濟院院長；倫蘊珊曾任婦聯會委員；王名烈曾任善後救濟總署廣東分署

顧問；陳繼烈則任國際聯盟合作委員。

　　湖南省有 4 位代表曾在民間團體服務，其中蔣志雲和周靜芷兩位女性代表都擔任婦女會的委員，對婦女權益的保障和爭取有其貢獻。其他如譚肖崖任常德救濟院院長；盧望璵任湖南省義務勞動服務督導團主任等職，此種義務服務性之精神都是值得敬佩的。

　　南京市和北平市各有 1 位女性代表服務於婦女團體，如南京市之陳紀彝，任婦運指導委員會副總幹事。北平市之吳慕墀，曾任北平市婦女會常務理事和四川省婦女會常務委員。

　　由上可知，這些服務於民間團體之代表，善後救濟工作之運作，人權與婦女權益的保障和爭取，都付出極大的心力，有其既定的貢獻，尤其當時正處於烽火漫天的大時代裡，需要更多的人力投入其中，來爲廣大的群眾服務。

（八）工商企業界

　　此處所述之工商企業，係指工、商、礦等各種企業，以及大小公司行號之經營者。由表 6-21 經歷統計表中可以看出，屬於此一類別之代表人數不多，只有 17 人，所佔的比例是 2.13％。其中江蘇省和河南省各有 7 人，廣東省有 3 人，湖南省雖無人在工商企業界服務，但仍有兩人在政府所辦之銀行擔任總經理和董事長，一爲長沙市之黃登，擔任長沙市銀行總經理。一是衡陽縣之羅毅，擔任縣銀行董事長。

　　雖然江蘇省和河南省各有 7 位代表在工商企業界服務，但若以比例言之，則江蘇省之 4.22％較河南省之 3.2％略高，實因江蘇省係東南沿海省份，與外界接觸較早，工商企業較

爲發達。這些代表在業界除了擔任重要職務外，在政界也都有相當的成就。如江蘇省之陸容庵，擔任惠民紗場經理和川沙縣銀行經理，也曾擔任過江蘇省臨時參議員和制憲國民大會代表。

朱愷儔，原本習醫，其後擔任錫滬、滬太兩家汽車公司之經理，當選國大代表前曾擔任江蘇省議員、江南水利局委員、西南公路局專員、軍委會戰運局專門委員等職。江倬雲，係保定軍校 1 期畢業，曾任上南交通公司董事長，並曾擔任淞滬警備司令部副官處長、吳淞要塞司令部參謀長和軍事委員會少將參謀。

另，由崇明縣選出之朱錫璇，畢業於光華大學，曾任紗廠、毛紡織廠、鐵工廠等公司經理、董事長等職，也是一位傑出的企業家，之後曾擔任過誠明文學院教授。

至於廣東省之劉麗生，畢業於日本陸軍士官學校，軍人出身，當時擔任僑信企業股份有限公司經理，之前曾擔任陸軍總司令部少將處長、軍委會少將參議、廣州警備司令部少將參謀長，在軍界有相當之身分與地位。

河南省之王撫洲，北京法政專校畢業後，留學美國，畢業於華盛頓州立大學經濟系，其後復獲得美國俄亥俄大學碩士學位。除曾任企業公司總經理外，亦曾任北京法政大學主任教授、瀋陽馮庸大學副校長。抗戰期間，先後任陝西鳳翔、蒲城縣長，以及河南省財政廳長，當選國大代表時，任財政部直接稅署署長，不但是成功的企業家，也是著名的財經專家。而西平縣選出的陳泮嶺，畢業於北京大學土木工程系，除任中等及專科學校校長外，還當過國民黨河南省黨部主任

委員，河南省水利局長，是有名的水利專家。

　　由以上論述得知，此 6 省市所選出的代表在工商企業界擔任職務的雖只有 17 人，但此僅限於由區域代表中選出的，並不包括職業團體所選出的代表，否則人數將不只此數。雖然人數過於偏低，但這些代表都是各公司行號的總經理或董事長，居於決策者的地位，和一般小型商號是不同的。此外，他們在政府機構和財經界、軍界都擔任重要職務，都有既定的聲望和地位，兩者相互結合，在當時對國家和經濟的發展確實是有正面幫助的。

（九）農漁水利等合作事業

　　由 6 省市「當選人名冊」中可以看出，只有 10 位代表曾經擔任過此類工作，人數甚少，所佔比例只有 1.25%。

　　在此 10 位代表中，擔任過農會理事一職者係廣東省惠陽縣選出的羅偉強。羅偉強經歷非常豐富，曾任多項重要職務，如惠陽縣縣長、大元帥府東江警備司令、廣東省黨部執行委員、南昌行營少將參議和廣東省參議員。

　　在漁業界任職的有兩位代表，都是由江蘇省選出，一是丹陽縣之俞康，暨南大學與上海法學院畢業，曾任教職，並任上海漁市場常務理事兼副總經理。另一人是奉賢縣選出之何尚時，吳淞水產學校和上海大學畢業，曾任制憲國大代表、第 3 戰區司令部駐滬少將聯絡專員，以及奉賢漁會理事長。何在競選國大代表時的職務是江蘇省漁業管理委員會副主任委員，此兩人可說是真正負責漁會事務的代表。

　　在水利工程方面，由「當選人名冊」可以看出，有 5 位

代表曾在此一業界服務過,分別是江蘇省的朱愷儔、湖南省的王恢先、河南省的杜振、崔宗棟、陳泮嶺等 5 人。朱愷儔曾在「工商企業界」項目中介紹過,在此不再贅述。湖南省沅江縣所選出的王恢先,畢業於美國康乃爾大學,獲得碩士學位,曾任黃河水利委員會簡任技正河防處長,在競選國大代表時任職長沙水利總局洞庭湖工程處長。而由河南省選出之杜振,畢業於河南省立民眾師範學校,曾任黃河水利委員會科長。崔宗棟雖然學歷不明,但此時正擔任廣西省水利開墾公司總技師。

　　此外,尚有河南省西平縣的陳泮嶺,陳氏畢業於北京大學土木工程系,可說是真正科班出身的水利專家。抗戰期間,黃河河堤曾遭炸毀,戰後陳氏於河南水利工程總局長任內,負責黃河河堤之修復,以及黃河通訊設備之加強工程,歷時 3 年完成,之後未再見黃河氾濫,真可謂厥功甚偉。[38]其次是,陳氏曾於民國 30 年 12 月 22 日中國國民黨 5 屆 9 中全會時與其他諸位代表建議政府「積極促進水利建設以利抗建而奠國本」,[39]以及「請設立國立水利工科大學培養水利人才,大舉興辦水利建設事業以增農產及奠定國防工業之基礎」,[40]均在 9 中全會之第 9 次會議討論後通過。這些都可看出陳泮嶺對

---

38 劉錫五:〈陳泮嶺先生事略〉,李士賢主編:《中原文獻》,第 3 卷第 1 期(台北市:中原文獻社,民國 60 年 1 月 1 日出版),頁 17-19。

39 秦孝儀主編:《中華民國重要史料初編－對日抗戰時期》,第 4 編,戰時建設(三)(台北市:中國國民黨中央委員會黨史委員會,民國 77 年 10 月),頁 781。

40 同前註,第 4 編,戰時建設(四)(台北市:中國國民黨中央委員會黨史委員會,民國 77 年 10 月初版),頁 181。

水利工程之建設是勞心勞力的。

　　至於在合作事業服務過的只有河南省選出之侯家傑和郭斌慶兩位代表。侯家傑係青年黨員，畢業於北平民國大學和日本東京專修大學政經系，抗戰期間曾擔任 196、116 師政治部秘書和科長等職，其後復擔任 53 軍政治部上校科長，此時正擔任河南省合作事業管理處第 1 科科長。另 1 人爲泌陽縣所選出的郭斌慶，在競選國大代表之時正擔任河南省合作事業管理處視察室主任。

　　由以上之論述約略可以了解，這些曾任職農會、漁會、水利工程，以及合作事業等方面的代表，除了陳泮嶺是具有專業知識的水利專家外，其他可說是以政府官員身分負責督導其業務而已，是否具有專業知識不得而知，此又與真正由農業團體、漁業團體或商業團體所選出之代表，性質是不同的。

　　綜觀這次代表之分析，可以看出，每位代表終其一生都曾擔任許多不同的職務，其中又以擔任公職人數最多，許多代表原本就是國家公務員中的一分子。人數最少的是醫生和律師，須具備專業素養方能勝任者，人數自然較少。總之，這些當選的代表，都曾任各種不同的職務，在人生的經歷上較爲豐富，也是一個成功的政治家應有的歷練。

第七章　結　　論

　　民國 36 年 11 月 21-23 日，全國各省市舉行第一屆國民大會代表選舉。本次所選出之代表稱之爲行憲國民大會代表，其當前主要職責在於選舉總統和副總統。

　　36 年 3 月 31 日和 5 月 1 日，國民政府先後公布了「國民大會組織法」、「國民大會代表選舉罷免法」，以及「國民大會代表選舉罷免法施行條例」，作爲此次選舉之法律根據。

　　依憲法規定，各有關選舉法公布後 6 個月內必須完成國民大會代表之選舉，是以政府乃於 6 月 25 日正式成立了選舉總事務所，各省市區域團體及各不同類別之選舉團體也分別成立了選舉事務所，積極展開各種選務工作。

　　本次國大代表之選舉，除了選出區域代表、職業團體之代表外，尚包括有蒙藏地區、邊疆地區、海外華僑、內地生活習慣特殊之國民，以及婦女團體等代表，涵蓋的面向非常廣。由於先前所公布的選舉法規，部分條文未能符合事實需要，且窒礙難行，需加以修正，於是選舉總所乃先後有多次修訂，並將各類別團體之代表人數，酌予增加。

　　此次國大代表之選舉，由於部分省市仍屬失陷區域或綏靖區，因此無法與一般正常地區之選民進行選舉，是以國民政府乃於 11 月 13 日頒布「選舉補充條例」，依此條例之規定，

選出這些地區之代表，是以此次國大代表之選舉，原本應選出 3,045 名代表，最後選出了 2,961 人，尚有 84 人未能選出。

　　至於各類別代表名額的分配，以及區域的劃分，係根據國民政府 36 年 7 月 12 日所公布的「國民大會代表名額分配表」分配之，其後復依實際需要酌增代表名額，但由《選舉實錄》中可以看出，在增選代表名額中均應選出婦女代表 1 人或 2 人。因此，此次所選出的婦女代表人數較制憲國大代表所選出者爲多，表示婦女權益受到重視，在社會上的地位也較以往抬高了許多。

　　前曾言及，此次選舉涵蓋面向非常廣，除了區域、蒙藏、職婦團體、海外華僑等參與選舉外，復增加邊疆地區和內地生活習慣特殊之國民參與選舉，亦即政府對川、康、滇、黔、桂、湘等 6 省之土著民族，以及凡屬滿族之國民准其自行選出 34 位代表。另，對於內地生活習慣特殊之國民即回民，亦由其自行選出 17 位代表，這是政府在其舉辦的選舉中從來未有的現象，由此亦可看出，政府爲保障所有選民之權益，對所有不同族群一視同仁，一律平等，此種作法確實值得予以肯定。

　　此次選舉，選務單位對候選人或一般選民，應具備何種資格，也都有明確的規定。就一般選民而言，其投票資格必須符合選罷法第 5 條之規定，與制憲國民大會代表選舉唯一不同之處，即在於制憲國大選舉時，選民必須先經公民宣誓，領得宣誓證後才可前往投票。此次選舉刪除宣誓儀式，只要領有選舉權證，即可參與投票，因此在手續上簡化不少。

　　在候選人資格認定方面，參選年齡放寬至 23 歲，此又較

制憲國大代表選舉時之 25 歲，降低了兩歲，可讓更多有意參
選之選民參與競選。此外，和制憲國大代表選舉最大不同之
處，即在於候選人必須由政黨提名方可參選，用選民簽署手
續登記提名者，以無黨派者爲限。[1]在當時以政黨提名方式來
限制候選人參選的辦法，是有其必要性的，特別是國民黨在
當時是第 1 大黨，黨員人數也最多，基層力量遠在其他各黨
之上，如果開放自由競選，必將造成絕對的壓倒性優勢。國
民黨有鑒於此，乃不得不限制黨員的自由競選。並且透過黨
的組織力量，還可促成友黨和無黨無派的社會賢達當選。[2]

　　其次在選民人數調查與名冊編造方面，仍是選舉中一項
重要工作，編造選舉人名冊，主要目的即在於掌握正確的選
民人數，如此方可提供各選務單位，作爲製發選舉權證之依
據。但此次之選舉，由於中國面積遼闊，尤其是邊疆偏遠地
區之選民散居各地，實在難以調查，且部分地區仍屬失陷區
或綏靖區，無法及時調查，都是本次選舉最感困難之處。

　　所以民國 37 年 2 月，時任國民政府副主席的孫科在國府
主持月會，對此次大選作通盤檢討時指出，「本次選舉最大之
缺失，就是選舉人名冊未能在事前由戶籍人員作充分的調查
和準備，以致發生選民漏報或登錄錯誤情事」。[3]天津市選舉
事務所主席委員杜建時，在選舉前即發表文章，直指此次選

---

1 〈各黨黨員參加競選，須由所屬政黨提名，國務會通過鄒魯等提案〉，《中
　央日報》，南京，民國 36 年 11 月 29 日，第 2 版。

2 〈社論 —— 民主政治的第一課〉，《中央日報》，上海，民國 36 年 11 月
　27 日，第 2 版。

3 〈大選待改善，孫科指出三弱點，名冊不全提名辦法含混選舉舞弊也不能
　夠法辦〉，《大公報》，天津，民國 37 年 2 月 3 日，第 2 版。

舉，所面臨最大的困難就是對選民無法調查出準確的統計數
目，[4]可謂一語破的。此外，政府為辦好此次選務工作，有關
單位對所有選務人員、選民以及候選人等，均一再叮嚀，務
必遵守選舉法規，絕對不可做出任何違法之事。特別是在中
國，每逢選舉，「酒食耳語」似已成為一種風氣，[5]因此應該
及早加以取締，否則對國家政治之發展影響很大。然則此種
惡習積習已久，一時難以糾正，以致在此次選舉時，仍有許
多不法之事發生，實屬憾事。

　　第五章，選舉活動之剖析，是本論文研究重點之一，係
針對區域、蒙藏、邊疆民族、海外華僑、職婦團體、內地生
活習慣特殊國民，以及綏靖區等各不同類別之團體，就其選
舉情形分別加以論述。在此次投票過程中，也確實發現許多
問題存在。其中最為嚴重的仍是教育尚未普及，選民知識低
落，以及文盲比率較高，許多選民對選舉一事認識不足，因
此對投票一事不甚重視，即便前往投票，也常易為他人左右。
[6]加以戰後國共衝突不斷，多數省分失陷未復，無法辦理選
舉，自然影響選務工作的進行。所以中央組織部長陳立夫在

---

4 〈社論 —— 選民與民主政治的前途〉，《大公報》，天津，民國 36 年 8
　月 23 日，第 3 版。

5 〈社論 —— 提高選舉水準，肅正選舉風氣〉，《中央日報》，南京，民國
　36 年 4 月 19 日，第 2 版。

6 〈社論 —— 國代選舉經過的檢討〉，《中央日報》，上海，民國 36 年 11
　月 24 日，第 2 版。由於選民知識水準過低，對選舉一事認識不足，所以
　有人主張選民應有教育程度上的限制，亦即應有相當於小學的程度，如此
　對候選人之政見、能力、講辭等易於了解，選舉票也較不易被人操控。見
　〈施昌璧 —— 選舉法芻議〉，（上）《中央日報》，南京，民國 36 年 6
　月 10 日，第 10 版。

選後表示:「中國空前之大選,並不如預期之滿意,選民方面,普遍缺乏熱忱,爲大選最失望之因素。興趣之有限,則由於中國局勢之不穩」。[7]再則中國疆域面積遼闊,各縣市選所設置之票匭數量有限,選民往往爲投 1 票必須奔波數十里路程,對選民而言甚感不便,爲此,許多選民寧可棄權也不願爲投此 1 票而奔波勞碌,實因「憚於奔走耗費」,[8]這一段話,也可說點出了本次選舉選民投票率低落原因之所在。

　　此外,我們由此次選舉候選人之提名作業過程中可以看出,黨團方面的影響力仍高於一切,所有候選人自提名以至當選,全由國民黨掌控一切,候選人若非經過黨團同意是無法參與競選的,亦即候選人與黨方都有極密切的關係,或與中央大員有私交或裙帶關係的才有獲得提名的機會,未經黨方同意私自參選的黨員,將受嚴厲處分,即便當選,也不予承認,此在第五章第二節政黨提名候選人中有詳細說明,在此不再贅述。除非屬於失陷之省分,因無法進行選舉,不得不徵調寄居鄰縣或任職南京國民政府內之本縣官員參選,但仍得黨團同意方可提出名單。[9]可見在當時黨團的勢力是很大的。[10]

7 〈國代普選順利完成,全部名單旬內公告,主席票選京議長陳裕光〉,《申報》,上海,民國 36 年 11 月 24 日,第 1 張,(一)。

8 〈社論 —— 選政與選風〉,《中央日報》,重慶,民國 36 年 9 月 27 日,第 2 版。

9 〈話說當年選國代,底牌令人聞之搖頭〉,《聯合報》,台北,民國 78 年 8 月 13 日,第 9 版。

10 候選人由政黨提名,是絕對正確的,尤其是在訓政方告結束之後,國民黨對於行憲實負有特殊的使命,一方面要協助友黨,使友黨候選人有充分當選的機會,另一方面還要推舉社會賢達,使品學兼優清高純潔之士,

　　至於在此次選舉過程中，舞弊和糾紛的事，層出不窮的發生，究其原因，仍與一般選民知識水準太低有關。在此之前，雖然政府已舉辦過多次的選舉，但仍有許多選民不了解此次選舉的目的何在，自然也就不會重視這張選票的價值，如此這般，即易為有心人士操控。最令人感到不解的是部分地方行政長官，多身兼選務單位主管，非但不能嚴格督導選務工作，竟帶頭從事非法勾當，因此才會使得選舉弊端叢生永無止境。尤其最令人痛恨的是地方保甲長，多是地痞流氓出身，平時在地方上作威作福，此時更藉機橫徵勒索，不是把持選舉權證不予發放，[11]就是以暴力威脅選民必須將選票投與某 1 人。一般無知之百姓，懾於這些惡勢力之淫威，不敢有任何意見，最後不是棄權，就是任其擺佈，聽命行事，使得選舉失其意義。因此類似這些弊端不予解決，選務工作將永遠無法達到既定的目標。

　　其次在第六章當選代表之比較分析中，針對江蘇、廣東、湖南、河南、南京、北平 6 省市當選之區域代表作為分析對象，分別就代表之性別、學經歷、年齡、職業等項，作了詳細的比較和分析，使得國人對這些代表有更深一層的認識和了解。

不致因無黨派關係而無法膺選。再者，國民黨員人數較多，基層力量遠在各黨之上，如果實行自由競選，必將造成絕對的壓倒優勢。國民黨有鑒於斯，自不能不限制黨員的自由競選，並且透過黨的組織力量，來促成友黨與社會賢達之當選。見〈社論 —— 民主政治的第一課〉，《中央日報》，上海，民國 36 年 11 月 27 日，第 2 版。

11 〈社論 —— 國代選舉經過的檢討〉，《中央日報》，上海，民國 36 年 11 月 24 日，第 2 版。。

　　就以性別而論，憲法第 134 條明文規定，「各種選舉，應規定婦女當選名額，其辦法以法律定之」，就是爲了要保障婦女的權益而訂定的。所以本次行憲國大代表之選舉，各省市能夠增選出多位婦女代表，即根據此一條文而選出的。因此之故，行憲國大代表之選舉，所選出的婦女代表人數，自然要比制憲時期所選出的婦女代表人數爲多。

　　就年齡而論，此 6 省市所選出的代表，依第六章第二節年齡分析之結果來看，除了湖南省之徐慧玉只有 29 歲，年齡較輕外，其他代表之年齡仍以 40-50 歲者居多，這與制憲時期所選出的國大代表年齡相仿，這都是可喜的現象，畢竟議會工作是一項繁瑣的工作，非有旺盛的體力和成熟的心智是無法勝任的。就代表之學歷而論，由第六章第三節表 6-15 中可以看出，其中仍以受過大學教育的代表人數爲最多，有 159 人；就讀軍（警）學校的代表人數居次，有 104 人；其他留學歐美、日本的代表也不在少數。尚有部分代表具有專科和師範的學歷，至於學歷不明的代表有 25 人，實因資料欠缺，因而無法分析。而這些代表中，亦有多人獲得博、碩士學位，學有成就者，所以在學歷方面不比制憲時期所選出的國大代表遜色，且有過之。所以如此高等學歷的代表齊聚一堂，爲憲政工作而努力，對國家而言，自然帶來了無比的希望。

　　至於就代表之經歷而論，我們亦可由第六章第四節表 6-22 之統計表中可以看出，這些代表以先後曾擔任過公職的爲最多，共有 216 人；其次是任職軍（警）界的有 165 人，從事黨務工作的居第 3 位，有 142 人；任職教育界的也有 116 人。此外，我們可以由附表各當選代表之經歷欄中可以看出，

這些曾在政府機關擔任過公職的代表，其職務都很高。而任職軍警界的高階代表也不少，尤其是在抗戰期間，擔任過軍團司令、指揮官等的代表大有人在，他們都為國家立下汗馬功勞。由 6-22 統計表中亦可看出，除了經歷不明的有 5 位代表外，就屬曾擔任過律師和醫生的代表人數最少，這是因為此兩種職業均需具有專業知識方可勝任之故。此外，我們由代表之經歷欄內亦可以看出，許多代表一生中擔任過許多不同的職務，是以每位代表的經歷都甚豐富，所以各職業類別之統計人數甚多，實則係採重複累計之故。

　　由以上之論述可以得知，這次的選舉雖然結束了，並選出了行憲國大代表，準備翌年選出總統副總統之後，即可朝憲政大道邁進。但若依中山先生建國三程序而言，軍政、訓政、憲政三階段是循序漸進，依次完成的，而今雖在 35 年制訂完成憲法，36 年選出行憲代表，實則訓政工作，受到戰禍之影響並未做好，以致一般民眾未能獲得良好的教導，選舉時才會產生如此多的弊端。

　　因此，我們可以得知，要想辦好選舉，除了加強教育選民民主憲政這方面的知識外，更重要的就是要有安定的生活環境，使人民在生活上無後顧之憂，才會引起選民的興趣，進而重視選舉。

　　雖然這次的選舉不盡令人滿意，且在當時內有黨派利益糾紛，外有中共及黨外人士之杯葛，仍能克服重重困難，順利完成選舉，這在中國民主政治發展過程中，仍然有其一定的貢獻。

　　其次，我們仍要有所了解的是中山先生創立國民大會此

一政權機關,就是希望能夠貫徹其權能區分、五權分立的理想。亦即希望人民有權,政府有能,讓人民真正能夠行使選舉、罷免、創制、複決等四項政權,來管理政府的五個治權,進而改革西方行使間接民權的弊端。

而國民大會原本即為中央最高民意機關,相當於一般民主國家之國會,國大代表是由全國選民選出的,相當於國會議員,依照中山先生權能區分、五權憲法之理論,國民大會為一院制之國會。典型民主國家之國會,不論內閣制之英國或總統制之美國,皆為兩院制,各有其不同之歷史背景,兩院之組成分子、職權等各不相同,且仍在緩慢因時勢或需要不同而有各種改革之聲音,如英國有主廢上(貴族)院者,如其實現,亦將為一院制矣。今日舉世唯一行一院制之重要國家為中華人民共和國 —— 人民代表大會制,雖因政治思想、設計、職權與一般民主國家之國會有異,又因其一黨(共產黨)獨大,頗為所謂民主國家所詬病,但至少在形式上不能不說它確為一院制之國會組織,如謂其「具有中國特色」,則中山先生之國民大會又何嘗不是具有中國特色之國會。國會之良窳不在院數之多寡,主要乃在是否能為人民造福,能否臻國家於富強康樂之境域。

可惜的是中山先生的此一理想一直未能好好實施,原本五五憲草即是依照中山先生之理論架構設計完成,不幸因抗戰爆發,無法召開國民大會,此一憲草乃無法實施。迨抗戰勝利後,政府為早日實施民主憲政,召開政治協商會議,為了遷就現實環境,不得不與其他黨派協商與妥協,致使中山先生的理想和理論逐漸變質,雖在政協憲草中將無形國大恢

復爲有形國大，然其對五五憲草之修正草案，却大爲削減了國民大會之職權，國民大會只能選舉總統副總統，罷免總統副總統。對於中央政府其他重要的官員，皆無法選舉、罷免。就創制、複決兩權言之，國民大會只能行使修憲的創制權及複決立法院所提出之修憲案。

政府爲了因應戰後全國普遍要求實施民主憲政之呼聲，不惜暫時放棄中山先生五權憲法之實際，與政治黨派協商，換取制憲、行憲之遂行，原本欲俟適當時機，重新提案修改憲法，恢復國民大會之職權，無奈動員戡亂時期臨時條款的頒布，延緩了此一計劃。其後又遇上多次權謀上的修憲行動，使國民大會之權限受到更多的剝奪。

民國86年第3次修憲終於將實體之國民大會變成了無形的國民大會，憲法上雖存其名，竟連原來徒具形式的國民大會亦予以摒棄，中華民國的憲政體系，益形雜亂，總統、副總統、立法委員及各級民意代表，地方縣市長等皆出自民選，其間如有不恰，誰是真的民意所在？“民主”之聲貫耳，但欲求國家富強，人民安樂，誠有待不世出之聖者矣！爲文至此，曷勝慨然！

總之，這次政府舉辦選舉，確有許多缺失需要改進，但中國自民國建立以來，對實施民主政治的經驗太少，除了民初制定的約法，與抗戰期間成立參政會與參議會以外，真正民意表現的機會實在不多，對於從未接受過政治教育的選民言，要想在極短的時間內看到民主在中國開花結果，是難以辦到的。然而，平心而論，政府能在戰後，百廢待舉，國共交戰的狀態下，仍能排除萬難舉辦全國性的普選，著實不易。

但無論如何，中國的選民在經過這次普選的洗禮後，逐漸認清民主的真諦，對往後民主運動的推展應有某種程度的助益，不幸的是大陸隨即變色，中共以人民民主專政為名，行獨裁專制之實，民主幼苗頓即枯萎，中華民國政府在臺灣以維護法統自許，但在蔣經國總統之後，民粹主義抬頭，台獨意識囂張，民主政治之意識，正在不斷淬鍊鋪砌之中。中國民主憲政前途有望，但若其有成，非全體國人之耐心與決心恆久堅持永不懈怠不得也。

參考書目

一、中文資料

（一）檔　案

1.國史館典藏

①〈山東省選民調查表〉,《內政部檔案》,國史館藏,目錄號：127,案卷號：464。

②〈山東省政黨提名案〉,《內政部檔案》,國史館藏,目錄號：127,案卷號：465。

③〈山東省國代選舉結果案〉,《內政部檔案》,國史館藏,目錄號：127,案卷號：466～468。

④〈河南省選民調查案〉,《內政部檔案》,國史館藏,目錄號：127,案卷號：469。

⑤〈河南省政黨提名案〉,《內政部檔案》,國史館藏,目錄號：127,案卷號：470、471。

⑥〈河南省選舉結果案〉,《內政部檔案》,國史館藏,目錄號：127,案卷號：472～475。

⑦〈江蘇省選民調查案〉,《內政部檔案》,國史館藏,目錄號：127,案卷號：490。

⑧〈江蘇省政黨提名案〉,《內政部檔案》,國史館藏,目錄號:
　　127,案卷號:491。

⑨〈江蘇省選舉結果案〉,《內政部檔案》,國史館藏,目錄號:
　　127,案卷號:492、493。

⑩〈湖南省選民調查案〉,《內政部檔案》,國史館藏,目錄號:
　　127,案卷號:518。

⑪〈湖南省政黨提名案〉,《內政部檔案》,國史館藏,目錄號:
　　127,案卷號:519。

⑫〈湖南省選舉結果案〉,《內政部檔案》,國史館藏,目錄號:
　　127,案卷號:520～524。

⑬〈臺灣省選民調查案〉,《內政部檔案》,國史館藏,目錄號:
　　127,案卷號:544。

⑭〈臺灣省政黨提名案〉,《內政部檔案》,國史館藏,目錄號:
　　127,案卷號:545。

⑮〈臺灣省選舉結果案〉,《內政部檔案》,國史館藏,目錄號:
　　127,案卷號:546。

⑯〈廣東省選民調查案〉,《內政部檔案》,國史館藏,目錄號:
　　127,案卷號:547。

⑰〈廣東省政黨提名案〉,《內政部檔案》,國史館藏,目錄號:
　　127,案卷號:548。

⑱〈廣東省選舉結果案〉,《內政部檔案》,國史館藏,目錄號:
　　127,案卷號:550～554。

⑲〈蒙藏選民調查案〉,《內政部檔案》,國史館藏,目錄號:
　　127,案卷號:613。

⑳〈蒙藏選舉結果案〉,《內政部檔案》,國史館藏,目錄號:

127，案卷號：614、615。

㉑〈蒙藏政黨提名案〉,《內政部檔案》,國史館藏,目錄號：127，案卷號：616。

㉒〈南京市選民調查案〉,《內政部檔案》,國史館藏,目錄號：127，案卷號：624。

㉓〈南京市政黨提名案〉,《內政部檔案》,國史館藏,目錄號：127，案卷號：625。

㉔〈南京市選舉結果案〉,《內政部檔案》,國史館藏,目錄號：127，案卷號：626。

㉕〈北平市選民調查案〉,《內政部檔案》,國史館藏,目錄號：127，案卷號：630。

㉖〈北平市政黨提名案〉,《內政部檔案》,國史館藏,目錄號：127，案卷號：631。

㉗〈北平市選舉結果案〉,《內政部檔案》,國史館藏,目錄號：127，案卷號：632。

㉘〈職婦團體選民調查案〉,《內政部檔案》,國史館藏,目錄號：127，案卷號：657。

㉙〈不能舉辦選務之各省市案〉,《內政部檔案》,國史館藏,目錄號：127，案卷號：658。

㉚〈不能舉辦選務之各省未收復區案〉,《內政部檔案》,國史館藏,目錄號：127，案卷號：659。

㉛〈不能舉辦選務之各省收復區案〉,《內政部檔案》,國史館藏,目錄號：127，案卷號：660。

㉜〈全國性政黨提名案〉,《內政部檔案》,國史館藏,目錄號：127，案卷號：669。

㉝〈綏靖區政黨提名案〉,《內政部檔案》,國史館藏,目錄號:
　　127,案卷號:670。

㉞〈回民選舉案〉,《內政部檔案》,國史館藏,目錄號:127,
　　案卷號:690。

㉟〈婦團選舉案〉,《內政部檔案》,國史館藏,目錄號:127,
　　案卷號:691。

㊱〈內地生活習慣特殊民意代表產生案〉,國史館藏,目錄號:
　　127,案卷號:692。

㊲〈職業團體選舉案〉,《內政部檔案》,國史館藏,目錄號:
　　127,案卷號:696。

㊳〈外僑選民調查案〉,《內政部檔案》,國史館藏,目錄號:
　　127,案卷號:703。

㊴〈外僑政黨提名案〉,《內政部檔案》,國史館藏,目錄號:
　　127,案卷號:704。

㊵〈外僑選舉結果案〉,《內政部檔案》,國史館藏,目錄號:
　　127,案卷號:705。

㊶〈外僑選舉辦法案〉,《內政部檔案》,國史館藏,目錄號:
　　127,案卷號:706。

㊷〈邊疆民族選舉案〉,《內政部檔案》,國史館藏,目錄號:
　　127,案卷號:707。

㊸〈滿族選民調查案〉,《內政部檔案》,國史館藏,目錄號:
　　127,案卷號:708。

㊹〈滿族政黨提名案〉,《內政部檔案》,國史館藏,目錄號:
　　127,案卷號:709。

㊺〈滿族選舉結果案〉,《內政部檔案》,國史館藏,目錄號:

127，案卷號：710～712。

㊻〈回民選舉國代案〉，《內政部檔案》，國史館藏，目錄號：
　　127，案卷號：713～715。

㊼〈當選人及候補人名冊案〉，《內政部檔案》，國史館藏，目
　　錄號：127，案卷號：839。

㊽〈河南省選務疑義案〉，《內政部檔案》，國史館藏，目錄號：
　　127，案卷號：849。

㊾〈河南省選務補充條例案〉，《內政部檔案》，國史館藏，目
　　錄號：127，案卷號：850。

㊿〈江蘇省選務疑義案〉，《內政部檔案》，國史館藏，目錄號：
　　127，案卷號：856。

51〈江蘇省選務補充條例案〉，《內政部檔案》，國史館藏，目
　　錄號：127，案卷號：857。

52〈湖南省選務疑義案〉，《內政部檔案》，國史館藏，目錄號：
　　127，案卷號：863。

53〈臺灣省選務疑義案〉，《內政部檔案》，國史館藏，目錄號：
　　127，案卷號：869。

54〈廣東省選務補充條例案〉，《內政部檔案》，國史館藏，目
　　錄號：127，案卷號：870。

55〈蒙藏選務補充條例案〉，《內政部檔案》，國史館藏，目錄
　　號：127，案卷號：896。

56〈南京市選務疑義案〉，《內政部檔案》，國史館藏，目錄號：
　　127，案卷號：901。

57〈北平市選務疑義案〉，《內政部檔案》，國史館藏，目錄號：
　　127，案卷號：903。

(58)〈國代選舉情形案〉,《內政部檔案》，國史館藏，目錄號：127，案卷號：976～978。

(59)〈外僑選務疑義案〉,《內政部檔案》，國史館藏，目錄號：127，案卷號：984～985。

(60)〈外僑選務補充辦法案〉,《內政部檔案》，國史館藏，目錄號：127，案卷號：986。

(61)〈退讓友黨案〉,《內政部檔案》，國史館藏，目錄號：127，案卷號：1003、1004。

(62)〈山東省選舉訴訟案〉,《內政部檔案》，國史館藏，目錄號：127，案卷號：1010。

(63)〈河南省選舉訴訟案〉,《內政部檔案》，國史館藏，目錄號：127，案卷號：1011。

(64)〈江蘇省選舉訴訟案〉,《內政部檔案》，國史館藏，目錄號：127，案卷號：1017。

(65)〈湖南省選舉訴訟案〉,《內政部檔案》，國史館藏，目錄號：127，案卷號：1026。

(66)〈臺灣省選舉訴訟案〉,《內政部檔案》，國史館藏，目錄號：127，案卷號：1032。

(67)〈蒙藏選舉訴訟案〉,《內政部檔案》，國史館藏，目錄號：127，案卷號：1041。

(68)〈南京市選舉訴訟案〉,《內政部檔案》，國史館藏，目錄號：127，案卷號：1042。

(69)〈國民大會國民黨代表選舉案〉,《國民政府檔案》，國史館藏，檔號：0111.42/6077.123。

(70)〈國民大會代表選舉事務案〉,《國民政府檔案》，國史館藏，

檔號：0111.41/6077.6。

⑦〈國民大會代表選舉事務案〉,《國民政府檔案》,國史館藏,
　檔號：0111.41/6077.7。

⑫〈國民大會代表選舉事務案〉,《國民政府檔案》,國史館藏,
　檔號：0111.41/6077.8。

⑬〈國民大會代表選舉事務案〉,《國民政府檔案》,國史館藏,
　檔號：0111.41/6077.01-17。

⑭〈國民大會代表選舉事務案〉,《國民政府檔案》,國史館藏,
　檔號：0111.40/6077.01-14。

⑮〈國民大會代表選舉事務案〉,《國民政府檔案》,國史館藏,
　檔號：0111.42/6077.134～7。

⑯〈國民大會代表選舉事務案〉,《國民政府檔案》,國史館藏,
　檔號：0111.42/6077.92。

2.中央研究院近代史研究所（以下簡稱中研院近史所）典藏

①〈國代選舉：江蘇省〉,《朱家驊檔案》,中研院近史所藏,
　館藏號：301-01-13-019-019。

②〈國代選舉：臺灣省〉,《朱家驊檔案》,中研院近史所藏,
　館藏號：301-01-13-039。

③〈國代選舉：東北九省〉,《朱家驊檔案》,中研院近史所藏,
　館藏號：301-01-13-043、044。

④〈國代選舉：新疆省、蒙旗地區、察哈爾省、綏遠省、甘
　肅省、熱河省、寧夏省〉,《朱家驊檔案》,中研院近史所藏,
　館藏號：301-01-13-045。

⑤〈國代選舉：律師、會計師、醫師醫藥公會、工業公路、

　　新聞記者、農業界、光復會〉,《朱家驊檔案》,中研院近史
　　所藏,館藏號:301-01-13-049。

⑥〈國代、立委、監委候選人介紹信函〉,《朱家驊檔案》,中
　　研院近史所藏,館藏號:301-01-13-009。

⑦〈國代選舉:全國教育會〉,《朱家驊檔案》,中研院近史所
　　藏,,館藏號:301-01-13-046、047。

⑧〈國代選舉:全國婦女會〉,《朱家驊檔案》,中研院近史所
　　藏,,館藏號:301-01-13-048。

⑨〈競選雜件〉,《朱家驊檔案》,中研院近史所藏,館藏號:
　　301-01-13-010。

3.南京中國第二歷史檔案館典藏

①〈反對改派齊植璐代替施奎齡出席國大〉(1947 年 8 月 6
　　日),南京中國第二歷史檔案館藏,全宗號:451,案卷號:
　　537。

②〈有關選舉事項〉(1947 年 12 月),南京中國第二歷史檔
　　案館藏,全宗號:451(2),案卷號:37。

③〈召開緊急會議商討絕食代表問題等案〉(1948 年 4 月),
　　南京中國第二歷史檔案館藏,全宗號:451(2),案卷號:
　　67。

④〈各省市選舉國大代表的選民數及投票數調查表〉(1948
　　年),南京中國第二歷史檔案館藏,全宗號:451,案夯號:
　　127。

⑤〈民主社會黨推薦國大代表名單〉(1946 年),南京中國第
　　二歷史檔案館藏,全宗號:451,案卷號:604。

⑥〈政黨提名爲正式候選人未經當選者〉（1948 年 4 月～6月），南京中國第二歷史檔案館藏，全宗號：451，案卷號：537。

⑦〈國大代表報到及選舉糾紛等事項的文書〉（1948 年 9 月），南京中國第二歷史檔案館藏，全宗號：451，案卷號：537。

⑧〈國民大會代表關於資格問題之爭吵情形〉（1948 年 4～6月），南京中國第二歷史檔案館藏，全宗號：451（2），案卷號：36。

⑨〈國民大會秘書處關於重慶市潮安縣參加競選國民大會候選人的提名對臺灣當選代表楊金虎歷史情況的報告使用支款證事項〉（1947 年 9 月 13 日～12 月 8 日），南京中國第二歷史檔案館藏，全宗號：451（4），案卷號：17。

⑩〈國民大會代表選舉各單位代表未選出以及未定案一覽表〉，南京中國第二歷史檔案館藏，全宗號：451，案卷號：122。

⑪〈函復衡陽市廖云章當選經過請查照〉（1948 年 4 月 16日），南京中國第二歷史檔案館藏，全宗號：451，案卷號：537。

⑫〈僞國民大會遴選代表資格審查委員會任務終了報告工作經過及辦理結束情形〉。（1947 年 2 月 23 日），南京中國第二歷史檔案館藏，全宗號：451（2），案卷號：9。

⑬〈僞國大代表蕭光國等選舉舞弊糾紛情形〉（1948 年 7 月～1949 年 8 月），南京中國第二歷史檔案館藏，全宗號：451（2），案卷號：37。

⑭〈給僞國大秘書洪蘭友的信〉（1947 年 8 月），南京中國第

二歷史檔案館藏，全宗號：451（2），案卷號：38。

（二）史料彙編

1. 《中國國民黨第六屆中央執行委員會常務委員會會議紀錄彙編》（台北市：中央委員會秘書處編印，民國 43 年 4 月）。

2. 《六屆二中全會國民大會選舉事務所之工作報告》；中央黨史館藏，檔號：578/29。

3. 《臺灣省政府公報》，民國 36 年 1 月 1 日～37 年 5 月 31 日（台中縣：臺灣省政府秘書處編輯發行）。

4. 朱匯森主編：《中華民國史事紀要（初稿）－民國 36 年 1～3 月、4～6 月、7～9 月、10～12 月》（台北市：國史館印行，民國 85 年 6、11 月出版）。

5. 民族文化出版社編輯委員會編輯：《自由中國名人實錄》（台北市：民族文化出版社，民國 42 年 4 月初版）。

6. 民國山東通志編輯委員會編：《民國山東通志》，第 2 冊（台北市：山東文獻雜誌社，民國 91 年 9 月 12 日出版）。

7. 徐友春主編：《民國人物大辭典》（石家莊市：河北人民出版，1991 年 5 月）。

8. 秦孝儀主編：《實施憲政》（台北市：中央黨史委員會，民國 66 年 12 月 25 日出版）。

9. 秦孝儀主編：《革命文獻》，第 79 輯，中國國民黨歷屆歷次中全會重要決議案彙編（一）（台北市：中央黨史委員會，民國 68 年 6 月出版）。

10. 秦孝儀主編：《革命文獻》，第 80 輯，中國國民黨歷屆歷次中全會重要決議案彙編（二）（台北市：中央黨史委員

會，民國 68 年 9 月出版）。

11. 秦孝儀主編：《中國現代史辭典－人物部分、史事部分》（台北市：近代中國出版社，民國 74 年 6 月、76 年 6 月出版）。

12. 秦孝儀主編：《中華民國重要史料初編－對日抗戰時期》第 4 編，戰時建設（三）、（四）（台北市：中央黨史委員會，民國 77 年 10 月初版），2 冊。

13. 國父全集編輯委員會編：《國父全集》（台北市：近代中國出版社，民國 78 年 11 月出版），12 冊。

14. 國民大會秘書處編：《第一屆國民大會實錄》（台北市：國民大會秘書處編印，民國 50 年 10 月）。

15. 國民大會秘書處編：《剪報資料國民大會部分選輯》（台北市：國民大會秘書處，民國 79 年 3 月）。

16. 黃香山主編：《國民大會特輯》（南京市：東方出版社編印，民國 36 年 3 月初版）。

17. 湖南省志編纂委員會編：《湖南近百年大事紀述》（湖南人民出版社，1959 年・長沙）。

18. 《湖南文史》，第 36 輯（湖南文史雜誌社出版，1989 年 12 月，第 1 版）。

19. 《湖南通史》，（湖南出版社出版、發行，1994 年 12 月，第 1 版第 1 次印刷）。

20. 郭一清編：《國大情報》，第 23 號（民國 37 年 4 月 13 日），中央黨史館藏。

21. 《婦女競選須知》（婦女運動委員會編印，1947 年 9 月 1 日），中央黨史館藏。

22. 廣東省地方史志編纂委員會編：《廣東省志、軍事志》（廣

東人民出版社發行，1999 年 11 月，第 1 版）。

23.歷史文獻社編：《政協文獻》（南京市：歷史文獻社，民國
　 35 年 7 月初版）。

24.簡笙簧主編：《中國近百年憲政大事年表》（台北市：國史
　 館印行，民國 81 年 3 月出版）。

25.《選務週刊》，第 1 期～第 31 期（南京市：國民大會代表
　 立法院立法委員選舉總事務所編，民國 36 年 9 月 8 日～
　 民國 37 年 4 月 5 日）。

26.嚶鳴、慈正合編：《政治協商會議始末記》（廣州市：中心
　 出版社，1946 年 3 月 10 日出版）。

（三）公報、報紙、期刊、雜誌

1.《大公報》，天津版，民國 36 年 1 月～37 年 6 月。

2.《申報》，上海版，民國 36 年 1 月～37 年 6 月。

3.《中央日報》，南京版、上海版、重慶版，民國 36 年 1 月
　 ～37 年 6 月。

4.《中華日報》，台北版，民國 36 年 8 月～12 月。

5.《中外雜誌》，第 77 卷第 4 期，（台北市：中外雜誌社總發
　 行，民國 94 年 4 月出版）。

6.《公論報》，臺灣版，民國 36 年 9 月～12 月。

7.《臺灣新生報》，台北版，民國 36 年 8 月～12 月。

8.《臺灣省政府公報》，民國 36 年 1 月 10 日～37 年 5 月 31
　 日（台中縣：臺灣政府秘書處編輯發行）。

9.《自立晚報》，台北版，民國 36 年 10 月～12 月。

10.《東方雜誌》（上海、商務印書館，民國 36 年 1 月～37

年 5 月）。

11.《近代中國》雙月刊，第 123 期（台北市：近代中國雜誌社，民國 87 年 2 月 25 日出版）。

12.國民政府文官處編：《國民政府公報》，民國 36 年 1 月至 37 年 6 月（台北市：成文出版社有限公司發行，民國 61 年 9 月臺 1 版）。

13.《新萬象》，第 68 期（台北市：吾興圖書公司，民國 70 年 10 月 31 日出版）。

（四）年譜、日記、傳記、文集、回憶錄、演講集

1.中央黨史委員會編：《孫哲生先生文集》（台北市：中央黨史委員會，民國 79 年 10 月），4 冊。

2.中華文化復興運動推行委員會主編：《中國近代現代史論集》，第 19 編，民初政府（一），（台北市：臺灣商務印書館股份有限公司，民國 75 年 6 月初版）。

3.中國五權憲法學會編：《五權憲法論文選集》（台北：帕米爾書店，民國 53 年～54 年），3 冊。

4.王世杰：《王世杰日記》（台北市：中研院近史所，民國 79 年 3 月出版），10 冊。

5.《先總統蔣公思想言論集》，卷 22（台北市：中央文物供應處，民國 73 年 10 月 31 日出版）。

6.沈雲龍訪問，賈廷詩等紀錄，郭廷以校閱，《萬耀煌先生訪問紀錄》（台北市：中央研究院近代史研究所發行，民國 82 年 5 月初版）。

7.李　璜：《學鈍室回憶錄》，傳記文學叢刊之 27，再版（台

北市：傳記文學社，民國 67 年 6 月出版）。

8. 《李宗黃回憶錄－八十三年奮鬥史》（台北市：中國地方自治學會出版，民國 61 年元月 30 日初版）。

9. 行憲三十年紀念專刊編輯委員會：《中華民國行憲三十年》（台北市：中華民國行憲三十年紀念大會籌備委員會，民國 66 年 12 月出版）。

10. 吳相湘：《民國百人傳》（台北市：傳記文學社出版，民國 60 年元旦）。

11. 胡春惠編：《民國憲政運動》（台北市：正中書局，民國 67 年 11 月台初版）。

12. 國民大會秘書處編：《憲政論文集》（台北市：國民大會秘書處，民國 50 年～51 年），2 冊。

13. 《國史擬傳》，第 2 輯（台北縣：國史館編印，民國 79 年 6 月出版）。

14. 秦孝儀主編：《中華民國名人傳》，第 6 冊（台北市：近代中國出版社，民國 75 年 6 月 30 日初版）。

15. 《曾寶蓀女士紀念集》（治喪委員會印行）。

16. 陳啓天：《寄園回憶錄》（台北市：臺灣商務印書館，民國 61 年 10 月增訂 1 版）。

17. 張玉法主編：《中國現代史論集》，第 10 輯（台北市：聯經出版事業公司印行，民國 71 年）。

18. 傳記文學雜誌社編輯：《民國人物小傳》，第 1 冊（台北市：傳記文學社出版，民國 70 年 9 月 30 日再版）。

19. 劉鳳翰訪問，何智霖記載：《梁肅戎先生訪談錄》（台北市：國史館出版，民國 84 年），頁 73、74。

20.劉先雲口述，遲景德、陳進金訪問、紀錄整理：《劉先雲先生訪談錄》（台北市：國史館出版）。

21.蕭繼宗主編：《革命人物誌》（台北市：中國國民黨中央黨史委員會編輯，民國 64 年 12 月出版）。

（五）專　書

1.王世杰、錢端升合著：《比較憲法（上、下冊）》（重慶：商務印書館發行，民國 34 年）。

2.王雲五：《岫廬論國是》（台北市：臺灣商務印書館，民國 54 年 11 月，台初版）。

3.王雲五：《國民大會躬歷記》（台北市：臺灣商務印書館，民國 57 年 12 月）。

4.王星華編：《國大風雲錄》（出版社與出版年代不詳）。

5.王良卿著：《三民主義青年團與中國國民黨關係研究（1938～1949）》（台北市：近代中國出版社，民國 87 年 7 月 9 日初版）。

6.《中華民國建國史》，第 3 編，戡亂與復國（一）（台北市：國立編譯館出版，民國 80 年 4 月）。

7.中央選舉委員會編：《選務研究發展專輯》，第 2 輯（台北市：中央選舉委員會編印，民國 77 年 6 月出版）。

8.中國五權憲法學會編：《五權憲法研究》（台北市：帕米爾書店，民國 59 年 11 月）。

9.內政部，中央選舉委員會編：《中華民國選舉統計提要—— 民國 35 年至 76 年》（台北市：中央選舉委員會編印，民國 77 年 6 月）。

10. 平　心：《中國民主憲政運動史》（台北市：古楓出版社，1986 年出版）。

11. 田桂林：《國民大會制度之研究》（台北市：黎明文化事業股份有限公司，民國 73 年 2 月出板）。

12. 司馬既明：《蔣介石國大現形記》，（上、下冊）（台北市：桂冠圖書股份有限公司發行，1995 年 7 月 30 日初版）。

13. 任卓宣：《五權憲法綱要》（台北市：帕米爾書店，民國 45 年 10 月，第 2 版）。

14. 宋春主編：《中國國民黨史》（長春：吉林文史出版社出版，1990 年 4 月第 1 版）。

15. 杜維運：《史學方法論》（台北市：華世出版社，民國 68 年 2 月出版）。

16. 狄士祖編：《國民大會全貌》（南京市：時代出版社印行，民國 36 年 3 月初版）。

17. 李筱峯：《臺灣戰後初期的民意代表》（台北市：自立晚報社文化出版部，民國 76 年 6 月，3 版）。

18. 李雲漢：《中國國民黨史述》（台北市：近代中國出版社發行，民國 83 年 11 月 24 日初版）。

19. 李宗黃：《學鈍室回憶錄》（台北市：中國地方自治學會出版，民國 61 年元月 30 日初版）。

20. 李南海：《制憲國民大會代表選舉歷程》（台北市：文京圖書有限公司，民國 87 年 10 月 24）。

21. 金體乾：《國民大會之理論與實際》（正友法學書局，民國 35 年 4 月出版）。

22. 郎裕憲、陳文俊合著：《中華民國選舉史》（台北市：中央

選舉委員會編，民國 76 年 6 月出版）。

23.荊知仁：《中國立憲史》（台北市：聯經出版事業公司，民國 74 年 12 月，第 2 次印行）。

24.浦薛鳳：《現代西洋政治思想》（台北市：正中書局，民國 65 年 11 月台 6 版）。

25.高應篤：《地域代表制與區域代表制之比較研究》（自刊本）。

26.柴夫編：《CC 內幕》（北京市：中國文史出版社，1988 年 12 月第 1 版）。

27.秦孝儀主編：《中華民國政治發展史》（台北市：近代中國出版社，民國 74 年 12 月出版）。

28.袁頌西等編：《中華民國選舉罷免制度》（台北市：中央選舉委員會，民國 74 年 6 月出版）。

29.劉錫五：《中華民國國民大會志》（台北市：民主憲政雜誌社，民國 56 年 12 月出版）。

30.劉健羣：《銀河憶往》（台北市：傳記文學雜誌社，民國 55 年出版）。

31.鄭彥棻：《從制憲到行憲》（黑白出版社，民國 37 年 2 月 25 日再版）。

32.陳儀深：《獨立評論的民主思想》（台北市：聯經出版事業公司，民國 78 年 5 月初版）。

33.陳玉祥：《國民大會制度論述》（上海市：商務印書館，民國 36 年 9 月出版）。

34.陳立夫：《成敗之鑑》（台北市：正中書局，民國 83 年 6 月臺初版）。

35.陳水逢：《中華民國憲法論》（台北市：中央文物供應社，民國 71 年 10 月，改訂版）。

36.喬寶泰：《中華民國憲法與五五憲草之比較研究》（台北市：中央文物供應社，民國 67 年元月 15 日出版），2 冊。

37.張君勱：《中華民國民主憲法十講》（台北市：臺灣商務印書館，民國 60 年 2 月，台 1 版）。

38.張君勱：《國憲議》（台北市：臺灣商務印書館，民國 59 年 2 月初版）。

39.張知本：《中華民國憲法僭擬》（上海市：法學編譯社出版，民國 35 年 11 月再版）。

40.張玉法：《中國現代政治史論》（台北市：東華書局股份有限公司，民國 69 年 7 月），上、下冊。

41.張朋園著：《中國民主政治的困境，1909～1949－晚清以來歷屆議會選舉述論》（台北市：聯經出版事業股份有限公司，民國 96 年 4 月出版）。

42.張朋園著：《中國現代化的區域研究－湖南省（1860－1916)》（台北市：中央研究院近代史研究所發行，民國 72 年 2 月出版）。

43.崔書琴：《三民主義新論》（台北市：臺灣商務印書館，民國 68 年修訂，台北 13 版）。

44.楊建成：《華僑參政權之研究》（台北市：文史哲出版社，民國 81 年 8 月初版）。

45.董翔飛：《中國憲法與政府》（台北市：各大書局經銷，民國 81 年 9 月修訂 25 版）。

46.雷　震：《制憲述要》，雷震全集第二、三冊（台北市：桂

冠圖書股份有限公司，民國 78 年 9 月 15 日初版）。

47.蔣勻田：《中國近代史轉捩點》（香港：友聯出版社，1976 年 11 月出版）。

48.《選務研究發展專輯》，第 1～3 輯（台北市：中央選舉委員會編印，民國 76 年～78 年 6 月出版）。

49.蘇雲峰：《張之洞與湖北教育改革》（台北市：中央研究院近代史研究所發行，民國 65 年 5 月初版）。

50.蕭公權：《憲政與民主》（台北市：聯經出版事業公司印行，民國 72 年）。

（六）專　文

1.碩、博士論文

①宋轅田：〈政治協商會議之研究〉（台北市：政治作戰學校政治研究所碩士論文，民國 69 年 7 月）。

②周麗潮：〈湖南省開民智運動之研究（1895～1911）〉（台北市：國立政治大學歷史研究所碩士論文，民國 71 年 6 月）。

③林銘德：〈五權憲法中的國民大會〉（台北市：國立臺灣大學三民主義研究所碩士論文，民國 72 年 6 月）。

④李南海：〈安福國會之研究 ── 民國七年～民國九年〉（台中市：私立東海大學歷史研究所碩士論文，民國 70 年 6 月）。

⑤吳昆財：〈戰後國共談判與國家政權重建之關係（1945 年 8 月至 1946 年 5 月）── 兼論孫中山與張君勱之憲政理論〉（台北市：國立臺灣師範大學三民主義研究所碩士論文，民國 83 年 6 月）。

⑥胡家斌：〈國民大會之研究〉（台北市：政治作戰學校政治研究所碩士論文，民國 60 年 6 月）。

⑦柯惠珠：〈辛亥前湖南地區革命運動之研究（1903～1911）〉（台北市：國立政治大學歷史研究所碩士論文，民國 69 年 6 月）。

⑧邱榮舉：〈孫中山憲政思想之研究 ── 析論其對中央政制之設計〉（台北市：國立臺灣大學政治研究所博士論文，民國 76 年 1 月）。

⑨高孟琳：〈國民大會定位問題之研究〉（台北市：國立臺灣大學三民主義研究所碩士論文，民國 83 年 6 月）。

⑩陳天志：〈國民大會職權之研究〉（台北市：國立政治大學政治研究所碩士論文，民國 56 年 6 月）。

⑪陳明通：〈威權政體下臺灣地方政治精英的流動（1945～1986）〉（台北市：國立臺灣大學政治學研究所博士論文，民國 70 年 12 月）。

⑫陳光輝：〈我國國民大會之研究〉（台北市：私立中國文化大學政治研究所碩士論文，民國 70 年 2 月）。

⑬陳惠苓：〈張君勱憲政思想之研究〉（台北市：國立臺灣大學三民主義研究所碩士論文，民國 80 年 6 月）。

⑭許秀碧：〈民國二年的國會 ── 國會的背景分析〉（台北市：國立政治大學政治研究所碩士論文，民國 66 年 7 月）。

⑮張乾圖：〈權能區分與國民大會〉（台北市：政治作戰學校政治研究所三民主義組，碩士論文，民國 85 年 5 月）。

⑯曹貴森：〈從五權憲法理論論我國國會制度〉（台北市：國立臺灣大學三民主義研究所碩士論文，民國 76 年 6 月）。

⑰莊存德：〈國民大會制與五院制之研究〉（台北市：政治作戰學校政治研究所，民國 68 年 7 月）。

⑱曾漢玲：〈中國民主憲政之研究〉（香港：珠海大學歷史研究所碩士論文，民國 73 年 6 月）。

⑲賀家才：〈憲法中國民大會之研究〉（台北市：政治作戰學校政治研究所碩士論文，民國 69 年 7 月）。

⑳齊光裕：〈政治協商會議與我國民主憲政之發展〉（台北市：政治作戰學校政治研究所碩士論文，民國 74 年 6 月）。

2.一般期刊論文

①中國五權憲法學會：〈五權憲法與國民大會〉，《中國憲政》，第 4 卷第 12 期（台北市：中國五權憲法學會編印，民國 58 年 12 月出版），頁 25。

②王治宇：〈虛偽的民主、荒唐的選舉－介紹 1936 年、1946 年鄭縣兩次選舉國大代表情況〉，《鄭縣文史資料》，第 1 卷（河南：1987 年 12 月 20 日），頁 69、70。

③王進三：〈三民主義青年團湖南支團始末〉，《湖南文史》，第 36 輯（湖南省：1989 年 12 月第 1 版），頁 58-71。

④田桂林：〈中華民國憲法之特色及其優點〉，《憲政論壇》，第 23 卷（民國 66 年 7 月），頁 42-46。

⑤朱紹濂：〈劉柔遠競選國民黨第一屆國大代表的內幕〉，《祁東文史資料》，第 3 輯（湖南省：1989 年 12 月），頁 22-26。

⑥何　廉：〈簡述國民黨的派系〉，《傳記文學》，第 62 卷第 6 期（台北市：傳記文學雜誌社，民國 82 年 6 月），頁 82-90。

⑦肖晴天：〈憶內江縣的國大和立委選舉〉，《內江市市中區文史資料選輯》，第 25 輯（四川省：1987 年 12 月），頁 64-69。

⑧李炳南：〈政治協商會議憲政議題之研究〉，《孫逸仙思想與國家建設國際學術研討會》，（民國 82 年 12 月）。

⑨李南海：〈臺灣省制憲國民大會代表之選舉〉，《中華民國史專題論文集》，第三屆討論會（台北市：國史館印行，民國 85 年 5 月出版），頁 1295-1332。

⑩胡春惠：〈介述我國戰前憲政醞釀之過程〉，《近代中國》，第 74 期（台北市：近代中國雜誌社，民國 78 年 12 月 31 日出版），頁 36-42。

⑪孫子和：〈中華民國最近三年來之憲政改革〉，《中華民國史專題論文集等二屆討論會》（台北市：國史館，民國 83 年元月出版），頁 821-880。

⑫孫子和：〈五權憲法與憲政〉，《中華民國建國八十年學術討論會》（台北市：近代中國出版社發行，民國 80 年 12 月 25 日出版），頁 604-656。

⑬陳之邁：〈論國民大會的選舉〉《獨立評論》，第 220 號（民國 26 年 4 月 18 日出版），頁 5。

⑭陳玉祥：〈國民大會組織法及代表選舉法之演變〉，《中央日報》，南京，民國 35 年 11 月 11 日，第 7 版。

⑮陳柏心：〈國民大會的組織職權及其存廢問題〉，《東方雜誌》，第 43 卷第 18 號（上海：東方雜誌社發行，民國 36 年 12 月初版），頁 9-13。

⑯陳斯白：〈略談國民黨江蘇省黨部黨務鬥爭〉，《鹽城縣文史資料》，第 3 輯（江蘇省：1982 年 12 月），頁 64-69。

⑰黃正銘：〈我國制憲與行憲的回顧〉，《國立政治大學學報》，第 1 期（民國 49 年 5 月），頁 101-114。

⑱張朋園：〈國民黨控制下的國會選舉〉，《中央研究院近代史研究所集刊》，第 35 期（台北市：中央研究院近代史研究所，民國 90 年 6 月），頁 147-195。

⑲張朋園：〈從民初國會選舉看政治參與-兼論蛻變中的政治優異分子〉，《中國近代現代史論集》，第 19 編，民初政治（一）（台北市：臺灣商務印書館股份有限公司，民國 75 年 6 月初版），頁 37-142。

⑳張開選：〈三民主義青年團在甘肅的始末〉，《甘肅文史資料選輯》，第 3 輯（甘肅省：中國人民政治協商會議甘肅省委員會文史資料研究委員會編，1987 年），頁 81、82。

㉑喬寶泰：〈五五憲草的制定及其述評〉，《近代中國》，雙月刊，第 19 期（台北市：近代中國雜誌社，民國 69 年 10 月 31 日出版），頁 136-143。

㉒喬寶泰：〈國防最高委員會憲政實施協進會建議之憲草修訂意見〉，《近代中國》，雙月刊，第 113 期（台北市：近代中國雜誌社，民國 85 年 6 月 25 日出版），頁 138-154。

㉓喬寶泰：〈各黨派政治協商會議擬定之憲草修改原則〉，《近代中國》，雙月刊，第 114 期（台北市：近代中國雜誌社，民國 85 年 8 月 31 日出版），頁 153-170。

㉔喬寶泰：〈中華民國憲法之基本精神〉，《近代中國》，雙月刊，第 116 期（台北市：近代中國雜誌社，民國 85 年 12 月 20 日出版），頁 4-20。

㉕梁上賢：〈湖北省僑大選一瞥〉，《湖北文史資料》，第 5 輯（1982 年 6 月，第 1 版），頁 111。

㉖賀覺非：〈記竹溪縣國大代表的選舉〉，《湖北文史資料》，

第 5 輯（湖北省：1982 年 6 月），頁 114-118。

㉗葉　青：〈政治協商會議修改憲草之批判〉，胡春惠編：《民國憲政運動》（台北市：正中書局，民國 67 年 11 月臺初版），頁 1052-1068。

㉘蔣相浦：〈選舉國大代表的片斷回憶〉，《貴州文史資料選輯》，第 24 輯（貴州省：1986 年 12 月第 1 版），頁 161-165。

㉙蔡伯川：〈青年黨在丹陽獲選國大代表之內幕〉，《鹽城縣文史資料》，第 1、2 輯（江蘇省：1986 年 1 月重印），頁 283-287。

㉚蔡杞材：〈1948 年行憲國大雜憶〉，《湖南文史》，第 36 輯（湖南省：1989 年 4 月），頁 133-151。

㉛劉明遠：〈黃陂縣國大代表競選內幕〉，《武漢文史資料》，第 4 輯（湖南省：1987 年 12 月），頁 133-138。

㉜劉錫五：〈陳泮嶺先生事略〉，李士賢主編：《中原文獻》，第 3 卷第 1 期（台北市：中原文獻社，民國 60 年 1 月 1 日出版），頁 17-19。

㉝戴之修：〈濟南兩大財閥鬥選國大代表記祕〉，《新萬象》，第 68 期（台北市：吾興圖書公司，民國 70 年 10 月 31 日出版），頁 19、20。

㉞薛化元：〈張君勱與中華民國憲法體制的形成〉，《近代中國歷史人物論文集》（台北市：中研院近史所，民國 82 年 2 月 4-6 月），頁 225-266。

㉟薛化元：〈張君勱議會（責任）內閣制主張之研究（1922-1947）〉，《國立政治大學歷史學報》，第 16 期（台北市：國立政治大學歷史學系編印，民國 88 年 5 月出版），頁 123-144。

㊱蘇縉如：〈國民黨內的黨、團派系鬥爭在邵陽〉，《邵陽文史資料》，第 9 輯（湖南省：邵陽市委員會文史資料研究委員會編，1988 年 6 月），頁 269-276。

㊲熊建璽：〈我所了解的三青團雲南支團昆明區團的一些情況〉，《昆明文史資料選輯》，第 4 輯（雲南省：雲南省昆明市委員會文史資料研究委員會編，1984 年 9 月），頁 270。

二、外文資料

（一） 日 文

①中央大學人文科學研究所編：《中華民國の模索と苦境（1928-1949》（東京：中央大學出版部發行，2010 年 3 月 15 日第 1 刷發行）。

（二） 英 文

① Chang, Carsun, *The Third Force in China*, New York: Bookman Associates, 1952.

② Chinese Ministry of Information（compiled）, China Handbook 1937-1945: *A Comprehensive Survey of Major Developments in China in Eight Years of War*.（Revised And Enlarged with 1946 supplement）, New York: The Macmillan Company, 1947.

③Congressional Quarterly Service, *China and Far East Policy*, 1945-1967, A Publication of Congressional Quarterly Service,

1967.

④Dicey, *A. V. Introduction to the Study of the Law of the Constitution*, London Macmillan J. Co. 10th ed. 1961.

⑤Easton, *D. "An Approach to the Analysis of Political System" World Politics*, Vol. 9（April 1957）.

⑥Friedrich, *C. J. Constitutional Government and Democracy*, New York: Ginn and Company, Inc., 1946.

⑦Finer, *Herman Theory and Practice of Modern Government*, New York: Dial Press, 1934.

⑧Horowitz, *D. L. Comparing Democratic Systems*, Journal of Democracy, Vol.1, 1990.

⑨ Lijphart, *A. Constitutional Choice for New Democracies*, Journal of Democracy, Vol.2, No.1, 1991.

⑩Mattei Dogan, *"Political Ascent in a Class Society: French Deputies, 1870-1958"* in Marrick.

⑪ *"Public Opinion and Voting Behavior."* In Fried I. Greenstein and Nelson W. Polsby, eds. Handbook of Political Science. Reading, Mass.: Addison Wesley Vol. 4, 1975.

⑫ *United States Relations with China 1944-1949*, The Department of State Released, August 1949.

後　　記

　　本書是香港珠海大學博士班畢業論文，經過修正後予以出版。

　　民國 70 年，筆者畢業於東海大學歷史研究所，當時所撰寫的碩士論文是「安福國會之研究」。其後以國民大會為研究之題材，撰寫「制憲國民大會代表選舉之歷程」，作為升等之著作。而「行憲國民大會代表之選舉」則是筆者撰寫博士論文的題目。當時選擇此一研究題目，除了是希望能夠延續之前所作過的研究外，對這些在臺灣擔任數十年之久且掌握數屆正、副總統選舉大權的第一屆行憲國大代表，對其當選之過程以及這些代表本身的出生背景頗感好奇，因此引發了本人對此一問題研究之興趣。

　　本書研究的重點，除了探討這些不同類別的國大代表是如何選出的外，並就此不同類別所選出之代表逐一比較與分析。

　　論文指導教授有兩位，一位是胡春惠教授，一位是孫子和教授。在就學期間，當時胡老師擔任文學院院長，並在所裡開設中國近代史、現代史專題研究兩門課。胡老師講課時，不疾不徐，深入淺出，將史事發生的前因後果分析的非常透徹，讓我對此兩門課又有了新的體認。印象特別深刻的是在

講授民國初年之黨派時，透過圖解，將當時小黨林立，派系相互傾軋，以及黨員跨黨等情形一一解釋清楚，不但條理分明，且旁徵博引，也讓我懸宕多年無法理解的問題，頓時有所了悟。

孫子和教授在國內也是知名的學者，尤其對政治學，憲政史，國民大會等方面的問題都有極深入的研究，有關行憲方面問題之探討，我經常往來老師的石牌所住之間，時時請益，從題目之訂定到本書內文之修訂，鉅細靡遺的給我意見。由於平日甚少接觸國民大會理論方面的議題，老師不厭其煩的為我解說權能區分、五權憲法，以及中山先生當初創立國民大會之用意，對我多所啟發。。

在求學期間，還有兩位老師值得敬佩與學習，他們都是北京大學先後派來本校任教的教授，個個都學有專長：一位是王小甫老師，講授「中西交通史」；另一位是曹正華老師，講授「區域的現代化」。王老師因研究中西交通史，所以常至世界各國訪問和研究，也能操多國語言，學識淵博，功力深厚。曹正華老師對中國自晚清以來，因受西風之影響，如何向現代化的道路邁進，有其獨到的見解。兩位老師不但學識豐碩，著作等身，也讓我見識到北大名師的風采。

在本書即將付梓之時，對於曾教導過我的諸位師長除了感恩更獻上我最誠摯的敬意。

此外，我還要謝謝我的父母和內人。沒有他們的支持與包容，就沒有勇氣前往香港完成學業及撰寫本書的動力。當時父親已屆九秩高齡身體日漸衰老行動不便，各種病痛纏集一身。而父親始終希望我能專注學業，早日拿到學位。

　　母親已年過八十雖能行動，但近年患有失智症，實需親人在旁照料。身為長子的我理應克盡子職善為照顧，然而卻為了完成學業，竟作了逃兵，每想起此況常自責不已。本書即將付梓之時，父親卻不幸於今年七月蒙主寵召。願將此書，敬獻給父母親大人。

　　在撰寫本書期間，感謝我的內人讓我無後顧之憂，能專心的從事研究及教學工作。我常常一人窩在研究室裡，把整個家務事丟給她，她不但無怨無悔還要默默承受，一有空閒返回老家照顧公婆，辛勞之處無可言喻。坦言之如果沒有她的付出和犧牲就沒有今天的我。兒女在我去香港念書時、正值青春期需要父母從旁關注，還好他們兄妹倆很自立，無需讓我太操心令我感到無比的慶幸。在此同時還要感謝葉泉宏教授、高純淑女士，由於他們提供許多寶貴的意見，方能順力完成此書。

　　最後更要感謝我台北科技大學同仁，在我去香港進修期間，不時給予鼓勵與關懷讓我備感溫馨。還要感恩通識教育中心洪揮霖主任、黃正中先生、陳正馨、羅欣怡小姐諸多的協助。以及學生于庭、于淳、佳玲、詩涵、嘉珣、育鉉等，常替我打字文稿工作，使我有充份時間在任教工作崗位上。

　　種種濃情厚誼我將永銘在心，也時時惕勵自己仍需努力不懈，不負眾望。如今能完成此書，由於個人的才疏學淺，疏漏之處在所難免，懇請諸位師長和前輩不吝批評指正。

李南海　謹誌於國立台北科技大學
民國 101 年 10 月 24 日

附　表：

行憲國民大會　江蘇、廣東、湖南

河南、南京、北平

六省市區域代表當選人名冊

附表一：行憲國民大會江蘇省區域代表當選人名冊

編號	縣市或同等區域	姓名	性別	年齡	籍貫	學歷	經歷	現任職務	曾否加入政黨	得票數	備註
1	川沙縣	陸容庵	男	45	江蘇省川沙縣	持志大學畢業	1.江蘇省臨時參議員 2.惠民紗場總經理 3.制憲國大代表	川沙縣銀行經理	中國國民黨	25,472	
2	鎮江縣	趙棣華	男		江蘇省鎮江縣		曾任江蘇省財政廳廳長	交通銀行總經理	中國國民黨	127,681	
3	句容縣	丁宣孝	男	49	江蘇省句容縣	1.江蘇高等師範畢業 2.日本帝國大學研究 3.中央訓練團畢業	1.句容縣立中學校長 2.中央陸軍官學校政治主任教官 3.金陵大學、中央政治大學等校教授 4.制憲國大代表	1.憲政實施促進委員會常務委員 2.江蘇省政府顧問	中國國民黨	100,380	
4	丹陽縣	俞康	男	39	江蘇省丹陽縣	1.國立暨南大學畢業 2.上海法學院法學士	1.中學教員 2.甘肅學院講師 3.中央信託局專員 4.上海漁市場常務理事兼副總經理	1.憲政實施促進委員會宣傳委員 2.農林部顧問	中國青年黨	100,097	
5	溧水縣	李儆慶	男	46	江蘇省溧水縣	1.南京匯英中學畢業 2.軍委會改治工作人員養成所1期畢業	1.溧水縣黨部執行委員及常務委員 2.省黨部科長 3.溧水縣議會副議長	溧水縣銀行董事長	中國國民黨	34,752	

編號	縣別	姓名	性別	年齡	籍貫	學歷	經歷		黨籍	得票數
6	江寧縣	張世希	男	45	江蘇省江寧縣	1.上海大學中國文學系畢業 2.黃埔陸軍軍官學校第1期畢業 3.陸軍大學特別班第2期畢業	1.排、連、營、團、旅、師軍長、戰區參謀長、綏靖區司令官 2.第6次全國代表大會軍隊黨部代表	1.陸軍總司令部中將副參謀長兼陸軍總部鄭州指揮部參謀長兼陸軍第2.兵團副司令官	中國國民黨	181,862
7	江浦縣	劉爵凌	男	46	江蘇省江浦縣	復旦大學畢業	司法行政部秘書	司法院參事	中國國民黨	35,675
8	儀徵縣	包明叔	男	57	江蘇省儀徵縣	教育部及東南大學國語部畢業	1.中學校長 2.安徽省教育廳秘書 3.制憲國大代表 4.第3戰區司令官少將參議	1.新江蘇報社長 2.江蘇省臨時參議會議員	中國國民黨	68,710
9	高郵縣	崔叔仙	男	45	江蘇省高郵縣	江蘇訓政人員養成所畢業	1.高郵縣黨部特別委員會秘書 2.東海縣縣長 3.中國農民銀行總管處秘書 4.國民政府簡派綏靖區督察團團員	1.中國農民銀行總管理處專員 2.鎮江支行經理	中國國民黨	120,051
10	金壇縣	陳偉	男	40	江蘇省金壇縣	1.交通大學畢業 2.日本陸軍士官學校畢業 3.陸軍大學特6期畢業	1.歷任排連營團旅長 2.軍校總隊長 3.獨立師長、代軍長、省保安副司令長等職	甘肅省保安處長	中國國民黨	72,888

					籍貫	學歷	經歷	現職	黨籍	票數
11	常熟縣	龐樹森	男	61	江蘇省常熟縣	日本帝國大學法學士	1.江蘇省法務廳長 2.常熟、崑山等縣縣長 3.江蘇省臨時參議員	常安紗廠董事長	中國國民黨	243,096
12	江陰縣	祝平	男	45	江蘇省江陰縣	德國萊比錫大學經濟系博士	1.江蘇省土地局長 2.行政院地政署副署長 3.東北地政特派員	上海市地政局局長	中國國民黨	244,352
13	宜興縣	余仁美	男	45	江蘇省宜興縣	上海法學院經濟系畢業	1.財政部派淮浦貨捐總局會計主任 2.江蘇省財政廳科長 3.江蘇農民銀行專員		中國民主社會黨	208,449
14	溧陽縣	丙晉	男	37	江蘇省溧陽縣	1.國立勞動大學農學院畢業 2.中央軍校政訓研究班第13期畢業	1.江蘇省農礦廳農事調查員 2.軍委會改訓處西北分處秘書 3.軍委會政治部第1廳上校代秘書 4.國民黨組織部科長、專門委員	中央黨部組織部第6處處長	中國國民黨	73,665
15	高淳縣	張樹德	男	43	江蘇省高淳縣	1.金陵大學畢業 2.中央第1屆高等考試政及格	1.浙江省湯溪、安吉、崇德等縣縣長 2.浙江省第2區發展經濟處處長 3.浙南行署視察主任、教育局長	上海市社會局局長	中國國民黨	71,653

	選區	姓名	性別	年齡	籍貫	學歷	經歷	黨籍	得票數	備註
16	吳江縣	徐子為	男	40	江蘇省吳江縣	私塾	1.全國商會聯會執行委員 2.財政部貸款管理局專員 1.杭州商會理事 2.縣銀行董事 3.農工銀行董事長	中國國民黨	126,251	
17	崑山線	朱敬之	男	47	江蘇省崑山縣	1.江蘇省立第 2 師範畢業 2.私立正風文學院肄業	曾任制憲國民大會江蘇區域代表 1.憲政實施促進委員會委員 2.崑山縣參議會議長	中國國民黨	100,344	
18	太倉縣	朱豈儔	男	60	江蘇省太倉縣	上海中日醫學校畢業	1.江蘇省議員 2.江南水利局委員 3.西南公路局專員 4.軍委會戰運局專門委員 錫滬、滬太兩長途汽車公司經理		94,647	自行簽署
19	青浦縣	戴軼塵	男	53	江蘇省青浦縣	1.國立北京大學法學士 2.中央訓練團黨政班畢業	1.江蘇青浦縣黨部常務委員 2.浙江省立法政專門學校教授 3.國立北平大學教授 4.國民政府建設委員會計委員 5.中央訓練委員長、軍政部參議 6.三民主義青年團中央團部副處長 中央青年部秘書兼處長	中國國民黨	103,403	

	姓名	性別	年齡	籍貫	學歷	經歷	現職	黨籍	票數
20 嘉定縣	周宏基	男	42	江蘇省嘉定縣	私立上海法政大學畢業	1.高等法院推事、院長 2.法學教授 3.報社主編	律師	中國民主社會黨	29,595
21 寶山縣	袁希洛	男	72	江蘇省寶山縣	日本大學高等師範部畢業	1.前清宣統2年任蘇州公立中學監督長 2.民國2年任留日本學生經理員，8月任江蘇省第2中學校長 3.17年任啟東縣長、18年調太倉縣長、22年任南匯縣長 4.中央軍校3分校政治部少將副主任 5.江蘇省黨部主任委員 6.青年軍207師政治部主任 7.江蘇省政府秘書	現任寶山縣參議會議長	中國國民黨	46,971
22 金山縣	顧建中	男	42	江蘇省金山縣	國立交通大學工學院畢業	1.財政部鹽政總局督察長、總視察 2.國民黨中央調查統計局局長 3.廣東兩浙東北等鹽務管理局局長	淮南鹽務管理局局長	中國國民黨	40,032

序號	縣	姓名	性別	年齡	籍貫	學歷	經歷	現職	黨籍	得票數	備註
											自行發署
23	上海縣	鈕長耀	男	44	江蘇省上海縣	上海法政學院畢業	1.江蘇省黨部執監委員、特派員 2.江蘇省政府委員 3.制憲國民大會代表	1.江蘇省政府委員兼社會處處長 2.國民黨江蘇省黨部常務委員	中國國民黨	40,869	
24	松江縣	張戫治	男	41	江蘇省松江縣	私立上海法政學院畢業	1.松江縣黨部常務委員 2.江蘇省黨部第 3 區黨務督導員	律師	中國國民黨	128,408	
25	奉賢縣	何尚時	男	50	江蘇省奉賢縣	1.吳淞水產學校畢業 2.私立上海大學社會學系畢業	1.奉賢縣黨部監察委員 2.制憲國民大會代表 3.第 3 戰區司令部駐上海少將聯絡專員 4.江蘇省黨部上海通訊處主任 5.奉賢漁會理事長	江蘇省漁業管理委員會副主任委員	中國國民黨	63,177	
26	南匯縣	江偉雲	男	58	江蘇省南匯縣	保定軍官學校第 1 期畢業	1.淞滬警備司令部副官、處長 2.吳淞要塞司令部參謀長 3.軍事委員會少將參謀	上南交通公司董事長	無	111,496	
27	海門縣	徐志道	男	46	江蘇省海門縣	1.中央軍校第 1 期步科畢業 2.陸軍大將官班 1 期畢業 3.中央訓練團黨政班 7 期畢業	1.憲兵連管團長 2.軍委會軍法科長 3.忠救軍參謀長 4.別動軍中將指揮官	1.交通警察總局簡任 2.級副總局長 3.憲兵特別黨部執行黨委員	中國國民黨	117,715	

編號	縣	姓名	性別	年齡	籍貫	學歷	經歷	現職	黨籍	得票數	以候補身分遞補之
28	泰興縣	朱文伯	男	42	江蘇省泰興縣	1.上海大夏大學理科 2.日本陸軍士官學校砲兵科	1.福建省保安處副處長 2.福建軍管區司令部參謀長	臺灣省政府委員	中國青年黨	63,553	
29	靖江縣	劉芷薰	男	41	江蘇省靖江縣	南京美術專門學校畢業	1.縣市黨部委員 2.靖江縣縣長 3.制憲國民大會代表 4.魯蘇戰區少將參議	上海市地政局專門委員	中國國民黨	71,532	
30	興化縣	冷欣	男	48	江蘇省興化縣	1.黃埔軍官校第1期畢業 2.陸軍大學第13期畢業	1.師長、軍長、總指揮 2.江蘇省政府委員兼江南行署主任 3.陸軍總部軍務處處長	陸軍總司令部副參謀長	中國國民黨	327,081	
31	寶應縣	華壽崧	男	41	江蘇省寶應縣	中央政治學校畢業	1.教育部秘書 2.中央黨組織部專門委員	中央黨部組織部副處長	中國國民黨	151,046	
32	揚中縣	趙友培	男	35	江蘇省揚中縣	上海正風文學院中國文學系畢業	1.揚中民報社長 2.青年團重慶支團書記 3.中央文化運動委員會委員	1.中央文化運動委員會主任秘書 2.江蘇省臨時參議會參議員	中國國民黨	28,715	

33	淮安縣	蔣建白	男	47	江蘇省淮安縣	1. 國立東南大學學士 2. 美國哥倫比亞大學教育博士	大學教授	1. 國民革命軍總司令部先遣隊總隊長 2. 省府秘書、縣長 3. 中國公學大學政治經濟系主任 4. 教育部特派駐滬專員及美國專員、國民參政員 5. 制憲國大代表、國民參政員	中國國民黨	298,775
34	漣水縣	顧希平	男	48	江蘇省漣水縣	1. 黃埔軍校第 1 期畢業 2. 法國魯文大學政治經濟學碩士	陝西省政府委員兼陝北行署主任	1. 中央軍校本校政治部主任 2. 中央訓練委員會西北訓練團教育長 3. 第 1 戰區政治部主任 4. 中央執行委員	中國國民黨	305,915
35	灌雲縣	吳培均	男	66	江蘇省灌雲縣	1. 兩江優級師範理化分類科畢業 2. 北平中華大學政治經濟系畢業	經濟部參事	1. 國民政府財政部國庫司代理司長 2. 農礦部國營烈山煤礦局局長 3. 參謀本部國防部門設計委員會秘書 4. 軍事委員會資源委員會少將秘書 5. 經濟部總務司司長	中國國民黨	127,961

		姓名	性別	年齡	籍貫	學歷	經歷	現職	黨籍	票數
36	贛榆縣	逯振誘	男	46	江蘇省贛榆縣	國立中央大學畢業	1.江蘇省政府秘書 2.徐海行署主任秘書 3.出席國民大會代表	新浦江蘇省農民銀行經理	中國國民黨	52,115
37	東海縣	吉玉銘	男	48	江蘇省東海縣	東北陸軍講武堂及陸軍大學畢業	1.輜重兵團長 2.後勤部處長 3.戰區總監	現任第7補給司令	中國國民黨	151,454
38	沭陽縣	季源溥	男	42	江蘇省沭陽縣	1.日本中央大學畢業 2.黨政高級班畢業	1.中央黨部組織部幹事 2.鐵道部勞工科科長 3.中訓團訓育幹事 4.上海市參議員	中統局上海特派員	中國國民黨	203,320
39	錫山縣	宋化純	男	35	江蘇省錫山縣	1.河南大學畢業 2.中央幹部學校畢業 3.中央訓練團1期畢業 4.中訓團人事班7期畢業	1.青年團江蘇支團部視導 2.徐海區團部主任 3.徐海區團幹訓班教育長	1.青年團徐海區團部主任 2.江蘇省黨部執行委員	中國國民黨	150,777
40	豐縣	劉季洪	男	44	江蘇省豐縣	1.國立北平師範大學畢業 2.美國華盛頓大學碩士	1.河南大學校長 2.教育部司長 3.西北大學校長	中委兼政治大學教育系主任	中國國民黨	96,316
41	沛縣	張秀合	男	38	江蘇省沛縣	江蘇省立教育學院畢業	1.財政部視察 2.軍政部視察 3.三民主義青年團江蘇支團部秘書	1.現任江蘇省政府專員 2.中國國民黨江蘇省黨部監察委員	中國國民黨	100,953

42	邳　縣	展恆舉	男	44	江蘇省邳縣	中央大學法學士	1.山東嶧縣地方法院院長 2.貴州高等法院第3分院首席檢察官 3.湖北高等法院第3分院首席檢察官 4.國立湖北師範學院教授	1.山東高等法院德州分院院長 2.斬代江蘇高等法院徐州分院首席檢察官 3.江蘇學院教授	中國青年黨	95,643
43	睢寧縣	陳會瑞	男	33	江蘇省睢寧縣	1.國立西北大學政治系畢業 2.國立暨南大學史地系肄業	1.曾在軍事委員會特別黨部、教育部、國立民教館、第3方面軍司令部等處服務 2.睢寧縣政府秘書等職	無	中國國民黨	218,520
44	泗陽縣	韓德勤	男	55	江蘇省泗陽縣	保定陸軍軍官學校6期步兵科畢業	1.歷任師長、軍長 2.省府委員、保安處長 3.戰區副總司令 4.省政府主席等職	1.中央候補監察委員 2.陸軍總司令部徐州司令部副總司令	中國國民黨	244,153

號次	縣別	姓名	性別	年齡	籍貫	學歷	經歷	現職	黨籍	票數
45	宿遷縣	胡笳聲	男	43	江蘇省宿遷縣	北平中國大學法律系畢業	1.國民革命軍第92師司令部秘書 2.第2路總指揮部軍法官 3.安徽省民政廳秘書 4.江蘇省第10區行政督察專員公署秘書 5.丹陽、無錫等縣稅捐稽徵處處長	上海市社會局專員	中國社會民主黨	79,996
46	江都縣	葉秀峯	男	48	江蘇省江都縣	1.國立北洋大學學士 2.美國壁士堡大學碩士	1.中央政治會議特任秘書 2.中央黨部調查科科長 3.西康建設廳廳長	中央執行委員兼中央黨員通訊局局長	中國國民黨	318,505
47	江都縣	蔣佩儀	女	41	江蘇省江都縣	江蘇省立女子蠶絲專科學校畢業	5 鵝洲蠶種製造場場長、爛行經理	1.江蘇省婦女會監事 2.江蘇省婦女運動委員會委員	中國國民黨	183,537
48	無錫縣	顧葆常	男	40	江蘇省無錫縣	德國斯衡圖工業大學高等工程博士	1.國立同濟大學文理學院院長 2.國立四川大學、東北大學、光華大學教授	現任經濟部工業司司長	中國青年黨	149,465
49	無錫縣	章繩以	女	57	江蘇省無錫縣	國立北京女子師範學院畢業	1.國立暨南大學女子部主任 2.南京國民革命遺族學校校務主任等職	江蘇省立教育學院教授	中國國民黨	67,084

		性別	年齡	籍貫	學歷	經歷	現職	黨籍	得票數	備考
50	武進縣	吳敬恆	男	83	江蘇省武進縣	日本高等師範畢業	1.中央監察委員 2.中央政治部主任	1.中央監察委員 2.制憲國大代表	中國國民黨	85,249	
51	武進縣	袁行潔	女	39	江蘇省武進縣	法國部魯斯大學經濟學士	1.宣傳部指導員 2.外交部專員、參事	中國建設協會常務理事	中國國民黨	26,867	
52	吳　縣	錢　鼎	男	59	江蘇省吳縣	江蘇海紅法政專校	江蘇省第2、第3屆省議會議員	江蘇省臨時參議會參議員		164,198	自行簽署
53	吳　縣	許憲民	女	37	江蘇省吳縣	上海大學畢業	1.國民黨縣黨部委員 2.省黨部視察 3.婦女會常委 4.上海難童教養所主任	1.吳縣婦女會理事長 2.救濟院副院長 3.婦女教養所主任 4.省婦女會委員	中國國民黨	35,633	
54	東台縣	張　林	女	44	江蘇省東台縣	南通學院醫科畢業	1.江蘇省立鎮江醫院住院醫師 2.南京市立傳染病院助理醫師	現任東台縣公立醫院主治醫師	中國國民黨	34,108	
55	東台縣	沈雲龍	男	38	江蘇省東台縣	1.日本明治大學法學士 2.日本新聞學院畢業	1.光夏中學高中部主任 2.臺灣月刊編輯 3.福建省財政廳秘書 4.上海市黨部委員等職	1.臺灣省政府參議 2.青年黨中央執行委員兼中央宣傳部副部長	中國青年黨	24,935	

編號	選區	姓名	性別	年齡	籍貫	學歷	經歷	現職	黨籍	備註	得票數
56	阜寧縣	滕傑	男	43	江蘇省阜寧縣	1.上海大學畢業 2.中央軍校第4期步兵科畢業 3.日本東京大學專科畢業 4.中央訓練團第4期黨政班畢業	1.軍校政訓處少將處長 2.軍委會政治部中將廳長 3.徐州綏靖公署政治部主任 4.陸軍總部秘書長 5.制憲國大代表 6.立法院立法委員 7.中央訓練團徐州分團教育長	陸軍總司令部徐州司令部秘書長兼中央訓練團徐州分團教育長	中國國民黨		302,548
57	阜寧縣	吳敏	女	40	江蘇省阜寧縣	國立暨南大學畢業	1.巴達維亞中華女中教務主任 2.暨南大學附中教員多年	南京市立鈔庫街小學總務主任兼教員	未加入	自行簽署	70,012
58	鹽城縣	李壽雍	男	46	江蘇省鹽城縣	1.國立北京大學法學士 2.留學英國倫敦大學、牛津大學 3.中央訓練團黨政班第五期畢業	1.中央政治會議北京分會委員 2.戰區第3司令部政治部主任 3.三民主義青年團第3戰區支團部幹事兼主任 4.江蘇省黨部主任委員	1.國立暨南大學校長 2.中國國民黨中央執行委員	中國國民黨		240,137

	姓名	性別	年齡	籍貫	學歷	經歷	現職	黨籍	得票數	備註
59 鹽城縣	顧安清	女	39	江蘇省鹽城縣	1.復旦大學肄業 2.倫敦皇家學院肄業	1.武進婦女協會會長 2.嘉定縣黨部、南京市黨部幹事 3.江蘇省立南京民眾教育館幹事 4.江蘇、鎮江中學教員	南京市立鈔庫街中心國民學校校長	中國國民黨	113,063	
60 縣	夏勤	男	56	江蘇省泰縣	日本帝國大學畢業	1.歷任各級法院推事、檢察官、院長 2.高等考試典試委員 3.各大學教授 4.司法行政部次長	最高法院院長	中國國民黨	331,690	
61 縣	李德義	女	40	江蘇省泰縣	北平朝陽大學法科畢業	1.四川樂山及貴陽等地方法院推事 2.四川樂山高分院及西康高院推事	遼寧省遼陽地方法院院長	中國國民黨	78,344	
62 銅山縣	劉志強	男	41	江蘇省銅山縣	1.江蘇省立徐州中學高中畢業 2.江蘇省各縣中心民眾學校長訓練班畢業	1.銅山縣中心民眾學校校長 2.銅山縣教育指導員 3.銅山縣政府助理秘書 4.中國國民黨銅山縣第3區黨部執行委員兼書記 5.銅山縣黨部秘書	1.銅山縣黨部執行委員兼書記長 2.銅山縣參議員	中國國民黨	227,971	劉志強、卜夢屏、蘇遠、李速、惠亞、惠遠，依得票數目多決定當選與否。

號次	縣別	姓名	性別	年齡	籍貫	學歷	曾任	現任	黨籍	編號
63	銅山縣	卜蕙蓀	女	41	江蘇省銅山縣	北平女子師範大學畢業	曾任中學校長、校董	徐州立達女中校長	中國國民黨	43,908
64	如皋縣	羅奕民	男	47	江蘇省如皋縣	如皋縣立師範畢業	1.如皋縣黨部監察會常委 2.如皋縣產業主任 3.江蘇第4區黨務督導處總幹事 4.江蘇省黨部文書科長	1.農工部計畫委員 2.如皋臨時參議會副議長	中國國民黨	302,222
65	如皋縣	朱煥彰	男	53	江蘇省如皋縣	江蘇省法政大學法律系畢業	1.保定地院院長 2.上海高3分院庭長 3.皖高院檢察官 4.立委會立法委員司法人員講習班講師 5.江蘇高院院長 6.司法院法官訓練所教授	熱河高等法院院長	無	154,804 自行簽署
66	如皋縣	沙毓奇	女	39	江蘇省如皋縣	南通女師畢業	1.小學教員 2.民教館主任 3.江蘇婦運會幹事 4.漢口特別黨部幹事 5.上海市黨部總幹事	1.上海婦運會指導員 2.如皋婦女會理事	中國國民黨	145,986

編號	區域	姓名	性別	年齡	籍貫	學歷	經歷	現職	黨籍	得票數	備註
67	連雲市	王公璵	男	45	江蘇省連雲市	北平中國大學畢業	1.省黨部委員 2.江蘇省政府秘書長、民政廳長、政務廳長、省府委員等職 3.江蘇省豐、蕭、銅山等縣縣長		中國國民黨	22,945	
68	徐州縣	賈韞山	男	50	江蘇省徐州縣	中央陸軍軍官學校畢業	曾任軍旅服務、軍事廳長等職	江蘇省保安副司令	中國國民黨	67,170	以候補人身分補遞之
69	六合縣	孫亞夫	男	38	江蘇省六合縣	1.吳淞國立政治大學畢業 2.日本早稻田大學畢業	1.眼務委員會第2處處長 2.蒙藏委員會常委 3.中國公學、廣州大學、東吳大學教授	民社黨中央常務委員	中國民主社會黨	5,184	
70	啓東縣	黃孟剛	男	42	江蘇省啓東縣	上海法學院畢業	1.啓東縣第1區區長 2.啓東縣府秘書 3.人民保障自由委員會主任委員 4.民社黨中央常務委員	上海市律師	中國民主社會黨	2,006	以候補人身分補遞之
71	崇明縣	朱錫璇	男	37	江蘇省崇明縣	上海光華大學畢業	1.光華大學暨誠明文學院教授 2.紗場、毛紡織廠、鐵工廠等實業公司經理、董事長	誠明文學院教授	中國民主社會黨	21,574	以候補人身分補遞之

號次	縣別	姓名	性別	年齡	籍貫	學歷	經歷	現職	黨籍	得票數	備考
72	淮陰縣	吳天民	男	47	江蘇省淮陰縣	1.上海同德醫學院畢業 2.奧國維也納大學醫科畢業、醫學博士	1.國民政府衛生部專門委員 2.經濟部紡織事業調節委員會主任醫師	衛生部專門委員	中國青年黨	43,027	以候補人身分遞補之
73	蕭縣	方先覺	男	44	江蘇省蕭縣	1.上海法政大學肄業 2.中央黃埔軍校3期畢業 3.陸軍大學、國防研究院3期畢業	1.第10軍軍長 2.整編88師師長	整編第24軍副軍長	中國國民黨	205,020	
74	南通縣	錢公南	男	47	江蘇省南通縣	1.交通大學畢業 2.英國倫敦大學肄業	1.交通部科長、技正 2.中國工程師學會重慶分會會長	1.交通部簡任技正兼代全國電信總局局長 2.南通旅京同鄉會管理事長	中國國民黨	315,916	
75	南通縣	孫婉華	女	41	江蘇省南通縣	大夏大學教育學士	1.國立暨南大學實驗學校研究部主任 2.大夏大學教育學院專任講師	上海市立師範專科學校教員	中國民主社會黨	9,539	以候補人身分遞補之

附表二：行憲國民大會廣東省省區域代表當選人名冊

編號	縣市或同等區域	姓名	性別	年齡	籍貫	學歷	經歷	現任職務	曾否加入政黨	得票數	備註
1	東莞縣	王寵惠	男	66	廣東省東莞縣	1.北洋大學法科 2.赴日政研研法政 3.耶魯大學法學博士	1.上海南洋公學教授 2.復旦大學副校長 3.臨時政府第1任外交總長 4.北京政府司法總長 5.國民政府司法部長、司法院院長 6.國防最高委員會秘書長、代理行政院長 7.中研院士	國民政府委員	中國國民黨	189,541	
2	新會縣	高信	男	43	廣東省新會縣	德國佛萊堡大學政治經濟系畢業	1.廣東省地政局長 2.廣東省政府委員 3.國民黨廣東省黨部執行委員	現任中國國民黨廣州特別市執行委員會主任委員	中國國民黨	173,978	
3	順德縣	蕭次尹	男	45	廣東省順德縣	1.廣東大學專修學院畢業 2.中央訓練團黨政高級班第1期畢業	1.中央黨部中央政治會議秘書 2.國民政府行政院鐵道部、粵浙省府廣州市府秘書、科長、主任秘書 3.行政院秘書、處長 4.立法院秘書、專員 5.軍委會少將設計委員	廣東省政府委員	中國國民黨	123,202	

序號	縣別	姓名	性別	年齡	籍貫	學歷	經歷	現職	黨籍	票數	備考
4	赤溪縣	黃漢源	男	43	廣東省赤溪縣	廣州法政專門學校畢業	1.赤溪縣參議會議長 2.守備總隊隊長 3.省參議員等 4.國民黨赤溪縣黨部常務委員	廣東省參議會議員	中國國民黨	2,645	
5	台山縣	陳劍如	男	50	廣東省台山縣	國立北京法政大學經濟科畢業	1.中央農工部副部長 2.南京市政府社會局長 3.立法委員 4.制憲國大代表	中央委員	中國國民黨	175,594	
6	台山縣	李祥芳	女	41	廣東省台山縣	美國南加州大學教育碩士	1.台山縣立女師校長 2.中山大學教授		中國國民黨	48,900	
7	增城縣	劉麗生	男	44	廣東省增城縣	日本陸軍士官學校畢業	1.12集團軍總司令部少將處長 2.軍委會少將參議 3.廣州警備司令部少將參謀長	僑信企業股份有限公司經理	中國國民黨	57,818	
8	博羅縣	駱鳳翔	男	58	廣東省博羅縣	廣東陸軍速成學校畢業	1.大元帥府第8師師長 2.粵軍第6軍參謀長 3.博羅縣臨時參議會議長等職		中國國民黨	58,860	
9	海豐縣	鍾超武	男	41	廣東省海豐縣	1.廣東軍校軍政治學校畢業 2.第4戰區團訓練畢業	1.陸軍暫2軍營長 2.海陸空守備總隊隊長 3.廣東全省保安司令部上校參議	海豐私立公平中學校長	無	117,714	自行簽署

	縣	姓名	性別	年齡	籍貫	學歷	經歷	現職	黨籍	票數	備註
10	惠陽縣	羅偉疆	男	53	廣東省惠陽縣	1.法政專門學校畢業 2.廣東省警衛官學校畢業 3.中央訓練團黨政班畢業	1.大元帥府東江警備司令 2.惠陽縣縣長 3.廣東省黨部執行委員 4.第2、3、4次全國大會代表 5.南昌行營少將參議	1.國民大會代表 2.廣東省參議員 3.廣東省黨部監察委員 4.廣東省農會理事	中國國民黨	211,046	
11	龍川縣	彭天鐸	男	69	廣東省龍川縣	日本法政學校畢業	1.廣東高等審判廳推事 2.惠州庭長	律師	中國民主社會黨	46,116	以候補人身分遞補之
12	河源縣	李悅義	男	45	廣東省河源縣	1.國立中山大學法學士 2.法國巴黎大學法學博士	1.黨部執行委員 2.中山大學、中央政治大學教授	湖北省審計處長	中國國民黨	67,004	
13	興寧縣	羅翼群	男	59	廣東省興寧縣	兩廣陸軍測量學校畢業	1.大元帥府參軍 2.省黨部特派員 3.省府委員等職	中央委員	中國國民黨	219,827	
14	豐順縣	吳逸志	男	52	廣東省豐順縣	1.保定陸軍軍官學校6期畢業 2.德國柏林大學政治系畢業 3.陸軍大學甲級將官班畢業	1.國民革命軍第9集團軍總司令部中將高參 2.省黨部監委	國防部中將部員	中國國民黨	82,911	

編號	縣	姓名	性別	年齡	籍貫	學歷	經歷	現職	黨籍	得票數
15	紫金縣	劉爾題	男	47	廣東省紫金縣	法國都魯斯大學畢業	公私立各大學教授及高等考試	農林部顧問	中國青年黨	4,812
16	潮安縣	沈哲臣	男	41	廣東省潮安縣	上海持志大學肄業	1.中國國民黨第1屆中央執行委員會青年部特派員 2.汕頭市黨部商民部部長 3.國民革命軍第1軍政治部科員	中國國民黨中央委員兼廣州特別市黨部執行委員	中國國民黨	102,095
17	饒平縣	詹覬烈	男	36	廣東省饒平縣	上海中國公學大學部政治系畢業	1.饒平縣黨部書記長 2.饒平縣政府秘書 3.廣東省政府設計處考核委員	廣東省參議會參議員	中國國民黨	151,792
18	揭楊縣	孫家哲	男	58	廣東省揭楊縣	吳淞中國大學經濟專科政治部畢業	1.東莞、朝陽、防城等縣縣長 2.兩廣鹽運使署秘書 3.第一集團軍總部少將參議 4.福建省政府委員兼財政廳長 5.中央經濟委員會委員 6.廣東賑濟委員會委員	現任廣東省參議會參議員	中國國民黨	191,306

	選區	姓名	性別	年齡	籍貫	學歷	經歷	現職	黨籍	得票數	備註
19	普寧縣	黃天鵬	男	42	廣東省普寧縣	1.日本新聞研究所畢業 2.早稻田大學經濟政治部研究	1.國立中央大學教授 2.軍官學校少將政治教官 3.上海申報主筆 4.國民政府軍事委員會政治組組長兼中央秘書處專門委員	現任中央印務局總管理處處長	中國國民黨	79,766	
20	澄海縣	陳宗周	男	42	廣東省澄海縣	北京大學畢業	中國國民黨中央執行委員會處長	中國國民黨廣東省監察委員會常務委員	中國國民黨	99,718	
21	平遠縣	林乾祐	男	42	廣東省平遠縣	國立中山大學教育系畢業	1.國民黨廣東省黨部執行委員 2.僑委會科長 3.廣東省立老隆師範學校校長	廣東省黨部執行委員	中國國民黨	44,448	
22	蕉嶺縣	鍾介民	男	53	廣東省蕉嶺縣	復旦大學畢業	1.大學教授 2.秘書處長 3.政務委員 4.星洲日報總編輯 5.廣州市府參事	立法委員	中國民主社會黨	12,072	以候補身分遞補之
23	南澳縣	黃倫	男	39	廣東省南澳縣	1.日本早稻田大學法系畢業 2.中央訓練團第8期畢業	1.中央設計局參事 2.內政部參事 3.中央黨部調查統計局科長、專門委員 4.行政院秘書、參議等職	行政院參議	中國國民黨	5,061	

24	汕頭市	黃澤浦	男	35	廣東省揭陽縣	國立廈門大學文學士	1.普寧縣政府教育設計委員 2.普豐師管區司令部秘書 3.國立廈門大學講師	私立南華學院教授	中國青年黨	39,879
25	大埔縣	羅卓英	男	51	廣東省大埔縣	保定陸軍軍官學校第8期炮科畢業	1.第19集團軍總司令、第9戰區副司令長官、第1路遠征軍司令長官 2.國民政府軍事委員會軍令部次長 3.中國國民黨中央執行委員會委員	東北行轅副主任	中國國民黨	59,433
26	清遠縣	崔廣秀	男	58	廣東省清遠縣	舊學制	1.中國國民黨南洋總支部主席 2.財政部雷州海關監督兼管曲江海關事官 3.廣東花縣縣長 4.中國國民黨中央執監委員	黨務	中國國民黨	158,156

	姓名	性別	年齡	籍貫	學歷	經歷	現職	黨籍	得票數
27 連山縣	慶澤廣	男	37	廣東省連山縣	國立中山大學法學士	1.廣東省連山縣教育局長兼縣立中學校長 2.廣東省立庚戌中學教務主任 3.廣東省立韶州師範訓育主任 4.廣東曲江防空指揮部中校股長 5.廣東省第2行政區督察專員公署薦任視察	南海縣政府秘書	中國國民黨	1,771
28 樂昌縣	薛岳	男	53	廣東省樂昌縣	保定陸軍軍官學校6期畢業	1.陸軍第5軍中將軍長、省主席 2.第19集團軍總司令 3.第9戰區司令長官 4.徐州綏靖公署主任等職	國民政府上將參軍長	中國國民黨	33,225
29 仁化縣	譚應元	男	39	廣東省仁化縣	1.上海法科大學經濟學士 2.復旦大學政治學士 3.軍校特訓班暨軍委會戰幹團1期畢業	1.縣市黨部執委 2.縣市政府秘書、科長 3.少、中校營團政治指導員 4.軍法處參議 5.軍師政治部上校秘書科長	中央農工部農運計畫委員兼專員	中國國民黨	12,082

編號	姓名	性別	年齡	籍貫	學歷	經歷	現職	黨籍	票數
30	廖介操	男	41	廣東省乳源縣	廣東軍事政治學校政治系深造班畢業	1.廣東省參議會參議員 2.廣東省民政廳專員 3.乳源縣黨部執行委員	乳源縣黨部書記長	中國國民黨	16,965
31	莫雄	男	56	廣東省英德縣	廣東講武堂畢業	1.曾致力國民革命20年、廣東第2區行政督察專員兼司令 2.任江西第4區	英德縣縣長	中國國民黨	56,814
32	王名烈	男	60	廣東省南雄縣	1.國立北京法政專門學校畢業 2.日本明治大學畢業		南雄縣縣長	中國國民黨	98,630
33	唐耕誠	男	48	廣東省連縣	連縣師範講習所畢業	南洋各地中華文日報總編輯、校長、專員、區長	善後救濟總署廣東分署顧問	中國青年黨	13,431
34	莫家勵	男	39	廣東省連南縣	日本東京日本大學社會科畢業	1.廣東第25區督察、巡察員 2.財政部廣東稅務管理局督察等職	財政部廣東區貨物稅局曲江分局長	中國國民黨	3,920
35	許賛梅	男	68	廣東省翁源縣	兩廣師範畢業清貢生	中學校長、秘書、參議、省參議員	省參議員	中國國民黨	17,317

編號	縣別	姓名	性別	年齡	籍貫	學歷	經歷	現任	黨籍	票數	備註
36	新豐縣	潘克	男	32	廣東省新豐縣	廣州大學畢業	1.陸軍暫 8 師政治指導員、政治隊幹事 2.軍特黨部視察 3.紹關市黨部視察及中學校長 4.縣青年分團幹事等等職識 5.廣州海口中央日報社長	新豐縣黨部執行委員兼書記長及新豐縣參議會參議員	中國國民黨	22,065	
37	龍門縣	蘇子	男	42	廣東省龍門縣	廣東省立勤勤大學商學院畢業	1.廣東大中華報編輯 2.廣東建設廳秘書 3.綏靖公署秘書 4.大華戲院經理		中國青年黨	17,847	以候身補分遞補之
38	雲浮縣	葉穎基	男	32	廣東省雲浮縣	廣東國民大學法學院政治學系畢業	1.國民大學講師 2.韶關市黨部執行委員 3.市參議會副議長 4.廣東省政府參事 5.封川縣縣長		中國國民黨	96,911	
39	高要縣	黃範一	男	56	廣東省高要縣	1.肇慶府中學畢業 2.廣東辛亥陸軍伐軍軍官講習分所畢業	1.粵軍總司令令部少將參議 2.第 12 集團軍、第 7 戰區司令長官部顧問 3.國民參政會第 2、3、4 屆參政員	1.國民大會代表 2.廣東省政府委員	中國國民黨	49,473	

40	恩平縣	吳榮樞	男	48	廣東省恩平縣	1.國立廣東高等師範畢業 2.中央訓練團黨政班第9期畢業	1.中國國民黨中央青年部代秘書 2.國民黨第4次全國代表大會代表 3.第4戰區政治部少將組長 4.瓊州縣縣長	廣東省政府社會處主任秘書	中國國民黨	72,412
41	鶴山縣	李頌啓	男	35	廣東省鶴山縣	北平民國大學經濟系畢業	1.省立勤大學工學院辦公廳主任 2.交通部運輸處處長、段長、主任	經濟部專門委員	中國青年黨	8,343
42	陽春縣	陳鴻漢	男	42	廣東省陽春縣	1.法國巴黎大學統計學院畢業 2.北平中國大學畢業	1.廣東省政府秘書處及民政廳統計主任 2.廣東省訓團科長兼教官 3.廣東民民大學教授	廣東省政府統計處統計長	中國國民黨	35,348
43	新興縣	葉肇	男	56	廣東省新興縣	保定陸軍軍官學校6期畢業	1.66軍軍長 2.第8、9、1集團軍副總司令 3.第37集團軍總司令	1.國防部總長室中將高參 2.憲政實施促進會研究委員	中國國民黨	73,955
44	四會縣	簡作楨	男	53	廣東省四會縣	黃埔陸軍小學、湖北陸軍中學及保定軍官學校6期畢業	排連長、參謀長、處長、廠長、局長、秘書長、分總監、副總隊長、總隊附等職	最近在第9軍官總隊附奉准退役	中國國民黨	63,227

	縣別	姓名	性別	年齡	籍貫	學歷	經歷	現職	黨籍	得票數	備註
45	開建縣	侯文威	男	44	廣東省開建縣	廣東國民大學文學系畢業	1.開建縣立鄉村師範學校校長 2.開建縣立簡易師範學校校長 3.新興縣立中學校教員 4.國民黨開建縣執行委員會書記長	開建縣參議會議長	中國國民黨	12,482	
46	鬱南縣	謝鴻	男	45	廣東省鬱南縣	法國國立都魯斯大學博士	1.軍校教官 2.金庫研究室主任 3.銀行經理	國立廣西大學教授	中國青年黨	14,579	以第一候補人身分遞補之
47	封川縣	伍穰新	男	35	廣東省封川縣	1.國立中山大學政治系畢業 2.第4戰區黨政軍訓練團畢業	1.封川縣立中學校長 2.廣西第3區農場總務股長 3.封川縣地方行政幹部訓練所教導股長	封川縣參議會議長	中國國民黨	29,894	
48	徐聞縣	何犖	男	57	廣東省徐聞縣	保定軍官學校畢業	1.浙江湖州招撫使 2.遂溪縣長 3.廣東兵器製造廠長 4.廣東省會公安局長	廣東省參議員	中國國民黨	28,377	

編號	選區	姓名	性別	年齡	籍貫	學歷	經歷	現職	黨籍	票數
49	靈山縣	蕭祖震	男	46	廣東省靈山縣	法國巴黎新聞學院畢業	國立中山大學講師	新廈出版社總經理	中國國民黨	42,108
50	海康縣	鄧定遠	男	53	廣東省海康縣	保定軍官學校第6期畢業	1.第4軍司令部少將參謀處長 2.廣東第12區少將游擊司令 3.第4戰區中將高級參議 4.制憲國大代表	1.退役 2.憲政會宣傳委員	中國國民黨	89,889
51	電白縣	王德全	男	54	廣東省電白縣	1.廣東陸軍模範團畢業 2.軍官訓練團第1期畢業 3.軍官團將官班第2期畢業	1.156師中將師長 2.64軍中將副軍長 3.國民政府軍委會中將參議等職		中國國民黨	140,946
52	遂溪縣	陳寧清	男	32	廣東省遂溪縣	1.國立廈門大學畢業 2.廣東省幹部訓練團組結業	1.訓導員、教育長、政訓主任 2.省參議員、書記長	中國國民黨遂溪縣黨部書記長	中國國民黨	47,993
53	廉江縣	梁應棱	男	35	廣東省廉江縣	廣東國民大學法學士	1.廣東國民大學助教 2.青年軍第202師中校訓導員 3.第7戰區訓導所訓育股長	中國民主社會黨廣東省黨部組織科長	中國民主社會黨	91,589

54	信宜縣	林雲陔	男	62	廣東省信宜縣	1.兩廣方言專門學校 2.美國紐約阿爾便利法律學，美國紐約舍務斯大學	1.廣東審判廳廳長、高等檢查廳檢察長 2.廣州市政府市長 3.廣東省民政及財政廳長 4.廣東省政府主席兼建設廳廳長 5.中央監察委員會常務委員	審計部部長	中國國民黨	81,239
55	吳川縣	李漢魂	男	53	廣東省吳川縣	保定陸軍軍官學校第6期畢業	1.39軍團軍團長 2.35集團軍總司令 3.廣東省政府主席 4.中國國民黨廣東省黨部主任委員	衢州綏靖公署中將副主任	中國國民黨	62,064
56	文昌縣	黃珍吾	男	47	廣東省文昌縣	1.黃埔軍官學校第1期畢業 2.國防大學第2期	1.師長、軍長、副總司令 2.綏署副主任、衛成司令 3.國民黨第6屆中央委員	南京警察廳廳長	中國國民黨	90,099
57	萬寧縣	蔡篤恭	男	35	廣東省萬寧縣	1.德國柏林工業大學工程師學位 2.德國杜城工業大學特約工程師學位 3.德國明興工業大學博士	1.德國杜城工業大學助教 2.國立中山大學機械系教授兼導師	國立中山大學機械系教授兼導師	中國國民黨	28,022

號次	縣	姓名	性別	年齡	籍貫	學歷	經歷	現任	黨籍	票數
58	瓊山縣	陳策	男	54	廣東省瓊山縣	1.黃埔海軍學校畢業 2.廣東工藝局畢業	1.海軍第4艦隊司令 2.海軍總司令 3.國民政府委員 4.廣州市特別黨部主委、組織部長 5.第3、4、5、6屆中央執行委員 6.廣州軍事特派員 7.廣州市長	國民政府顧問	中國國民黨	131,702
59	定安縣	吳敬群	男	46	廣東省定安縣	1.廣東省立瓊崖中學畢業 2.中央軍校第3期畢業 3.陸軍大學13期畢業 4.中央訓練團黨政班11期畢業	1.中央軍校少將處長 2.中正中學校長 3.特別黨部執行委員 4.省參議員 5.軍令部參謀、副主任、政治部主任 6.國防部處長	陸軍總司令部少將處長	中國國民黨	18,078
60	感恩縣	蘇秀謙	男	37	廣東省感恩縣	1.崖縣縣立中學校畢業 2.廣東省地方自治人員訓練所畢業	1.感恩縣第2區長 2.救濟院長 3.縣游擊隊部副指揮兼游擊隊大隊長 4.縣臨時參議會議長	現任廣東省感恩縣黨部書記長等職	中國國民黨	9,762
61	從化縣	謝瀛洲	男	53	廣東省從化縣	法國巴黎大學法學博士	1.廣州市黨部部長 2.北京大學法學院院長 3.司法行政部次長	臺灣省政府秘書長	中國國民黨	40,667

		姓名	性別	年齡	籍貫	學歷	經歷		黨籍		自行簽署
62	連平縣	歐陽濃濃	男	34	廣東省連平縣	1.廣東國民大學法律系畢業 2.中訓團黨政班結業	1.和平、潮安等地方法院書記官 2.廣東省政府秘書處法制室編審 3.廣東省公路處人事室主任、省訓團講師 4.省訓團講師 5.廣東省政府地政局人事室主任	廣東省政府人事處視察	中國國民黨	21,580	
63	佛岡縣	鄭瑞璋	男	66	廣東省佛岡縣	廣東公立法政學校畢業	1.廣東省議會議員 2.廣東高等審判廳推事 3.澄海法院庭長	1.律師 2.國大代表 3.憲政實施委員會委員	無	25,427	
64	防城縣	陳濟棠	男	57	廣東省防城縣	陸軍速成學校畢業	1.國民政府委員 2.農村部部長 3.中國國民黨中央常務委員	1.中央政治委員會委員 2.戰略顧問委員會委員	中國國民黨	78,688	
65	瓊東縣	王開藩	男	40	廣東省瓊東縣	國立北平師範大學文學系畢業	1.北平市黨務整理委員會民運科幹事 2.廣東省立雷州、欽州等師範學校教師 3.9區專員視察	瓊東縣參議會議長	中國國民黨	13,759	
66	茂名縣	鄧龍光	男	55	廣東省茂名縣	保定軍官學校6期畢業	1.156師師長 2.64軍軍長 3.35集團軍總司令 4.第2方面軍副司令官 5.粵桂南區總指揮	1.中央候補執行委員 2.廣州行轅副主任	中國國民黨	245,585	

編號	縣別	姓名	性別	年齡	籍貫	學歷	經歷	現職	黨籍	得票數	備考
67	三水縣	李滿康	男	53	廣東省三水縣	日本東京商科大學本科畢業	1.北寧鐵路天津站運輸課課長 2.軍委會西南運輸總處雲南防空物資進出口物資西進出口處理處辦事員 3.雲南省政府財政廳科員 4.三水縣督學	1.臨時國民大會代表 2.經濟部商業司幫辦	中國青年黨	2,053	以候補身分遞補之
68	中山縣	張惠長	男	49	廣東省中山縣	美國屆士柯臣航空學校畢業	1.大元帥侍從副官、飛機隊隊長、航空局局長、處長、署長、空軍總司令 2.民國23年任空軍總司令 3.民國26年任中山縣縣長	國民政府立法院立法委員	中國國民黨	120,660	
69	中山縣	孫陳淑英	女	49	廣東省中山縣	美國加州斯耐爾女子學院畢業	1.香港青年救護團理事長 2.香港婦女慰勞會會長 3.廣東中山縣幼稚院院長 4.美國加州羅省拉拿賓市教會婦女會委員		中國國民黨	72,327	

序號	選區	姓名	性別	年齡	籍貫	學歷	經歷	現職	黨籍	票數	備註
70	和平縣	徐傳霖	男	69	廣東省和平縣	1.京師法政學堂 2.日本明治大學畢業	1.眾議院議員、參議院議員 2.廣東高等審判廳廳長 3.司法部部長 4.大理院院長 5.國民參政員 6.第一屆國民大會代表 7.憲政實施促進委員會委員	國民政府委員	中國民主社會黨	35,204	以候補身分遞補之
71	開平縣	方彥儒	男	50	廣東省開平縣	1.國立北平大學畢業 2.美國紐約學院畢業	1.廣州市立銀行調查股主任 2.廣東國民大學教授 3.湖南省民生物品購銷處處視察	交通部湘桂黔鐵路局廣州辦事處購運股主任	中國青年黨	11,749	
72	樂會縣	龔少俠	男	45	廣東省樂會縣	黃埔陸軍軍官學校1期畢業	1.雲南省昆明市警察局長 2.軍委會少將處長、總隊長 3.財政部簡任處長	現任國民政府主席廣州行轅第2處處長	中國國民黨	29,699	
73	澄邁縣	曾祥鶴	男	49	廣東省澄邁縣	1.廣東公立法政專門學校畢業 2.北平大學修業 3.法國里昂政治經濟學博士	1.暨南建設大學教授 2.中西文化協進社秘書兼編輯 3.廣東省立民眾教育人員訓練主任	粵南師區司令部少將參議	中國青年黨	21,314	

編號	縣	姓名	性別	年齡	籍貫	學歷	經歷	現任職務	黨籍	票數	備註
74	陽山縣	李及蘭	男	45	廣東省陽山縣	黃埔一期	南海縣長		中國國民黨	47,539	
75	五華縣	李彥良	男	44	廣東省五華縣	俄國莫斯科中山大學畢業		廣州市警察局警探長	中國國民黨	159,251	
76	梅縣	侯暠慶	男	45	廣東省梅縣	國立中山大學畢業	1.代理縣長、民政廳專員 2.中央黨部科長、副處長、人事處長	國民黨中央黨部人事處長	中國國民黨	52,971	
77	化縣	李肇統	男	62	廣東省化縣	京師法政學堂畢業	1.廣東新會地方法院首席檢察官 2.廣東和平縣縣長	現任國民政府監察院監察委員	中國民主社會黨	55,745	當選董人燈退讓而候補第一名之李肇統繼任之
78	陵水縣	曾三省	男	50	廣東省陵水縣	1.廣東大學畢業 2.中央訓練團黨改班結業	1.黨部常務委員 2.中央黨部專門委員 3.蘭州大學教授 4.廣東省第1、2屆省參議員 5.邱海等中學校長	中國國民黨廣東省黨部執行委員兼書記長	中國國民黨	12,068	

編號	選區	姓名	性別	年齡	籍貫	學歷	經歷		黨籍	得票數	備註
79	番禺縣	王志遠	男	51	廣東省番禺縣	美國芝加哥大學碩士			中國國民黨	146,069	
80	陸豐縣	顏國藩	男	47	廣東省陸豐縣	黃埔軍校第2期畢業	歷任軍事委員會軍事職多年		中國國民黨	158,002	
81	寶安縣	李日光	男	37	廣東省寶安縣	中山大學農業碩士		中山大學教授	中國青年黨	803	以候補身分遞補之
82	花縣	徐維揚	男	60	廣東省花縣	陸軍講武堂畢業	1.粵省第2軍司令部、粵軍第7支隊司令 2.總統府及大本營參軍參議 3.粵漢鐵路及管理局長	國民大會代表	中國國民黨	29,916	
83	儋縣	吳公虎	男	43	廣東省儋縣	國立北平大學畢業	1.政治部主任兼總指揮部少將總參議 2.江西省政府秘書 3.吉安縣長 4.上海社會局專員		中國國民黨	24,353	
84	合浦縣	香翰屏	男	58	廣東省合浦縣	護國第5軍軍官講武堂	1.陸軍第62師師長 2.第1集團軍第2軍軍長 3.第4路軍副總司令總司令 4.閩粵贛邊區總司令	中國國民黨中央監察委員	中國國民黨	271,099	

序號	選區	姓名	性別	年齡	籍貫	學歷	經歷	現職	黨籍	自行簽署
85	湛江市	陳學談	男	66	廣東省湛江市	1.國子監生 2.雷州師範學堂肄業	1.遂溪縣縣長 2.第2方面軍廣州灣軍警督察處長 3.軍委會廣州灣遣軍第2支隊司令	1.廣東省政府參議 2.粵南師管區少將參議 3.湛江市清匪保鄉會副主任委員	中國國民黨	77,582
86	惠來縣	方萬方	男	51	廣東省惠來縣	陸軍大學畢業	1.第4路軍少將工兵指揮團軍官 2.第7戰區長官部贛州綏靖公署軍務處長	衢州綏靖公署第1處處長及副參謀長	中國國民黨	74,856
87	曲江縣	薛漢光	男	51	廣東省曲江縣	1.大本營軍政部直轄陸軍講武堂畢業 2.中央訓練團	1.上校副官長、副官處長 2.統帥部少將副司令 3.少將指揮官 4.曲江縣縣長		中國國民黨	71,093
88	潮陽縣	蕭吉珊	男	54	廣東省潮陽縣	廣東高等師範學校畢業	1.中央僑務委員會副主任委員代理主任委員 2.中央執行部海外部副部長	中國國民黨中央執行委員	中國國民黨	358,984
89	始興縣	張發奎	男	51	廣東省始興縣	湖北陸軍第2預備學校畢業	1.第2兵團總司令 2.第4戰區司令長官 3.第2方面軍司令 4.國府主席廣州行轅主任	國防部作戰顧問委員會委員	中國國民黨	74,071

編號	縣	姓名	性別	年齡	籍貫	學歷	曾任職	現任職	黨籍	得票數	備註
90	欽縣	張瑞貴	男	57	廣東省欽縣	陸軍大學函授畢業	曾任團旅師軍長等	粤桂南區清剿總指揮	中國國民黨	84,411	
91	南海縣	李文範	男	64	廣東省南海縣	日本法政大學畢業	1.中國國民黨中央救濟委員會秘書、主任 2.中央宣傳委員會委員 3.廣州特別市黨部指導委員 4.廣東省督府秘書長 5.立法院秘書長 6.內政部部長	1.國民政府委員 2.司法院副院長	中國國民黨	65,341	
92	南海縣	倫蘊珊	女	42	廣東省南海縣	1.國立中山大學教育系畢業 2.瑞士日內瓦家政學校畢業	1.中學教員 2.小學校長 3.婦聯會委員	中國家政研究會理事	中國國民黨	34,721	
93	白沙縣	陳繼烈	男	43	廣東省白沙縣	1.北平中國大學法科畢業 2.法國巴黎大學經濟科碩士	1.南京市社會局局長兼代局長 2.上海法政學院教育、教授 3.廣東省政府參議 4.國際聯盟合作委員		中國國民黨	784	以候補身分遞補之
94	崖縣	吉章簡	男	47	廣東省崖縣	黃埔軍校第2期畢業	1.陸軍新第7軍中將軍長 2.軍委會中將處長	現任交通部第1交通警察總局局長	中國國民黨	50,321	

編號	縣別	姓名	性別	年齡	籍貫	學歷	經歷	現職	黨籍	得票數	備註
95	昌江縣	關昌榮	男	43	廣東省昌江縣	1.浙江大學農學院畢業 2.中央軍校特別班財政系第1期畢業	1.昌江縣教育科長 2.廣東財政廳海康、欽縣稅務局長 3.財政部欽縣茂名直接稅查徵所主任		中國國民黨	9,562	
96	陽江縣	陳書疇	男	35	廣東省陽江縣	國立中山大學農學士	1.陽江守備區上校參議 2.第7區行政督察專員公署技士兼防空指揮部中校技士			92,293	自行簽署
97	德慶縣	郭永鑣	男	42	廣東省德慶縣	1.黃埔軍校第4期政治畢業 2.陸軍大學第10期畢業	1.陸軍第66軍參謀長 2.閩粵邊區總司令部參謀長 3.陸軍154師師長	國防部高級參謀	中國國民黨	44,005	
98	高明縣	關伯平	男	58	廣東省高明縣	1.南京陸軍中學畢業 2.廣東省公立法政學校畢業	1.廣東財政廳第3科股長 2.廣東西北區綏靖委員公署中校參議 3.廣東省政府第2科科長 4.廣東省戰時貿易管理處處長	廣東省政府參議	中國民主社會黨	9,649	
99	羅定縣	沈光漢	男	53	廣東省羅定縣	1.廣東陸軍兵營炮科畢業 2.軍官講武堂畢業	1.國民革命軍第60師中將師長 2.私立德業小學校長		中國國民黨	122,239	

100	廣寧縣	陳伯驤	男	37	廣東省廣寧縣	1. 國立暨南大學法學士 2. 英國倫敦大學政治博士 3. 中央訓練團黨政班第 7 期畢業	1. 中央陸軍軍官學校特訓班上校兼政治總教官兼第一科科長 2. 中央執行委員會三民主義叢書編纂委員會編纂 3. 教育部特設南京臨時大學政治系教授	國立上海商學院教授兼圖書館館長	中國國民黨	76,512
101	臨高縣	王溪涓	男	36	廣東省臨高縣	國立中山大學法律系畢業	1. 臨高縣政府秘書 2. 瓊崖守備司令部黨政視導少校督察 3. 廣東省第 9 區行政督察專員保安司令公署視察等職	縣黨部黨部執行委員	中國國民黨	35,504
102	保亭縣	吳覺民	女	35	廣東省保亭縣	廣東省立瓊崖師範學校畢業	1. 陵水縣立女子小學校校長、教員 2. 瓊崖守備司令部第 4 科科員		中國國民黨	8,217
103	樂東縣	盧忠亮	男	40	廣東省樂東縣	1. 中央訓練團畢業 2. 上海復旦大學畢業	1. 中國國民黨幹事 2. 廣東恩平縣縣長 3. 廣東國民大學教授 4. 中央選舉委員會指導員		中國國民黨	2,246

附表三：行憲國民大會湖南省區域代表當選人名冊

編號	縣市或同等區域	姓名	性別	年齡	籍貫	學歷	經歷	現任職務	曾否加入政黨	得票數	備註
1	藍山縣	鍾華諤	男	39	湖南省藍山縣	法國巴黎大學畢業	1.湘省府秘書 2.社會部專員 3.新田、藍山縣長	湖南儲運站長	中國青年黨	38,575	
2	華容縣	劉公武	男	44	湖南省華容縣	柏林大學及柏林政治學院畢業	1.中學校長、縣長 2.中訓團主秘、支團部幹事長	省黨部委員、省府委員	中國國民黨	64,244	
3	臨澧縣	王素波	男	40	湖南省臨澧縣	日本法政大學畢業	1.縣長 2.湘省支團幹事兼組訓組長	湖南省黨部委員	中國國民黨	120,688	
4	益陽縣	蔡杞村	男	39	湖南省益陽縣	軍校6期畢業	1.特種黨部執委 2.軍管區編練處長	湘省軍管區司令部少將參謀	中國國民黨	72,965	
5	安化縣	梁化中	男	40	湖南省安化縣	軍校7期及陸大12期畢業	1.營團長、參謀長、師管區總部經理學校長、教育長	聯勤總部經理學校校長	中國國民黨	146,433	
6	沅江縣	王陝先	男	49	湖南省沅江縣	美國康乃爾大學碩士	黃河水利委員會簡任技正河防處長	長沙水利總局洞庭湖工程處長	中國國民黨	66,046	
7	武岡縣	唐際清	男	46	湖南省武岡縣	開南大學文學士	1.各報社總編輯、社長、主筆 2.大學教授 3.省參議員	中央社總編輯部主任	中國國民黨	445,921	

序號	縣	姓名	性別	年齡	籍貫	學歷	經歷	現職	黨籍	票數	備註
8	新寧縣	陳琮	男	42	湖南省新寧縣	1.中央大學畢業 2.德國柏林大學經濟學博士	歷任行政院經濟會議及國庫署簡任秘書、大學教授	財政部稅務署副署長	中國國民黨	38,736	
9	城步縣	段夢暉	男	41	湖南省城步縣	省立1師及軍校6期畢業	曾任南京日報副社長、總編輯	湖南省中央日報社社長	中國國民黨	22,933	
10	零陵縣	趙可夫	男	44	湖南省零陵縣	湖南大學及軍校第3期畢業	曾任旅長、參謀、政治部主任、政訓處長	北平行營新聞處長	中國國民黨	118,217	
11	祁陽縣	蔣伏生	男	50	湖南省祁陽縣	黃埔軍校第1期畢業	1.曾任師長、副軍長、副總司令 2.湖南省政府委員	主席特派戰地視察	中國國民黨	印不清楚	
12	寧遠縣	李毓九	男	45	湖南省寧遠縣	德國柏林大學及俄國莫斯科中山大學畢業	曾任監察委員、縣長、教授、市長、省府委員、省黨部執委	湖南省建設廳廳長	中國國民黨	189,350	
13	東安縣	唐生智	男	57	湖南省東安縣	保定軍校1期畢業	曾任省主席、國府委員、中央黨部執委、軍委會執委		中國國民黨	96,767	
14	永明縣	盧望暉	男	46	湖南省永明縣	中央軍校畢業	旅長、縣長	湖南義務勞動服務督導團主任	中國國民黨	13,938	盧望暉原係國民黨提名為該縣國民黨候選人，得票數次高者，居前盧明聲譽與前而當選。

序號	縣別	姓名	性別	年齡	籍貫	學歷	經歷	現職	黨派	得票數	備註
15	江華縣	丘贊良	男	46	湖南省江華縣	湖南全省地方自治訓練所畢業	1.省政府參事 2.縣黨部書記長 3.中學校長	江華縣參議會議長	中國國民黨	48,563	
16	永順縣	彭雲伯	男	50	湖南省永順縣	交通大學畢業	長沙市政府工務科長		中國民主社會黨	7,028	彭伯雲原係民社黨提名為該縣之正式候選人，得票居第3，前兩名聲明放棄而當選。
17	龍山縣	田植	男	36	湖南省龍山縣	光華大學畢業	曾任保靖、武岡、沅陵縣長	湖南省益明縣長	中國國民黨	61,454	
18	保靖縣	喻英奇	男	41	湖南省保靖縣	粵軍講武堂及湖南大學畢業	曾任講團旅長、副師長	粵北師管區副司令	中國國民黨	17,775	
19	沅陵縣	何沛霖	男	47	湖南省沅陵縣	湖南講武堂一期畢業	團長、副司令、省府參事	縣參議員	中國國民黨	135,948	
20	漵浦縣	賀楚強	男	45	湖南省漵浦縣	北京大學畢業	1.省市黨部委員及中央黨部委員 2.國民參政員 3.參軍處副局長		中國國民黨	81,484	

序號	縣別	姓名	性別	年齡	籍貫	學歷	經歷	職務	黨籍	票數	備註
21	辰谿縣	張中甫	男	44	湖南省辰谿縣	政治大學畢業	1.市黨部秘書委員 2.縣長 3.中央組織部處長	湖南省8區行政專員	中國國民黨	42,510	
22	鳳凰縣	戴季韜	男	54	湖南省鳳凰縣	陸軍大學將官班畢業	曾任參謀、師長、管區司令		中國國民黨	28,790	
23	瀘溪縣	高容	男	44	湖南省瀘溪縣	中央軍校6期畢業	曾任軍警稽查處督察部主任、縣警察部書記長	省參議員	中國國民黨	15,947	
24	疏陽縣	滕嗣絞	男	42	湖南省疏陽縣	勞動大學畢業	1.中縣府科員 2.農林部農林建設 3.督導專員	縣參議會副議長	中國國民黨	21,228	
25	乾坡縣	舒光寶	男	49	湖南省乾坡縣	北京大學畢業	1.曾任委員、處長 2.東北大學教授	湖南省憲政實施研究會委員	青年黨	8,277	
26	晃縣	舒毓鳳	男	44	湖南省晃縣	湖南省黨校畢業	1.縣黨部指導委員 2.明報社社長 3.縣黨報社長	縣黨部書記長	中國國民黨	22,533	
27	懷化縣	滕國英	男	53	湖南省懷化縣	省立2師畢業	曾任縣長、校長、縣參議長	縣參議會議長	中國國民黨	15,160	
28	湘鄉縣	毛秉文	男	57	湖南省湘鄉縣	保定軍校第3期畢業	曾任師長、軍長、總指揮兼行政公署主任	湖南省政府委員及中央執行委員	中國國民黨	173,886	
29	湘鄉縣	曾寶蓀	女	54	湖南省湘鄉縣	英國倫敦大學理科學士	1.創辦藝芳女校 2.太平洋學會中國代表 3.青年團中央籌備委員 4.參政員	長沙藝芳女中校長		69,028	曾寶蓀係以簽署方式參選，以最多得票而當選為該縣婦女代表。

編號	縣	姓名	性別	年齡	籍貫	學歷	經歷		黨籍	得票	備註
30	常德縣	劉曼珠	女	31	湖南省常德縣	倫敦大學畢業	曾任大學教授、政治教官、秘書		中國國民黨	39,374	
31	常德縣	譚貪崖	男	62	湖南省常德縣	湖南高等學堂畢業	1.國民政府特派政廳視察 2.常德救濟院長		中國國民黨	18,926	
32	攸縣	彭運斌	男	58	湖南省攸縣	清湖南官立優級師範學堂畢業	1.國大代表 2.省黨部監委 3.中學校長	湖南省參議員	中國國民黨	14,602	彭運斌原為國民黨之正式候選人，得票居次，仍當選之。
33	茶陵縣	劉柔遠	男	41	湖南省茶陵縣	1.武昌大學肄業 2.中央軍校第6期 3.陸軍大學畢業	團旅長、師長、師管區司令、總隊長		中國國民黨	22,185	劉柔遠原為國民黨之正式候選人，得票居第3，前兩名者聲明放棄，而由劉當選。

34	澧縣	鄭翼承	男	37	湖南省澧縣	北平大學畢業	1.縣黨部書記長 2.縣參議長 3.三青團支團部監察	湖南省黨部設計委員	中國國民黨	132,542	鄭翼承原國民黨名補候選人，以最多票而當選。
35	桃源縣	余清治	男	45	湖南省桃源縣	軍校 4 期畢業	1.指揮官 2.參謀長 3.抗敵自衛區副司令	黨部監委	中國國民黨	121,272	余清治原國民黨名補候選人，以最多票而當選。
36	邵陽縣	周磐	男	54	湖南省邵陽縣	陸軍大學特 1 期畢業	曾任:營旅師長、參謀長、軍校二分校主任		中國國民黨	206,419	周磐原國民黨名補之候選人，以最多票而當選。

序號	選區	姓名	性別	年齡	籍貫	學歷	經歷	現職	黨籍	票數
37	邵陽縣	蔣志壹	女	30	湖南省邵陽縣	復旦大學法學士	1.中國婦女生活指導委員會指導員 2.上海婦女勵進會委員 3.會計主任	中央信託局清理處專員	中國國民黨	36,391
38	長沙市	黃登	男		湖南省長沙市	中央軍事政治學校畢業	1.上校大隊長 2.少將參議 3.鹽務分局局長	長沙市銀行總經理	中國國民黨	37,444
39	長沙縣	余籍傳	男	54	湖南省長沙市	美國意利諾大學學士	1.大學主任、教授 2.建設廳委員 3.湘省善救分署署長	社會部行政計畫專員	中國國民黨	156,365
40	岳陽縣	賀衷寒	男	49	湖南省岳陽縣	1.黃埔軍校1期畢業 2.蘇聯陸軍大學畢業	1.軍部處長 2.中央黨部執委	社會部政務次長	中國國民黨	票數未報
41	岳陽縣	周靜芷	女	40	湖南省岳陽縣	1.中央軍校武漢分校畢業 2.開南大學畢業	1.縣黨部委員 2.婦女管理事長 3.中學教員		中國國民黨	票數未報
42	湘潭縣	王洪波	男	51	湖南省湘潭縣	縣長考試及格	1.縣黨部委員 2.分團部幹事及監察 3.縣省參事	省參議員	中國國民黨	147,850
43	湘潭縣	吳琛	女	50	湖南省湘潭縣	武漢大學肄業	1.縣黨部執委 2.中學訓育主任 3.校長	縣參議員	中國國民黨	45,366

編號	縣	姓名	性別	年齡	籍貫	學歷	經歷	現職	黨籍	得票數
44	瀏陽縣	羅正亮	男	36	湖南省瀏陽縣	1.湖南群治法政專門學校畢業 2.日本明治大學畢業	1.支團部監事 2.省黨部設計委員 3.中央黨部監察	省參議員	中國國民黨	86,798
45	醴陵縣	程潛	男	65	湖南省醴陵縣	日本士官學校6期畢業	26年任第一戰區司令長官 27年任河南省主席	武漢行轅主任	中國國民黨	192,993
46	湘陰縣	李樹森	男	49	湖南省湘陰縣	1.黃埔軍校1期畢業 2.陸軍大學特1期結業	師長、副軍長、防空司令	1.中央委員 2.湘南警保處長 3.湖南省政府委員	中國國民黨	87,101
47	臨湘縣	王翦波	男	47	湖南省臨湘縣	軍校畢業	曾任營、團、縣長、專員	湖南省第1區行政專員	中國國民黨	100,314
48	衡陽縣	羅毅	男	41	湖南省衡陽縣	1.湖南大學政經系卒業 2.中央軍校軍事政治學系畢業	1.少將高參 2.縣長	縣銀行董事長	中國國民黨	226,912
49	衡陽縣	萬衡	女	39	湖南省衡陽縣	北平大學女子學院畢業	1.女校教員 2.縣黨部婦運會常委		中國國民黨	70,169
50	衡山縣	趙恆惕	男	68	湖南省衡山縣	日本士官學校6期畢業	曾任總司令、省長	省參議會議長	中國國民黨	92,291
51	安仁縣	周臨之	男	46	湖南省安仁縣	陸軍幹部學校畢業	曾任民站支部少將、軍長、總司令、支部長	湖南省政府人事室主任	中國國民黨	34,574
52	酆縣	霍揆彰	男	47	湖南省酆縣	黃埔軍校1期畢業	師、軍長、總司令訓練副監兼代總監	國民黨中央常委	中國國民黨	

編號	縣	姓名	性別	年齡	籍貫	學歷	經歷	現職	黨籍	得票數	備註
53	汝坡縣	原同疇	男	47	湖南省汝坡縣	復旦大學、日本大學政治及經濟系畢業	曾任黨政委員、秘書長、參議	國防部文職人事司司長	中國國民黨	28,174	
54	臨武縣	杜從戎	男	44	湖南省臨武縣	1.黃埔軍校一期畢業 2.俄國陸軍大學畢業	曾任黨團代表、團長、高參、中將主任		中國國民黨		
55	新田縣	陸瑞榮	男	52	湖南省新田縣	1.蘇俄福朗嗣陸軍大學畢業 2.留學德國	1.師長、軍委會中將高級參謀 2.師管區司令 3.中訓團指導員	湖南省政府委員	中國國民黨	41,243	陸瑞榮原國民黨提名為黨之候補候選人，因得票最多而當選。
56	會同縣	梁文獻	男	46	湖南省會同縣	軍校高教班畢業	曾任參謀、副團長、副司令、署務組長	交通部東北運輸總局務處長	中國國民黨	27,926	梁文獻原國民黨提名為黨之候補候選人，因得票最多而當選。

序號	選區	姓名	性別	年齡	籍貫	學歷	經歷	職務	黨籍	得票數	備註
57	通道縣	粟昌福	男	50	湖南省通道縣	湖南陸軍幹校畢業	1.鄉長 2.鎮長	縣參議會副議長	中國國民黨	7,033	粟昌福原為國民黨提名之候補人,因得票數最多而當選。
58	慈利縣	周自拔	男		湖南省慈利縣	學歷無從查填	經歷無從查填		中國青年黨	32,682	周自拔原為青年黨提名之正式候選人,得票數居次仍當選。
59	瀏陽縣	蕭峴	女		湖南省瀏陽縣	里昂高等美術建築專校畢業			中國國民黨		
60	古丈縣	雙景五	男	58	湖南省古丈縣	湖南大學畢業	1.縣長 2.縣中校長	省參議員	中國國民黨	票數未報	
61	寧鄉縣	賀耀組	男	59	湖南省寧鄉縣	1.日本士官學校畢業 2.日本早稻田大學畢業	1.縣長 2.省主席 3.中央監委 4.軍團總指揮 5.國大代表	國府戰略顧問委員	中國國民黨	140,283	

序號	縣別	姓名	性別	年齡	籍貫	學歷	經歷		黨籍	票數	備考
62	新化縣	蕭炳星	男	36	湖南省新化縣	私立北平朝陽大學法學士	農林部專門委員	上海市政府專員	中國青年黨	63,364	蕭炳星原為青年黨提名之正式候選人，得票居第3仍當選。
63	靖縣	黃鳳池	男	54	湖南省靖縣	1.湖南高等學校畢業 2.湖南中華大學法律專門部畢業	1.湖南省臨時參議會參議員 2.茶陵縣長 3.長沙警察署長 4.四糧處專員	監察院監察委員	中國青年黨	1,767	黃鳳池原為青年黨提名之正式候選人，得票居第3仍當選。
64	嘉禾縣	李若霖	男	48	湖南省嘉禾縣	廬山軍官訓練團畢業	團旅長、省府參議		中國國民黨	25,044	李若霖係以簽署方式參選與競選，得票數最多而當選。

編號	選區	姓名	性別	年齡	籍貫	學歷			黨籍	得票數	備註
65	南縣	廖敦文	男	45	湖南省南縣	軍校6期畢業	隊長、國民兵副團長、支隊長	縣參議員	中國國民黨	45,850	廖敦文係以簽署方式參與競選，得票數最多而當選。
66	道縣	周希洪	男	48	湖南省道縣	陸軍大學畢業	縣長		中國國民黨	8,745	周希洪係以簽署方式參與競選，得票數最多而當選。
67	大庸縣	李佑琦	男	40	湖南省大庸縣	1.北平大學法學系畢業 2.中訓團黨政班結業	1.桂陽等縣縣長 2.省府秘書 3.省府參事		中國國民黨	16,868	李佑琦係以簽署方式參與競選，得票數最多而當選。

											備考
68	桑植縣	王尚質	男	46	湖南省桑植縣	軍校4期畢業	團長、副旅長	交通部公路總局第2運輸處副處長	中國國民黨	16,694	王尚質係以簽署方式參與競選，得票數最多而當選。
69	永綏縣	宋琳卿	男	54	湖南省永綏縣			縣參議員	中國國民黨	16,738	宋琳卿係以簽署方式參與競選，得票數最多而當選。
70	芷江縣	楊永清	男	59	湖南省芷江縣	1.沅江鎮守使 2.儲英學校卒業	師長、警備司令		中國國民黨	24,234	楊永清係以簽署方式參與競選，得票數最多而當選。

編號	選區	姓名	性別	年齡	籍貫	學歷	經歷	現任	黨籍	票數	備考
71	綏寧縣	龍懷寧	男	42	湖南省綏寧縣	高級師範畢業	1.中學校長 2.縣府主秘	縣參議會議長	中國國民黨	30,550	龍懷寧係以簽署方式參與競選，得最多當選票數而當選。
72	黔陽縣	潘壯飛	男	48	湖南省黔陽縣	中央軍校高教班2期畢業	1.旅長、少將高參 2.中訓團少將大隊長		中國國民黨	17,910	潘壯飛係以簽署方式參與競選，得最多當選票數而當選。
73	衡陽市	廖雲章	男	55	湖南省衡陽市		1.縣參議會議長 2.市黨部執委	縣參議會議長	中國國民黨	27,942	廖雲章係以簽署方式參與競選，得最多當選票數而當選。

號次	選區	姓名	性別	年齡	籍貫	學歷	經歷	現職	黨籍	得票數	備考
74	平江縣	李航震	男	46	湖南省平江縣	武漢大學畢業	1.中學校長、教員 2.縣長	湖南省岳群縣立中學及湘北中學校長		84,623	李航震係以簽署方式參與競選，得票數最多而當選。
75	郴縣	鄧武	男	44	湖南省郴縣	巴黎大學畢業	1.中央大學教授 2.軍委會工程處處長 3.中央軍校上校教官	農林部專門委員兼總工程師	中國青年黨	5,666	鄧武係青年黨提名為該縣之正式候選人，但所得票數居第4，仍當選。
76	資興縣	何群生	男	54	湖南省資興縣					26,183	何群生係以簽署方式參與競選，得票數最多而當選。

	選區	姓名	性別	年齡	籍貫	學歷	經歷		黨籍	得票數	備註
77	永興縣	李鍾祺	男	41	湖南省永興縣	湖南大學文學士	1.暨南大學教授 2.中國月刊社經理 3.5戰區長官部上校股長 4.芷江稅捐處處長	縣參議長	中國青年黨	22,429	李鍾祺年係青年黨提名為該縣之正式候選人，但所得票數居第3，仍當選。
78	宜章縣	彭旭	男	59	湖南省宜章縣	日本早稻田大學畢業	1.護國軍參謀 2.湘制憲委員會審查員 3.湘省參議員 4.新6師政治部主任		中國民主社會黨	3,756	彭旭係民社黨提名為該縣之正式候選人，但所得票數居第3，仍當選。

編號	選區	姓名	性別	年齡	籍貫	學歷	經歷	現職	黨派	得票數	備註
79	桂東縣	郭威廉	男	36	湖南省桂東縣	武漢大學畢業	1.軍委會戰幹團改治教官 2.大學講師 3.縣長、省府顧問 4.長官部參事	民社黨湖南省黨部執委	中國民主社會黨	3,126	郭威廉係民社黨提名為該縣黨正式之候選人，但所得票數居第4，仍當選。
80	漢壽縣	羅大凡	男	61	湖南省漢壽縣		1.湘省議員 2.湘全省捲煙捐稅處長 3.暨南、中山各大學教授	湖南大學教授		84,926	羅大凡係以簽署方式參與競選，得最多票數而當選。
81	常寧縣	蕭新民	男	34	湖南省常寧縣	1.中訓團黨政訓練班畢業 2.日本明治大學畢業	1.三民主義青年團湘支團監察員、參議 2.縣黨部書記長 3.湖南省參議員 4.攸縣縣長 5.川湘鄂邊區綏靖公署少將副秘書長		中國國民黨	63,643	蕭新民係中國國民黨提名之候補候選人，以得票最多而當選。

序號	選區	姓名	性別	年齡	籍貫	學歷	經歷	現職	黨籍	得票數	備註
82	隆回縣	劉鎮越	男	40	湖南省隆回縣	臺治大學畢業	1.銓敘廳科長 2.團管區司令少將主任 3.縣長	芷江縣縣長	中國國民黨	72,317	劉鎮越係以簽署方式參與競選，以得票最多而當選。
83	桂陽縣	劉子亞	男	54	湖南省桂陽縣	北平大學法科經濟系畢業	1.南京民治日報社長 2.國民經濟計畫委員會秘書 3.制憲國大代表 4.國民黨中執會專門委員	北京中國大學教授	中國國民黨	55,718	劉子亞為國民黨提名之正式候選人，得票數居次，仍當選。
84	耒陽縣	邱一鶚	男	52	湖南省耒陽縣	湖南工專畢業	1.南京市政府工務局技士 2.湖南省建設廳技士 3.湖南省工務局機械副工程師	零陵縣儲運站主任	中國民主社會黨	26,978	邱一鶚原為民社黨提名之正式候選人，得票數居第5，仍當選。

85	耒陽縣	徐慧玉	女	29	湖南省耒陽縣	朝陽大學畢業	1.中學教員 2.科長 3.主任秘書	省立民教部研究部主任	中國國民黨	65,405
86	石門縣	唐俊德	男		湖南省石門縣	保定軍校 2 期畢業		湖南省政府顧問		
87	安鄉縣	張鶴齡	男		湖南省安鄉縣	保定軍校畢業		國防部總務廳長		

附表四：行憲國民大會河南省區域代表當選人名冊

編號	縣市或同等區域	姓名	性別	年齡	籍貫	學歷	經歷	現任職務	曾否加入政黨	得票數	備註
1	鄭　縣	朱振家	男	37	河南省鄭縣	1.中華大學 2.中央訓練團畢業	曾任區長、秘書等職	河南省政府參議	中國國民黨	556,645	
2	廣武縣	董廣川	男	43	河南省廣武縣	1.河南大學文學院教育系畢業 2.日本東京文理科大學研究生	1.河南大學秘書 2.高中主任 3.陝中校長 4.建設廳、民政廳秘書主任	河南省政府參議	中國國民黨	25,219	
3	汜水縣	王德庵	男	42	河南省汜水縣	河南省立第一師範學校畢業	1.密縣中學教導主任 2.汜水縣督學 3.汜水縣立中學校長等職		中國青年黨	10,186	
4	新鄭縣	常明經	男	44	河南省新鄭縣	河南大學畢業	1.農林部技士 2.河南礦土試驗場主任 3.鄭州綏靖公署調查室上校副主任	河南省立陝縣高級棉科職業學校校長	中國民主社會黨	22,881	以後補身分遞補

編號	縣	姓名	性別	年齡	籍貫	學歷	經歷	現職	黨籍	得票數	備註
5	鹿邑縣	王　溥	男	39	河南省鹿邑縣	1.國立北京大學畢業 2.中央訓練團黨政訓練班畢業	1.陝西新聞檢查總檢 2.河南新聞檢查處長	大華日報社社長	中國國民黨	602	
6	柘城縣	王力仁	男	51	河南省柘城縣	美國康乃爾大學土木工程系畢業	1.河南公路局長 2.全國經濟委員會委員 3.交通部公路總局專員等職	河南公路局局長	中國國民黨	4,415	
7	汲　縣	趙家驤	男	38	河南省汲縣	陸軍大學第14期畢業	1.東北保安司令長官部中將參謀長兼瀋陽警備司令	第6兵團中將副司令兼東北行轅副參謀長兼第3督訓處處長	中國國民黨	46,612	
8	新鄉縣	黃醒洲	男	55	河南省新鄉縣	日本東京明治大學畢業	1.河南大學教授 2.河南省黨部科長	1.國民大會代表 2.憲政實施促進會委員	中國國民黨	62,089	
9	孟　縣	王雲閣	男	48	河南省孟縣	北京法政專門學校畢業	1.河南唐河縣縣長 2.河南省府主任秘書 3.天水鹽務局局長	中原水泥公司籌備主任兼經理	中國民主社會黨	1,503	
10	修武縣	劉藝舟	男	45	河南省修武縣	1.河南留學預備學校英文系畢業 2.河南中州大學畢業 3.陸軍軍官學校第6期騎兵科畢業	1.國民革命軍暫編20師特別黨委員兼書記長 2.河南省保安處副將處長 3.11戰區中將游擊司令部 4.8戰區室少將主任調查室河南組私 5.財政部河南簡任處長	河南全省保安副司令	中國國民黨	104,799	內分回民選票1,012張，區坡選票103,787張

	選區	姓名	性別	年齡	籍貫	學歷	經歷	現職	黨籍	票數
11	武陟縣	原思聰	男	47	河南省武陟縣	1.國立北平師範大學國文系畢業 2.中央訓練團黨政訓練班畢業	1.北平特別市黨部宣傳部幹事 2.河南省民政廳視察、秘書、科長 3.河南省黨部科長 4.河南省鎮平縣縣長	1.河南省政府民政廳第一科科長兼任河南省縣長 2.檢定委員會秘書 3.河南省地方自治推行委員會委員	中國國民黨	14,893
12	濟源縣	郝培芸	男	51	河南省濟源縣	1.北京匯文大學肄業 2.山東烟台海軍學校畢業	1.河南省南陽縣縣長兼苑屬13縣剿匪司令 2.海軍總司令部科長 3.制憲國大代表	海軍總司令部監察官	中國國民黨	2,356
13	溫　縣	任達生	男	39	河南省溫縣	1.國立北平大學畢業 2.中央訓練團黨政班19期畢業	1.中央戰幹團中校政治教官 2.軍校第7分校秘書 3.特別黨部書記委員 4.中國國民黨河南省執行委員會執行委員	河南省訓練團教育國長	中國國民黨	8,473
14	博愛縣	魏毅生	男	40	河南省博愛縣	1.師範學院畢業 2.第1戰區幹訓班畢業 3.軍委會高幹班畢業 4.中央軍官訓練團畢業	1.河南省政府視察、督察員 2.軍統局組長、科長、站長 3.少將主任少將處長等職	陸軍總司令部鄭州指揮部第2處少將處長	中國國民黨	18,049

編號	縣	姓名	性別	年齡	籍貫	學歷	經歷	現職	黨籍	得票數	備註
15	大康縣	李慎思	男	39	河南省太康縣	中央訓練團黨政班8期畢業	1.河南省政府主任科員 2.驛運管理處科員 3.建設廳秘書 4.扶溝縣長	河南救濟分署專員兼賑務股長	中國國民黨	1,537	
16	正陽縣	王撫洲	男	47	河南省正陽縣	1.國立北京政法大學畢業 2.美國華盛頓州立大學經濟學士 3.美國復歐鷗大學碩士	1.北平法政大學主任教授 2.潘陽馮庸大學副校長 3.陝西鳳翔、蒲城縣長 4.企業公司總經理 5.河南財政廳長 6.田糧處長等職	財政部直接稅署署長	中國國民黨	79,783	
17	伊陽縣	王凌漢	男	44	河南省伊陽縣	前河南法政專門學校畢業	曾任伊陽縣長等職		中國國民黨	31,337	
18	肇　縣	龐國鈞	男	42	河南省肇縣	黃埔軍校及陸軍大學將官班畢業	1.第1戰區自衛軍第7路司令及長官部少將高參 2.重慶衛戍司令部少將交通處、工程處長	軍政部兵役署及國防部兵役局辦公室少將主任	中國國民黨	33,427	
19	孟津縣	郭桂森	男	56	河南省孟津縣	北京大學畢業	1.河南省建設科長 2.杞縣縣長 3.河南農專校長	民社黨河南省黨部委員	中國民主社會黨	5,374	以後補身分遞補

編號	選區	姓名	性別	年齡	籍貫	學歷	經歷	現職	黨籍	票數	以後補遞身分補
20	洛陽縣	王果正	男	39	河南省洛陽縣	1.國立北平師範大學畢業 2.中訓團黨政班畢業	1.河南省立洛陽中學校長 2.大學講師兼訓育組主任	1.河南省黨部監察委員 2.青年團河南支團第9分團主任	中國國民黨	50,034	以後補遞身分補
21	宜陽縣	趙鼎三	男	43	河南省宜陽縣	1.陸軍工兵學校第2期畢業 2.東京日本大學肄業	連、營、團長、戰區上校副司令	無	中國青年黨	5,946	
22	嵩縣	龐文仲	男	58	河南省嵩縣	1.清附生 2.金陵大學畢業	1.陝西岐山盩厔縣長 2.嵩縣民眾自衛團副司令 3.河南私立嵩英、嵩南中學校長 4.河南省政府秘書長	嵩縣參議會副議長	中國民主社會黨	1,264	
23	睢縣	袁濂塵	男	48	河南省睢縣	河南公立法政專門學校政治經濟本科畢業	1.睢縣、柘城縣黨部常務委員 2.中牟、淮陽、項城等縣縣長	武漢行轅參議	中國國民黨	56,050	
24	通許縣	侯瑞桓	男	35	河南省通許縣	1.中訓團黨政班20期畢業 2.中央軍校高教班10期畢業 3.戰幹1團留日學生訓練班1期畢業 4.日本東京早稻田大學畢業	1.軍事委員會政治部上校視導 2.第5戰區政治部上校科長 3.鄭州綏靖公署政治部上校科長 4.鄭州綏靖公署新聞處上校科長	現任陸軍總司令鄭州指揮部新聞科長	中國國民黨	51,212	

序號	縣	姓名	性別	年齡	籍貫	學歷	經歷	現職	黨籍	票數
25	杞縣	崔友韓	男	46	河南省杞縣	1.杞縣甲種農業學校畢業 2.黃埔軍官學校畢業 3.河南地方行政人員訓練班、縣長班畢業	1.河南大學、浙江大學軍事教官 2.河南柘城、溫縣、鹿邑等縣縣長 3.河南警察隊隊長 4.河南第12區行政督察專員兼保安司令 5.三青團河南支團幹事會視導等職	河南警務處專員	中國國民黨	100,954
26	滎陽縣	瞿松林	男	42	河南省滎陽縣	北平民國學院法律科畢業	1.豫一區專署科長、秘書 2.尉氏、汜水、滎陽等縣縣長	律師	中國民主社會黨	34,818
27	淅川縣	張承先	男	46	河南省淅川縣	河南省立水利專門學校畢業	1.省黨部秘書 2.民政廳科長 3.汜水、舞陽、淇川、固始等縣縣長	無	中國國民黨	72,049
28	羅山縣	張彬	男	52	河南省羅山縣	1.保定軍官學校第9期肄業 2.日本成城學校及日本陸軍士官學校畢業	軍師旅團長、參謀長、教育長、總指揮令 陸軍47師141團上校團長	國民政府主席武漢行轅副主任兼第5綏靖區司令官	中國國民黨	92,640
29	登封縣	楊錚	男	42	河南省登封縣	1.日本東京成城學校軍政科畢業 2.日本陸軍騎兵專科畢業	2.登封縣縣長	密縣縣長	中國國民黨	43,412

	縣	姓名	性別	年齡	籍貫	學歷	經歷	現職	黨籍	票數
30	偃師縣	楊憲生	男	42	河南省偃師縣	日本早稻田大學經濟部畢業	1.河南省黨部第1屆執行委員 2.審計部審計	河南省銀行總經理	中國國民黨	63,282
31	澠池縣	劉雨民	男	40	河南省澠池縣	1.國立河南大學畢業 2.中央軍校高級教班、中訓團軍官研究班、政工業務組高級班畢業	1.河南軍隊特別黨部少將執行委員 2.第10軍政治部少將主任、整編27軍新聞處少將處長	第2兵團部新聞處少將處長	中國國民黨	604
32	盧氏縣	祝更生	男	41	河南省盧氏縣	國立河南大學畢業	1.洛陽盧氏等縣黨部常務委員 2.盧氏第5區區長 3.浙江於潛縣政府秘書、科長、警察局局長等職	浙江諸暨縣縣長	中國國民黨	33,773
33	靈寶縣	李學正	男	48	河南省靈寶縣	陸軍大學將校班畢業	曾任陸軍第118師及67師師長	陸軍步兵第67旅旅長	中國國民黨	16,884
34	陝　縣	周祜光	男	50	河南省陝縣	美國庇巴底大學碩士	1.河南教育廳督學科長 2.省立開師、開女師等校校長 3.鄭州綏靖公署外事處軍簡二階處長 4.制憲國大代表、憲政實施促進委員會宣傳委員		中國國民黨	32,295

號次	選區	姓名	性別	年齡	籍貫	學歷	經歷	現職	黨籍	得票數	備考
35	閺鄉縣	張詒然	男	39	河南省閺鄉縣	國立河南大學畢業	1.河南閺鄉縣參議會議長 2.河南省教育會理事 3.行政院善後救濟總署河南分署存任一級專員	河南省參議會議員	中國國民黨	22,379	
36	淅川縣	侯家傑	男	42	河南省淅川縣	1.北平民國大學畢業 2.日本東京大學修政經系畢業	1.196師政治部秘書 2.116師政治部科長 3.53軍政治部上校科長等職	河南省合作事業管理處第一科科長	中國青年黨	8,415	以候補身分遞補
37	中牟縣	王在之	男	43	河南省中牟縣	河南省舊制中學畢業	1.中牟縣黨部第1屆執行委員 2.中牟縣第1、2、3區區長及開封縣政府第2科長	河南省政府調統室視察	中國國民黨	88,635	
38	夏邑縣	陳天秩	男	46	河南省夏邑縣	1.莫斯科中山大學畢業 2.中訓團黨政班18期畢業 3.政工研究組高級組畢業	1.第7軍特別黨部書記長 2.第77軍政治部少將主任	1.蘇北模範區專員 2.淮陰實驗縣簡任縣長	中國國民黨	93,550	

	縣	姓名	性別	年齡	籍貫	學歷	經歷	現職	黨籍	得票數	備註
39	滑縣	吳大鈞	男	34	河南省滑縣	中央軍校第11期通信科畢業	曾充連營團長、參謀、科長、上校聯絡組長、督察主任	第4綏靖區開封軍警憲聯合稽查處督察主任	中國青年黨	1,600	本縣候選人共計4名，內1名棄權，1名當選後補，當選後奉令剔除
40	陽武縣	朱蘭堂	男	50	河南省陽武縣	國立北京大學文學士	曾任秘書、校長、教授等職	開封濟汴中學教務主任	中國民主社會黨		
41	輝縣	王掄菁	男	46	河南省輝縣	北京大學史學系畢業	1.開封女中教務主任 2.開封女中及中央民眾等教職	許昌臨中校長	中國國民黨	12,495	
42	臨潁縣	董鑫	男	41	河南省臨潁縣	1.國立河南大學畢業 2.中央訓練團黨政班第7期結業	1.省立高級棉校校長 2.河南省農林局農場主任 3.省參議員	河南省立開封農業職業學校校長	中國國民黨	73,949	
43	獲嘉縣	徐志中	男	41	河南省獲嘉縣	河北省保定大學中國文學系畢業	1.黨部委員 2.中師範校長 3.豫北日報社社長 4.第1戰區官司令部參議 5.河南省政府民政廳秘書、縣長、教育局長	1.制憲國大代表 2.憲政實施促進會委員	中國國民黨	33,634	

44	內黃縣	梁樞庭	男	48	河南省內黃縣	1. 國立北平師範大學化學系畢業 2. 中央訓練團黨政班第 8 期畢業	1. 河南省立第 1 高中教務主任 2. 河南省教育廳政廳科長 3. 河南省立開封中學校長 4. 河南省建設廳中原製革廠經理	1,895
45	臨漳縣	張懷生	男	37	河南省臨漳縣	國立北京大學法律系畢業	1. 河南省 2 高教員 2. 濬縣秘書 3. 軍委會華北幹訓團指導員 4. 甘肅省 6 區專署秘書科長 5. 河南省建設廳廳混察員	1,575
46	涉　縣	王及人	男	36	河南省涉縣	1. 河南東嶽術師範畢業 2. 河南全省保安司令部軍官教育團畢業	曾任教員、校長、大隊長等職	331
47	濬　縣	馬庭松	男	40	河南省濬縣	河南省林業修科畢業	1. 曾充濬縣縣長、專署秘書 2. 豫北黨務督導、團主任等職	1. 中國國民黨河南省執行委員補執行委員 2. 省參議員	中國國民黨河南省候補候選員	33,574

48	淇縣	劉馨庵	男	43	河南省淇縣	國立北京大學畢業	河南省立開封師範、商邱中學訓導主任及公民史地教員	河南省參議會參議員	中國國民黨	4,903
49	林縣	宋澎	男	48	河南省林縣	國立同濟大學畢業	1.同蒲鐵路北段工程局局長 2.經濟部水利司司長 3.行政院水利委員會工務處處長	河南省政府建設廳廳長	中國國民黨	746
50	永城縣	李子敬	男	40	河南省永城縣	中央軍校4期、高教班3期、步校2期、陸大特4期畢業	1.軍校學生總隊長 2.軍官部處長 3.縱隊司令、師管區司令	現任陸軍總司令部徐州司令部少將總務處長	中國國民黨	34,415
51	西華縣	張樂民	男	40	河南省西華縣	陸軍軍醫學校畢業	1.醫師 2.省縣衛生院院長 3.陸軍醫院院長 4.軍醫處處長	醫師	中國青年黨	61
52	信陽縣	何佛情	男	56	河南省信陽縣	河南高等學堂畢業	1.河南省政府秘書 2.河南省汝南、臨汝等縣縣長 3.河南9區黨務督導專員、豫鄂改大隊少將大隊長	南京地政部主任秘書兼參事	中國國民黨	152,703

編號	縣別	姓名	性別	年齡	籍貫	學歷	經歷	現任職務	黨籍	得票數
53	寶豐縣	趙得一	男	50	河南省寶豐縣	舊制中學及軍官隊畢業	建國軍第4路團、師、軍長及第1戰區第3路司令	河南省政府參議	否	100
54	考城縣	戴祥驤	男	39	河南省考城縣	1.國立河南大學畢業 2.中央訓練團黨政訓練班第21期畢業	1.地政局科員 2.糧政局視察、科長、救濟分署專員	河南省參議會參議員	中國國民黨	59,776
55	禹縣	王燦藜	男	42	河南省禹縣	河南省立第一甲種農業專校畢業	1.曾任禹縣縣黨部書記長 2.中學校長	禹縣縣黨部常務委員、河南省參議員	中國國民黨	124,081
56	密縣	孫仁	男	39	河南省密縣	1.遊學南京北平及西北軍校研習軍事 2.縣長考試及格	1.西北軍秘書、副旅長 2.延進隊24縱隊副司令 3.泌陽、新野、魯山、賢豐、鄧等縣賦稅處長、稅務局長	1.河南省政府候補委員兼縣長 2.整編55師部參議 3.時代新聞社社長	中國青年黨	33,114
57	尉氏縣	張興仁	男	41	河南省尉氏縣	中央軍校第4期畢業	1.大隊長、副司令 2.主任、總隊長、市黨委、縣長		中國國民黨	55,011
58	鄢陵縣	侯象麟	男	44	河南省鄢陵縣	河南省立舊制中學校、西北軍幹部中學校、中央軍校高級班校畢業	1.陸軍27師80旅少將旅長 2.第11戰區長官司令部少將高級參謀	河南省甯、商、睢、柘四縣自衛聯防指揮官	中國國民黨	13,601

號次	選區	姓名	性別	年齡	籍貫	學歷	經歷		黨籍	得票數
59	慶城縣	宋子芳	男	34	河南省慶城縣	中訓團西北訓練團及西北政治學院政治系畢業	1.政治部中校附、上校科長 2.青年團支團主任、視導及縣黨部教育長		中國國民黨	12,500
60	原武縣	宋進忠	男	42	河南省原武縣	山東省大學法科畢業	1.原武縣黨部執委 2.縣立中學、師範等校長 3.保安處庶務主任 4.河南省第5區保安司令部參謀科長	鄭州警察局局長	中國國民黨	19,208
61	鄢坡縣	張逸民	男	42	河南省鄢坡縣	河南大學畢業	曾充河南支團幹事、秘書暨簡任專員、少校處長	青年團河南支團幹事	中國國民黨	107,536
62	鄢陵縣	于榮岑	男	38	河南省鄢陵縣	1.河南省立百泉高師畢業 2.中央警官學校特警班畢業	1.河南省一戰區調統部股長、上校科長 2.河南省訓團薦任科長 3.開封軍警聯合稽查處副處長	河南省政府警務處薦任秘書	中國國民黨	579
63	淅川縣	陳舜德	男	57	河南省淅川縣	1.北平中國大學畢業 2.中央訓練團畢業	1.淅南均聯防指揮官 2.豫西左地區清剿指揮官 3.河南公立宛西鄉村師範校長 4.淅川縣黨部書記	河南省參第1屆參議員	中國國民黨	82,940

64	南召縣	羅震	男	51	河南省南召縣	保定軍官學校第 9 期畢業	1.國民革命軍第 15 路總指揮部中將參謀長 2.青島市公安局局長 3.寧夏省民政廳長 4.河南省第 1、第 6 行政區督察專員兼保安司令 5.河南省政府委員、河南省保安處處長		無	712
65	內鄉縣	薛炳靈	男	50	河南省內鄉縣	河南陸軍軍官學校步科畢業	1.內鄉國民兵團副團長 2.自衛總隊副總隊長 3.伏牛山區聯防自衛指揮部指揮官	伏牛山區聯防自衛指揮官	中國國民黨	55,338
66	淮陽縣	時君謀	男	46	河南省淮陽縣	1.保定陸軍軍官學校第 7 期步科畢業 2.陸軍大學特第 6 期畢業 3.中央訓練團軍官訓練團第 6 期畢業	1.第 33 集團軍總司令部少將高級參謀 2.河南省制憲國大代表	憲政促進委員會委員	中國國民黨	117

67	沈邱縣	李貫一	男	36	河南省沈邱縣	1. 北平民國大學中文系畢業 2. 中央軍校第16期畢業	1. 河南勵志中學、師範學校校長 2. 沈邱縣黨部執行委員	河南私立同德中學校長	中國國民黨	562
68	扶溝縣	杜振	男	38	河南省扶溝縣	1. 河南省立民眾師範畢業 2. 中央訓練團黨政班第16期畢業	1. 豫北民眾教育員 2. 河南實驗民眾學校校長 3. 省立許昌民教館館長 4. 黃河水利委員會科長		中國國民黨	460
69	確山縣	黃任財	男	48	河南省確山縣	1. 北京法政大學畢業 2. 軍委會幹訓團政訓班高級組畢業 3. 中央訓練班黨政訓練班第1期畢業	1. 河南確山縣中山中學校校長 2. 陸海空軍總司令部南昌行營黨政委員會指導委員 3. 第2集團軍駐渝辦事處少將處長 4. 河北省第5區行政督察專員兼保安司令	開源銀行董事長	中國國民黨	64,211
70	息縣	李宏毅	男	49	河南省息縣	北平師範大學畢業	曾任大學教授、訓育主任及秘書長等職	河南省參議會參議員	中國國民黨	54,121
71	光山縣	陳文煥	男	40	河南省光山縣	直隸公立法政專門學校畢業	1. 河南省財政廳主任科員 2. 第9區專署秘書 3. 河南省政府視察員	河南省直接稅局視察	中國青年黨	27,330

序號	縣別	姓名	性別	年齡	籍貫	學歷	經歷	第一屆國大代表	黨籍	票數	備考
72	洛寧縣	張華祖	男	60	河南省洛寧縣	北京法政學堂畢業	1.三民主義青年團河南支團部監察 2.河南省政府參議		中國民主社會黨	805	
73	商邱縣	曹彬	男	36	河南省商邱縣	中央幹部學校第1期畢業		中國國民黨河南省黨部監察委員	中國國民黨	156,824	
74	鎮平縣	王金聲	男	52	河南省鎮平縣	河南陸軍軍士教導團畢業	曾任河南省保安第6區指揮部少將團指揮官	河南省第6區國民團總指揮部中將總指揮	中國國民黨		
75	安陽縣	張承祖	男	44	河南省安陽縣	1.國立河南大學文學院國文系畢業 2.中央訓練團黨政班畢業	1.河南民國日報編輯 2.現代中學校長、黃河水利專校教授 3.第1戰區幹訓團上校秘書主任 4.河南省黨部秘書	河南省黨部執委	中國國民黨	32,636	政黨提名-以候補身分遞補
76	沁陽縣	徐哲甫	男	34	河南省沁陽縣	1.省立百泉師範畢業 2.中央警校暨國防部情報軍官班畢業	1.指導員、科長、組長 2.國民黨幹部訓練班秘書	陸軍總司令部鄭州指揮部上校參謀	中國國民黨	915	以候補身份遞補
77	桐柏縣	況庭芳	男	42	河南省桐柏縣	開封訓政學院及區政訓練班畢業暨省訓團畢業	1.警察局長 2.抗敵自衛團副司令 3.國民兵團副團長 4.黨部書記長及縣長		中國國民黨	27,850	

	縣	姓名	性別	年齡	籍貫	學歷	曾任	現職	黨籍	得票數
78	鄧縣	丁叔恆	男	49	河南省蘭封縣	國立北平大學畢業	曾任河南省黨部執行委員	省黨部監委	中國國民黨	170,243
79	蘭封縣	王尚欽	男	41	河南省蘭封縣	北大畢業	曾任教員、科長、秘書、技正	河南省建設廳正技正	中國民主社會黨	43,414
80	南陽縣	崔宗棟	男	36	河南省南陽縣			廣西水利墾公司總技師		80,868
81	上蔡縣	李雲	男	43	河南省上蔡縣	國立北京大學法科畢業	1.河南省臨時參議會第1、3屆參議員 2.上蔡縣黨部指導委員、特派員、書記長 3.上蔡縣縣長	河南省黨部執行委員	中國國民黨	1,522
82	商城縣	許超	男	43	河南省商城縣	中央軍校政治科畢業	1.河南省教育廳特教處訓練部主任 2.國民革命軍20路軍少將參議 3.南京市黨部幹事	南京遠東新聞社社長	中國國民黨	15,423
83	封邱縣	鮑宗文	男	46	河南省封邱縣	河南大學歷史系畢業	1.河大註冊組主任、講師 2.縣黨部委員	河南大學教務主任	中國國民黨	50,715
84	舞陽縣	孟昭瓚	男	42	河南省舞陽縣	1.國立中央大學法學士 2.英國倫敦大學經濟碩士	1.財政部科長、專員、處長 2.省府委員、財政廳長 3.中央銀行理事	中央監察委員	中國國民黨	

編號	縣	姓名	性別	年齡	省縣	學歷	經歷	現職	黨籍
85	陳留縣	李樹芳			河南省陳留縣				中國民主社會黨
86	開封縣	程文熙	男	44	河南省開封縣	吳淞國立政治大學	1.制憲國大代表 2.民社黨中央常務委員	中央組織部副部長	
87	西平縣	陳洋嶺	男	55	河南省西平縣	國立北京大學 國立暨南大學土木工程系畢業	1.中等及專門學校校長 2.中福煤礦公司總經理 3.國民黨河南省主任委員	河南水利工程總局長	中國國民黨
88	經扶縣	韓家學	男		河南省經扶縣			武漢大學教授	
89	延津縣	徐濤	男		河南省延津縣			河南省政府秘書	
90	方城縣	楊士瀛	男	36	河南省方城縣	民國大學	縣長	河南省政府參議	
91	葉縣	黃自芳	男		河南省葉縣			陝西省國大選舉事務所委員	
92	固始縣	周炎光	男		河南省固始縣			開封民權新聞報社長	
93	魯山縣	吳協唐	男	43	河南省魯山縣	中央軍校 4 期	行政督察專員	河南省政府參議	

編號	縣	姓名	性別	年齡	籍貫	學歷	經歷	職務	黨籍
94	新安縣	張鈁	男	61	河南省新安縣	保定陸軍速成學校砲科畢業	1.民國26年任第一戰區預備軍總司令 2.豫陝鄂邊區綏靖主任 3.國策顧問	國民政府顧問	中國國民黨
95	新蔡縣	范效純	男	49	河南省新蔡縣	日本東京日本大學社會科畢業	1.潢川縣長 2.省府委員 3.國民黨駐日總支部執行委員	第5綏靖區司令部軍法處處長	中國國民黨
96	遂平縣	徐堯岑	男	40	河南省遂平縣	河南省訓政學院	保安團長、五縣聯防主任、自衛團司令兼縣長、指揮官		
97	襄城縣	孫錫璋	男		河南省襄城縣			縣參議員	
98	商水縣	賈永祥	男	30	河南省商水縣	河南省立開封師範學校畢業	1.中學教員、校長 2.青年團幹事	縣黨部書記長	中國國民黨
99	許昌縣	楊劭伯	男	39	河南省許昌縣	中央幹部學校暨國立政治大學畢業	1.中小學教員、校長 2.中央黨部幹事、秘書 3.正義日報社總編輯 4.三青團分團幹事長	河南省省府參議	中國國民黨
100	長葛縣	郭殿五	男		河南省長葛縣			縣參議員	
101	郟縣	王賡彤	男		河南省郟縣				

		姓名	性別	年齡	籍貫	學歷	經歷		備考
102	泌陽縣	郭斌慶	男		河南省泌陽縣		河南合作事業管理處視察室主任		
103	項坡縣	郭景岱	男		河南省項坡縣		河南省參議員		
104	武安縣	司慶軒	男		河南省武安縣		北平市參議員		
105	臨汝縣	趙虎志	男		河南省臨汝縣		國防部參議員		
106	湯陰縣	孟昭勤	男		河南省湯陰縣		河南大學講師		
107	汝南縣	苗文齋	男	42	河南省汝南縣	1.武昌中華大學畢業 2.陸軍軍官學校19期	1.軍隊政訓主任 2.三青團組長 3.縣黨部書記長	臺灣省政府專員	中國國民黨
108	新野縣	魯葆玉	男		河南省新野縣		省參議員		
109	伊川縣	馬蘭芳	男		河南省伊川縣		縣黨部副書記長		

附表五：行憲國民大會南京市區域代表當選人名冊

編號	省市名稱	姓名	性別	年齡	籍貫	學歷	經歷	現任職務	曾否加入改黨	得票數	備註
1	南京市	陳裕光	男	55	南京市	美國哥倫比亞大學博士	1. 北平師範大學代理校長 2. 私立金陵大學校長 3. 南京市參議會議長	1. 私立金陵大學校長 2. 南京市參議會議長		56,415	國民黨提名，並向總選舉總所登記
2	南京市	陳紀彝	女	46	廣東省	1. 美國孟浩麗澳大學學士 2. 哥倫比亞大學教育學院碩士	1. 漢口女青年會總幹事 2. 戰時兒童保育會總幹事 3. 國民大會代表	婦運指導委員會副總幹事		14,664	國民黨提名，並向總選舉總所登記

附表六：行憲國民大會北平市區域代表當選人名冊

編號	省市名稱	姓名	性別	年齡	籍貫	學歷	經歷	現任職務	曾否加入政黨	得票數	備註
1	北平市	許惠東	男	46	河北省武清縣	國立北平大學法學院畢業	1.北平市黨部主任委員 2.政治特派員 3.北平市參議會議長	北平市參議會議長	中國國民黨	29,138	
2	北平市	樓兆元	男	39	浙江省諸暨縣	1.杭州之江大學文學系畢業 2.中央軍校高級班第2期畢業	1.雲南省軍隊黨部少將書記長 2.軍委會駐滇幹訓團軍幹班少將主任 3.中央警校北平特警班少將主任 4.第1屆國大代表	天津警備司令部稽察處少將處長	中國國民黨	39,118	
3	北平市	吳慕墀	女	41	廣東省高要縣	廣州聖希理達學院畢業	1.中央軍校婦女工作隊隊長 2.四川省婦女會常委	1.北平市婦女會常務理事 2.北平市參議員		13,926	